新文科·伦理学系列教材

应用伦理学教程

主 编 龚 群
副主编 肖红春 聂静港

中国教育出版传媒集团

高等教育出版社·北京

内容简介

本书是"新文科·伦理学系列"教材之一,同时得到中国人民大学跨学科重大规划创新平台——国家治理现代化与应用伦理学跨学科交叉平台的支持。本书分为十四章,采用总分形式进行阐释。先从总的方面介绍了应用伦理学的内涵、特性、兴起和原则,再全面系统地梳理和阐释了特殊领域中的应用伦理,涉及经济伦理、消费伦理、企业伦理、职业伦理、慈善伦理、新闻伦理、网络信息伦理、政治伦理、行政伦理、法律伦理、科技伦理、生命伦理、生态伦理 13 个应用伦理的热门领域。

本书紧扣当代应用伦理学的基本问题和重大主题,强调了道德原则与实践智慧在具体应用领域的重要性,将前沿性学科知识与通俗性知识融为一体,不仅适合高校哲学、应用伦理专业教学使用,也适合其他专业通识课,还可供对应用伦理学感兴趣的读者学习使用。

图书在版编目(CIP)数据

应用伦理学教程 / 龚群主编;肖红春,聂静港副主编 . -- 北京:高等教育出版社,2025.9. -- ISBN 978-7-04-065431-8

I. B82

中国国家版本馆 CIP 数据核字第 2025RA0732 号

YINGYONG LUNLI XUE JIAOCHENG

策划编辑	吴佳宁	责任编辑 吕昀曈	封面设计 李小璐		版式设计 李彩丽
责任校对	陈 杨	责任印制 赵义民			

出版发行	高等教育出版社	网 址	http://www.hep.edu.cn
社 址	北京市西城区德外大街 4 号		http://www.hep.com.cn
邮政编码	100120	网上订购	http://www.hepmall.com.cn
印 刷	北京市白帆印务有限公司		http://www.hepmall.com
开 本	787mm×1092mm 1/16		http://www.hepmall.cn
印 张	17.75		
字 数	360 千字	版 次	2025 年 9 月第 1 版
购书热线	010-58581118	印 次	2025 年 9 月第 1 次印刷
咨询电话	400-810-0598	定 价	36.00 元

本书如有缺页、倒页、脱页等质量问题,请到所购图书销售部门联系调换

序　言

　　真善美是人类精神的永恒追求,这三大具有终极性的追求区分为相对独立的三大领域:认识论或知识论(及本体论)、伦理学和美学。伦理学所要研究的就是人类关于善(good/goodness)是什么以及什么是善的问题,正如摩尔所指出的,什么是善的"是全部伦理学中最根本的问题"①。"善"的问题是伦理学的最基本问题,这不仅体现在人们要寻求最一般的、抽象性的善的概念,如柏拉图把善置于人类精神追求的高空来追求,还体现在寻求什么是善的这样具体的伦理问题上。虽然摩尔认为人们只关注那些具体的、什么是善的问题是误入歧途,但人们确实已经这样进行了艰难的追求。并且,事实并非像摩尔所认为的那样。如果不对特殊的、具体的善有多样性和多重性的认知与把握,而直接超越经验来把握最一般和最抽象的善理念,那么并不符合人类对于人类之善把握的认知真理性的道路。同时,虽然对于善的探寻相对独立于对本体论之真的探求,但不可否认,在道德领域里有着道德的真理,在这个意义上,知识论的领域并没有将善的真理认知排除在外。对于道德真理的把握同样需要符合经验性以及人类从感性上升到理性的认知规律。完全排除感性而纯粹从理性来把握和认知道德的真理是否可能? 英国近代哲学史上的经验论认为这是完全不可能的,而以康德为代表的理性主义认知路线则认为,要认识道德真理,则需要从纯粹理性的进路出发。虽然康德强调人类道德的法则完全在于理性的立法,从而只能也必然从理性来把握,但康德在论证过程中,也不得不反复回到经验性的道德实践中来,以生动的经验性实例来说明道德法则的先天性和绝对性。回到道德实践本身,我们才能充分认知和把握道德领域里的真知。因此,完全排斥经验领域(把它作为纯粹的意见世界)来把握抽象的善理念的柏拉图式的先验认知并不是一条认知道德真理的可行路径。

　　对于善的把握不仅在于认知进路的分殊与艰难,而且在于理论本身。是否可以像摩尔那样来定义善是什么? 实际上,摩尔认为善不能被定义。从伦理学理论来看,探讨善和善的价值有这样三种路向:功利论、道义论和德性论。善与功利、善与道义以及善与德性的关系问题,是当代理论伦理学必须回答的问题,这三个问题同样表明

---

① ［英］摩尔:《伦理学原理》,长河译,商务印书馆 1983 年版,第 11 页。

了人们的道德认知如何进入善的领域的问题,而不同的路向也表明了这之间所存在的张力。善在于功利之总和,还是在于正当与正义,抑或在于行为者内在的德性?这三者之间能够统一吗?如果不能统一,我们又应当如何去探求人类精神之善?在某种意义上,对人类终极性善的探寻是对一个没有终极性结论的探寻,也就是说,人们可能难以达到一个终极性的可能的标准答案,而这也正是哲学伦理学永远不可能终止探寻的动力所在。

伦理学是一门十分丰富的关于善的探求的学问。人类的道德实践领域是一个多样性的分殊领域。在古代,人类实践领域就区分为政治、军事与生产实践等,而当人类进入现代文明以来,随着工业革命引发的翻天覆地的变化,人类实践领域已经从相对简单的划分发展为复杂且多样的社会实践领域。可以说,有多少个人类实践的领域,就有多少种善。亚里士多德说:"一切技术、一切研究以及一切实践和选择,都以某种善为目标。所以人们说得好,万物都是向善的。"① 人类的任何一种实践活动,任何一个实践目标,都是向善的,所有具体的善目都可以说是特殊的或分殊的善,而对一个最高的、具有抽象性的善的真知性认知,只能是在对众多特殊的善目的认知与把握的前提下才可获得。对于人类分殊的善知识的探求,也就是在当代学科分化前提下的应用伦理学的探求。伦理学属于哲学,而哲学认知的真确性是通过论证来证成的。应用伦理学的原则和规范的恰当性、正当性无疑需要论证,但论证并非仅仅是形式逻辑的推导和证明,还有更为重要的实践性论证,即以实践哪怕思想性的实践来论证。因为如果仅仅有形式性的逻辑论证而不回到实践中来,不对实践本身的问题进行说明,形式论证只能证明形式的恰当性,或语词逻辑的规范性,但不能证明实践本身的规范性问题。回到实践本身,也就是回到众多分殊的应用伦理学本身,通过探求分殊的应用伦理学的实践问题,以及应用伦理学在当下所遇到的新问题,来丰富我们对伦理学理论的一般性认知,从而上升到人类对一般性善观念和理念的认知与把握。我国改革开放以及市场经济的发展扩展了我们关于经济生活中的善及其复杂性的认知,而当代科技尤其是前沿性科学技术的发展,即当代以大数据、云计算和深度学习为代表的生成式人工智能及其在生命科学领域里的发展,正挑战着传统的伦理学理论与观念。我们正面临着一场以人工智能为代表的智能革命,因此,我们所面对的不仅是人类的善的问题,而且有拟人性的人工智慧的善的问题。如何建构一个与智慧机器主体交互存在的人类科技社会,是当代人类在强人工智能到来前就应当给予伦理回答的问题。当代科学技术的迅猛发展给应用伦理学带来了蓬勃发展的历史机遇。本教材正是在这个历史机遇下撰写的。我们的认识可能还没有完全跟上这个时代的发展,因而这仅仅是一个初步呈现给各位读者

① ［古希腊］亚里士多德:《尼可马科伦理学》,苗力田译,中国社会科学出版社 1999 年版,第 1 页。

的心得,愿与各位读者共同推进这一伟大事业,以不愧于这个伟大时代赋予我们的使命。

龚群

2024 年 11 月 18 日

目　　录

第一章　应用伦理学概论　/　1

　　第一节　应用伦理学的界定 ………………………………………… 1

　　　　一、伦理学与应用伦理学 ……………………………………… 1

　　　　二、应用伦理学的特性 ………………………………………… 4

　　第二节　应用伦理学的兴起 ………………………………………… 6

　　　　一、应用伦理学在美欧的产生 ………………………………… 7

　　　　二、应用伦理学在我国的兴起 ………………………………… 8

　　第三节　应用伦理学的原则 ………………………………………… 8

　　　　一、一般性原则 ………………………………………………… 9

　　　　二、特殊领域里的原则 ………………………………………… 12

　　思考题 …………………………………………………………………… 14

第二章　经济伦理　/　15

　　第一节　经济伦理概述 ……………………………………………… 15

　　　　一、经济伦理：经济与伦理的统一 …………………………… 15

　　　　二、作为应用伦理学的经济伦理 ……………………………… 17

　　第二节　经济发展的价值诉求 ……………………………………… 20

　　　　一、经济自由 …………………………………………………… 21

　　　　二、经济效率 …………………………………………………… 23

　　　　三、经济平等 …………………………………………………… 25

　　第三节　市场经济的伦理规导——政府与市场的互动 …………… 29

　　　　一、"市场奇迹"与"市场失灵" …………………………… 30

　　　　二、"政府干预"与"政府失灵" …………………………… 33

　　　　三、"市场"与"政府"的有效结合 ………………………… 36

　　思考题 …………………………………………………………………… 39

第三章　消费伦理　/　40

　　第一节　消费与消费伦理 …………………………………………… 40

一、消费一词的概念辨析 ……………………………… 40

二、消费伦理的研究对象 ……………………………… 43

第二节　消费伦理的热点问题 ………………………………… 45

一、现代消费主义 …………………………………… 45

二、绿色消费与环境保护 ……………………………… 47

第三节　消费伦理基本原则 …………………………………… 49

一、节俭原则 ………………………………………… 50

二、适度原则 ………………………………………… 51

三、公平消费原则 …………………………………… 53

思考题 …………………………………………………… 54

第四章　企业伦理　/　55

第一节　企业伦理的概念及其意义 …………………………… 55

一、企业伦理的概念 …………………………………… 55

二、企业伦理的意义 …………………………………… 57

第二节　企业伦理的主要内容 ………………………………… 60

一、企业的伦理关系 …………………………………… 61

二、企业社会责任 …………………………………… 63

三、企业道德管理 …………………………………… 69

第三节　企业管理伦理准则 …………………………………… 73

一、义利统一准则 …………………………………… 73

二、平等与效率并行准则 ……………………………… 74

三、仁爱与公正兼顾准则 ……………………………… 75

思考题 …………………………………………………… 75

第五章　职业伦理　/　76

第一节　职业和职业伦理 ……………………………………… 76

一、职业的基本内涵 …………………………………… 76

二、职业伦理的研究内容 ……………………………… 78

三、职业伦理的基本特性 ……………………………… 80

第二节　职业伦理的历史发展及其相关争议 ………………… 81

一、职业伦理及其历史性 ……………………………… 81

二、韦伯问题与中国传统社会中的职业伦理 ………… 84

第三节　职业伦理的基本规范 ………………………………… 88

一、敬业 ……………………………………………… 88

二、诚信 ………………………………………………………………… 90

三、公正 ………………………………………………………………… 92

思考题 …………………………………………………………………… 94

第六章　慈善伦理　/　95

第一节　慈善概念及慈善伦理 ………………………………………… 95

一、"慈善"概念及慈善的历史 ……………………………………… 95

二、慈善精神文化 ……………………………………………………… 97

第二节　当代慈善伦理的热点问题 …………………………………… 98

一、慈善与商业 ………………………………………………………… 98

二、感恩与责任 ……………………………………………………… 100

第三节　慈善伦理原则 ……………………………………………… 102

一、慈善伦理的一般原则 …………………………………………… 103

二、慈善伦理的具体原则 …………………………………………… 105

思考题 ………………………………………………………………… 108

第七章　新闻伦理　/　109

第一节　新闻及其伦理 ……………………………………………… 109

一、新闻及其主体 …………………………………………………… 109

二、新闻与伦理的关系 ……………………………………………… 111

三、新闻伦理的内涵与研究内容 …………………………………… 112

第二节　新闻伦理原则 ……………………………………………… 113

一、新闻伦理的基本原则 …………………………………………… 113

二、西方国家的新闻伦理原则 ……………………………………… 115

三、《中国新闻工作者职业道德准则》 …………………………… 117

第三节　新闻伦理失范问题 ………………………………………… 120

一、虚假新闻问题 …………………………………………………… 121

二、有偿新闻和有偿不闻问题 ……………………………………… 123

思考题 ………………………………………………………………… 126

第八章　网络信息伦理　/　127

第一节　网络信息及网络信息伦理的产生 ………………………… 127

一、网络信息社会与网络信息伦理 ………………………………… 127

二、网络信息伦理的特点 …………………………………………… 130

三、网络信息伦理的价值意义 ……………………………………… 133

第二节　网络信息中的伦理问题 ·················· 135

　　一、网络信息伦理问题的表现 ·················· 135

　　二、网络信息伦理问题的成因 ·················· 138

　　三、网络信息伦理问题的实质 ·················· 141

第三节　网络信息伦理的构建 ····················· 144

　　一、网络信息伦理构建的基本原则 ·············· 144

　　二、网络信息伦理构建的主体建设 ·············· 146

　　三、网络信息伦理构建的教育管理 ·············· 149

思考题 ····································· 151

第九章　政治伦理　/　152

第一节　政治伦理概述 ·························· 152

　　一、政治及其含义 ························· 152

　　二、政治伦理范畴 ························· 155

　　三、政治伦理研究的范围 ····················· 157

第二节　政治伦理的基本层面 ····················· 158

　　一、政治价值伦理 ························· 158

　　二、政治制度伦理 ························· 160

第三节　政治伦理主要原则 ······················ 162

　　一、以人民为中心的原则 ····················· 162

　　二、平等原则 ··························· 164

　　三、公正原则 ··························· 167

思考题 ····································· 170

第十章　行政伦理　/　171

第一节　行政伦理与行政价值 ····················· 171

　　一、行政与政治二分 ······················· 171

　　二、价值中立与行政的伦理困境 ················ 173

　　三、行政的价值性 ························· 175

第二节　行政伦理基本原则 ······················ 177

　　一、公共利益原则 ························· 177

　　二、公平正义原则 ························· 179

　　三、敬业尽责原则 ························· 181

　　四、守法廉政原则 ························· 182

第三节　行政伦理热点问题 ······················ 184

一、行政伦理建设路径 ················· 185

二、行政责任的冲突与超越 ··············· 186

思考题 ·························· 189

第十一章　法律伦理 / 190

第一节　法律伦理的研究对象及其自身特性 ·········· 190

一、法律伦理的研究对象 ··············· 190

二、法律伦理的特性 ················· 193

第二节　法律伦理的原则与规范 ··············· 195

一、公平正义原则 ················· 195

二、实事求是原则 ················· 197

三、执法人员的道德规范 ··············· 198

第三节　法律伦理的重要课题：法治与德治相结合 ······· 200

一、依法治国 ··················· 200

二、依法治国与以德治国相结合 ············· 201

思考题 ·························· 204

第十二章　科技伦理 / 205

第一节　现代科技的社会风险与伦理问题 ··········· 205

一、现代科技的本质特征 ··············· 205

二、现代科技的社会风险 ··············· 208

三、现代科技的伦理问题 ··············· 210

第二节　现代科技的价值之争与科技伦理的历史使命 ······ 213

一、现代科技的价值之争 ··············· 213

二、科技价值与科技伦理 ··············· 215

三、现代科技伦理的三重历史使命 ············ 218

第三节　科技伦理的构建前提与原则规范 ··········· 220

一、现代科技伦理的构建前提 ············· 220

二、科技伦理的原则与规范 ·············· 223

三、原则规范的落实之道 ··············· 227

思考题 ·························· 229

第十三章　生命伦理 / 230

第一节　生命伦理的学科特性及其研究发展 ·········· 230

一、生命伦理概念及其学科特性 ············· 230

二、生命伦理研究的发展 …………………………………………… 231

第二节　生命伦理原则 ……………………………………………… 232

　　一、自主原则 ……………………………………………………… 233

　　二、不伤害原则 …………………………………………………… 234

　　三、有利原则 ……………………………………………………… 235

第三节　生命伦理领域里的几个重大问题 ………………………… 236

　　一、基因伦理 ……………………………………………………… 237

　　二、生殖伦理 ……………………………………………………… 242

思考题 ………………………………………………………………… 247

第十四章　生态伦理 / 248

第一节　现代生态伦理的诞生 ……………………………………… 248

　　一、西方生态伦理的思想源流 …………………………………… 249

　　二、现代生态伦理诞生的时代背景 ……………………………… 250

第二节　西方生态伦理流派 ………………………………………… 252

　　一、人类中心主义 ………………………………………………… 252

　　二、非人类中心主义 ……………………………………………… 253

第三节　生态伦理的中国智慧与原则 ……………………………… 258

　　一、传统"天人合一"的生态整体观 …………………………… 259

　　二、人与自然生命共同体及其构建原则 ………………………… 260

思考题 ………………………………………………………………… 265

参考文献　/　266

后记　/　269

第一章　应用伦理学概论

应用伦理学是 20 世纪 60 年代以来新兴的一门伦理学。它是现代社会科学技术和经济发展的产物。现代科学技术和社会经济的发展,遇到了诸多伦理困境,提出了诸多伦理难题,这对伦理学的发展提出了时代要求。应用伦理学最初在美国兴起,而后在一些现代发达国家发展并形成热潮。几十年来,应用伦理学研究已经形成了学科性的定势,应用伦理学也成为伦理学领域迅猛发展的重要学科。

第一节　应用伦理学的界定

伦理学是哲学的二级学科,而应用伦理学是伦理学这一学科之下的学科,即为哲学的三级学科。在学科从属关系意义上,应用伦理学在哲学这一大的范畴之内。对于应用伦理学,我们首先必须清楚它与作为二级学科的伦理学的关系。

一、伦理学与应用伦理学

伦理学是一门古老的学问,最早提出知识体系分科的亚里士多德就把伦理学作为一门独立的学问来研究。就哲学作为一个知识体系而言,伦理学是其中学科之一。就伦理学本身而言,它又可以看作一个大的知识体系,而应用伦理学是伦理学知识体系中的一个分支。从学科的意义上看,应用伦理学也是伦理学的分支学科。在应用伦理学产生之前,伦理学作为知识体系至少有这样三种形态:规范伦理学、描述伦理学和元伦理学。其中,几千年来,占主导地位的伦理学形态是规范伦理学,规范伦理学又称为理论伦理学,即从理论形态上阐述什么是伦理学,并且所有的理论伦理学都以规范为基本内容或核心内容。

1. 规范伦理学

从发展史来看,规范伦理学呈现出两种形态:古代的德性伦理学和近代以来的以功利论和道义论为代表的规范伦理学。中国传统社会的知识形态没有明显的学科分化特征,或说"文史哲"不分家。从学科意义上来看,由于亚里士多德最早提出对人类的知识进行分科研究,从而有了不同学科的相对划分,因而我们一般从伦理学在西方的发展进程来讨论伦理学学科及其发展。以亚里士多德为代表的整个古希腊伦理学是德性伦理学,其后的希腊化时期和罗马时期的伦理学,也是德性伦理学。中世纪的伦理学以基督教伦理学为主导,但从理论形态上看,这时的伦理学仍然是德性伦理学。什么是德性伦理学? 简单地说,德性伦理学以行为者为中心,以德性概念为基本概念。努斯鲍姆在她的一篇文章中概括了三个德性伦理学家共有的主张:一是不仅关注选择与行为,也要关注行为者;二是要关注动机、情感和欲望,或道德生活的内在品格;三是道德哲学并不是孤立地研究行为,更重要的是研究行为者的道德生活等。[①]德性伦理学之所以以行为者为中心,同时以德性概念为基本概念,是因为行为者的品格特性就表现为一系列的德性。德性伦理学所要回答的是"人是什么"和"应当成为什么样的人"的问题,这些问题通过对于一系列的德性品格或品质的探讨来回答。我们之所以说德性伦理学也是一类规范伦理学,这在于德性伦理学所探讨的一系列德性概念既是人的内在品格的概念,同时可以作为指导人们行动的规范。近现代以来,理论伦理学出现了重大转变,即从德性伦理学转向功利论(功利主义)伦理学和道义论伦理学,功利论伦理学以边沁、密尔为代表,道义论伦理学则以康德为代表。近现代以来的功利论伦理学和道义论伦理学是以行为为中心的,二者把判断行为的对错、好坏作为伦理学的中心任务。不过,这两种规范伦理学有着巨大的不同。功利论伦理学是一种后果论的伦理学,所关注的重心在于行为的后果。功利论主张,假设在 A、B、C 三种具有不同后果的行为中,A 的后果为最大化的好,且我们的行为是 A,那么我们的这个行为是正当的或在道德上是值得肯定的。以康德为代表的道义论伦理学又称义务论伦理学,它关注的重心在于行为是否履行了道德法则或绝对命令,一个行为是好的或在道德上是值得肯定的,在于它履行了道德法则或绝对命令。当然,康德也强调善良意志,这个善良意志也就是履行或体现道德法则的责任意识。从"我们应当成为什么样的人"到"我们应当做什么",这是规范伦理学本身的重大变化。不过,近 50 年来,德性伦理学已经从衰落走向复兴,目前学术界认为,德性伦理学仍然是现当代西方重要的规范伦理学理论。

2. 描述伦理学

描述伦理学的对象是社会道德现象,因而描述社会道德现象是伦理学的重要任务之一。但严格地说,在思想史上还没有典范型的描述伦理学,只是在不同学科如政治、历史、社会学的著述中,可以看到对于社会道德现象的描述。不过,从"伦理学"的发生学意义上看,在古希腊,这一概念最初就是指涉风俗、习惯的,亚里士多德指出,"伦理"也就是把"ethos"(风俗)的拼法稍加改变就成了"ethike"(伦理)。人类

---

① Martha C. Nussbaum，"Virtue Ethics：A Misleading Category?"，*The Journal of Ethics*，Vol. 3，No. 3，1999，p.170. 努斯鲍姆这篇文章的基调是批评德性伦理学,但她的概括基本是准确的。

社会的风俗习惯、道德风尚、公序良俗等,是指在一般社会层面的道德现象或伦理学研究的社会道德(这里需要说明,我们是在将"伦理"与"道德"这两个概念看作同义的意义上使用它们)。道德现象是人类社会的特有现象,它存在于社会生活的各个领域以及人类精神生活的各个方面。描述伦理学虽然不是具有理论形态的伦理学,但可以看作规范伦理学的一种理论补充。描述伦理学不仅可以通过文献和田野调查对人类历史和现实生活中的道德现象进行实证性研究,而且能够对现实生活领域中的道德现象进行具体的量化分析,如对不同社会生活领域或社会阶层的道德心理状况进行定性定量研究,从而为规范伦理学提供客观的材料和科学的数据。

3. 元伦理学

元伦理学是 20 世纪出现的一种新形态的伦理学。规范伦理学是以道德规范或德性德目(具有规范意义)、道德原则为基本内容的理论伦理学,它要对善恶或行为的对错作出实质性的道德判断,或提出道德判断的一般性原则,因而规范伦理学一般都有某种道德原则或规范体系。而元伦理学并不提出某种道德规范或道德原则体系,它甚至也不对具体的道德问题进行道德判断。元伦理学是一种分析的伦理学,即它是对我们在进行道德判断中所使用的道德规范、道德原则以及评价、判断时所使用的语言和概念,还有道德判断中的言语结构和逻辑进行分析研究。一般而言,提出或论证道德规范或道德原则,对道德行为进行道德判断,以及对伦理事实进行陈述,是规范伦理学的任务。而对规范伦理学所运用的道德概念、道德语言、道德判断句的结构以及道德论证的性质进行分析,则是元伦理学的任务。规范伦理学总是力图提出或建立某种价值意义的规范体系,或至少是要说明某些基本的规范伦理学的陈述是合理的,为某种规范体系或道德原则进行辩护。当然,有的规范伦理学家也激烈批判某些规范伦理理论或传统,如尼采。但这并不意味着尼采不再提倡某种道德价值,如他批判奴隶道德而提倡贵族道德和贵族精神价值。元伦理学总是在分析和论证规范伦理学所使用的概念、所提倡的价值以及道德判断句的逻辑。在元伦理学家看来,作为第一层次的与道德实践相关的理论观点和原则,仅仅是他们分析研究的基点。元伦理学把规范伦理学看作一阶的,而对其进行哲学分析才是二阶的。具体而言,规范伦理学提出命题和判断,而元伦理学则对规范伦理学提出的命题和判断进行哲学分析。规范伦理学回答什么是善的问题,这需要以快乐、幸福等自然的事实来回答,而元伦理学要人们给出善的本质或概念的定义,而不是指出什么事实状态才是善的。规范伦理学提出我们应当行善,而元伦理学则追问为什么我们应当行善;规范伦理学提出善的生活是有价值的生活,元伦理学则问什么是价值。规范伦理学总是要阐述或提倡某种道德理论、道德价值和道德原则,认为伦理学的使命就是引导人类向善,而元伦理学则对规范伦理学所提出的规范、概念、原则以及道德判断句等进行哲学分析,拷问其逻辑的可能性。随着元伦理学的发展,当代西方的规范伦理学与元伦理学呈现融合的趋势。如罗尔斯的《正义论》既是一部规范伦理学的著作,又是一部论证严谨的元伦理学著作,是以元伦理学的论证方式写作的规范伦理学著作,因为罗尔斯在这部著作中详尽分析和讨论了他的重要主张,其核心部分就是两个正义原则。

　　应用伦理学则是当代西方在规范伦理学和元伦理学之后的第三大伦理学分支。应用伦理学被认为是具有理论形态意义的新型伦理学分支。在元伦理学看来,规范伦理学与社会道德生活实践密切相关,但相比之下,应用伦理学与社会道德生活或道德实践的关系更为密切。这是因为,规范伦理学是从理论原则或规范的意义上体现在或融入社会道德生活中,而应用伦理学则直接涉及社会生活或社会实践各领域里与伦理学密切相关的问题。严格地说,应用伦理学没有脱离社会生活实践的独立形态,它总是某个社会实践领域的伦理学,所要面向和回答的问题就是该领域本身提出的伦理道德问题,如经济领域里的相关伦理道德问题在应用伦理学中就是经济伦理,政治领域的相关伦理道德问题在应用伦理学中就是政治伦理,网络信息领域的相关伦理道德问题在应用伦理学中就是网络信息伦理,等等。本书从社会政治生活、经济生活以及交往生活等领域分别阐述应用伦理学,但并非意味着本书已经穷尽了应用伦理学的所有领域,而只是在有限的文字数量中,尽可能努力地对这些领域的伦理道德问题以及相应的研究进展进行讨论。换言之,所有不同的应用伦理都可以看作应用伦理学的分支。[①]就具体的实践领域而言,不同职业的从业人员,如教师、律师、新闻工作者、军人、政府官员或公务员,都有相应的伦理要求和伦理问题,因而都具有从其职业特性来看的伦理领域,这一层次的伦理领域,一般称为"职业伦理"。如果把职业伦理看作应用伦理学的组成部分,那么,应用伦理学也就是广义的应用伦理学。本书是在最一般的意义上,而不是在具体某个职业上讨论职业伦理,如护士伦理、教师伦理就是从具体的职业要求深入具体职业领域来讨论具体职业伦理问题。一般来说,应用伦理学是将职业伦理看成相对独立于应用伦理学的一个更为具体的领域,从而我们所说的应用伦理学也就是相对狭义的应用伦理学。不过,这两者并不是决然分开的,如讨论新闻伦理就不可不讨论新闻工作者的伦理要求,讨论科技伦理就不可不讨论科技人员的伦理要求。

二、应用伦理学的特性

　　就实践性而言,应用伦理学又可称为实践伦理学,国外有的伦理学家的应用伦理学著作就称为"实践伦理学"著作。不过,从实践伦理学的意义上看,应用伦理学并

---

① 所有这些应用伦理学的分支都可以加上"学"字,如政治伦理学、经济伦理学、企业伦理学、生态伦理学、生命伦理学等。本书为了与书名相区别,在讨论具体的应用伦理学的分支时,均不加"学"字。

非当代社会实践的产物。自伦理学作为独立的学科产生以来,学术界一直以亚里士多德对伦理学的学科归属为划分标准。在亚里士多德看来,哲学分为两大类,一类是理论哲学,另一类是实践哲学,像伦理学、政治学就都属于实践哲学。又如康德的三大理性批判,第一为纯粹理性批判,第二为实践理性批判,前者是关于本体论和认识论的批判,后者则是关于伦理学的批判。正是在实践的意义上,伦理学也可以称为实践伦理学,换言之,在实践的意义上,所有规范伦理学也都可以称为实践伦理学。但这样的说法无法将现当代兴起的应用伦理学与规范伦理学区分开来,只是在概念意义上,应当清楚,应用伦理学实质上是实践伦理学。

　　把人类生活各个领域里的应用伦理看作应用伦理学研究的分支,只是从应用伦理学的外延意义上给予了规定。这一规定将应用伦理学与规范伦理学和元伦理学区别开来,然而,我们还需要从内涵意义上进一步讨论应用伦理学。首先,应用伦理学是对规范伦理学的理论应用。这一理解对应的是应用伦理学的"应用"(applied)内涵。对于"应用"的最一般理解,就是将别的什么用到其他问题的解决处理上。就此而言,应用伦理学的一般理解就是将规范伦理学理论的原则、规范等应用到不同具体实践领域或情景中。国外一些应用伦理学著作就是以这样的方式来著述的,如博特赖特著述的《伦理学与商业行为》。这部重版过多次的应用伦理学著作,第二章为功利论,第三章为康德伦理学,第四章为正义伦理,以下各章则具体讨论商业伦理问题。① 当代最重要的规范伦理学就是功利论和康德的道义论。在罗尔斯的《正义论》出版之后,正义问题得到了哲学、经济学、法学等学科的关注,但它实际上仍然是一种道义论。政治哲学的核心概念除了正义,就是权利概念。随着学术界对政治哲学讨论的持续发酵,权利概念也被引入应用伦理学的讨论中。因而,应用伦理学就是应用成熟的规范伦理学理论进行实践领域里的伦理学讨论。其次,应用伦理学不仅有自己的问题域,而且有相对独立于规范伦理学理论的原则规范。本书认可这样两种看法,即既认为存在将规范伦理学指导下的一般伦理原则作为应用伦理学的一般原则和规范,因为所有应用伦理领域不可能不讲道义、不讲正义以及不问后果,也认为,由于应用伦理学各个领域的问题域不同,各个领域也有相应的应用伦理学的原则。如生态(环境)伦理有整体主义原则,但生态伦理并不认为整体主义原则可以应用到一切应用伦理学领域。不同的应用伦理学领域有不同的对象和问题域,因而有不同的具体原则和规范,那么,对应用伦理学全体而言,有没有统一的或所有领域都适用的原则或规范呢? 对于这一问题的回应,我们将在本章第三节展开。

---

① John R. Boatright, *Ethics and the Conduct of Business*, 4th edition, New York:Pearson Education, INC., 2003, pp. iii-vii.

应用伦理学体现了伦理学所具有的实践品格。应用伦理学将社会生活和社会生产的实践领域作为它的研究领域。道德现象是人类社会特有的现象,所谓道德,即可以以善恶或道德的对错进行判断的人类的品格(包括心理)、行为、行为决策、政策及其后果,以及目标设置、制度规范、制度设置等一切可以进入伦理判断领域的行为、活动和制度。从最一般意义来看,伦理研究领域可以分为三个层次:人类个体领域,具有群体意义的人类社会生活和生产实践的不同领域,以及更高层次的民族、国家。应用伦理学所面对的是中间层次,这是一个特性分殊的广泛领域。应用伦理学对某一领域里的伦理道德问题进行一般性研究,它从实践中来,又高于实践,这体现出应用伦理学既有实践的丰富性,又有哲学的一般性,就这点而言,它区别于具体社会实践领域里的职业伦理。这些处于中间层次的广泛的实践领域,相对来说,都具有可以界说的边界,如在生态环境领域与生命医学领域这两者之间,人们可以感觉到它们的不同。而这些处于中间层次的广泛的实践领域里的研究都可称为应用伦理学研究,其共同特征在于它们都具有实践性。同时,一方面,这些领域里所有的伦理道德研究或判断都需要应用规范伦理学的原则规范来进行伦理分析和判断,另一方面,各自领域里的伦理问题又具有自己的特殊性,从而表现出相对独立的形态。总的来说,应用伦理学是一门面向社会生活和社会生产实践,以社会实践的不同领域中具有伦理性质的问题作为其研究对象,以规范伦理学的原则和规范以及自身领域里的原则为基本原则和规范的伦理学分支学科。

第二节　应用伦理学的兴起

在西方伦理思想史上,20世纪60—70年代应用伦理学的兴起是重大的理论现象。第二次世界大战之后,西方国家迎来了一个快速和平发展的历史时期。现代科学技术以及现代工业的迅猛发展,引起人类社会生活的巨大变迁,人类社会面临着前所未有的社会经济以及人类前途命运的问题。诸如,现代科学技术的发展介入古老而神圣的人类生殖领域,现代避孕工具(避孕套和避孕药)的广泛使用带来两性关系的道德危机问题,现代工业的发展产生了前所未有的生态环境污染问题,以及核武器的大规模生产所引发的核战争威胁等一系列人类的生存危机问题。这些问题都是以往的伦理学所没有遇到的,从而对传统伦理学理论提出了挑战。正是在原来可以以传统伦理学理论来回答的地方,产生了需要用新的理论来回答的社会实践问题,从而产生了应用伦理学的社会需求。

一、应用伦理学在美欧的产生

在美国,20 世纪 60 年代的经济发展以及社会矛盾的激发是应用伦理学得以产生的社会背景。首先,第二次世界大战后,美国作为战胜国,国力高涨,迎来了发展的"黄金时代"。经济的快速增长也使企业与政府、企业与环境的关系日益复杂化;同时,由于 60 年代黑人平等权利运动的激发以及反战运动的持续,美国社会面临着一系列社会政治以及道德信念危机,社会平等、公民的不服从以及战争的正义性问题都成为突出的政治伦理问题。其次,现代科学技术的发展向传统的伦理学观点提出挑战。1962 年,卡逊的《寂静的春天》一书,就人类使用现代农药可能造成的严重的环境污染问题,向人类发出警告,这是现代生态环境伦理学的先声。社会政治以及生态环境等方面的问题引起了越来越多的关注与讨论。从 70 年代开始,美国出版了大量有关政治、社会、科技等领域里的道德问题的论著,1971 年,罗尔斯的《正义论》的出版,是哲学领域里重大转向的标志。这标志着西方哲学长期以来以元伦理学的元问题如语言问题为中心向以社会实践问题为重心的转向。《正义论》将制度正义放在中心位置考虑,思考当代社会在市场经济条件下正义何以可能的问题。早在 1963 年,霍华德·鲍恩就出版了《企业家的社会责任》一书;1974 年 11 月,在美国堪萨斯大学召开了第一届全美企业伦理大会,标志着新型的经济伦理或企业伦理作为一门学科而诞生。从美国开始,现代经济伦理学和企业(商业)伦理学日益发展为一门应用伦理学的显学,并引发全球性的学术运动,许多学者和实业界人士都投入讨论之中。生命伦理学也是在这一时期正式成为一门学科。1971 年,美国生命伦理学家波特的《生命伦理学:通向未来的桥梁》一书出版,标志着生命伦理学的正式问世。

随着应用伦理学在美国兴起,欧洲也兴起了应用伦理学研究热潮。第二次世界大战后,欧洲也步入了经济发展的快速时期。以现代工业和科技发展为主导的现代经济发展,产生了大量的生态环境危机和生命伦理危机,如 1978 年人类第一个试管婴儿在英国诞生,1980 年第一份有偿代孕协议出现等,传统的伦理理论在大量的社会实践问题面前,呈现出严重的理论危机。传统的康德道义论伦理学寻求的普遍规则,受到了具体实践问题复杂性的严峻挑战。当然这并不意味着康德道义论在当代实践领域没有作为,而是在新的科技条件下,需要对产生的新的伦理问题给予重新思考,也应当对原有的规范原则重新进行解释。

将理论研究与实践研究结合起来,重新界定伦理学的使命,促进了欧洲应用伦理学的发展。1987 年,瑞士圣伽伦经济与社会科学高等学校设立了第一个欧洲经济伦理讲座教授职位。各种应用伦理学研究中心也在德国等欧洲国家设立,如英国牛津大学的"实践伦理学研究中心",奥地利萨尔茨堡大学的"应用伦理研究所",德国马堡大学的"应用伦理学研究中心"、哥廷根大学的"医学伦理科学院"、图宾根大学的"科学伦理中心",荷兰"乌特勒支生命伦理中心"等。从这些机构可看出,欧洲的应用伦理学研究是全方位的,而且是有机构保障来进行的。其中有些应用伦理学研究机构与我国有着多年的联系,如荷兰"乌特勒支生命伦理中心"。

二、应用伦理学在我国的兴起

随着改革开放的不断深入,我国学术界与西方学术界呈现出一种互通有无的局面,在我国与国际学术界的交流中,国外伦理学界的研究现状不断为我们所知,同时也激发了我国学者对应用伦理学的研究热情。更为重要的是,改革开放以及社会主义现代化建设事业的飞速发展,促使人们更多地进行伦理思考,尤其是对社会主义市场经济体制建设、经济发展与社会道德状况的关系问题的伦理思考对于我国应用伦理学的兴起有着直接的推动作用。在改革开放初期以及经济建设发展的过程中,公平与效率的问题、经济发展与是否必然以道德为代价(道德滑坡论)等问题,是经济伦理的主要问题之一。同时,随着我国经济的飞速发展,环境污染与生态环境保护的问题日益提到人们的议事日程上,从而推动了我国生态伦理研究的发展。

20世纪80年代以来,我国学术界就市场经济与道德发展、生命医学伦理、企业(商业)道德、科技伦理、生态环境伦理等主题召开过多次学术会议,相关论文在不同的刊物上发表,从而形成了真正的应用伦理学的热潮。随着社会经济的发展,这些主题仍然面临着新的问题与挑战,因而仍然是我国应用伦理学的热点所在。最近十几年来,人工智能等科技的发展提出了一系列伦理问题,人工智能伦理将是我国近阶段应用伦理学的重心所在。在研究机构方面,随着我国伦理学界对应用伦理学研究的大量投入,许多大学以及科研机构都相继成立了应用伦理学的研究机构,如北京大学和中国社会科学院相继成立了"应用伦理学研究中心",南京师范大学成立了"经济伦理学研究中心"。在实践层面,1987年,我国学者首次提出设立医院伦理委员会的主张;20世纪90年代,按照国家的要求,各级医院成立了伦理委员会;随着基因编辑试验问题的暴露,相关人士呼吁,亟须在国家层面成立生命医学伦理委员会。

第三节　应用伦理学的原则

应用伦理学涉及人类生活生产的几乎所有领域。道德教育的根本目的在于立德树人,习近平总书记指出:"立德是最高的境界,文化文艺工作者、哲学社会科学工作者都肩负着启迪思想、陶冶情操、温润心灵的重要职责,承担着以文化人、以文育人、以文培元的使命。"①立德树人不仅是通过专门的道德教育课程来实现的,更重要的是通过不同行业、不同领域里的伦理准则的践行来实现的。应用伦理学的研究就是通过揭示不同领域里的伦理道德原则,来回答道德培育的问题。

应用伦理学各个领域里的问题由于其领域的特性或内在关系的特征的不同,而有着不同的伦理要求,那么,是否有可能存在着像规范伦理学那样统一的原则或规范? 这是应用伦理学作为一门伦理学学科所遇到的问题。当然,规范伦理学本身并非统一的,只是在某种规范伦理学那里,有着内在一致或符合内在逻辑的规范、准则或原则,从而构成某种规范伦理学的体系。应用伦理学的研究对象几乎是完全殊异的实践领域,如生命伦理学所面对的是人的生命以及相应的医学领域,而生态环境伦理学面对的则是人所身处的自然环境。作为一门实践伦理学,应用伦理学并不是元伦理学的一种,因而无疑具有规范性的特征。这种规范性特征分为两类,一类是具有一般应用伦理学意义的规范、准则或原则,另一类则是各自领域里的规范、准则或原则。

一、一般性原则

在我国学术界,一种观点认为,应用伦理学的"应用",就是指将规范伦理学的原则、规范等应用于具体的社会实践领域来分析问题和解决问题,因而应用伦理学的规范、原则也不过就是规范伦理学的规范、原则。另一种观点则认为,应用伦理学作为一门独立的伦理学的分支学科,其独立性就在于它有自己的规范、准则或原则,而不是从传统的规范伦理学理论中采用某些原则来应用。我们认为,这两种观点各有其合理性,但都不全面。这是因为,一方面,从一般性特征看,应用伦理学是一个对象领域众多而殊异的特殊伦理学学科。这些领域里的伦理研究之所以可以称为应用伦理学研究,在于它们相对于规范伦理学理论性的实践层次。在这样一个人类社会生活和社会生产实践层次意义上,所有的伦理研究都称为应用伦理学,但并不能因此抹杀它们各自相对具有的特殊伦理品性。另一方面,众多殊异层次的应用伦理研究具有某种统一性,这种统一性就是它们都离不开规范伦理学的理论指导或规范伦理学的规范、原则。因此,就具体的各个领域的应用伦理学而言,它们的统一性是一般性规范伦理学规范、原则与其自身所要求的规范、原则的统一。就这两个方面而言,我们首先提出对于应用伦理学所有领域的研究都需要参照考虑的规范、准则或原则,其次,则讨论主要的应用伦理学领域各自的伦理规范、准则或原则。

---

① 《习近平谈治国理政》第三卷,外文出版社 2020 年版,第 325 页。

近代以来最重要的规范伦理学是以边沁、密尔为代表的功利论伦理学和以康德为代表的道义论伦理学。就所有实践领域的道德分析和道德判断而言,这两类规范伦理学所提出的原则是我们首先应当考虑的,不过,在不同的实践领域侧重可能有所不同。如在经济或企业伦理领域里,不可能不考虑功利论的原则,而在生态环境领域,则不得不考虑道义论的责任原则。

(一) 后果最大化好(善)的原则

后果最大化好(善)的原则是功利主义的基本原则。在以边沁、密尔为代表的功利主义看来,对任何行为或行为决策的评价,都以是否能够产生最大化的好(善)的后果作为最终的评价依据。只有符合这一标准的行为或行为决策才是善的或正当的,否则在道德上是不值得肯定的。与这一标准相关联的是功利主义的另一条最高原则:最大多数人的最大幸福。"最大多数"和"最大幸福"都是从量的累积来看的人类福祉。任何行为后果的善或好,最终又都是为实现最大多数人的最大幸福。实际上,这是社会福祉意义上的最大化的好(善)。

(二) 责任(义务)原则

责任(义务)原则是康德的道义论伦理学的基本原则。在康德看来,只有出于责任而不是符合责任的行为才具有道德价值。出于责任的行为是服从理性所要求的行为,而理性所要求的行为也就是出自绝对命令的行为。因而也可以说,只有履行道德的绝对命令的行为才是具有道德价值的行为。康德对于绝对命令有多种表述,如他说:"我应当毫无例外地以这样的方式行动,按照这一方式,我也能够要求我的准则成为一个普遍的法则。"[①] 这一绝对命令,也就是站在所有有理性的存在者的立场上来看待我的行为或行为选择,如果我的行为选择能够与所有有理性的人的选择一致,那么,这样的行为就具有道德价值。换言之,我的行为准则如果能够成为普遍法则,从理性存在者的意义上看,人人都应当遵守,那么,遵循普遍法则就是我的责任。我们认为,所有领域的应用伦理学都应当将康德式的普遍法则以及对于道德责任的强调看作最一般的道德要求。

(三) 正义或公正

公正是社会主义核心价值观内容之一,正义也是西方自古希腊以来就有的重要德性和原则。它既是应用伦理学的一般性原则,也是许多不同应用伦理学领域的原则。罗尔斯的正义思想或他所提出的两条正义原则,激起了伦理学、哲学、法学、经济

---

① Immanual Kant, *Groundwork of the Metaphysics of Morals*, *in Practical Philosophy*, Mary J. Gregor ed., Cambridge: Cambridge University Press, 1996, p.71.

学、社会学等几乎所有人文社会科学领域对于罗尔斯的思想以及当代社会正义问题的讨论。在罗尔斯看来,正义是人类生存的最根本原则。他说:"如果说,一种使权力服从其目的的合乎理性的正义社会不可能出现……人类生活在这个地球上是否还有价值?"①罗尔斯探讨的主要是制度正义,在他看来,一个社会的正义最根本的是制度的正义。他强调正义是一种社会制度的首要价值。以罗尔斯为代表的正义原则是一种道义论。罗尔斯强调,他的制度正义应当成为所有应用伦理学领域里的根本原则之一,这是因为,任何一个社会实践领域都是一种人类社会的关系领域,都需要有相应的制度保障。而任何社会制度都应当以正义作为首要价值,因而正义应当在所有应用伦理学领域中有其应有的地位。就正义本身的内涵而言,有两个基本点:一是公平平等,二是权利(rights)。前者是人类几千年来所达成的道德共识,后者则是近代以来通过西方思想家反复论证而为人所认可,即保障每个人的权利是正义的要求。二者也可以结合起来使用,如公平平等的权利,这是说,人人都可享有的公平平等也是人的权利,这一权利是西方思想家近代以来所提倡的权利。

（四）仁爱

仁爱是中国儒家伦理的核心概念,与西方伦理中的"博爱"具有类似的内涵,但两者存在较大的差别:仁爱将亲人之爱放在更为根本的地位,换言之,儒家虽然也有泛爱众的思想,但认为亲人之爱更为根本;博爱则不认可这样的差等之爱,而认为应当同等地爱天下所有人。在现代伦理学中,女性主义伦理学强调与博爱类似的情感伦理:关爱。关爱的范型就是母亲,而母亲对自己的子女的爱是无私的爱或呵护。关爱是一种付出,一种给予,一种对所爱对象的真诚呵护。这三者虽然有着细微的差别,却有一种基本精神,即在与他人的关系中,要有爱心、要爱人。保护人、尊重人等,都可从对人的爱这一基本含义中衍生出来,因而也可以看作应用伦理学的一条基本原则。仁爱或仁者爱人体现的是伦理学的善良原则,善良应当是伦理学的一个基本立场,也应当是应用伦理学的基本立场。

以上四条伦理原则可以看作应用伦理学的基本原则,这些原则在几千年的人类伦理思想史上产生重大影响,同时经过了人类社会道德实践的长期检验。不过,需要指出的是,不能强调其中的某一条而忽视其他,应当看到,其中任何一条都具有某种不足,如我们不能仅强调后果最大化好的原则而忽视履行道德责任的重要性,忽视实践领域里制度建设的重要性和任何人都有关爱的需要。不过,在伦理道德的实践中,我们面临着一个具体问题,即如果某种原则与其他原则发生冲突,对于道德实践中的行为者来说,应当怎么办? 我们认为,罗尔斯的处理方法很有启发性。他把道德实践

---

① ［美］罗尔斯:《政治自由主义》,万俊人译,译林出版社 2000 年版,第 50 页。

原则分为两类,一类是自明的原则,另一类是当下须履行的原则,即自明的原则并非等同于完全需要在当下实践中践行的原则。也许多种自明的原则可能对某一种道德情景都具有意义,但只有在当下最急需的原则才是当下应选择的践行原则。

最后,在上述四个一般原则之外,我们需要强调一下自主性原则。在本书的"生命伦理"一章中,我们将自主性(autonomy)作为重要原则来讨论,而在作为总论的第一章里,我们之所以也要强调这一原则,是因为自主性作为应用伦理学的一般原则,其适用范围更广泛,不仅涵盖生命领域,还涉及社会、经济、环境等多个领域。它强调在多元化的社会中,尊重个体的自我决定权,允许不同生活方式和价值观的共存,是现代社会个体自由和尊严的体现。同时,在践行道德原则和规范方面,自主性原则体现了行为主体的自觉自愿,这与受强大的国家机器的强制而服从法律法规有重大区别。由此可见,所有道德原则和规范都是建立在行为者自愿自觉服从的基础之上的。只有在这一前提下,道德原则和规范才具有规范意义。在应用伦理学领域普遍确立自主性原则,是人类普遍向善的根本保障。

二、特殊领域里的原则

应用伦理学把众多社会生活与社会生产实践领域作为研究领域,是因为所有这些领域里的伦理现象都可成为应用伦理学的研究对象。不同领域里的应用伦理由于其对象的特殊性,而有不同的伦理原则和规范,如消费领域的应用伦理原则和规范不同于慈善领域的应用伦理原则和规范,法律领域的应用伦理原则和规范不同于生命领域的应用伦理原则与规范等。不过,也有一些规范是相当多的应用伦理领域共有的规范,如公正或正义。"公正"或"正义"这两个中文概念虽略有不同,但由于它们对应的英文都是 justice,因而二者也可看作一个概念。公正或正义在相当多的应用伦理领域都是重要规范,说明了这一规范对于应用伦理学的重要性。不过,即使同一个原则或规范,都应结合不同领域的伦理问题进行分析,只有这样,方可对某一原则或规范在本领域的意义与作用有清楚的把握。正是不同应用伦理领域的伦理问题不同,才需要应用伦理学从理论的高度进行深入研究分析,从而能够使我们把握其分殊的特征。

应用伦理学成为当代伦理学的一个重要领域,并且与规范伦理学、元伦理学呈现鼎立之势,这说明这一具有实践性的、领域广泛的学说在人们的道德生活中起着越来越重要的作用。然而,从其发生学意义上看,正是因为现代商业经济领域、生命医学领域和生态环境领域的伦理问题激起了人们在理论上的持续关注并形成理论热点,应用伦理学的各种领域才渐次进入人们的研究视域。这些领域里的伦理问题的凸显,在于现代科学技术的发展以及现代工业生产所引发的问题,这是以往历史上所没有遇到的。

以生命伦理、生态伦理和人工智能伦理为例。首先,生命伦理已经成为当代伦理学领域一个快速发展的学科,它在当代应用伦理学的形成中起了重要作用,并且成为应用伦理学重要的研究领域。就生命伦理的原则而言,对于哪些原则应当作为生命伦理的主要原则,在欧美国家曾经有过大量讨论,恩格尔哈特在《生命伦理学的基础》中提出两个原则:一是允许原则,即在一个世俗的多元化的社会中,涉及别人的行动的权威,只能从别人的允许中来。二是有利(行善)原则,即行为或行为决策向善或有利于他人。行善原则主张帮助他人增进利益。在这两个原则的基础上,彼彻姆和查瑞斯在《生物医学伦理学原则》中提出四个原则:不伤害(nonmaleficence)原则、有利或行善(beneficence)原则、自主或尊重自主(respect for autonomy)原则、公正(justice)原则。这四原则说得到生命伦理学主流的认可。

其次,在应用伦理学领域里,生态伦理对于人类的生存与发展具有十分重要的意义。西方生态伦理学家提出了生态伦理的整体主义原则。地球上的自然生态系统是几十亿年的时间自然演化形成的整体系统,由所有生物群落与自然、生物环境因素所构成,各自然系统间相互作用,不断演化,相互依存而又相互竞争。在这个漫长的自然演化过程中,又有着相对稳定的和谐有序的特征。这种相对和谐有序的特征,即生物界与非生命的自然环境的相互作用下的内在的平衡与和谐。自然生态系统内部的和谐秩序是一种动态的平衡秩序,体现了一种动态整体主义,即一种生物或环境的存在以另一种生物或环境的存在为条件或依据,同时各种生态系统都处于一种动态的平衡状态之中。如水不断在一定温度的作用下蒸发上升为水蒸气,在高空遇到冷空气又凝结为水的形态变为雨下降,如此循环往复,从而滋润大地,催发万物生长。自然生态系统体现了一种自然整体主义的原则,在没有人为干扰的情形下,它将长期处于自然的和谐与平衡之中。人类只是自然生态系统的一个组成部分,而不是主宰力量。利奥波德提出"土地道德"的"大地共同体"的概念,在他看来,人只是这个包括岩石、河流、树木在内的大地共同体的一个成员,从属于这个大地共同体。海德格尔认为,人类是自然的呵护者,而不应是自然的征服者。人类对自然的呵护,则意味着对自然的责任。人类是这个生态系统中唯一觉醒到自我存在的生命体,人类以地球的主人精神来主宰地球,开垦自然甚至破坏自然,从而导致大量的生态破坏和大量动物种类的灭绝。两河流域在人类大规模的活动之前曾经森林茂盛,但由于人类的破坏已经永久性地沙化。自然生态系统的整体主义原则是自然对人类的昭示,它告诉人类,包括人类在内的一切生物以及地球表面的一切无生命的存在物组成了一种动态平衡的生态系统,山河大地、荒野森林都是十分重要的,都是这个共同体的成员。如果人类不尊重这个共同体的其他成员,导致绝大多数物种无法生存,那么人类也无法生存下去。

最后,随着生成式人工智能的发展,科学技术正面临着一场新兴的革命,与此同时,人工智能伦理已经成为应用伦理学领域中最有发展势头的新兴领域。人工智能正广泛运用于自动驾驶、医疗、教育、艺术创作、行政办公、家政服务、天气预报、军事、航空等众多与人类息息相关的生产与生活领域,全面改变着人类的生产与生活方式,将整个世界带入智能化的时代。现在的人工智能还普遍属于弱人工智能,即只能处理单一或有限任务,实现智能化决策和预测的人工智能,而强人工智能(又称为通用人工智能,Artificial General Intelligence),即能够处理多种复杂任务甚至能够进行自我学习和创新的人工智能,仍处于研究和探索阶段。正因为人工智能对当代人类的生产生活领域具有全面性作用与影响,人们已经把以人工智能为标志的科学技术革命称为第四次工业革命。人工智能的发展及其广泛应用带来一系列新的伦理问题。如人工智能的伦理地位问题,即仅仅有行为的自主性,就可以被视为具有道德地位的行为者吗? 人工智能如何能够负起道德责任和法律责任? 我们如何使一个在人类之外而具有人类心智的类人智能体与人类的道德对齐? 当我们把人工智能视为具有类人道德能力的物体时,我们如何能够建构起一类人机交互主体关系,而不是人与人的交互主体关系? 当一类完全自主且具有自我意识的人工智能与人类共存时,我们如何能够保证他们是对人类友爱的智能体? 等等。关于人工智能的伦理原则与规范就是针对这些伦理问题展开的。例如,国家新一代人工智能治理专业委员会于 2021 年 9 月 25 日发布了《新一代人工智能伦理规范》,旨在将伦理道德融入人工智能全生命周期,为从事人工智能相关活动的自然人、法人和其他相关机构等提供伦理指引。该规范提出了增进人类福祉、促进公平公正、保护隐私安全、确保可控可信、强化责任担当、提升伦理素养 6 项基本伦理要求。同时,提出人工智能管理、研发、供应、使用等特定活动的 18 项具体伦理要求。

应用伦理学的领域广泛,在不同的应用伦理学领域里都有着基于自身伦理关系要求的伦理道德准则,对此我们将在相关章节中进一步讨论。

思考题:

一、怎样理解理论伦理学与应用伦理学的关系?

二、应用伦理学的一般伦理原则有哪些?

第二章　经济伦理

经济与伦理是两个相互独立又彼此联系、相互作用的范畴。在现代社会,道德作为人类追求美好生活的价值导向与行为规范,对人类经济活动起着重大的引导与制约作用,而人们的美好生活也有赖于健康有序的经济生活所奠定的物质基础。经济伦理体现了人类有意识地、自觉地改善经济生活、提高经济决策和行为伦理质量的主体意识,对经济、社会和人的全面发展有着积极的促进作用。当下,我国及世界经济都步入新的发展阶段,随着我国开启了全面建设社会主义现代化国家新征程,全面深化改革的力度日益加大,经济伦理研究可以为推进我国社会主义市场经济发展,完善经济制度和经济政策、决策提供伦理价值依据和方法论指导。

第一节　经济伦理概述

经济伦理是在现代性的推进过程中,为了化解经济与道德不断深化的矛盾而生的新兴交叉学科,20 世纪下半叶以来,在理论研究与实践活动两个方面都取得了长足发展,成为应用伦理学中最重要的分支学科之一。随着我国改革开放的逐渐深入,社会生活中经济伦理问题日益突出,现代经济伦理在我国生根发芽,成为我国伦理学界与经济领域的研究与实践热点。本节将对经济与伦理的关系,经济伦理的兴起与发展、概念界定与研究方法、内容框架等基本内容作出概述。

一、经济伦理：经济与伦理的统一

经济作为一种普遍的社会现象和人类实践活动,是历史的产物,它随着文明的推进而不断丰富、扩展其活动内容与形式。如何界定经济? 经济学家们有多种答案:经济是私有财产的运动;经济是增加国民财富的活动;经济是对资源的优化配置,以最小的耗费取得最大的效果……虽然这些答案都揭示了经济活动的某些功能或特征,但都没有从根本上揭示经济的实质。历史唯物主义从哲学的高度,对此作出了界定:经济活动作为人类特有的实践活动和存在方式,它首先是一种物质生产活动,表现为社会生产力要素的总和。人们通过有目的的生产劳动与自然界进行物质和能量的交换，以谋取人类所必需的生活资料，从而实现自己的生存和发展。它是"不以一切社会形式为转移的人类生存条件，是人和自然之间的物质变换即人类生活得以实现的永恒的自然必然性"①。就此而言，经济是人类得以生存和发展的前提和基础，是社会发展的永恒动力。它是人们追求未来美好生活、实现诸多价值目标的客观现实基础。其次，经济还意味着人们在社会生产、分配、交换、消费的总过程中结成的人与人之间的相互关系——社会生产关系。它包括生产资料归谁所有，人与人之间在生产过程中的地位和关系如何，劳动产品如何分配等。这种关系是"人们在自己生活的社会生产中发生一定的、必然的、不以他们的意志为转移的关系，即同他们的物质生产力的一定发展阶段相适应的生产关系。这些生产关系的总和构成社会的经济结构，即有法律的和政治的上层建筑竖立其上并有一定的社会意识形式与之相适应的现实的基础"②。经济基础决定上层建筑，经济关系是一切社会关系中最首要的，起着决定性作用的关系。"每一历史时代主要的经济生产方式和交换方式以及必然由此产生的社会结构，是该时代政治的和精神的历史所赖以确立的基础，并且只有从这一基础出发，这一历史才能得到说明。"③ 显然，经济对作为"一切社会关系总和"的人的现实本性起着主要的决定性作用，它与人的存在本质、存在方式具有本质的关联，是充满意义向度和价值维度的"人"的行为。

由此，作为理论抽象的概括，经济是对社会物质生产过程及其所包含的各种要素、关系、结构、机制的总和。作为一种人类实践活动，经济活动具有主体性、目的性，反映了人们对美好生活的价值诉求；同时，经济活动虽然产生于人，但已形成了一个外在的、与"人的世界"相对应的"物化世界"，具有客观性，有自身运行的规律，以经济的必然性支配、影响着人的思想和行为。经济的主观目的性规定了经济活动的目的、价值和意义，体现了这种实践活动的道德性；经济的客观规律性决定了经济活动所必须遵循的规律及其实施效果，保证了经济活动的科学性和有效性。规律是目的的客观依据，人的目的能否实现，取决于这个目的在何种程度上符合客观规律；目的是规律运行的主体归宿，客观规律如何发挥作用，在很大程度上也取决于主体的价值选择。因此，能否促使经济朝着人类既定目标迈进，就取决于经济活动主体的价值诉求与经济运行的客观规律能否统一，此为经济伦理的题中之义。经济伦理就是在特定社会条件下的经济生活中，通过把握社会经济规律，将促进人的自由而全面发展的系列价值理念在经济世界渗透，并外化为现实的经济发展目标和经济制度规范、决策，从而引导和约束经济行为及经济活动，使之朝着促进人性及社会完善的方向

---

① 《马克思恩格斯文集》第五卷，人民出版社 2009 年版，第 56 页。
② 《马克思恩格斯选集》第二卷，人民出版社 2012 年版，第 2 页。
③ 《马克思恩格斯选集》第一卷，人民出版社 2012 年版，第 385 页。

发展。

在此基础上,经济伦理主要表现出两个方面的功能:首先,经济伦理是一个理性批判的范畴,它通过对经济生活的哲学反思和意义追问,不断审察当下经济生活世界的"不义",并提出合宜的价值主张和要求,以不断完善和超越现有的经济方式和经济理念;其次,经济伦理还是经济实践的范畴,其价值诉求需要通过一系列经济行为转化为现实的经济目标、发展战略、经济制度和公共决策,以及形成各类规范以引导相关经济主体的经济活动。总之,经济伦理充分体现了经济合主观目的性与合客观规律性的统一,它要求关注经济目标的道德正当性,还要关注经济目标在实现过程中的现实合理性,即经济行为、经济制度与决策的技术合理性。

二、作为应用伦理学的经济伦理

现代应用伦理学的兴起,标志着伦理学对人类生活的全面介入,应用伦理学从伦理学的角度对当代社会的现实问题进行诊治,立足于促进人类更好地生存的需要,致力于把当代哲学和伦理学的理念、原则或准则应用于具体的生活领域,为实践问题的最终解决提供范导、价值取向和思维方式。经济与伦理之间的紧密联系,表明了经济学与伦理学可以有机结合起来以共同研究社会经济生活和人类文明发展的重大问题,致力于人类创造美好生活的实践。但是,经济与伦理的内在联系只是为经济伦理学的产生创造了可能性,而作为一门系统的、专门研究经济发展与伦理道德的关系、处理经济发展与伦理道德矛盾冲突的独立学科,经济伦理则形成于 20 世纪 70 年代左右,是在现代性背景下经济发展和社会矛盾不断激化的触发下,为满足实践的需求而诞生、发展起来的。

(一) 经济伦理的兴起与发展

尽管对经济与伦理道德之间关系的考察并非始于当代,但将这种考察作为一门可系统研究的学科来处理,即现代经济伦理学作为一门新兴交叉学科兴起和最终形成,则始于 20 世纪 70 年代末的美国,其理论研究与实践活动随后于 80 年代中期进一步延伸至欧洲,并在 90 年代后普及全球。

现代经济伦理在 20 世纪后半叶逐渐于各发达资本主义国家兴起并不是偶然的,而是有着深刻的社会经济、政治的背景。现代性的推进将人类从传统生存方式的各种束缚中解放出来,挖掘了人的潜能,扩展了人的能力,增强了人的独立自主性,极大地促进了人的自由全面发展,也使人类生活的现代世界更加富足、文明。但是,现代性自身伴随着的过分刺激和鼓励追求实利的根本性缺陷,解除了人类对欲望和利益不懈追求的约束,资源的相对有限和人的日益贪得无厌,使人与人之间的争夺愈演愈烈。环境污染、生态平衡破坏、因资源争夺而引发的群体冲突等现代危机,已经使人类整体面临日益严重的生存危机和人类个体面临日益严重的生存压力,并直接催生了环境伦理、生命伦理、政治伦理等一系列应用伦理研究,其影响也较为突出地表现在经济领域。经济伦理兴起的根本原因在于,第二次世界大战后,因新科学技术的发展而加速的社会化生产激化了单纯以利润最大化为目标的经济活动与社会之间的矛盾,经济伦理学正是对现代性推进过程中人类所遭遇的现代文明危机的一个强烈回应。

经济伦理在西方引起了巨大关注,与当时西方国家出现的诸多经济丑闻有着直接的关联。20 世纪 70 年代,美国大公司经济丑闻频发,引起了社会的震惊和公众的极大关注,如以洛克希德公司为代表的 300 多家美国公司犯有贿赂行为,化工厂中剧毒物质的大爆炸,对河流和海洋的大面积污染,食品被有毒物质污染,在发展中国家实行不正当的市场营销活动,汽车走私,非法武器出口,证券公司和大额投资者背后的不法交易活动等。经济丑闻如毒瘤般蔓延,在欧洲、澳大利亚、新西兰、日本等发达资本主义国家和地区连锁重演,并进一步向亚洲等地的发展中国家不同程度地蔓延。在日本,轰动一时的四大公害诉讼——新潟县"水俣病诉讼"、四日市"哮喘病诉讼"、富山县"疼疼病诉讼"、熊本县"水俣病诉讼",震惊全世界。这促使发达国家的社会各界反思市场经济制度、企业组织以及作为其理论基础和根据的经济理论和道德准则,最后促进了相关经济伦理法纪法规的诞生。可以说,经济伦理这门学科正是在这种实践之于理论的强烈诉求下,逐步成熟起来的。

(二)经济伦理的概念界定与研究方法

现代性在全球展开以来,经济在社会生活中形成强势地位,经济体系日趋庞杂,牵一发则动全身。无论经济价值目标的确定,还是目标的实现过程及其效应的评价等,都需要多学科共同参与的专门化研究,这样才能合宜地引导经济发展。其中,经济学与伦理学相结合的综合路线,也即经济伦理的视角是最重要的研究方式之一。目前关于经济伦理的学科性质与概念内涵的界定主要有以下三种:一是认为经济伦理是关于经济制度伦理和经济行为伦理的学说;二是认为经济伦理是从道德角度对经济活动的根本看法;三是认为经济伦理是一门经济实践的道德科学,以研究经济与伦理的关系、经济活动中的伦理道德的形成和发展规律以及经济行为的伦理正当性等问题为对象。我国学界比较公认的定义是,经济伦理是"研究社会经济领域、经济行为主体的道德现象及其伦理问题,是伦理学与经济学的交叉学科,属应用伦理学的分支学科。以揭示经济与伦理内在联系为立论前提"[1]。如果更

---

① 　朱贻庭主编:《伦理学大辞典》,上海辞书出版社 2002 年版,第 113 页。

明确地界定此定义中的"内在联系",则可进一步阐明:经济伦理是研究社会经济和人的全面发展的关系以及直接产生于人们经济生活和经济行为中的道德观念的科学。

在研究方法上,经济伦理作为一门在经济学与伦理学相分离而后又走向融合的交叉学科,它要求以经济学与伦理学双重学科视角和方法来研究经济伦理问题。这一研究方法的合理性源于经济—伦理二者的内在联系:在经济发展目的和社会伦理目标之间存在逻辑上的一致性,经济伦理规则内生于经济行为。在此基础上,有机地运用两个学科领域的方法去研究、解决经济伦理问题,要求我们一方面要有从伦理到经济的认识视角,"涉及利润、增长、技术进展的问题,都有伦理上的维度:这些包括污染和自然资源的减少对社会总体的影响,工作环境的质量和特征,以及消费者的安全。"[①] 此视角要求我们立足于哲学、伦理学的高度,对于经济问题有形而上的把握,同时对于经济现象要有深入的学理分析、思辨论证,将经济实践纳入人类幸福的终极目标下予以考量。但又要避免这种思维路径脱离社会现实而片面运用偏重于理论思辨的逻辑推理和演绎来论证经济与道德的关系,以至于使其理论存在空泛、抽象、模糊的弊病,因而缺乏应用性的倾向。因此,另一方面,我们还要有从经济到伦理的视角。即社会伦理目标要通过合理的经济手段与方法,转化为现实的规范、制度和决策,要避免经济伦理仅停留在道义的呼吁层面,而是要转化为现实的力量。这需要我们结合经济活动中的个体与组织、生产者与消费者、企业与环境、权利与义务、经济效益与社会效益等,从经济与伦理的关系入手去把握经济伦理问题和规律,同时,将经济学的技术、工具与方法适当地运用到经济伦理问题的解决中。借鉴经济学实证分析的优点,细致入微、严谨周密地为伦理问题的解决找到在实际生活中可行的途径。但在这个过程中,又要避免经济帝国主义倾向,避免将功利目标、效用原则拔高到至上的地位,将其作为衡量经济行为的唯一标准,从而忽略其他价值取向,令经济活动只是服务于暂时利益、物质利益、个体利益,而忽视长远利益、精神价值、整体利益。

总之,经济的发展需要有伦理价值导向,但经济伦理问题的解决也必须以合乎经济规律的方法来实现,这意味着经济伦理要将经济学与伦理学两门学科真正有机地融合在一起。质言之,经济伦理是以人类经济活动中的道德伦理问题为研究对象,它审察并分析阐释人类经济活动的道德基础、道德规范、道德秩序和道德价值,力求社会经济制度、经济体制、经济政策、决策等各个层面经济活动的经济合理性与道德合理性的统一,从而促进社会经济朝着促进人的自由而全面发展方向发展。

---

① O. C. Ferrell and John Fraedrich, *Business Ethics*, Boston: Houghton Mifflin Company, 1991, p.3.

（三）经济伦理的内容框架

经济伦理的实践目标着力于提高经济决策和行动的伦理质量。从实际操作出发，我们可以依据不同的目标、不同的利益和不同的动力将经济伦理问题划分为三个不同的层次：微观经济、中观经济和宏观经济。

第一，微观经济层面的伦理问题。主要探讨企业内外各个层面的经济个人（如雇员、雇主、消费者、股东、投资者等）及其之间的伦理关系、行为规范和价值观念等问题。主要包括：(1) 个体在社会经济活动中承担的职业角色的伦理问题，如经济管理者的道德人格问题、雇员的职业道德问题；(2) 个体对消费的伦理评价及消费道德规范等。

第二，中观经济层面的伦理问题。主要以各类企业、经济组织，以及工会、消费者组织、各种职业联合会等为主体。组织具有自己的目标、利益和行为方式，并能发展一定的自主性而有别于作为个体的自主利益。从经济伦理学的角度，这意味着企业等组织本身必须被看成一个"道德行为者"。这类伦理问题包括：(1) 企业社会责任问题；(2) 企业组织间的伦理问题，如广告伦理、公关伦理、商务谈判伦理、国际商务伦理等。

第三，宏观经济层面的伦理问题。主要探讨经济制度本身和企业的整个经济条件的形成，如经济体制、经济秩序、财政、金融和社会政策、国际经济关系等的伦理问题。主要包括两个方面内容：(1) 对经济制度的伦理评价，例如市场经济的伦理评价，社会公正、分配正义等制度伦理问题；(2) 经济条件、经济秩序、经济政策和决策的伦理问题，如对国家实施再分配功能限度及其形式的伦理分析、对最低工资法的经济合理性与道德合理性的分析等。

第二节　经济发展的价值诉求

经济伦理学作为应用伦理学的一个分支，其核心问题就是要澄清人类经济生活领域应遵循的价值诉求，把握好经济发展的价值导向。我国坚持在社会主义制度下通过市场经济推进现代化建设，确定有利于社会根本利益的经济发展战略，完善经济体制改革，制定恰当的经济政策、决策，引导各类经济主体合理有序的经济活动，从而推进我国经济健康可持续的发展，这些都有赖于经济伦理研究从宏观角度对现代经济发展的价值诉求作出全面深刻的审视与辨明。

道德的终极导向是为了促进人类追求"好的生活"，即幸福的生活。影响个体幸福的社会因素很多,但随着现代社会的强劲发展,经济已成为影响个体幸福的最具基础性、重要性的社会条件。好的经济体系服务于"好的生活",根植于"美好社会"之中。衡量一个经济体系好坏的标准,是基于它能在多大程度上较好地组织经济活动,从而为社会成员提供追求个体幸福生活的机会。基于经济伦理视角,我们可以进一步得出符合幸福生活道德诉求的经济体系和经济生活应具有的三个价值维度:

第一,经济自由。使社会成员普遍摆脱压制性奴役(自然、愚昧无知、受制于他人、体制、信仰),获得自我实现的机会与能力。

第二,经济效率。以某种生产方式改善物质生活条件,为全社会成员提供更多、更好的生存资源。

第三,经济平等。以合宜的经济制度与政策,保证社会全体成员能平等地分享到经济生活发展所创造的财富成果。

这样,在幸福的终极目标诉求下,经济自由(保证个体对幸福的自主追求)、经济效率(保证每个人获得追求幸福的基本资源)、经济平等(保证每个人对幸福的享有)这三个主要的价值维度得以浮现,它们构成了促进经济体系和经济生活实现幸福的最主要的价值维度。

一、经济自由

自由是构成人类幸福生活最重要的价值要素,"幸福"是从生活状态角度出发对美好生活的一种理想性描述,"自由而全面的发展"则是从人的状态出发,对能够获得幸福的人的一种理想性描述。在现实中,只有当人们有了选择的自由和种种相应的权利,个体才能按照自己的天性选择人生,实现幸福。

关于自由的理论有很多,不一而足,侧重于从经济角度去理解自由,主要有两种观点:一种是将自由理解为纯粹的个人选择,另一种则将自由理解为最大程度地促进人们实现自己的潜能。其实这两种对自由的理解并无根本冲突,因为人的潜能只能在"自成目的性"的行动中才能实现,而这种行动是建立在个体的自我选择基础上的。因此,在经济活动中,自由作为一种标尺,要求经济体系应具备个体在市场中进行选择的自由,同时表现为个体能够参与到那种帮助自己实现潜能的公共生活中。

由此可以得出经济与自由的两个关系:第一,经济应该为了自由。自由是经济的价值目标,经济的发展应该有助于人类的自由和全面发展,为人的自我发展与自我实现创造机会和条件。第二,经济应该是自由的。经济生活本身是人类生活的一部分,而生活是以人的自主选择为前提的,幸福生活更是以自由而全面发展的人的"自成目的性"行动为前提,因此,合乎道德的经济生活应内在包含着自由维度,自由是经济的价值维度。

按照《新帕尔格雷夫经济学大辞典》对"经济自由"(Economic Freedom)词条的解释,经济自由是指在产品价格由市场竞争所决定,个人能自由做各种选择,以自己的产业和资本参与竞争的条件下,个体可在商品价格、可支配收入和可用于消费的公共财货的组合中达到消费满足的最大化。[①] 这种"经济自由"包含两层意思:一是个人为他自己选择生活计划,自由选择进入或退出经济活动。只有当个人的经济自由危害到他人时,这种自由才受到限制;二是通过经济自由能够增进个人和社会的经济福利。自由不仅被视为唯一能获得同人的尊严相容的物质条件的根本要素,而且是促进经济增长、对市场的力量作出反应来使经济按人的偏好结构变化作出调整的必要条件。这个定义一方面界定了经济学所认定的"经济自由"是一种特定的经济条件,这是所有参与到这种"自由经济"中的经济主体都必然所处的背景,另一方面隐含了自由经济的必要性,即它是高效率的经济形式。这个定义虽然省略了对自由经济高效论证的过程,但自西方经济学家亚当·斯密在《国富论》中发现了自由经济受"无形之手"调控而高效运行的"秘密"后,整个现代经济学的发展基本是以此前提来展开的。早在 1776 年,亚当·斯密就洞悉了自由与市场之间的关联:人们只有享有参与到市场经济进程的自由,才会增加财富。只有在这样的背景下,人们才能寻找到他的比较优势,才能激活每个人身上的企业家禀赋,从而推动市场的演进。研究表明,从较长时期来看,凡是拥有最高经济自由度的国家,也拥有最高的国内生产总值(GDP)。同时,在这样的国家里,私人企业发达、企业家辈出、教育平等,而技术创新能力越强,经济越有活力,环境保护也会越好,个人因此也更加幸福。反之,经济自由度过低,政府的行政能力成为经济发展的最大动力,盲目追求高额外汇储备和贸易顺差,同其他国家产生过多贸易纠纷;内需市场疲软,人们以权力为荣,思想停滞,创新缺乏,资源分配不均,地区发展不均,这样的国家或地区,无论其人均 GDP,还是人均收入,都不容乐观。

经济伦理要求经济的发展能够提升人的自由。以自由来看待经济,其实质意义是,经济发展要以提升每个人能自由地追求幸福生活的能力为根本标准。正义的自由王国是以物质生产为基础的,它是随着生产力的发展而不断推进的历史过程。在这个历史过程中,人类正是通过经济活动来确证自己的本质力量,并逐步扩展自己的自由力量。正如马克思在批判资本主义的同时对其推进人的自由进步作出了充分肯定:资本主义市场经济的确立,以自由的劳动契约和迁移制度取代了封建生产方式具

---

① ［英］约翰·伊特韦尔主编:《新帕尔格雷夫经济学大辞典》(第二卷:E-J),经济科学出版社 1996 年版,第 34—36 页。

有人身依附性、强制性的劳工制度，为人类向自由迈进提供了物质条件与制度空间。但这种自由又伴随着新的不自由——资本主义的经济生产方式给工人无产者带来的剥削，以及商品和资本对劳动、人性的异化。按照马克思指出的进一步的"自由诉求"，"无产者只有废除自己的现存的占有方式，从而废除全部现存的占有方式，才能取得社会生产力"[①]，获得生命的自由，并以一种全面的方式，占有自己的全面本质。人们在物质极大的丰富的市场经济中提升了自由的同时，又因物的束缚与奴役对人造成了新的"不自由"，并进一步衍生出"全球危机""价值虚无"等难题。在此背景下，基于"自由诉求"的经济伦理要求我们不断反思当下的经济生活，始终将经济发展理念、模式纳入哲学的意义世界中给予审视和判明，规导经济朝向自由的基本方向发展。美国经济学家阿马蒂亚·森就从自由的角度提出了新的发展理念，指出经济的发展应该是为了"扩展我们有理由珍视的那些自由，不仅能使我们的生活更加丰富和不受局限，而且能使我们成为更加社会化的人，实施我们的生活选择，与我们生活在其中的世界交往并影响它"[②]。可以说，随着社会经济的发展，人们的自由观也在发生深刻的变化，人们不仅要求在经济生活中享有自主经营、自主决策和自主负责的自由，也享有获取资源、工作、保健等事物的自由。

总之，经济自由的最终目的是让人更自由。在现实中，经济自由主要表现为资本自由、市场自由以及服从经济规律的自由。这些属于经济自身的自由，它与在经济生活中的人的自由大部分时候是一致的，是个体自由生活的现实场景，但两者往往也会形成冲突，尤其是对经济自由的片面追求会压抑人的自由，造成人的异化。这种冲突在现实中会以自由与平等的冲突、自由与秩序的冲突、效率与公平的冲突等矛盾冲突形式凸显出来，这些正是经济伦理所要考量的重要问题，也是经济理论的发展过程中一直都在面对的理论与实践问题。

二、经济效率

在经济学上，评判一个经济体系运行状况的重要标准就是衡量它是否有"效率"，因此，"效率"往往以经济指标的面目出现，以至于当经济的高效率发展带来一系列负效应时，人们不由得将"效率"归结为与"正义""道德"无关甚至是相对立的纯技术指标，从而将讨论的重点放在如何解决"效率"与"正义"等价值目标的冲突上，而忽略了"效率"本身作为一个重要价值维度的伦理意义。

不论个人还是社会，对美好事物的追求都有"投入—获得"的问题。虽然就个体

[①]　《马克思恩格斯选集》第一卷，人民出版社 2012 年版，第 411 页。
[②]　［美］阿马蒂亚·森：《以自由看待发展》，任赜、于真译，中国人民大学出版社 2002 年版，第 10 页。

层面来说,对幸福的追求通常是一些不计成本、不计代价的忘我之为,但这是一个关乎个体行为自由选择的问题,仅局限于个体具有支配权的范围,如自己的生命、属于自己的时间与财富等,而一旦代价涉及他人,甚至自己的父母、伴侣、儿女等亲人,从正义视角来看,这种个体的幸福追求,就有可能丧失应有的道德性。因为正义所着眼的不仅仅是个体的幸福,而是所有人的幸福,但社会存在的一个基本事实就是:自然的、社会的资源和每个人的生命都是有限的,那种既不计成本代价又要保证所有人幸福的美好社会不可能存在。从社会的角度看,个体的幸福都是通过一系列客观的利益来保证的,而任何利益的获得,都必然要付出代价,因此就有一个投入与获得相比值不值的问题。当然,从个人的角度来说并不必然要作出这种算计,但作为保证所有人幸福的社会制度设计,则必须考量这个投入产出比的效率问题,即在有限条件事实下,最大限度地保证社会成员的福利。可以说,正是社会计较得失、有效率地为社会成员谋求社会福利条件(创造自由的可能),才会让个体更有可能不计代价(自由)地去追求自己的幸福。因此,"效率"不一定是关乎"个体幸福"的价值维度,却是关乎"每个人幸福"的价值维度。

对于"效率"的道德合理性问题,哲学侧重于从个体生命的有限性去论证,而经济学则侧重于从资源的有限性去论证。

在哲学层面,唯物史观主要从"效率"的时效性来论证它本身就具有伦理的善的规定性。马克思认为,人可以自由支配时间的程度是"人的积极存在"的基础。"时间实际上是人的积极存在,它不仅是人的生命的尺度,而且是人的发展的空间。"[①]"从整个社会来说,创造可以自由支配的时间,也就是创造产生科学、艺术等等的时间。"[②]到了共产主义社会,"财富的尺度决不再是劳动时间,而是可以自由支配的时间"[③]。由此可见,"效率"的时效性具有创造价值和缩短创造价值"所用的时间"的善的伦理属性。人类发展必然要通过创造价值和不断缩短创造价值"所用的时间"来实现,最终摆脱物化现象。资源利用效率的本质是节约空间物化的时间,实现由空间上的自由向时间上的自由发展转换。"真正的经济——节约——是劳动时间的节约(生产费用的最低限度——和降到最低限度)。……节约劳动时间等于增加自由时间,即增加使个人得到充分发展的时间。"[④]效率价值的终极伦理意义就在于创造了更多供个体自由发展的时间与空间。

哲学上的"效率"关注"时间的节约",经济学上的"效率"则着眼于"资源的节约"(当然广义的资源也包括时间)。"效率"在经济学上的基本含义,就是如何在资源和

---

① 《马克思恩格斯全集》第三十七卷,人民出版社 2019 年版,第 161 页。
② 《马克思恩格斯文集》第八卷,人民出版社 2009 年版,第 86 页。
③ 《马克思恩格斯文集》第八卷,人民出版社 2009 年版,第 200 页。
④ 《马克思恩格斯文集》第八卷,人民出版社 2009 年版,第 203 页。

技术既定的条件下尽可能满足人类需要,它要求努力、时间、智力、创造性、信息、原材料、自然环境和生产中应用的机器设备都能够提高人们的福利水平,为人们提供过上富裕生活所需的商品和空闲时间。这个含义表达了这样一个实质意义:经济发展应该是以资源的节约与福利的增长为条件的,即在充分节约资源的条件下去追求福祉的增长。显然,追求"效率"的经济活动既有助于丰富能促进个体提升幸福的物质条件,而且着眼于每个人的幸福提升(因为现实中资源是有限的)。那么,以效率为目标的经济发展面临的首要问题就是如何有效利用稀缺的资源,优化资源的配置,尽可能多地生产出满足整个社会成员需求的物品。也就是说,在资源有限的情况下,通过经济发展,不仅要增进个人的福祉,还要增进整个社会成员的福祉。由此看来,"效率"作为经济目标,非常具有社会正义性。

三、经济平等

马克思认为,"平等是人在实践领域中对自身的意识,也就是人意识到别人是和自己平等的人,人把别人当作和自己平等的人来对待。平等是法国的用语,它表明人的本质的统一、人类的类意识和类行为、人和人的实际的同一,也就是说,它表明人对人的社会的关系或人的关系。"[①]可以说,平等最基本的意思就是将他人与自己同等看待,是一种基本的伦理原则。经济伦理着眼于全体社会成员的幸福,这意味着每个人都应当在社会条件下受到同等对待,让每个人"都有认真考虑自己的能力,去从事具有内在价值的活动,去发展令人赞美的技能和特质"。但是,"平等是个有争议的概念:赞扬或贬低它的人,对于赞扬或贬低的究竟是什么,意见并不一致"[②]。绝对的平等,让社会整齐划一,犹如削足适履,又会造成另一种对自由追求幸福的损害,成为"不义"。平等既是抽象的价值理念,也是对某种现实状态的描述,在不同的历史条件下和具体场景中,"平等的状态"呈现出不同价值意义,这正是平等的复杂与矛盾所在。现实社会有诸多"不义"是因不平等而生,但完全平等的社会又绝对不是个好社会。如何把握平等的"度"(既包括范围、标准,也包括程度与方式),正是经济伦理赋予"经济平等"的使命。

经济平等在社会生活中的重要性不言而喻,罗斯福曾精辟地指出:"由于经济上的不平等,一度赢得的政治上的平等已经失去意义。少数人的手里已经几乎全面掌握着别人的财产、别人的金钱、别人的劳动——别人的生命。对我们许多人来说,生活已不再是自由的;自由已不再是现实的;人们已不再能够追求幸福。"[③]当今世界的

---

① 《马克思恩格斯文集》第一卷,人民出版社 2009 年版,第 264 页。
② 〔美〕罗纳德·德沃金:《至上的美德:平等的理论与实践》,冯克利译,江苏人民出版社 2003 年版,第 2 页。
③ 〔美〕富兰克林·德·罗斯福:《罗斯福选集》,关在汉编译,商务印书馆 1982 年版,第 126 页。

不平等主要以经济的不平等为主导,经济平等对社会生活意义重大。

经济生活中的差别无所不在,这是一种常态。有时,我们会把一些差别称为"不平等",对此无法接受并极力倡导一些政策来消除它们;而当我们遇到另外一些差别时,又认为它促进了多样性,不仅无害(保持了个性化)甚至有益(譬如促进了效率)。那么,在什么情况下,经济平等才是必要的,必须对某种经济事实所呈现的"平等问题"予以规导呢? 对于平等问题,人们一般会认为,是不平等的差距决定了平等问题的道德重要性。差距小,不成问题,差距大,就不道德了。这种判断与经验事实的确有相吻合的地方,深究起来却不尽然。2000 年,有学者曾经做过一个全球人均寿命的比较研究,发现日本和安哥拉两国人的平均寿命竟然相差 43 年,这足以令人感到震惊。但震惊之余,真正让人感到不正义的是,安哥拉人的平均寿命只有 38 岁,而并不在于那 43 年的差距。因为可以想象,如果有哪个国家的人的平均寿命是 124 岁,同样比日本的 81 岁高出 43 年,人们在震惊之余却并不会因这同样的差距生出不义之感来。可见,这里造成严重不义之感的缘由并非不平等的 43 年,真正原因是在平均寿命 38 岁背后安哥拉人面对的悲惨人生:贫困、营养不良、疾病缠身、缺乏教育和基本安全等。而这些从根基上动摇了人们获取幸福的基本条件。这个事例中的不平等体现的是贫困本身的不道德问题,即便此处不存在平等问题(如果日本人的平均寿命也是 38 岁),贫困本身也足以证明自身是不道德的,它并不因不平等而增加其"不正义"的分量,同样,它不因不平等而能够为"不平等"的"不正义"提供充分的论证。现实的确如此,有些贫困(暂且将之作为社会"不利地位"情况的代称)与平等问题无关,有些贫困与平等问题直接或间接有关,但可以明确的是,正是与贫困相关的不平等构成了"平等问题",需要从"经济平等"视角予以关注与解决。

这个例子为我们提供了一个考量经济平等问题的思路:现实经济生活中,什么样的平等问题是值得关注的? 或者说,什么样的平等问题应纳入"正义视野"中予以考量? 显然,是那些因为不平等而损伤了社会某些个体或群体在同等社会条件下自由选择生活机会、能力的经济事实。具体来说有以下情况:当经济的差异超出某种"限度",一部分人在经济生活过程中实行不合理的强制或支配,利用自己的经济势力而形成对其他人的生存发展、社会生活的支配,造成对其他社会成员的精神、人格和社会资格的损害,使社会贫富两极分化,让各个阶层都在丧失对共同生活的信心,破坏社会团结,进而彻底破坏社会的公正基础。在现实的经济生活中,人们在所有权、经济行为能力、收入和财富分配等方面存在不同程度的差异,当经济的差异超出某种"限度"而造成以上局面时,就足以判断"经济不平等"事实的生成,从而必须有相应的平等调节措施来进行公正的调节,或者应该有相应的平等保护制度予以事前的规避。因此,经济平等不仅仅是抽象的价值诉求,它还通过与现实的结合来调节经济领域的问题,在与美好社会的终极目标和其他价值目标的关联中凸显其现实意义。

坚持经济平等,就有必要对经济生活给予适当的调节。然而,如何调节倒是个大难题。面对如何确定经济平等的适用范围、标准、程度,以及如何面对和处理经济平等与其他价值目标之间的冲突,理论与实践都是各执一端、众说纷纭。经济平等落实到现实中,调节的领域主要有三个:经济规则领域、市场竞争领域、分配领域。对每个领域适用的"平等调节"不一样,有时遵循平等原则,有时遵循不平等原则。

在经济规则领域,通常情况下遵循的是平等原则:为了尽可能地保证每个人都能够自由自主地参与到经济活动中,同一经济体系中的"所有的经济行为主体遵守公平统一的规则,不存在对某些经济行为主体的特殊照顾优惠或特殊抑制歧视。即使是政府制定的任何产业政策,也是对所有经济行为主体统一开放的"[①]。但是,当经济体系中的某些产业或者群体因不定因素(如国际竞争、金融危机、天灾等)而受到重创并对未来整个社会生活造成影响时,则需要出台特别扶持政策予以调节,此时遵行的是不平等原则。

在市场竞争领域,竞争是市场经济体系保持活力与繁荣的基本条件,差异是竞争的必然结果,因此,经济主体竞争实力的不平等事实在正常情况下是不受人为干预的常态。但是,竞争实力差异两极分化的扩大可能形成市场强制与垄断,从而导致某一经济行为主体对其他经济行为主体的支配,这时任何经济体系都会有相应的(事前或事后的)反垄断法规进行调节,此时遵行的是平等调节原则。

以上两个领域采取的平等调节措施遵行的原则本质上是一致的,即都是要避免经济体系出现垄断与特权,以及对经济自由造成社会壁垒。总的来说,具体经济关系的平等状态及其调节措施取决于是否有利于所有经济主体都能自由、平等、高效地参与到经济活动中来。

分配领域是经济平等调节的核心领域,也是最引人注目、争议最多的领域。一方面,这是由于分配的承担者涉及全体社会成员,因此分配环节中所产生的平等问题影响全社会;另一方面,分配本身的复杂性(一次分配与再分配,分配产品的性质与依据,分配对象、群体等)与历史性(不同时期平等调节的主题处于嬗变中),使得前述两种平等调整原则都存在,甚至对同一问题也会因道德立场、经济立场的差异而导致政策主张的完全对立。这个领域涉及将经济平等价值维度进一步转化为经济标准的问题,涉及平等的领域、标准、程度和方法的经济技术论证,这是经济学家、哲学家纠结已久的难题。

著名经济学家阿玛蒂亚·森在旧的颇有影响力的"福利平等观""资源平等观"

[①]　刘敬鲁:《经济哲学导论》,中国人民大学出版社 2003 年版,第 184 页。

基础上,提出了"可行能力平等观",它是对之前诸平等观的一大革新,对实践产生了重大影响。阿玛蒂亚·森提出用"功能性活动"(functions)和"能力"(capabilities)来衡量平等问题。所谓"功能性活动",是指"个人状态的各个部分——特别是他或她在过一种生活时成功地做或成为的各种事物"①。也就是说,一个人"能够做什么"以及"能够怎样生活",是取决于他所具备的诸如营养状况、身体素质、避免疾病等基本性功能,以及诸如快乐、自尊、受人尊重、正常交往等一系列更为复杂的社会性功能。由于不同的功能性活动体现了一个人生活各方面的状况,因此功能的状况直接决定着人们生活质量的好坏。而"能力"则"反映了这个人能够获得的功能性活动的可选择性的组合"②,它是一个人具有选择并实现各种功能组合的潜力,以及拥有从不同生活方式中作出选择的实质自由。能力状况反映了人们可供选择的机会与自由度的大小,从这个角度而言,能力比效用、收入、资源等更能反映出一个人真实的福利状况,因为后者的实现都有赖于个人能力的大小。阿玛蒂亚·森认为,生活是各种行为(doings)和状态(beings)的组合,"功能性活动"测量的是已经实现的生活状态,而"能力"评价的是潜在的或可行的福利水平,生活的质量就是根据人获得有价值的"功能性活动"的能力来评估的。因此,以"可行能力"角度观平等问题,可以看到,反映人们平等状况的机会、福利、收入等信息都可以统合到可行能力的视野中。人们是否具有平等的可行能力,会直接造成人际机会、收入、财富、福利等不平等。由于生理的、物质的以及精神的诸多条件制约,人们把握和利用机会的可行能力不同,由此造成机会的不平等。不平等的机会进而导致收入和财富分配的不平等,而收入与财富分配的不平等又会进一步造成可行能力的差异,进而继续扩大社会不平等。因此,通过将可行能力作为衡量人们福利状况的指标,可以将收入、财富、自由、健康、教育状况等与生活质量相关的信息按照一定权数纳入可行能力中。政府则可以据此将提高人的可行能力作为目标,通过出台并调整教育、医疗、卫生等有助于弥补可行能力差异的公共政策,为实现社会成员平等的发展以及更广泛的平等分享经济成果创造条件。

总的来看,平等观是特定历史、社会条件下的产物,它反映了随着社会经济生活的发展,人们的平等意识随着自身的全面发展而不断迈进的过程。从早期资本主义私有制造成的贫富分化而树立起对收入、财富的平等意识,到随着工业文明的发展,由人的个性发展而产生的对拥有充分的机会以及充裕的资源为自身发展提供更广阔空间的期望,再到进入知识经济后,人们的平等诉求进一步超越收入平等、资源共享

---

① [印]阿玛蒂亚·森:《能力与福祉》,[印]阿玛蒂亚·森、[美]玛莎·努斯鲍姆主编:《生活质量》,龚群等译,社会科学文献出版社2008年版,第36—37页。
② [印]阿玛蒂亚·森:《能力与福祉》,[印]阿玛蒂亚·森、[美]玛莎·努斯鲍姆主编:《生活质量》,龚群等译,社会科学文献出版社2008年版,第37页。

而向发挥个人潜力发展,参与经济生活的权利和精神财富分享成为新的重点。而这些平等意识与理念的发展进而推动了整个社会文明的进步,促使各国政府从早期通过税收、转移支付、提高工资等措施将富人的收入转移给穷人,改变社会底层的发展条件,到当前将再分配政策由单一的收入再分配转向同时重视人们的权利、教育、就业机会平等以及高效完善的社会保障体系建设等多元化目标。人们在越来越多的方面获得自由而全面发展的选择空间与客观条件。

社会经济生活是在文明的进程中随着人自身发展以及对美好社会认识的不断拓展而逐渐丰富其价值维度的。从历史上来看,自由、效率和平等三个核心价值在社会经济生活中的重要作用一直是交相出现,各有侧重,携手并进。某些经济体系可能很好地贯彻其中一两项标准,而其他的经济体系可能则在别的几项标准中贯彻得较好;一种经济体系服从某些价值标准的能力可能随着时间的推移而发生改变,而价值理想也在推动经济体系发生变化,变化中的经济体系又会呈现出新的价值主题与价值问题。因此,经济体系与价值体系处于一个开放、动态的发展过程之中,并在发展中不断形成现实与理想的冲突以及价值目标之间的冲突。冲突是呈现在现实的经济问题之中的,冲突的解决离不开对价值目标的理解、解释以及对衡量标准的选择,解决的"度"必须在实践中去把握,而灵活地把握问题的可能性,则需要有相应的经济制度与决策方式予以保证,这些都构成了现代经济伦理学研究和实践的要务。

第三节　市场经济的伦理规导——政府与市场的互动

经济发展的价值目标必须通过现实的经济运行体系来得以实现,政府与市场作为现代经济生活最重要的两种资源配置方式,对社会经济的发展起着极其重要的主导作用。经济伦理的实现状况很大程度上取决于市场与政府各自的功能发挥以及相互间的作用。我国的社会主义市场经济体制正处于不断完善过程中,如何处理好政府与市场的关系是其中重要的环节。习近平总书记指出:"坚持社会主义经济改革方向,核心问题是处理好政府和市场的关系,使市场在资源配置中起决定性作用和更好发挥政府作用。"[1]基于经济伦理的立场,需要从经济学与伦理学的双重视角全面审视政府与市场的关系,并探讨两者有机结合、双管齐下的有效调节机制。

---

[1]《习近平谈治国理政》第一卷,外文出版社 2019 年版,第 95 页。

一、"市场奇迹"与"市场失灵"

市场机制就是资源在市场上通过自由竞争与自由交换来实现配置的机制。在价格、供求、竞争三大基本要素的组合及交互运动下,市场机制引导资源向最有效率的方向流动,实现生产者与消费者间的双赢,极大地推动社会生产力的进步与繁荣,其自我调节能力被广泛赞誉为"市场奇迹"。然而,正如自然界中没有完美无缺的生态系统,现实的市场在某些特定情境下,会因信息不对称、外部性、公共物品供给不足等问题而无法有效配置资源从而陷入"市场失灵"困境之中。

(一)"市场奇迹"

从 18 世纪开始,市场经济本身的合理性和优势就被西方国家视作实现经济繁荣和个人自由的工具,它促进了经济效率和社会福利的提高,也扩大了个人自由选择和自主决定的空间。个人往往在市场中获得创新的动力和自由选择的权利,从而把自己的命运掌握在自己手中。从此意义上来说,市场不仅仅是高效的经济,也对促进人的自由与平等发展皆发挥了巨大的作用。

就经济功能来说,市场具有神奇的功效。我们可以看到,即便在一个商品成千上万、生产与需求千差万别的市场,没有任何集中的指挥系统和强制计划去为全社会的经济系统作出有序安排,却总是有适量的商品被生产出来,被运到合适的地点,最后落到心满意足的消费者手中——这似乎是个奇迹——但这个被亚当·斯密称为"无形之手"的奇迹并非凭空而生,它是源于市场自身内在逻辑的体系:通过价格杠杆、交换机制、竞争机制来传递信息并协调个人和企业的各种经济活动,能将不计其数的个人知识和活动汇集在一起,自行解决涉及亿万个未知变量或相关关系的生产和分配的问题,这令世界上最优秀的超级计算机也望尘莫及。

市场通过"无形之手"实现了经济高效发展,这不仅是普遍存在的经济事实,在理论上也得到了充分的论证。经济学家通过数理表达,建立起了一个理想的市场模式——"完全竞争市场",并且证明了在完全竞争市场条件下,就能够实现资源利用最优、经济效率最高。当然"完全竞争市场"并非真实的市场,它是指一种竞争不受任何阻碍和干扰的市场结构,其实现条件必须满足单个企业价格既定、产品同质、要素自由流动、信息充分、完全竞争者都具有理性等基本假设。很显然,这种理想的完全竞争市场很难有现实的真实对应物,也就是说,"市场奇迹"的维系有着非常苛刻的约束条件,这就为"市场失灵"埋下了伏笔。

（二）"市场失灵"

市场失灵是一个经济学术语，从狭义上说，正统经济学将之定义为特指市场不能实现经济效率的状态，即市场未能把我们的资源配置到那些能为我们的福利作出最大贡献的产品和服务的生产领域中。一种更广义的市场失灵的理解，即不仅仅将市场作为组织产品和服务的方式，还将市场作为组织社会的方式来给予评价。而组织社会的评价标准是生活质量，生活质量是生活方式、健康、环境、人际关系、自尊、价值以及消费的综合体现。因此，广义的市场失灵，是指市场整体无法达到生活质量标准的失灵。根据这个定义，每当市场无法实现提供我们想要的物质产品与提供其他福利之间的正确平衡时，市场失灵就出现了。

市场失灵的状况主要有：不完全竞争、公共品、外部性、不完全信息、分配不公问题。这五种失灵表现有不同的性质，前三种是即便在"完全竞争市场"条件下，市场机制内在仍不可避免的失灵，不完全信息是针对真实市场可能会导致的失灵——这四种失灵的价值标准是效率。而分配不公的失灵则是出于另外价值标准，即公平（平等）、自由，以及市场在整个人类生活方式中的道德局限。

报酬递增造成的不完全竞争。造成市场失去效率的一个重要原因就是存在不完全竞争（imperfect competition）。在完全竞争条件下，任何企业或个人都无法影响价格，反之，当买卖双方任其一方能够左右某商品的价格时，就出现了不完全竞争，即垄断。在不完全竞争条件下，社会的产出就会从生产可能性边界向上移至边界之内，生产垄断者从而可获取远远超过社会平均利润率的超额利润，这造成此商品的产出低于有效率时的水平，从而损害经济效率。在此条件下，市场"无形之手"就失灵了。由于报酬递增，即便在完全竞争条件下的市场经济中，也难以避免上述不完全竞争状况的产生。报酬递增是生产的一种特性，它表示当以倍数 n 增加投入产品时，产出增加的倍数大于 n，那么报酬是递增的。报酬递增使企业的平均成本随着生产规模的扩大而下降，大企业由于享有更低的平均成本而相对小企业有竞争优势，能将其驱逐出市场，并阻止新的企业进入。由此，报酬递增就在没有任何共谋的情况下造成了自然垄断。

公共品。在前文阐述"市场奇迹"时，我们知道市场机制能通过其价格杠杆、交换机制、竞争机制自行高效地调节商品供求关系。但当市场面对的是公共品时，其调节机制就会束手无策。公共品（public goods）相对于私人物品而论，即指那些能供多个人共同享用的产品和劳务，同时，该产品的供应成本和多人享用它的效果不随使用它的人数的变化而变化。"非竞争性"是识别公共品最显著的特征之一。一件普通商品，如果被一个人消费了，那么就不能被其他人消费——这些商品都具有"竞争性"。但有些物品，如国防、防汛工程等，一旦被提供出来，就能使整个社会每个成员获益，没有人能独断专用,这些在消费上具有非竞争性的物品,则为公共品。一般来说,公共品往往与维护社会正义有很大的关联性,但公共品的"非竞争性"特点,又使得私人供给缺乏动力和效率,市场对此的调节往往是失灵的。在现实中,由此而引发的"公共品的难题""集体行动的问题""囚徒困境""公地悲剧"等问题,仅凭市场本身是难以解决的。

外部性。造成市场失去效率的另一个原因就是外部性(或称溢出效应),它是指企业或个人向市场之外的其他人所强加的成本或效益。比如,造纸厂将生产后的污水直接排到附近的河流,会对附近依靠此河流生存的住户造成福利损害,工厂却并不一定会给予住户补偿;飞机给机场附近造成的大量噪声污染,航空公司也不会对机场附近居民给予补偿。这些外部性无疑降低了他人的福利,因而被称为负外部性。除此之外,还有一些外部性会给他人带来好处,为正外部性。譬如,教育不仅给当事人,而且会给整个社会带来积极的外在性收益;技术创新也具有正外部性,企业大量投资技术创新,研发新产品,但该企业增长的利润可能仅仅是全社会从此新产品获利中很小的一部分。由于这些外在的收益或成本都没有纳入生产决策的核算之中,与社会效率产出水平相比,负外部性的存在会导致生产过剩,正外部性会导致该类产品因投入降低而生产不足。总之,在市场环境中,外部性导致社会需求曲线高于或低于(分别取决于正的或负的外部性)市场需求曲线,而市场产出的水平将最终分别低于或高于社会有效水平,从而两种情况都导致即便在完美市场条件下也不能实现对资源的优化配置。

不完全信息。市场的资源配置依靠的是价格的调节,商品和服务的生产者和消费者、生产要素的所有者和需求者都是基于价格来作出使自己效用最大化或利润最大化的决策,市场高效率的前提条件就是完全信息,但现实中很难做到这样。在经济生活中,不完全信息通常表现为信息不对称,即信息在市场参与者之间的分布是不均匀、不对称的。一般情况下,商品的生产者对自己生产的商品信息比消费者知道得多,雇员们对自己能力的了解也远远超过雇主。产生信息不对称的原因主要是获取信息是有成本的。消费者需要付出很多的时间和精力去市场搜寻相关商品的信息,股民们需要付出时间和精力去搜寻需要的股市信息。这说明,信息和其他资源一样,也是稀缺的,获取信息需要支付成本,导致愿意支付这种成本的一方就形成了相对另一方的信息优势,从而形成了信息不对称的格局。而只要实际市场存在这些问题,其结果就不会有效率。

分配不公。总的来说,市场是人类历史迄今为止最具正义性的经济运行机制,因为它为社会成员提供了平等交易的条件,让每个人可按照自己的意愿自由选择(生产和消费),这样就可以实现资源的优化配置(效率),从而实现个人与社会的福利最大化(幸福)。但是,这种完美的机制只存在于理论假设中,在现实市场里,经济的高效发展会迅速拉开人与人之间的差距,打破平等条件的经济交往最终会伤及市场中的自由选择,市场就不再是一个能够自动导向人人都幸福的经济机制。市场能够提高经济效率、促进生产力发展,但它并不会自动导向符合社会道德要求的、均衡的社会分配结果。虽然市场奉行等价交换的分配机制,但各经济主体的天赋、受教育程度、社会家庭条件的差异,必然导致收入水平的参差不齐,不可避免地存在事实上的不平等。以市场为核心的优胜劣汰竞争机制往往使得收入在贫富之间、发达与落后之间的差距呈现不可逆的"马太效应"。加之市场的自身调节并不能保障充分就业,失业现象更是对贫富悬殊推波助澜。市场经常忽视因穷人没有足够的资金使市场了解他们的需要而造成的贫困。学者从个人应该自由推出经济应该自由,市场应该自由,市场应尽可能地免于受到政府、社会组织的干涉。但是市场充分自由的前提是个体自由度大致均等。社会现实中的个体,因财富的悬殊、知识的多寡、文化的差异、天生禀赋的不同等,而并不具备相似的自由选择能力,因此,建立在此条件下的自由市场,必然会导致"自由人"对"不自由人"的剥夺。

综上所述,我们看到,市场经济外生的一系列道德缺陷,以及公共品、外部性等几种内生性失灵不仅与损害效率价值有关,也同样对自由、公平造成了损害。市场的良性运转,必须有政府调节以及其他一系列的经济制度相匹配才能得以保证。当然,这些围绕保证市场功能而展开包括国家(政府)在内的系列制度,其功能必然受到相应约束条件的制约,政府、产权、分配及再分配等系列辅助市场的制度,都应在经济及伦理的双重视角下审视其合理性与约束条件。

二、"政府干预"与"政府失灵"

市场失灵会导致经济运行的效率降低,滋生社会不公,更对自然环境造成破坏,进而从整体上影响到人们的生活质量,因此,国家对经济生活的介入,从根本上来说,正是对经济发展的一种价值规导,以保证经济生活的健康运行。但是,接踵而来的问题就是,政府是为了纠正市场的失灵而干预经济的,那么,谁来保证当市场失灵时,政府不会失灵? "政府失灵"使得政府干预的目标、领域、方式与程度等问题同样备受争议。

(一)"政府干预"——国家的经济功能

"政府干预"是政府通过其政策工具,来实现对市场失灵的调节与控制。现代经济中已经没有不被政府所影响的领域,政府干预经济的工具主要有三种:

第一,对收入、商品和服务的征税。这些税收以减少个人收入与支出的方式,为公共支出提供了来源。税收制度还对某些商品(如烟、酒)课以重税以达到对相应活动的抑制目的,同时,对那些需要扶持发展的活动,则征收较轻的税收,甚至进行补贴。

第二,对某些商品或服务领域(如教育、交通基础设施、治安等)进行支出,以及为个人提供资源的转移支付(如社会保障、医疗保障等)。

第三,管制或控制措施,以指导人们从事或减少某些经济活动。如对企业污染的限制,对商品的质检等。

通过如上方式,政府干预能够帮助社会按其意愿配置资源,矫正因不完全竞争、外部性、公共品、不完全信息等导致的市场失灵,提高经济效率,减少经济不公平。

(二)"政府失灵"

与市场失灵理论相联系的国家理论是功能主义:假设市场一旦有缺漏,公共机构就会进行弥补。人们简单地从国家应该做什么推断它实际将做什么,达到应有的调节效果。然而,现实中,"政府失灵"相较"市场失灵"有过之而无不及,其带来的一系列问题,是经济伦理不容忽略的。

美国经济学家查尔斯·沃尔夫在《市场,还是政府——不完善的可选事物间的抉择》一书中,对国家失灵问题进行了全面的分析,将国家干预失灵的根源与类型归纳为以下四种[①]:

第一,成本与收入的分离:过剩的和上升的成本。国家失灵不可避免的首要根源恰恰存在于那些为国家干预提供合理性的环境之中。就市场而言,不论它如何不完善,但总的来说,它能够保证其中的生产性或经营性活动的收入与成本始终相联系,这种联系是通过市场产品的索价和消费者的出价而达成的。在市场活动中,由于实际的或潜在的竞争,以及出于获取超额利润的动机,企业有着内在的不断扩大生产和降低成本的驱动——这是效率得以凭市场"无形之手"而实现的内在动因。然而,由于维持国家经济活动的收入来于非价格资源(nonprice sources)——税收、捐赠,或者其他提供给政府的非价格收入来源,国家干预就消除了收入与成本之间的联系。而只要维持一种活动的收入与生产它的成本无关,就要比生产给定产品必需的资源使用更多的资源,或者比最初因为市场失灵而采取的国家干预提供更多的干预,而进行一项干预活动的成本与维持它的收入相分离,低效率便受到激励,从而导致恶性循环。总之,这种关键性联系的缺乏把政府经济产出的正当性、价值与生产它的成本割裂开来,从而导致资源错误配置的概率与规模大大增加了。

无论政策是采取管制的形式,或是行政转移支付的形式,又或是直接生产公共产品的形式,国家主导的一系列非市场经济活动,都始终存在着一个提供过剩成本的最

---

① 参见[美]查尔斯·沃尔夫:《市场,还是政府——不完善的可选事物间的抉择》,陆俊、谢旭译,重庆出版集团 2007 年版,第 43—74 页。

终趋势。这导致非市场活动会比市场活动更可能忽视或更难降低成本函数、提高生产率或实现规模经济的技术可能性目的,这样的结果就是国家失灵:技术上的低效率生产和过剩成本。政府浪费加大了财政负担,挤占了科教文卫医和社会保障等公共资源,损害了人民群众的基本利益。

第二,"内在性"问题。为了保证基于某项目标的活动能正常进行,活动组织必须明确与内部日常管理和运作相关的一系列标准:评价员工,核定工资、津贴和晋升,对次一级组织的分配预算、行政事务等。在市场主导下,企业组织可以根据对消费者行为、市场份额和盈亏项目的核算获得直接的绩效指标,从而有效完成如上的内部管理事宜。但是,由于公共机构缺少这一环节,只能创立自己的标准来指导、调整和评估机构绩效和工作人员的表现,从而构成公共机构的内在目标,这称为"内在性"。也就是说,在国家干预中的公共组织在实现国家赋予它的社会目标的同时,其组织行动的效果还取决于这些机构内个人和集体行为背后的动机,这种目标下所形成的奖罚结构构成了"价格系统的一种内部形式"。尽管在市场机制下,企业也存在内部标准,但这是涉及经受市场考验、回应或预测消费者的行为、为公司结算作贡献等外部因素,销售、收益和成本极大地影响市场组织的内部标准。但政府公共组织则不一样,由于其产出的衡量标准很难确定,来自消费者的反馈和信号不足或不可靠,内部标准不能够从这些资源中产生。加之不存在竞争性的生产者,由竞争所引起并形成的能够控制成本的内部标准动力薄弱。在此情况下,政府经济组织往往需要发展出各种内在性,如预算最大化、员工收入最大化、技术进步、信息控制等,而这些内在性与这些机构所要求服务的表面的公共目标没有十分清晰或可靠的联系。因此,市场的外部性所导致的失灵,意味着一些社会成本和收益在私人决策者的计算中没被包括在内;而政府经济组织的内在性存在,则意味着私人或组织成本和收益很可能支配着公共决策者的计算,它激发公共官僚机构的行动并且影响着它们的议程,使机构目标最终偏离原初的社会目标,加之对政府机构产出缺乏可靠的终止机制,从而使机构管理者更加迷恋于内在的机构目标,政府失灵在所难免。

第三,派生的"外在性"。当以政府干预来纠正市场缺陷时,政府制定的公共政策往往在执行目标的过程中,产生意料之外的副作用。此处的外在性与市场失灵的外部性不一样,后者是可预期的,而政府干预产生的外在性往往并不影响组织达成决策目标的筹划和行动,因而往往不可预期。外在性的产生有其必然性,因为任何公共政策都是基于国家的制度来进行调节,政府作为一个社会价值的权威分配的决策机构,从本质上说,需要"完全理性"的支撑。然而政府的理性能力和执行能力都是有限的,理性短缺是政府决策最常见且不可避免的现象。随着时间、地点、人物等背景发生转移,任何人为政策都有其难以估量的外在性。通常,这种外在性的发生概率是通过决策以前的广泛征求意见、充分论证来得到一定程度的降低,但前文所述的公共经济组织产出的供求特征又使公共机构容易忽略这一环节,从而增加了外在性发生的可能性。在现实中,政府的干预一般都是出于对公众化的市场失灵引发的社会问题的应对,往往带有很强的紧迫性,在强大的政治压力下可能造成对决策行动迫切的现实需求,这使得公共决策多在没有足够的时间、知识以及对潜在副作用的充分论证的基础上仓促推出,进而进一步促成外在性的发生。加之派生的外在性通常具有较长的滞后性,政策决策者的短视与高额贴现,这些都加大了外在性发生的概率。

第四,分配不公。市场失灵时,会造成分配不公等一系列道德缺陷问题,而出于克服市场分配不公或者修正市场运行其他不足的政府干预,往往也在造就新的不公。只不过,市场的分配不公主要集中在收入与财富上,而政府干预导致的分配不公则主要集中于权力与特权上。权力与特权分配不公是由政府干预活动的性质所决定的。无论出于何种正义性目标,公共政策措施在实施过程中,都赋予了某些人对他人行使权力的权力。在任何情况下,这种权力的再分配都给不公平和滥用职权提供了机会,即便相关组织受到法律法规、管理制度、舆论传媒及其他社会制度的限制,权力的腐败也在所难免。除此之外,公共政策的目标往往是基于国家、社会大众某个特定时期的利益,但可能会导致一部分人的利益损伤,而一些因政策优惠而获益的企业、行业则因此获得了非竞争性优势或超额利润。从没有受益的群体立场出发,即便之前他们也承认政府对市场失灵所进行干预的合法性,此刻仍会不满这种分配不公。

总之,市场和政府都因各自的原因而可能出现失灵,但两者都不能因此而被完全否定。"市场和政府之间的选择并非是一种完善与不完善之间的选择,而是不完善程度和类型之间、失灵程度和类型之间的选择,在许多情况下,这可能完全是令人厌恶之事物和不可容忍之事物之间的选择。"[①] 这充分反映了基于经济伦理视角下的经济调整不是理想的完美的"道德解",它往往是各个价值目标、利益立场、不同手段之间的协调、权衡与制衡。

三、"市场"与"政府"的有效结合

现代人类生活质量的多面性以及生活意义的丰富性使经济生活交织着各种价值纠结与利益冲突,任何单一的调节手段都难善其任,加之如前文所述,市场和政府都有其自身难以克服的弊端,各执一方,都不可能为经济的健康有序发展提供充分保障。正如习近平总书记所言:"市场作用和政府作用是相辅相成、相互促进、互为补充的。要坚持使市场在资源配置中起决定性作用,完善市场机制,打破行业垄断、进入

---

① ［美］查尔斯·沃尔夫:《市场,还是政府—市场、政府失灵真相》,重庆出版社 2009 年版,第 91 页。

壁垒、地方保护,增强企业对市场需求变化的反应和调整能力,提高企业资源要素配置效率和竞争力。发挥政府作用,不是简单下达行政命令,要在尊重市场规律的基础上,用改革激发市场活力,用政策引导市场预期,用规划明确投资方向,用法治规范市场行为。"①唯有将市场与政府有效结合在一起,不断在实践中探索其相互关系以及各自优势、失灵的成因和规律,创新出与国情相容的,同时能扬长避短、彼此支撑、灵活有效的经济制度体系。

市场与政府干预需要并立而行,但政府干预的目的是基于对市场失灵的矫正,政府干预的成败在很大程度上取决于政府制度及其决策方式。如果政府不受约束,社会充其量为一个带有专制性质的法治社会,与现代市场的法治社会还有相当差距,此时政府就难免滥用其权力以获取利益,难以保证其所为对社会有利无害。现代社会可以通过法治方式对政府形成约束,以预先制定规则来明确政府和个人的权利范围,从而划分政府与市场的边界。如果民众能够广泛地参与到政府决策之中,并且民众的意志通过某种方式能转化为政府执政的压力,那么在市场出现失灵时,那些在政府干预中可能导致经济责任缺位、内在性等问题的环节,都可能在很大程度上得以完善。但是,即便具备政治上的民主机制,由于政府实施决策和负责实施的过程并不是统一的,利益集团主导公共决策方向的因素始终存在。不过,一个由成熟、理性的公民所构成的,有着自由言论、舆论监督以及现实有效的民主机制的社会,其对市场与政府的有效引导,肯定是优于一个独断专制的政府的。就我国而言,经济伦理的实现,有赖于我国以人民代表大会制度为核心的民主决策制度的完善,有赖于诸如党内民主机制创新以形成有效的权力制衡,有赖于推进公民言论、传媒舆论自由而形成对权力的有效监督。一个市场与政府协力并进、交相呼应的局面可以通过政府职能的市场化、法治化、决策民主化、权力多中心化、信息公开化来实现。

经济学对政府问题的认识可以分为不同的层次:"新古典主流经济学的政府观念可以概括为'公共物品角度的政府干预论',新制度经济学的政府观念是产权界定与保护角度的政府观念,而宪政经济学的政府观念可以被看作是个人权利的界定与保护角度的政府观念。"②这三种理论观点并非彼此冲突,而是基于不同的角度对政府职能更全面具体的规划,对实践都不乏借鉴意义。

市场经济的有序运转本身就有赖于一个成熟的法治社会,产权的保护、合同的实施、适当的监管等都需要制定制度。为了规避市场失灵而不得不实施政府干预时,为了保证政策调节功能的有效性以及降低政府干预失灵的风险,这类制度在制定时一方面要衡量其是否信息透明、对称以便于判断,还要核算该制度的信息及监督、执法

---

① 习近平:《在十八届中央政治局第三十八次集体学习时的讲话》(2017 年 1 月 22 日),《人民日报》2017 年 1 月 23 日。
② 王小卫:《宪政经济学　探索市场经济的游戏规则》,立信会计出版社 2006 年版,第 77 页。

成本的高低;同时,如果是涉及政府及其组织将以参与者、监督者等身份介入的制度类型,要正视政府既当裁判员又当运动员的现实,但更需要将政府组织的"经济人"身份假设纳入制度设计中,充分考虑制度设计中的"激励相容""信息效率"等问题,形成在制度发挥目标功能的同时,又对政府组织的行为过程与结果有明确而特定的程序和评价规则。

另外,由于制度具有稳定性与长期性特征,这导致出于对市场失灵干预的政策行为以及衍生的政府管理部门在实现了当时的干预目标后仍然继续存在,而相当部分的政策与管理机构由于时过境迁,当时的积极干预就有可能成为现在对市场运转的消极干预,这种情况在处于社会转型期的国家尤为突出。由于转型时期的市场离"完美市场"差距更大,也就更多更容易出现市场失灵,从而引发更大程度的政府干预;而政治制度的僵化可能转化为市场政策法规的固化,结果伴随着市场经济的深入发展,市场管制法规也越来越多,市场因而越来越不自由,也就越发出现更多的失灵,再进一步激化政府干预……为避免如上情况,对政府干预涉及的政策、实施机构,也应跟干预项目一样,纳入一个时限审察机制中,对于一些因情况与条件发生变化而不再产生作用甚至是产生反作用的政策与机构,应适时地予以重新考虑与调整。

同时,政府的干预应该是一种有节制的干预,经济的功能主要还是应由市场来完成。市场并非想象中那么悲观,解决市场失灵除依靠国家的力量外,还可以通过成熟的公民社会中公民自治来应对失灵。譬如市场尽管在提供公共品方面存在缺失,但也不能忽视这样一个现实,即现实中有不少公共品确实是通过私人的自愿捐赠而提供的,没有任何来自政府的压力。宗教组织、民间慈善基金会或者公益事业,都是没有任何政府干预背景下自发生成的公共品。尽管这类情况在现实中(尤其是不发达的市场经济中)还不普遍,但经济学在解释这类活动时存在极大困难,这与"搭便车"理论的预测背道而驰。可以说,经济学低估了个体之间协调各自的行为来解决共同难题的能力,政府并非只需要解难时才有所作为,或许更多的时候,它所要保障的是提供一个推动市场走向成熟的良好的环境,让市场在大多数情况下仍能够依靠自身的自发秩序去解决问题。只有在穷尽所有市场的能力仍无法解决失灵问题时,政府干预才应介入,这与我们所倡导的"通过自由选择自主地去追求自己的幸福"的正义理念,无疑是相吻合的。当然,如果政府没有这个自治力,无所不在、无时不停的市场失灵将会为政府干预经济生活提供源源不断的理由,而最终,政府就会完全吞噬市场。

政府促进市场完善的更有效的作用,体现在市场失灵的具体领域。国防、社会保障、反垄断、劳动保护等是政府必须发挥其作用的领域,但如何发挥作用,则需要就具体领域分别而论。并且,在不同的情境下,政府对经济发展运用不同的机制,或者说,扮演着不同角色,这几种角色用亚当·斯密的话来说,就是起不同的手的作用。第一种为"无为之手"，即只要市场不失灵，政府基本不干预经济运行；第二种为"扶持之手"，当市场失灵时，政府为经济的运行与发展提供帮助之手，如提供制度保障以及各种法律规范；第三种为"掠夺之手"，政府作为市场的外部因素影响经济的运行，过度掠夺之手表现为一些不规范的过高的税收，掠夺资源，或强制性地收各种名目的苛捐杂税。

政府的失灵往往由其供求特性不具有市场机制的自我调节功能所致，因此，通过在政府运作中注入某些市场力量的因素，可以减轻政府失灵的影响。社会和经济的改革意味着公共部门的干预可以改进市场失灵，与之相应，有效的改革也表现为有时把市场过程扩展到政府部门的运行中去，这包括国有企业的民营化、公共事务引入内部市场机制等。这种改革有三个作用：一是可以减少政府对整个社会强制干预和官僚化侵蚀；二是可以减少政府对信息的需要，以及促进其对完整成本效益的分析；三是能够按照社会的期望，在诸如控制污染、减少交通堵塞和改善环境质量等领域，为私人部门的技术变革提供激励。

总之，现代经济伦理的实现过程，就是一个国家的经济体系在市场与政府两者间协调统一，通过不同程度、方式的组合对之进行有效治理，从而导向社会目标生成与实现的过程。在我国贯彻新发展理念，建设现代化经济体系的新时期，要实现经济由高速增长阶段转向高质量发展阶段，更需要我们在习近平新时代中国特色社会主义经济思想指导下，加强经济伦理建设，基于市场经济发展的客观规律，构建政府经济活动的道德价值引导系统与行为规范体系，形成与依法治国相协调的多手段互补的治理体系，科学有效地发挥政府的宏观调控作用和驾驭市场经济的能力，从而保证我国建成富强、民主、文明、和谐、美丽的社会主义现代化强国。

思考题：

一、经济伦理学研究有哪些层次？
二、如何看待经济效率的伦理性？
三、如何看待经济领域里的平等追求？
四、如何做到政府与市场的有效结合？

第三章 消费伦理

消费伦理既是经济伦理的重要组成部分,又是生活伦理的重要组成部分。生产与消费是社会生产不可分割的两部分,而消费在日常生活中占据十分重要的地位。"怎样消费""消费什么"是任何人在日常生活中无法避免的问题。随着社会经济的发展,世界上多数人已经不再需要像在传统的农业经济社会那样,为消费品的短缺而操心,一些发达国家已经开始了从生产社会向消费社会发展与转型。在我国,"中国特色社会主义进入新时代,我国社会主要矛盾已经转化为人民日益增长的美好生活需要和不平衡不充分的发展之间的矛盾。"[①] 高质量且合理的消费已成为人们美好生活的重要部分,因此消费伦理研究不仅对个人的消费行为和道德观念有重要意义,还对社会的可持续发展、经济结构优化、社会公平与正义等方面具有深远影响。

第一节 消费与消费伦理

"消费"(consumption)是人类活动的基本现象之一。消费离不开生产,生产离不开消费。消费不仅是经济现象,也是社会文化现象和社会伦理现象。消费过程、消费质量等无不包含着伦理道德问题或人们的道德思考。

一、消费一词的概念辨析

"消费"这一概念的形成经过了漫长的发展。在汉语词源学意义上,"消"与"费"两字最初是两个具有不同含义的词。"消"字在已考证的甲骨文和金文中,都没有出现过。有据可查的是,该字最早出现于《诗经》当中,是作为地名出现的。在《诗经·郑风·清人》中有一句:"清人在消。"这里的"清"为清邑,位于现在河南省中牟县西南,"消"为这一地区一地名。汉代许慎的《说文解字》中,注"消"为"尽也"。段玉裁注:"消,尽也,未尽将尽也。"[②] "费"字在商周时期的金文中已发现,汉代许慎的《说文解字》注

[①] 《习近平谈治国理政》第三卷,外文出版社 2020 年版,第 9 页。

[②] [汉]许慎撰,[清]段玉裁注:《说文解字》,上海古籍出版社 1981 年版,第 559 页下。

"费"为"散财用也"。段玉裁在此引了《论语尧曰》中的"君子惠而不费。"①

"消"与"费"这两个字连用,最早出现于东汉王符的《潜夫论·浮侈》中,其中说到奢侈品生产者"既不助长农工女,无有益于世,而坐食嘉谷,消费白日,毁败成功"。这里"消费"的意思是消极的,是"浪费""消磨"时光的意思。英语中的"consumption"一词,由拉丁语的"consumo"一词转换而来,其拉丁文词意为"用光、耗尽或浪费",尤其是在食物或金钱方面。"consumption"一词最早出现于 14 世纪,在很长时间里也有"消耗""浪费"的消极之义。德语的"konsumption"是外来语,意思与英语相同。《新牛津英汉双解大词典》中"consumption"的中文释义是"(资源)耗尽、消耗和吃、喝、摄取"②。可以看到,"消费"这一概念在西方社会很长一段时期里,都具有贬义色彩,它几乎可以看作"浪费"甚至"败光"的同义词。18 世纪中期之后,它的贬义色彩逐渐消退,成为一个与生产(production)相对的概念。这表明在社会生产体系中,它成为与生产、交换、分配相关的一个经济活动形式,质言之,也就是生产、交换、分配与消费这四种主要经济形式中的一种形式。中文以"消费"这一概念来翻译"consumption"一词,它符合西方语言中该词所表达的意思。同时,中文的"消费"一词,也有西方近代以来作为与生产相对应的一种经济活动形式的意思。亚当·斯密强调生产和社会财富的增长,把消费作为生产的目的和归宿,认为"消费是所有生产的唯一目的"③。18 世纪法国经济学家萨伊则从物本身的属性出发,明确提出"消费意味效用的消灭"④。不仅如此,萨伊还进一步在生产与消费的对比中说明,"消费,消灭任何东西的效用,消灭任何东西的价值,严格地说是同义语,正如它们的反义语,生产、授予效用、创造价值,是同义语一样"⑤。"消费即效用的消灭",是指人生产对其所需求物的消费。人消费其需求物,也就是消费该物的价值。在萨伊看来,不会损失价值的东西不能消费,其他一切对效用的消耗都应视作消费,如建筑物起火也是消费,因为效用被耗尽了。而研究消费的目的就在于研究消费行为是否能够满足消费者的需求及其满足的程度。萨伊认为,消费"可以是生产性消费,也可以是非生产性消费"⑥。生产性消费即生产过程中对原材料、劳动力等的消耗,例如"我们说一个肥皂厂在一年内消费这么多数量或这么多价值的碱,尽管这工厂以肥皂形式把这价值再生产出来"⑦。非生产性消费是指生产之外的生活消费或日常消费。二者的不同在于消费的目的和结果,"如果消费是非生产性消费,通常能满足某种欲望,但没再生产什么价值。如果消费

---

① [汉]许慎撰,[清]段玉裁注:《说文解字》,上海古籍出版社 1981 年版,第 281 页下。
② 《新牛津英汉双解大词典》,上海外语教育出版社 2007 年版,第 453 页。
③ [英]亚当·斯密:《国富论》,凡禹译,立信会计出版社 2012 年版,第 272 页。
④ [法]萨伊:《政治经济学概论》,陈福生、陈振骅译,商务印书馆 2011 年版,第 479 页。
⑤ [法]萨伊:《政治经济学概论》,陈福生、陈振骅译,商务印书馆 2011 年版,第 479 页。
⑥ [法]萨伊:《政治经济学概论》,陈福生、陈振骅译,商务印书馆 2011 年版,第 483 页。
⑦ [法]萨伊:《政治经济学概论》,陈福生、陈振骅译,商务印书馆 2011 年版,第 482 页。

是生产性消费,那就不能满足什么欲望,但却创造新的价值,这价值等于或少于或多于所消费的价值,因而对冒险者或是有利或是无利"①。不仅如此,萨伊依据消费主体的不同又将非生产性消费分为个人消费和公共消费两种,其中个人消费以满足家庭需要与个人需要为目的,而公共消费则是由社会管理工作者及公务人员为满足社会整体需要而进行的消费。西方近代以来对"消费"概念的使用和解说,多从经济学领域出发,指出消费是产品的消耗和使用。

马克思在社会生产的意义上指出,"生产直接也是消费。双重的消费,主体的和客体的。第一,个人在生产过程中发展自己的能力,也在生产行为中支出、消耗这种能力,这同自然的生殖是生命力的一种消费完全一样。第二,生产资料的消费,生产资料被使用、被消耗、一部分(如在燃烧中)重新分解为一般元素。原料的消费也是这样,原料不再保持自己的自然形状和自然特性,而是丧失了这种形状和特性。因此,生产行为本身就它的一切要素来说也是消费行为"②。马克思在经济学意义上指出,生产与消费是直接同一的。不仅生产直接是消费,"消费直接是生产。每一方直接是它的对方。可是同时在两者之间存在着一种中介运动。生产中介着消费,它创造出消费的材料,没有生产,消费就没有对象。但是消费也中介着生产,因为正是消费替产品创造了主体,产品对这个主体才是产品。产品在消费中得到最后完成"③。没有生产,就没有消费,没有消费,也就没有生产,因为如果没有消费,生活就没有目的。消费创造出新的生产需要,也就是创造出生产的内在动力。换言之,如果没有人的需要,也就没有生产。

从经济学上看,消费的定义是对物质产品的消耗和使用,是以生产产品来满足人们的需要和欲望。因此,人的吃、喝、住等需求是人类进行生产的直接动因,也是消费的根本动因。从哲学意义上看,消费是将客观物质资料主体化,转化为主体的力量。消费不仅具有自然属性,同时具有社会属性和文化属性。历史地看,人类的进化在于人类的需求与欲望不断进化和向更高的需求和需求满足发展。人类不仅以物的尺度,更以人本身的尺度、以美的尺度来创造历史,从而人类的消费水平以及消费质量也在历史中不断发展。消费也有着文化历史的意义。由于不同的民族国家是从相对独立的不同环境中发展而来的,因而消费就有不同的文化差别,以及由此造成的心理文化的差别。另外,消费是具有伦理道德意义的消费。消费分为公共消费和私人消费,公共消费涉及公共资源的使用与消耗问题,而个人消费则涉及消费资料的占有、人的生命保持以及人的生活的质量。公共消费和私人消费是人们日常生活的重要组成部分,道德观念必然体现在人们的日常生活之中,同时体现在人们的消费观念之中。

---

① [法]萨伊:《政治经济学概论》,陈福生、陈振骅译,商务印书馆2011年版,第485页。
② 《马克思恩格斯选集》第二卷,人民出版社2012年版,第690页。
③ 《马克思恩格斯选集》第二卷,人民出版社2012年版,第691页。

二、消费伦理的研究对象

消费不仅是人类生产的目的,更重要的是人的生存与发展的需要。消费伦理主要研究私人生活领域里的消费问题,即人的存在与发展所需要的消费以及相应的伦理问题。人只要生存于世,就必须进行消费。首先,人的存在必须确立的是人的有机生命的存在,而人的有机生命的存在必须依靠从外界摄取食物营养才能维持下去,这是人类能够创造历史的第一个前提。其次,人的存在是社会人、文化人、有着精神生活的人的存在。人的全面需求以及全面发展都在人的生存范围意义之内。因此,消费不仅有物质资料的消费,也有精神文化资料的消费。感性物质需求与理性精神需求都是人的需求。精神需求又可分为物质文化形态和非物质文化形态两类,而精神需求的非物质文化形态并非在人们所理解的消费范畴之内,如人对性与爱的需求。

消费伦理研究人们消费活动中的道德现象。道德现象是人类社会的普遍现象,是可以应用道德观念来进行分析、评价的社会现象,其中最主要的是可以进行善恶评价的现象。在涉及人与人的关系和利益关系的人类生活领域,都可以进行道德评价。个人消费从表面上看,似乎是一种纯粹的个人行为,只涉及个人所占有的物质资源的使用与消耗,然而,个人的消费并非仅仅与个人相关。首先,个人作为社会的人,他的存在总是在某种集体或共同体中,如家庭共同体或公司单位这样的集体之中,他的消费总与资源的获取以及相应的分配相关;其次,人类的道德观念,不仅有涉及他人与社会方面的道德,也有以个人为主要考虑方面的道德,如我国古代的"慎独"就是以个人为主体所强调的个人与自我关系的道德。消费伦理以关注个人或私人消费为重心,在这个意义上,消费伦理可以说是一种个人道德。然而,消费总是涉及消费资料的分配与获取、如何消费以及消费与生态环境的关系等问题,因而消费伦理可以看作一种以个人道德为重心的社会伦理。[①] 总的来说,消费伦理也就是以善恶等伦理概念对消费现象进行道德评价,调节消费主体在消费中的相互关系以及引导消费主体合理消费的具体规范、准则的总和。

对消费者消费什么、怎样消费的问题进行道德评价与道德范导涉及的第一个问题,就是消费者的权利与义务问题。首先,为了自己的生存与发展,每个人都应当具有最基本的由自己所支配的消费资料,就此而论,消费是每个人都具有的基本权利。其次,个人怎么消费,即怎样消耗自己的消费资料,是个人自主的行为或为个人自由意志所支配的行为,个人有着支配自己的消费资料以及如何消费的自主权利,这种权利或消费权利如果不对他人、社会和环境造成有害影响,则他人没有干涉的权利。如

---

① 这里需要指出,我们是在"伦理"与"道德"两词所表达的是同一种意思的意义上使用这一概念。

某人天天喝酒,即使他每天酩酊大醉,只要不是酗酒驾车,非亲非故的他人就没有干涉的权利。过量饮酒虽然不会影响到他人的健康,但长此以往则会损害自己的健康,从个人自身生存保存的意义上看是不利的,也会引起饮酒者家人对其健康的担忧,因而在道德评价上,这是消极的,不值得肯定的。又如,抽烟有害健康是人们已经基本具备的常识。然而,如果有人天天在家抽烟,而不是在公共场所抽烟,如果家人不反对,则大众没有反对的权利。这是因为,那个抽烟的人没有损害除家人之外的其他人的权利。但是,家人长期被动地吸二手烟,健康肯定会受到影响,因此,虽然他人不会干涉,但在道德评价上,这仍然是不符合道德的行为。因此,消费者自身的权利与相应的尊重他人权利和尊重自己生命健康是不可分离的,后者我们称之为消费者的义务,即消费者保护他人与自我健康的义务。无疑,消费主体在自己可占有资源的前提下进行消费,是消费者的权利与自由,但这个权利是与消费者应当履行的义务相关联的。应当看到,消费者的自由权利与义务是相对应的,其自由权利越大,义务责任也就越大。实际上,就康德的责任伦理学来说,任何人都没有不顾自己的健康而任性消费的权利。在康德的《道德形而上学奠基》所举的四个著名例子中,第一个是说由于绝望而是否可以自己结束生命,第二个是关于谎言的例子,第三个是甘于自己任性而堕落、不发展自己才能的例子,第四个是对于他人的困苦无动于衷的例子。[①] 其中第一个和第三个例子都是主要与自己相关的,一是生命保持,二是发展自己的才能。康德把这两个例子都看成道德的绝对命令。因而,从责任伦理学来看,即使我们的消费行为没有影响到他人,但从义务的角度看,这两条绝对命令仍然是我们应当遵守的道德律令。

消费伦理涉及利益关系问题。对于生活资料的消费是个人生活的问题,然而,任何人的消费都是在社会经济中的消费,人们所处的社会关系是人们生存与发展的基本前提,离开了各种社会关系,个人也就成了没有根基的存在。个人消费资料的获取也依赖于其生存与发展的社会关系。每个人来到这个世界上,具有某种出身、地位以及社会关系,家庭、社会地位、社会阶级这些背景对于个人的发展前景具有十分深刻的影响。人们能否获得消费资料、如何获得消费资料,以及如何消费等,实际上是人们的利益关系的反映。人们出身、地位以及相应社会关系的不平等,在罗尔斯那里,是社会正义必须面对的首要问题,也是消费伦理的问题。如杜甫所言"朱门酒肉臭,路有冻死骨",所描述的就是消费的极端不平等、不公平。追求平等的社会关系是人类自进入阶级社会以来的社会理想,而平等的消费首先涉及的就是一个平等的社会利益关系问题。

同时,消费需求与社会生产经济发展相关。西方发达国家已经处于"消费社会"

---

① 参见［德］康德:《道德形而上学奠基》,杨云飞译,人民出版社 2013 年版,第 53—56 页、第 64—66 页。

之中。消费社会的一个特征,就是符号消费具有越来越重要的意义。在经济发展的前提下,符号消费成为新的发展趋势,具有相同实用价值的商品,由于品牌的不同,其价格可以相差几倍甚至上千倍。同样,经济的发展使得人们的消费欲望有向着过度消费和膨胀消费发展的趋势。人们在消费攀比中获得存在感和尊严感。消费是社会生产不可缺少的内在动因,是拉动经济发展的三驾马车之一,在当前双循环的经济发展新常态中,消费在经济发展中所具有的意义更为重大。社会经济发展已经给消费伦理提出了新的问题,即消费的经济评价与道德评价是如何统一的。

第二节　消费伦理的热点问题

在现代经济发展中,消费具有十分重要的经济价值。然而,经济的发展也带来了新的消费伦理问题,在诸多的消费伦理问题中,现代消费主义与绿色消费和环境保护就是其中两个重要的问题。

一、现代消费主义

随着现代经济的发展以及西方消费社会的消费主义观念的影响,消费主义已成为当代消费伦理讨论的一个热点问题。消费主义是20世纪初产生于美国,第二次世界大战后风行于西方发达国家的一种社会文化现象,同时是一种因现代经济发展而发展起来的消费价值观念。消费主义的价值观念已经不像传统的消费观念,把消费仅仅看作为了生存所需而进行的人的满足需求的活动,在消费主义价值观中,消费已经成为被现代文化刺激起来的欲望的满足。消费主义把无限占有物质财富、无度消费看作人生追求的目的和人生价值的实现。消费主义的消费不仅仅是为了满足人的需要或最基本的生存欲望,而是超出了生理层次,从而进入心理层次和文化层次,让消费成为一种时尚,一种生活方式。

在消费主义的生活方式和价值观念中,符号消费已经成为消费者所追求的重要价值目标。人们所消费的不是商品的使用价值,而是商品在社会大众心理和文化中的符号价值。什么是"符号"？符号是符号学的基本概念,但其应用十分广泛,语言可以看作一种基本的符号,而数学所用的数字也都可以看作一种符号,不仅如此,还有化学符号、军事符号等等,文学、艺术、仪式、神话等的构成要素也都可以说是符号。消费符号是这个概念在使用范围上的又一次扩展。一方面,符号是意义的载体,是精神外化的呈现,通过符号来表达的意义被称为"所指"；另一方面,符号具有能被感知的客观形式,即通过物质形式、语言或行为等直观表象来表达符号的指称与指向,这些直观表象被称为"能指"。符号是人们共同约定用来指称一定对象的标志物。符号消费是指公众在长期的消费过程中,共同形成了一定的意义认同,把某种价值意义附着在一定的商品符号上。人们消费具有特定标识的或具有一定符号意义的商品,这样的商品首先无疑具有一定的使用价值,但人们进行特定符号意义的商品消费,主要看重的不是它的使用价值,而是人们所认可的符号价值。如任何品牌的背包的使用价值都是一样的,但高级品牌的价格与普遍商品的价格可以相差万倍。当佩戴高级品牌的背包时,则有身价上涨的感觉。又如,手表的功能是报时,然而,高级手表与普遍手表的价格相差又何止万倍。消费主义所追求的符号消费,已经远远超出了人们基本的生存需求,而是把满足心理文化上的价值追求看作最基本的消费要求。

在西方,消费主义代表了一种新的生活方式和伦理观,鲍德里亚在《消费社会》中指出,消费主义体现在人们对待可用物的消费态度上,同时,它告别了传统新教伦理所提倡的节欲和节俭的美德。消费的目的不是为了实际需要的满足,不是从节俭的考虑出发,而是在不断追求被制造出来、被刺激起来的欲望的满足。消费社会就是一个被现代人工物(商品)所包围的社会,是一个以大规模消费为特征的社会,是一个以消费主义价值观风行为特征的社会。

消费主义,从价值观念上看,是人们不将物质消费看作是维持生存的基本方式,而是某种观念上的满足,把消费作为人生的基本目的和价值。消费主义的价值观认为,占有和消费的物质财富越多就越幸福,就越显示人的身份和地位的高贵。就行为层面来说,消费主义的消费是不断地追求和无限制地增加非基本需要的消费、超限度的奢侈性消费、炫耀性的消费。在人生价值追求意义上,消费主义不仅是一种价值观,也是一种人生观,这种人生观认为人生的意义与价值就体现在消费行为或消费活动中,尤其是奢侈或昂贵的消费更是人生意义之所在。有这样的价值观、人生观,也就会有这样的行为追求,认为消费就是攀比,谁的消费符号越值钱,谁就越有价值。因而,消费主义的价值观、人生观不过就是马克思早就批判过的商品拜物教:"依靠货币而对我存在的东西,我能为之付钱的东西,即货币能购买的东西,就是我——货币占有者本身。货币的力量有多大,我的力量就多大。货币的特性就是我的——货币占有者——特性和本质力量。因此,我是什么和我能够做什么,决不是由我个人特征决定的,我是丑的,但我能给我买到最美的女人。可见,我并不丑,因为丑的作用,丑的吓人的力量,被货币化为乌有了。"[1] 谁拥有多少钱,谁敢花多少钱,谁就有多少价值,没有钱的人生就没有价值。消费主义的准则是追求显贵而体面的消费,渴望无节制的物质享受和消遣,试图以物欲的满足和占有来构筑其心理和精神的需求,把人的价

---

① 《马克思恩格斯文集》第一卷,人民出版社 2009 年版,第 244 页。

值单一建立于物质财富的享用和高消费基础之上。它是一种把消费看作人生最高目的的消费观,以消费来表现自我价值,或者是在消费中自我幻想为最有价值的人。在对这种消费价值的追求中,人的本质力量异化了,人把这种异化看成自我强大的证明,并在这种异化中得到人生存在的价值见证。

在第二次世界大战后西方经济和人们财富的快速增长这一前提条件下,消费主义在西方发达国家盛行。不过,消费主义的盛行也有人们文化价值观念的因素影响,这一因素就是西方的享乐主义或快乐主义的价值文化。应当看到,西方消费价值观念的变化有着一个漫长的历史过程。在中世纪柏拉图主义与基督教神学伦理的影响下,西方社会所盛行的是苦行禁欲主义的消费价值观。随着近代以来资本主义经济的发展,人们开始反思和批判苦行禁欲主义的消费价值观,文艺复兴为人的感性存在辩护,强调人的感性需求的正当合理性,就是对中世纪盛行的苦行禁欲价值观的批判。18世纪,英国曼德维尔的《蜜蜂寓言》则明确地主张奢侈消费对于社会发展的意义。古典功利主义被称为快乐主义的功利主义,其学说的核心内容就是以快乐和痛苦为最基本的价值判断标准,强调人们应当追求快乐而不是苦行禁欲。从18世纪开始,功利主义伦理学长期在英美等发达国家占据主导地位,这为消费主义的盛行提供了伦理价值的土壤。第二次世界大战后,西方经济快速增长,伴随而来的就是消费主义开始盛行。

全球化的现代通信传媒文化是消费主义价值文化的推手和助力。现当代科学技术的迅猛发展、互联网全球快速相连,使得全球资讯得以快速传播。发达国家的生活价值观念和生活方式通过文学作品、新闻、广告等各种媒介以及形形色色的商品流通方式向全球传播,潜移默化地影响甚至引导着世界各地人们的消费价值观念和消费心理。全球化首先是经济全球化,其次是信息全球化。信息全球化加速了经济全球化。在此时代背景下,消费主义的价值观念日益在人们心目中占据重要地位,消费主义的生活方式也日益成为人们所追求和模仿的生活方式。人们所追求的不再是以节俭为美德的生活方式,而是以过度甚至挥霍为气派的生活方式。目前我国人民正在从追求温饱型生活向追求美好生活迈进,消费主义的价值观和消费主义的生活方式对当下中国人的消费心理有着很强的影响力。如何在追求幸福美好生活的愿景前提下,抵制西方的消费主义价值观和生活方式的不良影响,是当前消费伦理研究必须面对的一个重大课题。

二、绿色消费与环境保护

自工业革命以来,人类活动对于自然生态环境的影响日益加大,生态环境危机已经发展为威胁人类生存的严重问题。相较于工业污染对环境的有害影响,消费所造成的生态环境问题并没有引起更大的关注。拉夫尔认为:"消费问题是我将要讨论的总称为环境危机问题的核心。人类对生物圈的影响正在产生着对环境的压力和威胁着地球支持生命的能力。"① 这一观点有一定道理。消费为什么会引起严重的生态环境问题? 现代社会与传统社会在消费问题上的不同在于,传统以农业为基础的经济发展模式,其消费是基于有限的社会生产力,并且,如果过度开垦将导致自然生态环境的恶化,从而也限制了人们的消费欲望。然而,现代经济是以工业经济为基础,工业文明的发展以及现代消费欲望的膨胀,使社会消费从有限的节约型消费转向满足人们无限膨胀的消费欲望的过度型消费。膨胀的消费欲望又是现代生产的动力,工业生产极大地提升了人类的社会生产力,马克思说:"资产阶级在它的不到一百年的阶级统治中所创造的生产力,比过去一切世代创造的全部生产力还要多,还要大。"② 然而,大规模的生产必然伴随着大规模的消耗,即大规模的自然资源的消耗,由此必然带来自然资源的浪费与枯竭。无数的资源是不可再生的,例如,随着大工业时代的到来,矿产资源大规模的开采导致生态自然环境的不可还原的破坏,造成无数生物资源枯竭而不可再生。由于人类对自然资源的需求和开采规模的快速增长,几十年来地球的生态环境急剧恶化。大工业仿佛从地下呼唤出生产力所生产的大量产品,最终是为了满足人的消费需求。然而,人类的生产能力已经远远超出了人的需求,因而大规模生产、大规模消耗和大量浪费就不可避免,消费垃圾已经成为工业文明以来越来越严重的环境污染问题。

消费主义享乐消费观念的流行,极大地激发了人们的消费欲望,加剧了资源的消耗和生态危机。工业革命以来,人的需求被作为讨论的中心,在消费主义价值观念的影响下,则呈现无限扩张的趋势。而放任人的需求欲望或仅仅为需求欲望辩护不仅完全忽视了由此带来的生态环境的问题,还忽视了消费正义的问题。由于世界各国经济发展的不平衡,发达国家所占有的资源以及凭借其经济优势和国际经济秩序的话语权,相较于发展中国家或经济不发达甚至落后的国家和地区,则有着明显的优势。发达国家占有了大多数资源,有着高质量、高科技产品的优势,而不发达或落后国家和地区只有贱卖资源的劣势,因而在资源利用、生产发展以及消费水平上处于全球需求的底部,并且其劣势地位将制约这些国家和地区的发展以及人的需求的满足程度。因而,一个群体还在挣扎着解决最基本的、必需的消费,而另一个群体则是在消费主义的观念下挥霍性消费。放任消费主义价值观念的发展,不仅加剧生态环境的破坏,而且导致越来越严重的社会环境危机。

面对由过度消费、消费膨胀所带来的环境危机,倡导绿色消费是应对之举。绿色消费的含义是,倡导消费者选择未被污染的或有助于公众健康的产品;在消费过程

---

① ［圭亚那］施里达斯·拉夫尔:《我们的家园——地球》,夏堃保等译,中国环境科学出版社1993年版,第13页。
② 《马克思恩格斯选集》第一卷,人民出版社2012年版,第405页。

中,注重垃圾分类,不污染环境;引导消费者转变消费观念,崇尚自然,注重节约资源,实现可持续消费。

绿色消费是一种全新的生态化的消费方式。它所提倡的是人与自然的和谐,注重生态环境的保护和资源的节约利用。人们不再以大量消耗资源来获得生活的舒适,而是为保障自然生态的持续繁荣,合理而节约地利用自然资源。绿色消费又是一种健康的生活理念,以人的生命健康为本,以保护生态环境和人的健康生存为宗旨,从生态保护和人的健康需要出发来调节人的生存环境,使人们在享用绿色环境和绿色产品的生活中体会生命的意义与价值。绿色消费是一种资源保护性消费,提倡使用环境友好型和资源节约型产品,尽可能地减少消费对生态环境的破坏和危害,使人们居住和工作的生态环境得到保护或美化,从而有利于生物圈的良性循环,有利于人们的身心健康。绿色消费又是一种可持续性发展的消费,它转变了传统的消费方式,从而也改变了生产方式,使得资源可持续性利用。

1994 年 3 月 25 日,我国通过了《中国 21 世纪议程》,这一议程为我国在新世纪的发展描绘了一幅宏伟蓝图,表明了中国在解决环境与发展问题上的决心与信心,庄严宣告中国不会重蹈发达国家的覆辙,中国将告别"高消耗、高污染、高消费"的传统经济发展模式。我国已庄严承诺,在 2030 年实现碳达峰,2060 年实现碳中和。良好的、可持续性和可再生的生态环境,是社会生产可持续发展的生态环境因素,提高人们的绿色消费意识,促进绿色消费,从而为中国的可持续发展的目标提供真正的动力。

第三节 消费伦理基本原则

人们的消费行为是可以从道德上进行评价的行为,因而对于什么样的消费行为是在道德上值得肯定或称赞的,什么样的行为是不值得肯定甚至应当在道德上否定的,应当依据一定的伦理道德标准来进行评价。这种评价标准也就是消费伦理的基本原则。消费伦理的基本原则在不同的社会经济发展时期可能有所不同,如在社会经济相对不发达的传统农业社会,人们的消费需求受到生产条件的制约,因而节俭是主要的消费原则;而在现代经济条件下,人们所占有的物质财富相对富裕,有人认为节俭不再是主要的美德,但我们认为,人们对美好生活的追求仍然需要将节俭作为基本的道德要求。不过,在物质生活条件相对富裕的现当代社会,除节俭原则之外,还应当有其他基本的消费伦理原则来合理规范人们的消费行为和消费生活。这些原则主要有适度消费和公平消费。

一、节俭原则

节俭是传统社会主要的消费美德，也是主要的伦理原则。就作为原则而言，节俭是一种伦理规定和要求，而作为消费美德，是从消费主体自身的品德要求来看的，即要求消费者本身应当具有节俭的内在品德。"节俭"的意思是对于自己财物的使用俭省而有节制，不铺张浪费。节俭作为对消费行为的伦理要求，在物质财富条件相对富裕以及对美好生活追求的历史条件下，仍然应当作为基本的伦理要求。习近平总书记指出："节俭朴素，力戒奢靡，是我们党的传家宝。现在，我们生活条件好了，但艰苦奋斗的精神一点都不能少。必须坚持以俭修身、以俭兴业，坚持厉行节约、勤俭办一切事情。"[①] 节俭朴素是我们党的传家宝，也是中华民族的优秀道德精神。

在中国传统文化中，可以找到很多关于节俭的论述。孔子的弟子子贡指出孔子的品行是"温良恭俭让"（《论语·学而》），即孔子具有温和、善良、谦恭、节俭、忍让这五种品德，"节俭"就是其中之一。就为政而言，孔子提出"节用而爱人"（《论语·学而》）的主张，即节约费用，爱护民众。可见节俭在孔子心目中的地位十分重要。儒家的另一位重要人物荀子也强调节俭的重要性，批评那些挥霍浪费的行为是目光短浅的，因而他提出"节用裕民"（《荀子·富国》）的主张。在他看来，如果不节用裕民，就有亡国之危。在《荀子·荣辱》篇中，他告诫人们不要过于放纵自己的欲望，要提前考虑到无以为继的困境的可能性，平日节用，在发生水灾等自然灾害之时不至于落入绝境。墨子从消费伦理的角度对节俭进行了深入分析，强调"节俭"对于消费以及治国的重要性。他提出"其用财节，其自养俭，国富民治"（《墨子·辞过》）的主张。在财物的使用上，节俭的行为能够使得国家富裕，民众得到治理。"俭"在道家思想中也有着十分重要的地位。在老子看来，俭德是三种最主要的德性之一："我有三宝，持而保之。一曰慈，二曰俭，三曰不敢为天下先。慈，故能勇；俭，故能广。"（《老子》第六十七章）"广"相对于"窄"而言，老子以"广"来肯定俭德，具有十分深刻的意义。王弼在《老子注》第六十七章中说："节俭爱费，天下不匮，故能广也。"节俭使得家国的财物不匮乏，因而更富有。而如果不节俭，财物将被浪费，家国就会面临生存危机。墨子提出用民的原则："'凡足以奉给民用，则止。'诸加费不加于民利者，圣王弗为。"（《墨子·节用中》）这是说，要节用民力，同时不要过多增加民众的负担，过重的负担不是圣王之治。这是将节用的原则用在国家治理上。他谴责统治者奢侈腐朽的生活方式，认为王公贵族等生前住在富丽的宫室，穿极其华丽的衣服，佩戴极其宝贵的珠

---

① 习近平：《立志做党光荣传统和优良作风的忠实传人 在新时代新征程中奋勇争先建功立业》，《人民日报》2021 年 3 月 2 日。

玉,听欢娱悦耳的琴瑟竽笙之声,死后又厚葬久丧,多埋赋财,这都是"厚作敛于百姓,暴夺民衣食之财"(《墨子·辞过》)的结果。争相奢侈靡财,不仅浪费社会财富,而且还是道德的堕落。

在传统社会,节俭作为消费行为的重要美德要求,受到主流思想家的重视,是中国传统文化关于消费的重要伦理思想。节俭即节约财物的使用,以较少的财物达到与花费较多财物同样的消费目的。在经济条件并不宽裕的条件下,节俭能够使得消费者减轻金钱方面的压力,同时也减少自然资源的消耗,同样过着幸福美满的生活。在当代社会,在消费方面,我们仍然要重视节俭美德。首先,在消费主义所激发的人的欲望膨胀的历史前提下,节俭所针对的是人的欲望,而不是正常的生活需求。以节俭的道德要求来有效地约束自己的过度欲望,如一些由于奢侈条件而产生的对于昂贵需求的嗜好。其次,提倡节俭是为了理性而合理的消费,俭而有度,节俭而不浪费,既享受生活又合理规划。最后,节俭是"俭而有度"。俭而有度的消费要求,就是依据自己的实际收入来规划消费,从而使得自己的消费不至于成为各种财务奴隶。目前大学生受到消费主义的消费观念的影响,在消费能力不足的情况下力图提前消费、透支消费,从而陷入"裸贷"等贷款陷阱,教训是十分沉痛的。人民追求美好生活的愿望值得充分肯定,但由于每个人的生活背景、经济背景的不同,对于自己的美好生活应当有一个切合实际的规划。

人与自然和谐共生的现代化是中国式现代化的五大特征之一。如何推动绿色发展,促进人与自然和谐共生? 习近平总书记在党的二十大报告中指出,"我们坚持可持续发展,坚持节约优先、保护优先、自然恢复为主的方针"[1]。在消费方面,则是要"倡导绿色消费,推动形成绿色低碳的生产方式和生活方式"。[2] 习近平总书记从中华民族永续发展的高度,提出节约的重要性,为我们的合理消费指明了方向。

二、适度原则

消费伦理所要求的节俭是一种基本的道德要求,从个人消费的角度看,节俭是对自己的财力进行规划的道德要求,适度消费是对于合理消费所提出的另一项重要的伦理原则。适度既是在国家治理意义上对公共开支的消费要求,同时也可以看作对个人的消费要求。就个人消费而言,节俭可以说是从自己的财力出发进行规划而留有余地,适度也是从自己的财力出发,量力而行。不过,我们是在大众一般消费水平

---

[1] 习近平:《高举中国特色社会主义伟大旗帜 为全面建设社会主义现代化国家而团结奋斗——在中国共产党第二十次全国代表大会上的报告》,人民出版社 2022 年版,第 23 页。

[2] 习近平:《高举中国特色社会主义伟大旗帜 为全面建设社会主义现代化国家而团结奋斗——在中国共产党第二十次全国代表大会上的报告》,人民出版社 2022 年版,第 50 页。

的意义上来讨论"适度"消费。由于社会财富占有的两极分化,处于底层的人群与处于社会上层的人群对"适度"的理解不同。就社会大众一般消费水平而言,从宏观经济意义上看,适度就是不超出经济条件的允许,又不滞后于经济发展的水平。具体来说,适度消费有着经济标准和自然标准两个方面。

先来看经济标准。就整个社会而言,首先,不能脱离社会生产力和消费品的总供给能力来进行消费。其次,任何社会生产都需扩大再生产,消费与扩大再生产的比例决定了一定的消费规模。就一定地区的社会公共开支而言,公共消费或公共投资、开发等应当与社会经济发展水平相适应。无疑,任何一个地区的经济发展都需要有一定的投资借贷,借贷用于进行扩大生产性投资建设。投资建设有见效和回收成本期的长短,如果不计较本地区经济的承受力,在一定时期内由于无法预测的原因或变故导致投资无法收回成本,而本地区的经济实力又无法在规定的时期内还贷,那么,就会造成一定地区经济的重大损失。某些地区盲目扩大再生产必然导致这个地区的消费基金不足。在现代消费主义影响以及经济发展的条件下,个人消费的适度性是一个需要进行自我调控的要求。这是因为,信用借贷消费已经成为现代社会消费的一条重要途径。因此,适度消费不仅是从已有或可能有的消费能力来考虑,还需从可能有的还贷能力来考虑。盲目追求超出自己还贷能力的高消费,就有可能出现严重问题。同时,借贷消费还应当警惕隐藏着的高利贷陷阱。应当理性面对借贷风险,同时不能有天上掉馅饼的幻想。

再来看自然标准。这里的"自然",首先是指在人与自然关系中的自然,其次是指适合于人的生命有机体的自然。消费的适度性,首先是指在保护生态环境的前提下进行的消费。人类所有的消费都要消耗自然资源,对于自然资源应当进行保护性地消费,即绿色消费。消费不仅要节约利用资源,而且需要可再生性地利用资源。这体现为人对待自然资源上的适度。其次,消费是为了每个生命有机体的健康生存与发展。人为过度的消费,即消费不遵守生理或生存需要的科学要求,只图自己的嗜好满足,或纵欲过度,这样的消费不仅是对资源的过度使用或浪费,也是对自身健康的损害。消费是为了满足自己的生命与发展的需要,这是最为根本的目的。消费伦理并不是反对人生有各种各样的嗜好,人们的不同嗜好是个人幸福的组成部分,但是,应当看到,有的嗜好有利于健康,有的不利于健康,因此,人们应当培养有利于健康的嗜好,而努力克服掉由于无知或受到不良影响而形成的不良嗜好。同时,对于任何嗜好的满足都应当是有度的,而不是无度的。如饮酒是大众生活中重要的组成部分,有的人因此也比其他人更喜欢饮酒,但当饮酒这样的爱好变成了嗜好,就很有可能形成依赖性,从而使得自己的健康受到损害。总之,适度消费是指与自然生态环境的发展和保护一致的消费,同时又是指与人的自我生命的存在与发展保护相一致的消费。

三、公平消费原则

在现代社会,每个公民享有基本的生存权利,这一权利受到宪法的保障。然而,生存权利的实现是通过享有的消费资源来体现的。消费权是一种基本人权,是每个人基于生存权而应享有的权利,这一权利包括获得、拥有和享受一定的生活资料,这些生活资源是为满足每个人的生存需要、享受需要和发展需要而应有的。毋庸置疑,每个人的生活资源都应当是自己的劳动所得。"各尽所能、按劳分配"是社会主义的分配原则。然而,在市场经济条件下,并非所有进入劳动市场或拥有一份工作的人都可以确保有一份稳定的收入,也并非每一个人一来到这个世界上就可能拥有能够养活自己的体力和智力;同时,生命是脆弱的,每个人随时都可能遭受到某种不幸,有生病或形体遭受损害从而成为残疾的可能。当有人失业而没有生活来源或身患残疾而不可能正常工作时,我们是否还可以享有生活资源?

就宪法保障每个人的生存权利而言,任何一个人来到这个世界上,其生存需求应当得到保障。在这个意义上,每个人都有平等地获取生存资源的权利,这个权利对每个人来说都是不言而喻的。就消费意义而言,这就是人人具有的公平消费的平等权利。一个社会的公平正义既体现在按劳分配的公平分配上,同时体现在对弱势群体的惠泽及保护上。

每个人都有着基本的生存权利意味着基本的消费权利的平等。在消费权的意义上,每个消费主体的基本生存权都应得到保护。罗尔斯提出基于每个人的生存权利的差别原则,即对于弱势群体,社会应当通过政策调控来进行社会福利分配上的倾斜,通过对弱势群体的惠泽,不断提升他们的社会期望值,这样体现了一个社会对于人的平等观照。罗尔斯还指出,差别原则是一种博爱精神的体现,通过差别原则的实施减少或消除社会在基本善的分享上的差别,或消除由于消费资料的分享过于悬殊而产生的社会不公平。

实现消费资源的公平分配,不是说使每个人所占有的消费资源完全平均,或所占份额完全一样。而是说,在保障人人享有的最基本的生活资源上,应当是人人平等的。因此,在最基本的需求保障之外,每个人由于社会地位、个人能力、个人收入以及生活环境的不同都可能拥有不同的生活资源和消费资源,从而不可能存在着完全均等的消费享受。在社会保护天赋和才能激励社会生产的现代社会,一方面,社会承认人们的才能及分配享有的财富的不平等,另一方面,又在承认人人平等的生存权利的前提下,保障每个人有着基本的生存消费资料。在这个意义上,消费资料尽可能地惠及弱势群体,才可更多地体现出社会公平。

消费公平是社会公平的体现,实现社会的公平正义和人民的共同富裕,是社会主义的本质要求。中国共产党始终把带领人民创造美好生活作为自己的奋斗目标,人民的美好生活首先就是公平正义地实现共同富裕。因此公平消费有着十分重要的现实意义。

思考题:

一、怎样看待消费在社会生产与人们生活中的地位?

二、怎样才能做到绿色消费?

三、怎样看待对美好生活的追求与节俭的关系?

第四章　企业伦理

企业伦理是应用伦理学中的重要内容,它是随着市场经济的发展而出现的,是现代企业运行和发展中不可缺少的重要因素之一。伴随着经济全球化的不断发展,自20世纪60年代开始,人们开始重新认识企业的本质、地位、作用,以及企业从单纯的技术路线发展到技术手段与人文要素协调发展的态势等。企业伦理的出现是当今伦理学领域、管理学领域里一道亮丽的风景线。毋庸讳言,企业伦理不仅是伦理学的应用学科,而且是管理学的分支学科,正在彰显着强大生命力。

第一节　企业伦理的概念及其意义

企业伦理是指企业作为一类经济组织或经济实体,在处理企业对内对外的伦理关系中,所应遵循的伦理准则、道德规范及其所从事的相关伦理实践活动的总和。企业伦理自企业这一组织或经济实体登上历史舞台以来,既是社会有机整体的一个基本构成要素,同时受到一定的社会伦理精神总体的制约。企业伦理与社会整体道德要求形成了一种相互制约、相互激荡的关系。要更好地理解企业伦理,首先要对企业、企业伦理等概念有一个清楚的认识。

一、企业伦理的概念

根据现代企业理论,企业主要有两个不同的定义。一个是罗纳德·哈里科斯提出的定义。科斯认为,企业是市场机制的替代物。在企业外部,价格通过一系列市场交易而产生变化,从而调节着生产;在企业内部,则没有这些市场交易,而是由企业家作为协调者调节着生产。换言之,企业是一种能够在市场经济中与市场机制彼此替代的协调生产的工具与机制。另一个定义是迈克尔·詹森和威廉·麦克林提出的。他们认为,企业是一种为个人之间的"一组契约关系"充当连接点的组织,所谓"一组契约关系"就是劳动所有者、物质投入和资本投入的提供者、产出品的消费者相互之间的契约关系。

企业首先是一种经济组织或经济实体,具有经济组织或经济实体的特性。也就是说,经济本质是企业的重要特征。任何企业都需要追求利润。为了实现利润最大化,企业要不断地采用先进技术、先进管理降低成本,提高效率。综观前面两种界定,我们认为,企业是以利益、契约和义务为纽带,为了谋取最大利润而形成的一类经济实体。或者说,企业是利用资源创造价值的经济组织。

从历史上看,企业是社会经济发展到资本主义历史阶段的产物。16世纪早期,欧洲一些国家开始了由单个的家庭作坊手工业向企业性的工场手工业的过渡。现代意义上的企业正是由此发展起来的。马克思和恩格斯曾在《共产党宣言》中这样描述:"以前那种封建的或行会的工业经营方式已经不能满足随着新市场的出现而增加的需求了。工厂手工业代替了这种经营方式。行会师傅被工业的中间等级排挤掉了;各种行业组织之间的分工随着各个作坊内部的分工的出现而消失了。但是,市场总是在扩大,需求总是在增加。甚至工厂手工业也不再能满足需要了。于是,蒸汽和机器引起了工业生产的革命。现代大工业代替了工厂手工业。"[1] 企业的出现,机器大工业的建立,从根本上改变了人类的经济面貌和社会面貌,这意味着传统社会的远去和现代社会的来临。企业的出现,使资本主义社会创造了无比巨大的社会生产力。借用马克思的话说,"自然力的征服,机器的采用,化学在工业和农业中的应用,轮船的行驶,铁路的通行,电报的使用,整个整个大陆的开垦,河川的通航,仿佛用法术从地下呼唤出来的大量人口——过去哪一个世纪料想到在社会劳动里蕴藏有这样的生产力呢?"[2] 因此,企业推动了经济的飞快发展。

什么是"企业伦理"(business ethics,或者 corporate ethics,有时也被译为商业伦理、商业道德等)?一般而言,企业伦理是企业在处理各种企业内部、外部关系及其秩序中所体现出来的具有道德意义的行为决策或行为。具体而言,企业伦理是指企业作为一类经济组织或经济实体,在处理企业对内对外的伦理关系中,所应遵循的伦理准则、道德规范及其所从事的相关伦理实践的总和。这里也不难看出,企业伦理涉及企业生产经营活动的各个方面。

值得注意的是,企业伦理不同于企业人员的职业道德。职业道德是从社会分工的角度来阐述不同职业的人所应遵守的行为规范。某种职业道德就某个企业而言,只是其内部某一职业角色的道德要求,是从事某种职业所应该遵守的行为规范。比如,企业中的会计人员,就必须遵守会计人员的职业道德。企业伦理则主要是从企业组织的立场,分析企业在各种企业活动中的行为规范,不仅涉及对一定职责的特殊要求,而且涉及针对企业所有人员的一般要求。比如,日本的企业常常都有自己的社歌、社训,以此来规范所有企业员工的行为。每天上午都有朝会,所有员工

---

[1] 《马克思恩格斯选集》第一卷,人民出版社2012年版,第401页。
[2] 《马克思恩格斯文集》第二卷,人民出版社2009年版,第36页。

都要唱社歌、背社训。这其实就属于企业伦理,目的在于形成一种企业的内在伦理精神。

二、企业伦理的意义

企业伦理不仅涉及哲学、伦理学学科,还涉及管理学、经济学等学科。企业伦理的出现和发展,具有重要的理论意义和实践意义。

企业伦理的核心问题是企业效益追求与道德追求之间的关系问题。其原因在于,企业伦理产生之时,就面临这样一个问题,企业的本性要追求效益,尤其是经济效益,由此会引发许多社会伦理问题。而且,这个问题一直伴随着企业伦理的发展,后来关于企业伦理的研究范围、企业作为伦理主体的争议、企业与社会的关系、企业伦理计划的构建等问题都可以视为这一核心问题的拓展和深化。因此,企业效益追求与道德追求之间的关系问题是企业伦理的核心问题,是解决其他问题的基础。

我们把企业伦理的核心议题表述为:企业效益追求与道德追求之间的关系。这一问题实际上包含两个问题:一是企业效益追求与道德追求之间是否存在必然联系,二是如果存在必然联系,二者能否统一,在多大程度上能够统一。

对于"企业效益追求与道德追求之间是否存在必然联系"这一问题,一种观点认为两者之间并无必然的联系,企业只需要追求经济效益,而不需要考虑道德追求。比如,唐纳德·森和理查德·德·乔治认为,企业作为经济实体,与人不同,没有自然权。人本身可以成为目的本身,从而具有所谓的伦理价值。企业本身不过是一种工具,不存在伦理价值,只具有工具价值。所以,企业只具有法人资格,不需要承担人所要承担的伦理责任,只需要承担法律要求。企业讲究道德,与企业追求经济效益是存在矛盾的。另一种观点认为,企业不仅要追求经济效益,而且要实现道德追求。彼特·弗伦奇就认为,企业不仅要追求经济效益,而且要践行伦理要求。企业是人的集合体,因而就具有人的特性。同时,企业和人一样,要发挥其作用,就需要为其决策承担一定的道德责任。

我们认为,企业是以利益、契约和义务为纽带,为了谋取最大利润而形成的一类经济实体。或者说,企业是利用资源创造价值的经济组织。企业产生于个体小生产者之间的协作。个体小生产者进行协作组成企业的根本原因在于协作生产比单个生产更能节约生产成本和交易成本,提高劳动效率,获取更多的规模收益。美国著名经济学家阿尔钦和德姆赛茨在《生产、信息成本和经济组织》一文中指出,如果协作群生产的产出足够大,以至于和不可分离的生产的产出总和相比,超出的部分足以抵消用于组织和约束协作群成员的成本,则协作群生产就会被采用。企业因求利而存在,也因求利而发展。追求利益的最大化是企业的本性。

在这里，企业的存在似乎仅仅是为了获取其利润最大化。这种观点的理论源头始于西方经济学的经济人假设。古典经济学的奠基人亚当·斯密在《国富论》中阐明了他的"经济人"观。他以利己主义为出发点去探讨个人利益与社会利益的关系。其最著名的论断是：在自由市场经济条件下，每个人都力图用他的资本，来使其生产的产品能得到最大价值。一般地说，他并不企图增进公共福利，也不知道他所增进的公共福利是多少。他所追求的仅仅是个人的安乐，仅仅是个人的利益，在这样做时，有一只看不见的手引导他去促成一种目标，而这种目标不是他所追求的，由于追逐他自己的利益，他经常促进了社会利益，其效果要比他真正想促进社会利益时所得到的效果更大。按照这种理论，在自由市场经济中，社会中的各个企业是追求利润最大化、从事各种经济活动的，市场自发地协调其利益关系，从而实现社会最大福利。一些人似乎可以据此认为，企业的目标仅仅是追求利润最大化，其实不然。亚当·斯密在《道德情操论》中，从利他的角度构建其道德理论。他在论述道德同情论时指出，通过想象，人们可以把自己置身于别人的处境中，设想自己正在忍受同样的痛苦。这种设身处地的想象，在某种程度上把自己变成与被同情者一样的人，甚至可以说同他融为一体，因而产生一种与被同情者相同的某些意识。

如果说《国富论》建造了英国古典政治经济学的"殿堂"，那么《道德情操论》则建立了适应自由竞争时期资本主义自由贸易的道德学说。一些研究者认为，其中存在内在矛盾。在他们看来，《国富论》倡导的是追求最大经济利益的"利己心"，而《道德情操论》则提倡追求伦理的"利他心"，于是，形成了所谓的"斯密难题"，似乎在市场经济中，道德与经济是截然对立的。

究其原因，一些研究者把"经济人"理解为"有理性的，追求自身利益最大化的人"。其实，这种理解存在着严重误读。亚当·斯密所提出的"经济人"概念是一个内涵十分丰富的概念。它意味着不仅要实现利己和获得利润最大化，而且应具有帮助他人和社会的利他之义。因为，在亚当·斯密看来，如果要实现利己和获得利润最大化，就需要帮助他人和社会。从企业的角度来看，企业如果不能生产符合消费者需要的产品，就无法把产品销售出去，也就无法实现利己和利润最大化。因此，这些研究者显然误解了"经济人"的含义，亚当·斯密的"经济人"并不是"唯利是图"的利己主义者，也不是置他人和社会利益于不顾的经济动物。事实上，亚当·斯密的"经济人"概念就是要论证，生活在社会中的每个人都有其经济需要，每个人都要关心自己的利益，并且每个人都有为自己而生存的权利。在贯彻这项权利时，没有必要为了他人而牺牲自己的利益，也不能为了追求自己的利益而损害他人的利益。换而言之，道德与经济之间并不存在实质性的对立。那种将经济人与道德人对立的看法，表现为市场经济与道德要求的对立。这些研究者夸大了两者的区别,看不到两者之间深层的相互联系。比如,某家军工企业生产民用家具,在一批货物发出后,发现有一张桌子少刷了一遍漆。经过查找,这张桌子已经被顾客买走了。于是,企业通过电台连续广播了半个月,寻找那位买主。没想到,这一举措虽然没有找到买主,结果却引来了 12 家商场愿意包销其产品。如果这家军工企业对客户负责是"德",最终引来 12 家商场愿意包销其产品则是"得",这反映了"德"与"得"之间的相通。市场经济是竞争经济,需要企业遵守一定的社会伦理要求,而不是毫无顾忌地追求个人利益。

在当代社会中,企业已经成为社会经济发展重要的组成部分。企业的生产和发展需要与各种各样的人交往。它需要有人给它提供各种资源,如原料、初级待加工的产品等;需要其他的人为它提供各种服务,如电力、销售等。我们很难想象一家企业没有其他人的帮助,能够生存和发展。伦理学所研究的道德,是人类交往过程中的各种基本规范和要求,表明了社会就此而做出的善恶之分。企业在其经济活动中,必然遵守道德规范。企业与道德之间存在着必然的联系,这就好像一个成年人不需要提醒就知道说谎、偷窃等行为是错误的,无论这种行为发生在企业的哪一个环节都是要受到谴责的。但这种必然的联系,或许太过明显而被一些人忽视。

我们认为,在市场经济中,企业追逐利润的最大化并不是与道德追求相互矛盾和对立的。毕竟,市场经济作为一种经济体制,其内在的调节机制是价值规律,即市场通过供求关系,自发地调节社会生产和价格变化,自发地调节社会生产和流通,以实现生产要素按比例分配于各生产部门。市场经济也是一种道德经济,并不是仅仅强调个人利益和"利己之心"。企业追求的利润最大化应该是合理的利润最大化,这个"理"就是不仅要合乎法律,而且要合乎社会伦理。这才是市场经济理论家们所说的"成为一个理性的经济人"。

企业伦理的出现和发展是现代企业经营实践的需要。伦理学具有实践性的特征,其重要功能就是调节各种社会关系,明是非,知善恶。在市场经济条件下,企业伦理研究在调整企业的各种关系、明确企业及其成员的社会责任、提供企业竞争力、追求卓越、推进全社会精神文明的建设等方面具有重要意义。

第一,企业伦理研究有助于调整企业的各种关系,促进企业稳定而健康地发展。企业生产经营和管理过程中所出现的大部分问题都涉及与他人和与社会的各种关系。换而言之,企业中的伦理问题是不可避免的。企业的经营者和管理者必然要面对企业的各种内外关系,外部利益关系如与消费者、供应商、民众、政府、其他企业等的关系,内部利益关系如与企业自身员工的关系。企业只有调整好这些关系,才能获得所需要的资金、资源、市场、技术等。而伦理具有协调人与人之间、人与社会之间各种关系的功能,所以企业伦理的研究就是要处理好企业的各种关系。在美、日、韩等国家,许多企业都设有伦理委员会,它们在企业的经营和管理中,针对企业的相关决策,在协调企业的各种伦理关系中发挥着重要作用。

第二,企业伦理研究有助于明确企业及其员工的社会责任,提升企业员工的道德素质。众所周知,生活在社会中的每个人、每个组织都要承担一定的责任,其不同之处在于究竟向谁负责、负责什么,以及在多大程度上负责。企业是生产、经营或服务性活动中的独立核算单位,是具有法人财产权、拥有民主权利、承担民事责任的法人实体。企业要追求利润最大化,就需要和消费者、供应商、民众、政府以及其他企业等各方面发生社会关系,从而也就要求企业行使自己权利的同时,也需要自觉承担一定的社会责任。这种社会责任既包括经济方面的责任,如投资的结果等,也包括一些非经济方面的责任,如文化责任、环境责任等。当然,法律在这方面是一种强制性力量。但是,企业自觉运用伦理决策尽到自己的应尽责任同样十分必要,这直接影响到员工是否遵循社会道德要求。

第三,企业伦理研究有助于企业提高竞争力,追求卓越。企业的生产和发展离不开伦理的指导。企业伦理的历史发展已经证明,如果企业的发展缺乏伦理的指导,仅为了实现利润的最大化而彼此尔虞我诈、缺失诚信,为了获得有限的资源、资金、人才而相互拆台、恶性竞争,其结果是在市场竞争中必然遭到灭顶之灾。如果企业能够自觉建立现代企业制度,遵循与之相适应的企业伦理精神,企业的未来发展就会朝着正确的价值方向前进,就能够树立良好的企业形象,增强竞争力,在吸引投资、拓展市场、汇集人才等方面发挥积极作用。企业伦理就是要让企业在风云变幻的市场环境中,时刻保持正确的价值观——君子爱财取之有道。企业伦理已经渗透到现代企业制度之中,成为现代管理的重要道德资本。

第四,企业伦理研究有助于提高全社会的道德水平,推进全社会精神文明的建设。企业是现代市场经济中的最直接的经济实体,在推动现代社会的经济发展中具有举足轻重的影响力。企业伦理是社会思想道德状况中最具活力的部分,企业道德水平的高低直接影响整个社会的道德水平和精神面貌。

第二节　企业伦理的主要内容

我们可以从企业的伦理关系来探讨企业伦理的主要内容。从企业的外部伦理关系来看,企业伦理主要涉及企业社会责任;从企业的内部伦理关系来看,企业伦理主要涉及企业道德管理。

一、企业的伦理关系

企业是各种经济关系所构成的集合。企业的伦理关系是企业各种经济关系的集中体现。市场经济中,企业的社会交往频繁,形式多种多样。企业的伦理关系存在于企业的生产、交换、分配、经营和管理的各个方面,它直接决定了企业在其存在和发展过程中,以及与不同社会主体交往过程中应该采取什么行为、承担什么责任。从这个意义上看,企业的伦理关系是我们研究企业伦理的逻辑起点。企业伦理关系可分为企业外部与内部的伦理关系。

（一）企业外部伦理关系

企业外部伦理关系是指企业与消费者之间、企业与企业之间、企业与政府之间、企业与社区之间、企业与公众之间、企业与环境之间、企业与媒体之间的伦理关系。

第一,企业与消费者之间的伦理关系。企业与消费者之间的伦理关系是一种重要的企业外部伦理关系。从企业的角度来看,企业要为消费者服务,真正地把消费者视为上帝,具有全心全意的服务意识,尊重和关心每一位消费者。这就需要企业生产或提供安全达标的产品或服务,在向消费者提供消费信息时不能采取欺诈的手段,要平等地进行交易,认真处理消费者的投诉。从消费者的角度来看,消费者要尊重企业所提供的劳动或服务,给予力所能及的帮助。企业与消费者之间的伦理关系中可能存在的问题主要有:企业所提供的产品存在质量和安全问题,比如有毒、有害的假冒伪劣产品;在产品定价方面存在价格垄断、价格欺诈行为,比如恶意欺骗消费者、霸王条款;在促销商品时,进行夸大或虚假的广告宣传,诱导消费者透支消费等。处理好企业与消费者之间的伦理关系,是企业生存和发展的生命之源。因为,企业所生产或提供的服务只有通过消费者才能转化为利润,如果处理不好与消费者之间的伦理关系,将严重影响企业的未来发展,这无异于慢性自杀。

第二,企业与企业之间的伦理关系。企业与企业之间是一种既竞争又合作的关系。企业是自主经营、自负盈亏的生产者和经营者。一方面,不同企业之间为了自身的生存和发展,必然在市场、人才、资金、信息、原材料等方面展开竞争。另一方面,企业也需要彼此合作,比如,需要原料时,与原料企业合作,需要销售产品时,与销售商合作,等等。企业与企业之间的竞争和合作的关系都需要在公平的环境中展开,彼此之间注重诚信,才符合企业的长远发展目标。企业与企业的伦理关系中可能存在的问题主要有:不正当竞争,以欺诈、虚伪的方式诋毁竞争对手,生产仿冒商品,侵犯商业秘密,散布虚假信息,滥用经济优势或借助政府行政权力排挤其他企业,损害其他企业的合法权益,等等。企业与企业之间的伦理关系的恶化,只会使经营环境恶化,增加企业之间的运行成本,影响自身的发展。

第三,企业与政府之间的伦理关系。企业与政府之间的伦理关系也是企业外部伦理关系的重要方面。从企业的角度来看,企业需要遵纪守法、依法纳税。依法纳税是现代社会的重要标志,是企业应尽的义务,也是企业最佳的信用证明。这既是企业的法律义务,也是企业的道德要求。实践证明,企业要想做大做强,获得持续发展,必然要遵守国家的法律法规,才能获得政府更多的扶持和帮助,获得持续和稳定的发展。就政府而言,政府要为企业提供良好的外部环境,保持相关政策的持续性,尊重企业的自主权,不能借助政府行政权力乱摊派、瞎干涉,或者采取行政不作为,推诿应尽的义务。企业与政府的伦理关系中所涉及的问题主要有逃税、行贿、受贿、虚假报告等。

第四,企业与社区之间的伦理关系。企业与社区都是社会的组成单位,两者之间是相互依存的关系。从社区的角度来看,它希望企业能够提供优质的产品或服务,增加就业机会,提供一定的税收,捐资助学等。从企业的角度看,它希望社区能够提供劳动力,形成产品销售市场,巩固和拓展企业的发展空间等。实践证明,企业注重社区活动,社区活动做得好,就容易成为社会共同体中的一员,有利于在社区中树立良好的企业形象,得到消费者、员工、政府的广泛支持,形成良好的外部发展环境。

第五,企业与公众之间的伦理关系。就企业而言,企业能够积极参加社会公益活动,多从事慈善事业,回报社会,造福公众。就公众而言,要尊重企业的劳动,理解和支持企业的经济活动。企业与公众之间和谐的伦理关系,有助于提高企业的社会形象,提升企业的社会声望,增加无形资产。

第六,企业与环境之间的伦理关系。环境问题是企业与公众利益出现冲突的主要矛盾之一。全世界的大多数环境问题都与企业有关。许多企业每天都在不断消耗自然资源,污染自然环境。这就需要企业主动地治理三废污染,发展循环经济,保护环境。这不仅有助于维护良好的生态环境,也有助于提高资源的利用效率,克服资源短缺,保障企业自身的可持续发展。

第七,企业与媒体之间的伦理关系。在现代社会中,媒体是人与人之间沟通的重要载体,它直接影响着公众的价值判断。企业的所作所为也直接为媒体所关注。就企业而言,要尊重公众的知情权,不能提供虚假欺诈信息来欺骗公众;就媒体而言,要能够真实、客观地报道企业的经营活动,不能借机自我炒作、自我宣传。

企业的外部伦理关系是企业能够开拓进取、不断发展的重要因素。在当前市场竞争中,认识和理解这些外部伦理关系,有助于企业树立良好的社会形象,有效地降低成本,提高经济利益。

(二)企业内部伦理关系

企业内部伦理关系主要包括企业与出资者的伦理关系、企业与员工之间的伦理关系、企业管理者与被管理者之间的伦理关系。

第一,企业与出资者的伦理关系。从出资者的立场来看,出资者希望企业在营利中能够做到其投资的保值、增值,实现投资最大化。从企业的角度来看,企业希望得到出资者的信任和尊重,能够多从企业的长远发展而不是短期利益来考虑问题。

第二,企业与员工的伦理关系。企业与员工的伦理关系是企业内部伦理关系的重要内容。从员工的角度来看,员工希望通过在企业的工作中增加收入,获得良好的福利,提高自身工作能力,自己的人格和劳动得到尊重,维护法定的各种权利等。从企业的立场来看,它希望员工能够履行在合同中所规定的各种劳动责任,效忠企业这个经济组织,发挥其工作的积极性和主动性等。事实上,企业与员工的伦理关系容易出现冲突:企业为了获取最大利润,忽视劳动安全,刻意压低工资,强制要求高强度劳动等,把员工仅仅当作赚钱的工具,而员工为了一己之私,违反合同所规定的义务,给企业带来经济损失。因此,企业尊重员工、相信员工,调动他们的积极性,增强他们的荣誉感和自豪感是处理好企业与员工之间伦理关系的关键。企业与员工之间要形成同舟共济的共同体关系,才是企业的成功之道。

第三,企业管理者与被管理者之间的伦理关系。管理者和被管理者都是企业中不可缺少的组成部分。表面上看,管理者高高在上,被管理者处于被制约的地位。其实,从管理学的角度来看,二者不过是分属于企业中不同的位置而已,都有其自身的重要作用。管理者注重的是企业的生产和发展,被管理者注重的是企业所给予个人的各种福利、工资、待遇等,两者之间的关注点不同。企业管理者需要协调与被管理者之间的关系,尊重被管理者,满足其合理要求。被管理者也需要认识管理者在企业生存和发展中的价值,唯有投入企业的发展之中,自身才能获得最大的利益。企业管理者与被管理者之间唯有建立彼此尊重和相互依存的关系,遇到问题相互沟通,才能找到解决问题的良策,从而促进企业的发展。

企业的内部伦理关系是企业具有团队精神、稳定发展的决定性因素。企业作为各种经济关系所构成的利益共同体,妥善地协调企业的内部伦理关系,就能形成凝聚力和感召力,员工才能具有企业忠诚性和敬业精神。这样,企业上下一心,就会降低监督成本和内耗,提升效率,在市场竞争中占据有利地位。毕竟,企业存在与发展所需的经济效益与企业的效率密不可分,效率在企业的内部伦理关系中占据首要位置,直接影响企业的利润。如果没有调整好企业的内部伦理关系,企业内部各自为政、相互提防,工作环境恶劣,生产效率低下,那么企业的经济效益也就无从谈起。

二、企业社会责任

企业社会责任是企业伦理研究中一项重要的研究内容。企业社会责任究竟是什么？其成立的理论依据何在？要落实企业社会责任,有没有通用的标准？这种标准是什么？这些问题是在企业伦理研究中关于企业社会责任研究的重点。一般而言,企业社会责任是指经济责任、社会责任和环境责任,即企业可持续经营和盈利的责任,维护社会公平正义、促进社会进步发展的责任,对员工和利益相关者的责任,以及保护环境的责任。

在有关企业社会责任的定义中,阿奇·B.卡罗尔和乔治·恩德勒的观点值得注意。卡罗尔把企业社会责任理解为一种金字塔形的结构。所谓企业的社会责任是指在一定时期内社会对企业所提出的经济、法律、伦理和慈善的期望。它由经济责任、法律责任、伦理责任和慈善责任所构成。这四个方面构成了一个金字塔:经济责任为底层,法律责任为第二层,伦理责任为第三层,慈善责任处于顶层。经济责任是指企业作为经济组织,需要生产社会所需要的产品、提供社会所需要的服务,因此,在企业经营活动中,要努力实现盈利、尽可能地使成本最小化、收入最大化。法律责任是指企业在完成经济责任时遵守社会对它所提出的、要求它做到的相关法律义务,比如不生产假货、遵守合同的要求等。伦理责任是指社会期望企业做到的道德要求,这种要求超越了法律的规定,比如尊重和保护企业利益相关者的道德权利等。慈善责任是指社会期望企业自觉自愿做到的社会福利事业,这也超越了法律的规定,比如为灾区捐款、支持教育等。①

恩德勒认为,企业责任涉及经济领域、政治领域、社会文化领域和环境领域。每一个领域都有其一定的自主性,也就是说,每个领域都不能为了另一种领域的利益而被完全工具化。在经济领域,企业责任是赢利或使利润最大化、提高生产率、保护或增加所有人或投资人的财富、尊重供应商、公平对待竞争者、善待雇员、为消费者服务。在政治和社会文化领域,企业责任是遵守法律法规、尊重社会习俗和文化遗产、有选择地参与文化和政治生活。在环境领域,企业责任是致力于"可持续发展"、消耗较少的自然资源、让环境承受较少的废弃物。②

卡罗尔和恩德勒的企业社会责任实际上是从利益相关者的角度来诠释的。以卡罗尔的社会企业责任的四要素结构来看,经济责任所涉及的主要是企业与出资者、员工、其他企业的关系,法律责任所涉及的是企业与政府、消费者、员工、其他企业的关系,伦理责任涉及所有利益相关者的关系,慈善责任主要涉及企业与公众的关系。

当前,国际上比较普遍认同的关于社会责任的理解是:企业在追求利润最大化的过程中,要承担其应该承担的是一种以利益相关者为对象,涉及经济责任、法律责任和道德责任的综合责任。这是从广义的角度来理解企业社会责任。如果从狭义上来

①②　［德］乔治·恩德勒:《面向行动的经济伦理学》,高国希等译,上海社会科学院出版社 2002 年版,第 227、229 页。

理解,企业社会责任主要就是指企业道德责任,是社会对企业的伦理期待。

值得注意的是,企业社会责任与企业伦理之间存在密切联系和区别。从企业伦理的发展来看,正是由于社会期望企业要承担一定的社会责任而出现了企业伦理。就此而言,企业社会责任和企业伦理都是论述企业应遵守什么社会道德要求、如何遵守社会道德要求。两者在内容上具有一致性。但两者的区别很明显。其一,企业伦理既讲权利也讲义务,而企业社会责任只讲义务;其二,企业伦理是双向关系,企业社会责任是单向关系;其三,企业伦理的核心问题是企业利益追求与道德追求之间的关系,企业社会责任核心问题是回答企业在社会中要履行哪些义务;其四,企业伦理涉及员工的个体道德,企业社会责任则不讨论个体责任。

企业应该承担社会所赋予的社会责任。我们可以从企业的社会性、市场机制和法律调节的局限性、伦理调节的必要性来认识。

第一,企业的社会性。企业并不是自然而成的事物,而是经济发展的必然产物。在当今社会,企业需要通过在相关部门登记注册才能成立。企业运行于一定社会之中,要充分地占用一些社会资源才能运行。这些资源包括人才、资金、土地等众多社会性要素。因此,企业是社会的一员,具有社会性。

在现代社会,企业的社会性不同于一般组织。企业要根据一定的经济交易与出资人、员工、政府、消费者、公众、环境等发生一定的利益关系。企业的社会性突出了经济关系的社会性,把一般组织的政治、文化等关系排除在外。它反映了经济关系的特性。从企业的发展来看,这种经济关系表现为一种不断扩张的趋势。美国经济学家贝利和米恩斯在 20 世纪 30 年代就提出了"贝利—米恩斯假说",认为大企业的高速发展会导致股权的日益分散。企业日益朝着社会化的方向不断前进,变成社会利益之下的企业。从企业的发展来看,企业的所有者逐渐向接近生产和产品分配的人的角色转变,如经理阶层、技术人员。美国制度经济学家白恩汉在《经理革命:世界上正在发生什么》中,把这称为企业的所有者正在从名义所有者(股东)转向真正所有者(经理阶层)。经理阶层、技术人员在企业的发展过程中,所关注的并不是股东的利益最大化,而是自己的收入和职业前景,因而在追求利润最大化之前,会充分考虑自身的利益。因此,企业的这种不断扩张的经济关系,使企业不只考虑利润最大化,还要考虑到更多的利益相关者。

利益相关者理论是企业应该具有社会责任的一种重要理论。这种理论认为,企业是由利益相关者构成的契约共同体。所谓利益相关者是指任何影响企业目标实现的集团和个人等,包括企业所有者、员工、消费者、供应商、政府、社区、环境、媒体等。利益相关者涉及的范围十分广泛,不仅包括企业的贸易伙伴、相关社会集团,还包括企业生产经营活动所影响的客体。企业在生产经营活动中需要考虑这些利益相关者,毕竟它们都为企业的生存和发展注入了自己的某种投资。因此,利益相关者理论认为,企业要为企业的利益相关者提供相应的报酬,承担一定的社会责任。

企业是社会中的一个主要部分,也是国家的一分子。公民是指具有某国国籍的人。跨国企业的出现,使作为法人的企业具有了原属国的身份问题。于是,企业公民身份理论出现了。这种理论也是企业应该具有社会责任的一种重要理论。企业公民身份并不是要确认企业归属国的法律实施权限,而是通过强调企业公民身份,希望企业能够承担作为一个合格公民角色的责任。2003年全球CEO世界经济论坛重申了企业公民的观点,并指出了企业公民的四条标准:第一,公司治理和道德价值标准。主要包括遵守法律、现存法规以及相应的国际标准,防范腐败贿赂,以及其他涉及道德行为准则和商业准则的问题。第二,对人的责任。主要包括员工安全计划、就业机会平等、反对歧视、薪酬公平等。第三,对环境的责任。主要包括维护环境质量、使用清洁能源、共同应对气候变化和保护生物多样性等。第四,对社会发展的广义贡献。主要包括对社会和经济福利的贡献,比如传播国际标准,向贫困地区提供所需的产品和服务,如清洁水、能源、医药和信息技术等。企业的这些贡献能够成为企业所在行业的核心战略之一。企业公民身份理论的提出,意味着把企业视为社会公民,强调企业在社会生活中的公民角色,以及要承担的社会责任。

从企业的社会性出发,无论利益相关者理论还是企业公民身份理论,都重视企业在现代社会中对社会的影响深远,它涉及现代社会中的方方面面。这就需要企业承担一定的社会责任,而不仅仅是追求自身的利润最大化。

第二,市场机制和法律调节的局限性。在现代社会,法治与市场经济是其重要标志。但市场机制和法律调节还存在一定的局限性,这种局限性容易导致企业无限制地扩展其追逐利润的本性,从而需要新的调节方式来补充。

从市场运行机制来看,市场在自身的运行过程中存在一定的缺陷。亚当·斯密认为,市场的运行是一只"看不见的手",能够自发地配置社会资源。但市场是存在缺陷的。市场经济唯有在完全竞争的情况下才能充分发挥其配置资源的优越性。所谓完全竞争要满足四个条件:一是价格自定;二是产品同质;三是投入要素自由流动;四是信息充分。然而,只能在理论上同时满足这四个条件,在社会实际情况中,要满足这四个条件几乎不可能。著名经济学家保罗·A.萨缪尔森曾明确指出:"按照经济学对于这一名词(指完全竞争)的理解,竞争在目前肯定是不完全的。我们甚至不能肯定——随着生产和技术的基本性质驱使企业不断扩大——竞争是变得更完全了,还是更不完全了。"[①]他还指出:"当经济活动溢出市场以外的时候,看不见的手还可能引导经济误入歧途。以空气为例,当一家工厂喷出的烟雾损害当地居民的健康和财产,

---

① [美]保罗·A.萨缪尔森、[美]威廉·D.诺德豪斯:《经济学》,高鸿业等译,中国法制出版社1992年版,第77页。

而该企业又不为此支付任何费用的时候,就出现溢出或者外部效果的现象。"① 因此,单纯依靠市场本身的运行机制,在社会现实生活中,难以形成完全的竞争市场,反而导致产生企业不顾社会责任的消极后果。那种认为仅仅依靠市场运行机制就能有效促进企业主动承担社会责任的想法过于天真。

在现代社会中,法律是社会生活秩序调整的重要手段。值得探讨的是,能否仅仅依靠法律就能促使企业主动承担社会责任。在许多人看来,法律是由国家制定或认可并以国家强制力保证实施的规范,能够解决企业利益追求与道德追求的矛盾。但是,这种观点显然忽视了法律在强制控制力方面的重大局限性。施泰因曼和勒尔曾概括了四种法律在促进企业承担社会责任方面的缺点:第一,时间滞后性问题。法律法规的发展通常落后于企业层面具体冲突的形成,尤其是近年来,产品和生产工艺的创新周期变得越来越短。第二,概念抽象性问题。法律法规往往很难用一般的事实描述来涵盖企业伦理中具有重大意义的众多特殊问题,这既导致出现了大量不确定的法律概念,也导致法律法规的极大膨胀,从而丧失了秩序的有效性。第三,贯彻乏力问题。对违反行为的监督和制裁有很大的局限性,尽管法律控制手段已经竭尽所能,但违法行为在应用现有法规的情况下仍然频发。第四,对象不明确性问题。企业行为的高度分工组织和与此相关的决策在企业各级部门的迅速扩散导致大量的有组织的不负责任的现象。② 因此,希望仅仅依靠法律来解决企业利益追求和道德追求之间的矛盾,让企业主动承担其社会责任,只能是一厢情愿的想法。当然,这并不是说要彻底取消法律在这方面的作用,而是要认识其调节的局限性。这就需要伦理在其中发挥调节的作用,作为法律调节和市场调节的补充。

第三,伦理调节的必要性。正是由于仅仅依靠市场机制和法律来调节企业在利益追求与道德追求之间的矛盾,无法实现企业主动承担其社会责任的愿望,所以,需要借助道德的力量来进行调节。

对于企业自觉自愿地承担社会责任,伦理调节具有明显的优越性。伦理调节主要是依靠社会舆论、内心信念和风俗习惯来发挥作用。而社会舆论、内心信念和风俗习惯都是能够体现人的自觉自愿的特征,具有强大的约束力。魏英敏曾就社会舆论的强大约束力作出解释:它"是通过普遍存在于社会成员内心的一种特殊心理机制——荣辱心而起作用的。荣辱心根源于人的社会性,任何人都不能离开社会而生存,每个正常的人都需要人群,需要交往,需要他人的赞誉和尊重。因此,凡是有人群的地方,任何人都会有这种精神需要,都要程度不同地受社会舆论的支配和制约。除了荣辱心外,

---

① ［美］保罗·A.萨缪尔森、［美］威廉·D.诺德豪斯:《经济学》,高鸿业等译,中国法制出版社1992年版,第77—78页。

② 参见［德］施泰因曼、［德］勒尔:《企业伦理学基础》,李兆雄译,上海社会科学院出版社2001年版,第90—91页。

良心和义务则是使社会舆论这种外部控制力量实现其作用的个人自我控制的道德心理机制"[1]。伦理调节正是通过企业管理者和被管理者的荣辱心、良心等发挥作用。就此而言,它具有市场机制和法律调节所没有的优势。因此,要让企业承担社会所赋予的社会责任,弥补市场机制和法律调节的局限性,就需要伦理调节来实现。

企业社会责任最终要落到实处,就需要有一定的标准。从历史上看,企业社会责任成为一场社会性运动,源于 20 世纪 80 年代的西方社会。伴随着西方社会的人权运动、消费者运动和环保运动的高潮迭出,美国等西方国家出现了"反血汗工厂"的运动。主导这场运动的主要是一些非政府组织。1997 年,总部设在美国的非政府组织社会责任国际(Social Accountability International)发起并联合联合国以及其他国际组织,制定并公布了企业社会责任的国际标准(Social Accountability 8000,简称为 SA8000)。这套企业社会责任的国际标准包括四大部分:目的与范围,规范性质及其解释,定义,社会责任规定。它是世界上第一个企业社会责任标准,主要是保障劳动权利的论证体系,也是国际上通用的第三方论证的企业社会责任标准。

SA8000 是根据国际劳工组织公约、《世界人权宣言》《联合国儿童权利公约》《联合国消除对妇女一切形式歧视公约》制定而成。SA8000 所规定的社会责任涉及九个方面:童工,强迫性劳动,健康与安全,结社自由及集体谈判权利,歧视,惩罚性措施,工作时间,工作报酬,管理体系。(见表 4.1)

表 4.1　SA8000 所规定的社会责任

领域	社会责任的规定
童工	企业不应使用或支持使用童工,如果发现童工,就必须建立、记录、保留旨在救济童工的政策和措施,并将其向员工和利益相关者传达。无论工作地点内外,企业都不得把儿童或未成年人置于危险、不安全、不健康的环境中
强迫性劳动	企业不得使用或支持使用强迫性劳动,也不得要求员工在被雇用时交纳"押金"或寄存身份证件
健康与安全	企业要为员工提供一个安全、健康的工作环境,应有管理者专门负责,要组织员工经常接受健康与安全培训,并建立一套机制来防范潜在威胁
组织工会的自由与集体谈判的权利	企业尊重所有员工自由组建工会和参加工会以及集体谈判的权利
歧视	企业不能因为种族、社会等级、国籍、宗教、身体残疾、性别、性取向、工会会员、政治归属或年龄而在聘用、报酬、升迁等事项上有歧视,也不能干涉员工信奉某种信仰和风俗的权利

---

[1]　魏英敏:《新伦理学教程》,北京大学出版社 1993 年版,第 253 页。

续表

领域	社会责任的规定
惩罚性措施	企业不能从事或支持物质性惩罚、精神或肉体上的压制和言语侮辱
工作时间	企业应遵守法律上相关规定，标准工作周不得超过 48 小时，员工每周休息 1 天，加班要自愿，并有加班费，每周加班不得超过 24 小时
工作报酬	企业要保证工资应达到法定或行业最低工资要求，并能满足员工基本需要，以及提供一些可随意支配的收入。要保证不因惩罚而扣减工资，并定期向员工清楚详细地列出工资的详细构成。工资要用现金或支票支付，以方便员工的使用。不得安排虚假的学徒工制度来规避法律规定
管理体系	企业管理层要制定相关政策，对外宣布，并承诺遵守。要定期检查执行结果，保证持续有效性。企业要有管理代表来负责相关事宜。要让企业上下都知晓相关政策。企业要选择同样满足 SA8000 标准的供应商、分包商，并对其是否承担社会责任保留适当记录。当员工或利益相关方质疑时，企业要调查并作出反应。如果出现违发事项，企业要根据性质和严重程度，给予适当补救和纠正。企业要定期向相关方提供相关数据和资料

　　从 SA8000 的使用情况来看，它从欧美等发达国家扩展到发展中国家，成为国际通用的社会责任准则，具有权威性。许多跨国公司都根据 SA8000 来制定自己的企业社会责任要求，并要求与之合作的企业，包括发展中国家的企业都必须严格遵守，否则将直接影响下一次合作。也就是说，现在许多企业都参照 SA8000 构建本企业的社会责任要求。我们可以将 SA8000 看作企业社会责任的基本要求。如何制定出符合自己企业的社会责任是许多企业的一项重要内容。

三、企业道德管理

　　企业道德管理（或伦理管理）是企业伦理中所要考虑的重要内容。伦理与管理的结合是现代管理科学发展的必然产物。企业道德管理主要涉及企业内在的伦理关系，即管理者与被管理者之间的关系。其内容主要涉及管理与伦理的内在联系、企业伦理管理准则。

　　从历史发展来看，企业的存在与发展过程伴随着企业管理的发展过程。现代管理科学经历了"古典管理""行为科学""管理丛林"和"企业文化"四个阶段。

　　19 世纪末到 20 世纪初，管理科学形成，进入"古典管理"阶段，以管理学之父弗雷德里克·温斯洛·泰勒为代表人物。泰勒提出，管理的中心是效率问题，提高工作效率的关键就是用科学的管理方法取代传统经验管理方法。他主张让工人掌握标准化的操作方法，使用标准化工具、机器和材料，按照科学的计划工作。古典管理学派的主要缺点是忽视了劳动者的主动因素，偏重于从科学管理角度为工人设计好一项工作,以提高工作效率。

20 世纪 40—50 年代,管理科学进入"行为科学"阶段。前期代表人物主要是乔治·埃尔顿·梅奥等人。梅奥认为,工人是"社会人",并非只是"经济人",企业要注重工人的社会需要。梅奥等人的研究促成了行为科学学派的出现。行为科学进一步发展了人的需要、动机以及激励方面的研究,形成了"Y 理论"。"Y 理论"是针对"X 理论"而提出。在行为科学学派看来,"X 理论"假设人的本性是懒惰的,人总是会逃避工作,把工作看成苦差事。企业中的大部分人都不会关心企业的目标,管理者需要以强迫、威胁乃至处罚的方式让工人劳动。这种管理理论是以对工人的管束和强制为主。"Y 理论"是行为科学学派所提倡的理论。这种理论假设要求工作是人的本性,在适当条件下,人们不但愿意,而且能够主动承担责任,个人满足欲望的需要与组织的需要之间没有矛盾。企业管理要调动工人的积极性,诱发其行为动机。当然,行为科学学派的"Y 理论"也存在缺陷。人是各种各样的,不可能因为你实行了某种"Y 理论"措施,所有人就都有积极性。实行这种理论进行管理,如果不能奖勤罚懒,贯彻多劳多得、少劳少得的政策,其结果就难免陷入平均主义,最终降低人们的劳动生产率。

第二次世界大战以后,管理科学进入"管理丛林"阶段。随着科学技术的发展,生产规模急剧扩张,生产过程日益复杂,管理活动面临全新的环境,管理科学出现了前所未有的繁荣,各种管理学派纷纷出现。在这一阶段,管理学研究从不同理论前提、不同背景、不同方法、不同角度等来进行,导致不同管理学派丛生。主要的管理学派有社会系统学派、决策理论学派、经验管理学派、系统管理学派、管理科学学派等。

20 世纪 70 年代后期,管理科学进入了"企业文化"阶段。进入 20 世纪 70 年代,石油危机出现了。面对石油危机,美国渴望通过产品竞争力来摆脱困境,却遇到了日本产品的挑战而处于劣势。美国产品竞争力的下降,导致国外市场萎缩,企业开工不足,工人失业率提高,通胀率升高,经济处于停滞状态。然而,同样面对石油危机,日本经济却是风景这边独好。其实,从资源来看,日本资源奇缺,经济依赖国际市场。这种反差提高了美国管理学界研究日本和自我反思的热情。研究者认为,美国企业管理中注重数字、文件、制度、权力,缺乏对人的关心、对企业文化的重视。威廉·大内提出,日本企业中存在明确的可以称为企业文化的价值观体系。正是由于这种价值观体系把企业打工者变成了企业自己人,从而调动了他们的积极性和创造性。他的这种理论又被称为"Z 理论"。总的来说,企业文化学派认为,一个企业的企业文化应由企业环境、价值观念、英雄人物、典礼仪式、沟通网络组成;企业价值观是企业文化的核心;企业文化奉行以人为本,反对"管卡压罚",引导员工追求卓越;等等。这种管理学派主张以价值观,尤其是伦理价值观为核心来进行管理,由此产生了企业伦理中的管理伦理的研究课题,即伦理在管理中的渗透。

我们可以发现,现代管理科学经历的"古典管理""行为科学""管理丛林"和"企业文化"四个阶段,实际上是管理科学重视人、重视人的伦理价值观念的发展过程,也是伦理价值观念在企业管理过程中不断凸显的过程。它揭示了管理与伦理的内在联系,也揭示了伦理在企业管理中渗透的可能性和必要性。我们可以从管理与伦理之间的互通性和管理关系的本质是伦理关系来理解。

首先,管理与伦理之间具有互通性。管理与伦理之间的互通性,表现为管理具有伦理性质,伦理具有管理性质,它决定了伦理在企业管理中的可能性。

一方面,管理具有伦理性。管理是人类的一种实践活动,是在人类社会生活中产生的,并伴随着人类社会的发展而发展的。人类社会的存在与发展其实就是一部人类的管理发展史。尽管在不同社会形态中,管理的内容、思想、方式等有很大的不同,但管理的本质没有变化,都是为确保社会合作的顺利进行而加以一定的调控。管理的社会实践不可避免地体现一定的社会伦理原则和道德要求,反映一定的社会价值观念。一定社会的伦理价值观念是一个民族的文化理性结构的组成部分,并随着社会经济和文化价值观念的变迁而变化。从管理学的角度来看,管理得以顺利进行就需要符合一定社会的伦理原则和道德要求,因此管理总是展现出一定社会的价值观念。管理是人的一种主体性活动,归根到底是管理人。不论选择管理目标、确定管理方法,还是制定管理决策,管理都是在社会伦理价值体系中进行的。另外,管理的主体是人,而生活在一定社会伦理价值体系中的人总是具有一定的伦理价值观。在管理活动中,这就包含着管理者以其伦理价值观来规划、控制、决策和展开管理活动。因此,管理具有伦理性。

另一方面,伦理具有管理性。在人类社会的存在和发展过程中,伦理或道德始终是维持社会稳定的基本手段之一。它与法律一起被称为维护人类社会秩序的两种基本手段。法律是由国家创制并保证实施的行为规范。作为国家统治阶级意志的体系,法律是外在强制性规范,通过法庭、监狱、军队来强制执行。伦理或道德则不同,它是一种人们在长期共同生活过程中所形成的要求、秩序或理想,是一种非强制性规范。这种非强制性规范依靠社会舆论、内心信念、风俗习惯来维持,依靠人的自我认同来发挥作用。我们可以把伦理或道德的自我管理称为内在管理。伦理或道德的管理性质具有鲜明的外在导向力和自我的意志约束力。伦理或道德本身都是人类理性的具体化,无论以何种形式展现,都引导着人们的行为,不但告诉人们不能做什么,还告诉人们应该做什么。因此,伦理或道德本身就包含着鲜明的外在导向力。另外,伦理或道德都要通过人自身的认同来发挥作用,而这意味着其行为从外在的约束转变为内在的约束,转变为人的自我意志的约束。这种内心的认同源于对公共理性的准则的尊崇。"有两样东西,人们越是经常持久地对之凝神思索,它们就越是使内心充满了常新而日增的惊奇和敬畏:我头上的星空和我心中的道德律。"① 在这里,康德所惊奇和敬畏的内心道德律就是人的自我意志约束力,它是人自己为自己立法。从社会角度来看,道德立法是一种外在的导向力,从个体而言,它是内在的意志自律的体现。由此可见,伦理不仅是社会管理的基本方式,也是人的自我的内在管理方式。因此,伦理具有管理性。

其次,管理关系的本质是伦理关系。这种伦理关系具有交互主体性,它决定了伦理在企业管理中渗透的必然性。

人在管理活动中形成一定的管理关系。所谓管理关系就是管理者在管理过程中所形成与其他主体、客体之间的各种关系。而人的这种管理关系的实质是伦理关系,因为管理活动在于协调管理的伦理关系。我们知道,伦理关系就是我们常说的人伦关系,是人际关系的提炼,是在社会生活中人与人之间所体现和反映其伦理规定的关系。管理关系与伦理关系之间存在内容上的相互渗透,你中有我,我中有你。比如,管理者与被管理者之间既是一种管理关系,也存在一种伦理关系。同时,两者之间还存在功能上的互补关系。成中英曾指出:"伦理是内在的,管理是外在的,我们今天要强调:既要建立一个好的伦理,同时就要建立一个好的管理。"② 也就是说,从表面上看,管理关系表现为组织成员之间、管理者与被管理者之间、组织与成员之间的关系问题。其实,这些管理关系的背后是伦理关系,是一种伦理价值观。从前面现代管理科学的发展四阶段,我们也可以发现,管理科学不断发展的过程,就是逐渐揭示其中蕴含的伦理价值观的过程。就此而言,管理科学研究管理关系的关键点,就是要协调管理职责中的各种伦理关系。因此,我们全面、正确地把握管理伦理关系的实质,就能更好地进行管理活动。

值得注意的是,这种伦理关系具有交互主体性。从前面现代管理科学的四个发展阶段的论述中,我们可以把这种管理科学的发展过程理解为逐渐从主从伦理关系向交互主体伦理关系的发展过程。在古典阶段中,伦理关系是一种主从关系。这种主从关系存在于主人与奴隶之间。借用黑格尔的话说:"它们就以两个正相反对的意识的形态而存在着。其一是独立的意识,它的本质是自为的存在,另一方为依赖的意识,它的本质是为对方而生活或为对方而存在。前者是主人,后者是奴隶。"③ 这种主从关系,在企业管理中表现为管理者自以为是被管理者的主人,掌握了被管理者所生产的所有财富,把被管理者的工作视为被动的、不得已的劳动过程。当管理科学进入企业文化阶段,管理者与被管理者之间已经不是一种单向的关系,而是交互主体性的关系。从博弈论的角度来看,管理者与被管理者之间出现交互主体性的伦理关系,在

① [德]康德:《实践理性批判》,邓晓芒译,杨祖陶校,人民出版社 2003 年版,第 220 页。
② 成中英:《文化、伦理与管理——中国现代化的哲学反思》,贵州人民出版社 1991 年版,第 141 页。
③ [德]黑格尔:《精神现象学》上卷,贺麟、王玖兴译,商务印书馆 2017 年版,第 144 页。

于一种均衡状态的出现。博弈论提出,利益冲突双方作为理性的行为者,都怀有自利的行为动机,都共处于一个共同体中,在博弈过程中,就会进入一种使各方利益最大化的均衡状态。由于博弈双方各自维护自己的利益,就有可能在某个点上互不相让,就会导致均受其害,因而双方会作出一定的调整,从而进入一种均衡状态。当然,这种均衡状态是一种动态的均衡状态。马克思的社会发展史学说,揭示了社会的发展是人的自由度不断扩张、自我权利不断得到维护的过程,在企业管理理论的发展过程中,四个阶段理论的发展更替反映出在管理实践中,管理者和被管理者逐渐形成一种均衡状态,彼此之间注意调和对方的利益和自己利益之间的关系,防止都面临损失。企业管理中这种伦理关系所具有的交互主体性,决定了伦理在企业管理中渗透的必然性。

第三节　企业管理伦理准则

在企业管理过程中,伦理在企业管理中的渗透总是体现一定的价值追求,展现为一些处理管理过程中伦理关系的最基本的实践理性原则。这些实践理性原则构成了企业管理的伦理准则。正是这些企业管理伦理准则保证了伦理在企业管理中的渗透。企业管理伦理准则有这样三个基本准则:义利统一准则、平等与效率并行准则、仁爱与公正兼顾准则。

一、义利统一准则

企业伦理关系的实质是主体交互性关系。而这种主体交互性关系,从企业伦理的核心问题来看,涉及义利关系问题。现代企业管理要谋求企业的长期发展,需要协调企业各个主体之间的利益关系,必须要追求义利统一,实现利益追求与道德追求的统一。具体而言,在企业管理活动中,谋利是企业生产和发展的一个重要目的,但是,如何合乎道德地谋求利益是企业管理伦理中的一条主线。企业管理活动要追求义利统一。正如日本近代著名实业家涩泽荣一所言:"应该如何看待实业呢? 不错,实业一般是指社会上的商业、工业等图利的事业。如果说工商业不具有使物质增加的效能,那么就变得毫无意义了,工商业也不会带来什么公共利益。但是,求利如果只图自己有利,别人无论如何都不管……那么就绝不会持续久远。"[1] 他把义利统一视为

---

[1] ［日］涩泽荣一:《论语与算盘》,王中江译,江苏人民出版社 2007 年版,第 57 页。

"真正的生财之道"。义利统一准则的基本要求有两点:一是在企业管理活动中,要把企业的自身利益与其他企业利益、社会公众利益等各方主体的利益都加以考虑。在企业的发展过程中,企业涉及众多的利益相关主体,这就需要在企业管理过程中,兼顾各方主体的相关利益。二是在企业管理活动中,要把企业的物质利益追求与精神境界追求同时加以考察。从广泛的意义上看,企业的存在和发展是为了最终实现人自身的良好发展,而人自身的良好发展涉及物质与精神等众多方面,在企业管理活动中,考察物质追求和精神境界的追求是企业管理者都要加以重视的内容。偏执于物质利益追求或道德境界的追求,都会南辕北辙、误入歧途。

二、平等与效率并行准则

平等就是要在企业管理活动中,处理各种伦理关系时,淡化等级制度,把企业的各个相关主体都作为平等的主体,同等对待。作为自然法人的个人,无论学历高低、年龄大小、资本多寡,都具有同等的地位。在企业的管理活动中,无论被管理者还是管理者,都是地位平等的个体。管理者和被管理者一起参加管理或一些旅游、晚会等活动能够弱化工作中的等级制度,给予大家平等相待的机会。通过平等准则,工人能够要求自己不被主管欺负或野蛮对待,还能够确保他的工资相对于企业而言是合理的。这种平等关系的建立有助于增加企业各个主体之间的信任,增强员工的高度责任感,提高他们的团队忠诚度。就企业本身而言,这的确可以降低监督成本,提高工作效率,增加企业利润。厉以宁指出:"效率其实有两个基础,第一个是物质技术基础,包括现有的厂房设备,也包括劳动力等。第二个就是道德基础。如果仅仅有物质技术基础,只能产生常规效率,而超常规效率来自何处? 来自效率的道德基础。"[1] 但是,平等与效率之间并不总是正相关。有时候,平等的管理方式与企业追求的效率之间会产生矛盾,可能带来一些消极影响。由于等级制度的弱化,监督作用的减少,企业管理过程中容易出现平均主义,工作效率低下等问题。因此,在强调平等的管理方式的同时,还要注重效率问题,防止负效益的出现。这就需要在采取平等的管理方式中,注重提高工作效率的方法,比如在员工与企业之间建立一种企业共同体,把员工的个人利益与企业的利益结合在一起,企业的利益目标成为员工的个体利益目标,避免出现追求平等管理方式有可能出现的消极效应。因此,平等与效率并行准则的基本要求就是既要追求企业的平等气氛,增强凝聚力,又要注重提高效率。这样,既可以发挥平等准则贯彻的优势,形成良好的企业环境,又可以克服其中有可能带来的缺陷。

---

[1] 厉以宁:《市场效率的道德基础》,《新京报》2014 年 4 月 16 日。

三、仁爱与公正兼顾准则

在企业管理活动中,企业内在伦理关系要求企业关心、尊重普通员工,把他们看作具有独立人格的道德主体。这种关心、尊重就是一种仁爱精神的体现。仁爱在企业管理活动中十分重要,体现了管理者与其他企业相关者之间的人格平等和彼此尊重。美国学者托马斯·J.彼得斯和小罗伯特·H.沃特曼在《成功之路》中指出,在优秀的企业里,尊重员工的理念渗透在企业的每一个方面,几乎无所不在。在他们看来,一个成功的企业离不开对人的尊重。的确,企业贯彻仁爱,有助于增强企业成员的归属感,形成团队精神。企业贯彻仁爱精神还要和公正理念相结合。因为,仁爱是一种情感,作为企业管理活动中的管理者只是普通人,难免会出现人与人之间的亲疏厚薄的问题。这就需要公正的理念。公正属于一种理性范畴,它能够有效地克服仁爱所带来的不利问题。在企业的生存和发展过程中,公正的落实就是通过各种企业规章制度来处理企业内部的利益问题。仁爱与公正并行准则的基本要求是在企业管理活动中,企业管理者既要关心、尊重其他企业主体,又要提供企业内部的公平竞争机会,坚持按规章制度办事。这样,企业管理活动既可以发扬民主,激发大家的积极性与主动性,也可以防止人为偏见。

企业管理的这些伦理准则是内在统一的。义利统一准则是基础,它要求企业的管理活动在合乎法律、合乎道德的基础上实现企业利润的最大化。义与利之间是一种共生的关系。这样一来,企业在管理活动中既需要贯彻平等、仁爱的理念,还需要注意效率和公正的理念,防止平等、仁爱的管理方式可能出现的不利问题。同时,企业管理要注意企业伦理准则与伦理规范之间的关系。一般而言,伦理准则高于伦理规范。从具体指导企业的伦理规范与上述伦理准则之间的关系来看,如果把企业伦理视为一个系统网络,义利统一准则、平等与效率并行准则、仁爱与公正兼顾准则是这个系统的纲,各种企业伦理规范就是在此基础上发展起来的经纬线。当然,企业也可以根据义利统一准则适当地调整其他伦理准则,进而形成具体的伦理规范。

思考题:

一、试述企业社会责任有哪些内容。
二、试述企业道德管理有哪些内容。
三、企业管理伦理有哪些主要准则?

第五章 职业伦理

在现代社会,职业伦理不仅是一种应用伦理学的新兴分支,更是社会生活的伦理支柱。传统社会的伦理范式往往以一种熟人交往关系为基础,而现代社会的伦理范式则以规则为中心,需要协调的伦理问题主要是陌生人之间如何交往的问题。现代社会的规则中心和陌生人伦理问题最典型的体现就是职业伦理。现代社会的多元生活和专业分化,使得传统德性伦理的完善主义和熟人规范很难在社会生活中具有普遍性的基础——道德主体即便有强烈的完善个体美德的愿望和努力,也很难在不同的社会分工关系和利益关系中以一种始终一贯的美德标准来进行道德实践。因此,现代社会的复杂性、多元性、专业性迫切要求一种责任有限的伦理,一种以主体在具体时间、地点、职位的活动及其利益关系为依据的伦理规范。这种责任有限的道德生活促进了职业伦理的兴起,并使其迅速成为现代社会的基础性伦理要求。职业以及职业伦理的这种重要性是现代社会分工体系和市场经济发展的必然结果。在世界市场语境下,一个良序发展的社会就意味着社会各个组成部分,尤其是不同的职业群体之间自觉遵守各自的伦理规范要求,自觉履行各自的职业角色责任和义务。

第一节 职业和职业伦理

职业活动与伦理道德的传统联系,可以追溯到文明的古典时期。柏拉图在《理想国》中就针对哲学王、护卫者、生产者三种不同角色分工而提出了不同的美德要求。孔子在《论语·颜渊》中针对统治者的地位特性而提出的"政者,正也"等政治美德教诲也带有一定的职业伦理色彩。但职业伦理作为一种系统的道德规范要求,同时作为应用伦理学的一个重要学科分支出现,则是在资本主义时代,特别是19世纪末20世纪初的事情。

一、职业的基本内涵

职业是一个社会历史范畴。职业不是从来就有的,它的产生,是与社会分工和劳动分工相联系的。一个人或一户家庭全面照料自己的衣食住行、生老病死，长期处于小国之民，老死不相往来的状态下，职业和职业活动是无从谈起的。随着社会发展到一定阶段，在剩余产品的刺激下，人们的交换行为开始出现，交换范围逐步扩大，劳动分工和社会分工变得有利于生活水平的提高。部分人开始从事某种具有专门对象、业务的劳动活动，并以此作为自己获得生活资料和发展资源的主要来源。随着从事专门业务的社会群体相对固定，人们开始对这些群体及其专门业务有了一个相对稳定的社会预期，希望这部分人及其所从事的业务活动承担相应的责任。这个时候，职业就出现了。因此，所谓职业，就是以社会分工和劳动分工为前提而形成的一种社会关系，是人们在一定程度上赖以进行基本社会活动的专门业务，以及该业务对社会提供的特殊产品或服务。

与职业具有一定相关性和相似性的概念是角色（role）。"角色"一词原指戏剧舞台上个性化的人物。1935年，乔治·米德将"角色"一词引入社会心理学，认为自我（个人）是各种角色的总和。一般认为，人在社会中可以处在许多不同的地位中，拥有不同的身份，每一种地位或身份为其规定了一定的权利、义务或责任，履行这些权利和义务就是扮演某种角色。据此，角色与社会地位、社会身份具有基本相同的含义。在社会生活中，角色与职业既有联系，也有区别。职业是在社会分工、劳动分工的领域中，人为选择、创造的一种社会关系；而角色不仅在职业领域存在，在非职业领域也广泛存在。如在家庭关系中，基于自然生理差异而有男女性别差异，或基于自然血缘关系而形成的自然区别，也就对应父母子女不同的角色区别。由此可见，"角色"一词的外延包含并大于"职业"。

职业作为一种社会关系，是人际交往的一个层面。每一个职业主体在从事职业活动的同时，也参与到社会组织的合作中，扮演着一个交互角色。职业的本质就在于社会职业专业化和人的角色社会化的统一。作为一种人际交往关系，职业在社会生活中具有以下五种特性：

稳定性。职业在一定的历史时期内形成，并具有较长生命周期。但是，职业的稳定性是相对的，随着科学技术的日新月异，会促使原有职业活动产生变化。这种变化如果反映在质的层面，就意味着这种职业完成了历史使命，如老一辈人熟悉的卖货郎、补锅匠等职业就已经销声匿迹了；如果反映在量的层面，说明这个职业为社会提供的功能仍然存在，但其对从业人员的职业要求产生了变化。从古至今，官员都作为国家的重要职业群体而存在，但官员职业活动的方式、价值、要求处于不断的变化和发展中。

经济性。职业的一个显著特征就是它可以带来经济收入。通过从事某种职业工作，人们取得了维持生活的经济保障，"挣钱养活自己"可以说是职业的最基本功能。职业的经济性是社会劳动力再生产的一种必要保证，如汉语用"为稻粱谋"来形容一个人从事职业的目的,体现的是职业经济性特征。

技术性。技术性是职业得以存在的基本表现形式。任何职业岗位,都有相应的技术和服务要求,达到这些要求和标准,才算是一个合格的从业人员。技术在工作中的展现就是技能。技能与知识不同,例如生活常识、物理、化学、数学等知识可以通过语言文字等形式传授,而技能必须在知识传授的基础上亲自实践并坚持练习才能掌握其中的技巧。

同一性。在某一类别的职业内部,劳动条件、工作对象、生产工具、操作内容相同或相近。由于环境的相似,人们就会逐步形成同一化的行为模式,孕育出共同的语言习惯和道德规范,形成了诸如行业工会、行业联合体等社会组织。这种同一性自然就会给人打上群体性印记,能反映和说明一个从事某种职业的人是"哪一种人"。例如,一个人是小商贩,人们会认为他精明;一个人搞文艺,人们就认为他感性浪漫;一个人是教师,人们则认为他有学问;等等。

层次性。从社会合作、社会需要的角度看,职业并没有高低贵贱之分,但在现实生活中,由于对从事职业的素质要求不同以及人们对职业的看法或舆论的评价不同,职业便有了层次之分。这种层次之分往往是由不同职业体力、脑力劳动的付出、收入水平、工作任务轻重、社会声望、权力地位等因素决定的。值得注意的是,受文化价值传统的影响,不同职业的社会声望有所不同,它与经济收入不一定成正比关系。声望高的职业不一定收入高,收入高的职业也不一定声望高。

二、职业伦理的研究内容

恩格斯指出:"实际上,每一个阶级,甚至每一行业,都各有各的道德。"[①] 以某种方式进行生产活动和社会活动的人们,由于职业界限和条件的规定,形成了各种不同的职业角色道德要求和道德实践。在不同的职业领域,有着不同的职业伦理,如教师伦理、医生伦理、律师伦理、新闻记者伦理、公务员伦理等。作为对不同专业、不同层次职业伦理的一般意义概括和抽象,职业伦理有着十分丰富的内涵,是多重职业道德要求的总称。所谓职业伦理,是指人们在一定的职业活动中所形成和遵循的、具有自身职业特征的道德规范以及与之相适应的道德观念、道德情操与道德品质的总和。在具体的社会实践中,职业伦理可以表现为职业观念、职业理想、职业精神、职业纪律、职业作风、职业态度和职业良心等。职业伦理既是对从业人员在职业活动中行为的要求,又是职业对社会所肩负的道德责任与义务。从这一定义来看,职业伦理包含三大内容:

---

① 《马克思恩格斯选集》第四卷,人民出版社 2012 年版,第 247 页。

第一，基本的职业规范。基本的职业规范是对从业人员在职业活动中应当如何行动的具体要求。医生的基本职业伦理规范就是治病救人，教师的基本职业伦理规范则是授业解惑。这些职业伦理规范是社会对该职业从业人员行为的基本预期。一旦某职业的部分甚至大多数从业人员在职业活动中没有做到基本伦理规范的要求，长期不能提供应有的产品和服务，社会成员就会对该职业及其从业人员的道德水平产生一种不信任感，最终会导致该职业、行业出现发展滞缓甚至生存问题。

第二，特殊的职业情感。特殊的职业情感是对从业人员在职业活动中应当具有的情感表现或应当如何约束、控制情感的具体要求。例如，一组医生在手术时自拍竖"V 手势"的照片引发争议，这反映的正是社会公众基于医生职业特点对其工作态度、工作情绪的严格要求。社会普遍期望医生在抢救病人时应严肃认真，不应该调侃嬉戏。

第三，稳定的职业品德。稳定的职业品德是从业人员在职业活动中逐步培养出的、与职业活动密切相关的道德品质和职业精神。例如，一个优秀的喜剧演员会认真对待每一场演出，不管在演出之前发生何种变故（即便是家人病故），都要在场上带给大家欢乐。值得指出的是，职业品德一定是与职业活动密切相关的，是在特殊的职业场合下才表现出来的品德，它与个人品德并不相同。在市场经济活动中，一个商人的职业品德是在合法的前提下尽可能地发展企业，扩大利润，而不是将企业定位为慈善机构（慈善企业除外）。然而，这并不妨碍商人在非企业经营场合积极从事公益慈善事业，做个慈善家。在职业伦理中，我们不能要求一个商人在任何场合都无私奉献、乐于助人，正如我们不能要求喜剧演员无论在台上还是在台下，都要显得滑稽可笑一样。

职业伦理大约在 20 世纪 20 年代末正式成为应用伦理学的分支学科，是职业伦理关系发展到一定阶段的产物。1924 年，美国伦理学家赖特在《伦理学概论》一书中首次提出了"职业伦理学"的概念。在应用伦理学研究中，职业伦理有广义和狭义两层含义。广义的职业伦理，指研究人们在职业活动中一切道德关系和道德现象的学科，其研究领域包括职业道德形成和发展的规律，职业的良心和规范，职业的理想和修养以及职业道德的教育、评价和实践等问题。狭义的职业伦理，专指研究各行各业的道德规范和准则的学科，如教师伦理、医务伦理、军事伦理、商业伦理、律师伦理、科技伦理等。一般来说，并不是所有的行业、职业都有相应的较为系统的职业伦理，如废品回收、占卜算卦等职业活动在社会交往中就没有明确的职业伦理规范。只有那些经常与人打交道，并需要处理较重大、较复杂伦理问题的职业，才会在历史发展中形成相应的职业伦理。随着社会的发展，社会分工和劳动分工的内容和形式不断丰富，职业伦理也在不断发展。

三、职业伦理的基本特性

职业伦理由于与职业发展、职业行为密切相关而呈现出与社会公德、家庭美德、个人品德明显不同的特点和形态。了解职业伦理的这些特点,有助于我们更好地把握职业伦理要求在现代生活的特殊地位和意义。职业伦理作为一种特殊的道德行为调节方式,其基本特性主要表现在:

1. 职业伦理调节的范围具有有限性

首先,从对象来看,职业伦理具有鲜明的专业性和对象的特定性。每种职业都肩负着特定的职业责任和职业义务,由于各种职业的责任和义务不同,从而形成了各自特定的职业伦理的具体规范。"任何人要想生存,就必须成为国家的公民,不过,显而易见的是,有一类规范却是多样化的;它们共同组成了职业伦理。作为一名教授,我不必去履行商人的义务。企业家的义务和士兵的义务,士兵的义务与牧师的义务也迥然不同,如此等等……在这样的联系中,我们可以说有多少种不同的天职,就有多少种道德形式。"[①]特定的职业伦理主要约束从事本职业的人员,而且只限于这类人员在职业活动中所发生的行为,对于不属于本职业的从业人员以及本职业从业人员在该职业活动之外的行为活动,它往往起不到调节和约束作用。其次,从调节的领域来看,职业伦理主要调节职业活动中形成的特殊关系,包括同一职业的从业人员之间的关系,本职业同社会整体、职业服务对象、行业集团等之间的关系,超出这一领域,就可能是社会公德、家庭美德的领域,而非职业伦理的调节范围。

2. 职业伦理具有发展的历史继承性

由于职业具有不断发展和世代延续的特征,不仅其技术世代延续,其协调本职业从业人员利益关系的方法、与服务对象打交道的方法等,也有一定的历史继承性。即使在不同的社会经济发展阶段,一种职业因服务对象、服务手段、职业利益、职业责任和义务相对稳定,职业行为的道德要求的核心内容将被继承和发扬,从而形成了被不同社会发展阶段普遍认同的职业伦理规范。如"执法公正"一直就是司法人员的职业伦理要求,"有教无类""诲人不倦"从古至今始终是教师的职业伦理。

3. 职业伦理在规范内容上具有鲜明的专业性

职业伦理调节的是人们在职业活动中的行为,而不同的职业对从事本职业人员的行为有着不同的特殊要求。各行各业都有其特定的服务方式、服务对象和工作宗旨,因而对从业人员所要求的规范内容也就各具特点。正是在这一基础上,税务人员的职业伦理才不同于会计人员的职业伦理,司法人员的职业伦理要求才不同于教师

---

① [法]爱弥尔·涂尔干:《职业伦理与公民道德》,渠东、付德根译,上海人民出版社 2006 年版,第 16 页。

的职业伦理要求。职业伦理以人们对某一职业活动的合理性预期为基础,对每一种具体职业活动提出了特殊的职业伦理规范。

4. 职业伦理的表现形式具有多样性

职业伦理是为适应各种职业活动的内容与交往形式的要求而形成的,具有灵活性与多样性,因此在表现形式上往往比较具体、灵活、多样。它既可以通过严格的规章制度、严明的守则、严肃的作风纪律表现出来,也可以通过简单的标语口号、鲜明的誓词条例和具体的注意事项表现出来。

5. 职业伦理具有强烈的纪律性

道德是一种依靠社会舆论、风俗习惯、内在良心来调节行为方式的规范性要求,但随着现代社会的发展,某些道德要求由于对社会生活具有重要的影响,因而也具有一定的强制性。这种带有强制性的道德要求在职业伦理领域体现得尤为明显。在某种意义上,职业伦理并不是一种崇高的人生追求和道德理想,而是现代社会生活所要求的一种底线伦理。没有职业伦理这一底线伦理,社会生活就会出现诸多问题,从社会信任感下降,到社会运行成本的增加,再到社会混乱甚至解体。因此,职业伦理作为一种底线伦理就具有某种纪律性或强制性,这是职业伦理不同于一般社会道德的一个显著标志。因此,从性质而言,职业伦理是介于强制性法律与自律性道德之间的一种特殊规范。它既要求人们能自觉遵守,又带有一定的强制性,既具有道德色彩,又带有一定的法律色彩。换言之,一方面遵守职业伦理是一种美德,另一方面,遵守职业伦理又带有一定的强制性。

第二节 职业伦理的历史发展及其相关争议 ————

职业伦理的产生以社会分工为基本前提。没有专业化的社会分工,就没有专门的职业,也就谈不上职业伦理。在历史发展过程中,职业伦理是从社会分工、劳动分工出现时就相伴随而产生,还是在某个特殊的时间点才出现? 了解职业伦理的历史发展对进一步准确把握职业伦理在当代社会中的地位和意义、推进职业伦理的应用性实践具有重要作用。

一、职业伦理及其历史性

在人们的生活常识中,职业伦理就是相应于不同职业所要求的特殊道德规范。只要这个职业从社会分化中出现,其职业活动领域大体稳定,那么相应的职业伦理规范、职业道德行为也就是稳定的。比如,医生的基本职业伦理要求就是救死扶伤,自古以来皆是如此,人们对医生的职业道德期望也从未改变。同样,商人的基本职业伦理要求就是诚信经营,不造假售假,尤其是不昧着良心挣伤天害理的钱。人们往往引述古代商人群体——徽商、晋商的一些经典故事,也喜欢使用古代商业活动中一些诸如"童叟无欺""先义后利"的成语来表达对当下商人职业伦理的期待和要求。这些对职业伦理的理解传递出一个信念:职业伦理是属于职业的,并不会因社会的生产方式、生活方式、社会制度、文化模式的变化而有本质性的变化。从某种意义上说,职业伦理是非历史性的。

这种倾向于认为职业伦理在任何时候都具有稳定内涵和要求的观点,把握住了社会分工的中立性、稳定性特征。职业作为一种主要依据劳动分工的社会关系、社会活动,它在社会制度变迁、价值变迁之间有相当的独立性和延续性,从而呈现出一定的中立性、稳定性特征。基于这种中立性和稳定性,只要职业提供的产品、技能属性本身没有大的变化,人们对职业的伦理期待就不会随着社会变迁而剧烈调整。然而,如果过于强调职业伦理的非历史性,将古代的职业伦理直接套用在今天的职业活动中,会面临两大难题:

第一,随着社会分工的发展,现代社会出现了很多古代没有的职业活动,或者古代有一定雏形,但社会并不重视的职业活动,没有形成积极的职业伦理,如律师、文艺工作者等。这些职业在今天人们的公共生活中十分重要,但在古代社会中则没有或往往属于"不入流"的层面。

第二,随着社会生活具体环境的变迁,人们在相同职业活动中面临的处境和问题往往也会差异巨大。不注意职业活动具体内涵的历史变迁,而以古代的职业伦理一成不变地要求当代从业者,难免会显得方枘圆凿。如希波克拉底誓言中的"不得将危害药品给予他人,并不作该项之指导,虽有人请求亦必不予之",在传统社会是医生不毒害他人的医德体现,但在现今某些国家"安乐死"已经立法允许的现代环境下,就显得过于绝对和不够人性化;再如"尤不为妇人施堕胎手术"一项,在很多主张妇女有堕胎权并公布合法化程序的国度和地区,如果要求医生严格遵守此项职业伦理,就会在一定程度上强行剥夺妇女的自主权利。

鉴于从非历史性视角看待职业伦理的客观困难,学术界更倾向于从历史性角度考察职业伦理。职业伦理的历史性,强调职业伦理是历史的产物,是人类生产方式和社会生活的伦理要求和文化特征。涂尔干在《职业伦理与公民道德》一书中提出,职业伦理的产生是和社会分工紧密联系在一起的,而社会分工在古代社会就已经出现,并形成了具体的行业和职业。因此,职业伦理在古代社会就已经出现。涂尔干通过对西方文明起源的历史状态加以考察,追溯到了西方最早的职业或行业群体——法团。法团作为一种带有宗教特点的手工业行会组织,在古希腊和古罗马时期就已经出现,特别是在古罗马时期的"百人团"已经呈现出职业群体的基本特征。古罗马时期的法团已经形成并承担了一些相对明确的职业伦理,"生产食品的法团(如屠夫和面包师等),就有供应食品的义务"①。

当然,古罗马时期法团的职业属性并不独立,其职业伦理也仍没有脱离家庭伦理、宗教伦理的影响。法团作为一个行业团体,其吸引力主要不是"狭隘的职业特征",而在于其具有宗教社团和"家庭—家族"性质。每一个法团都有自己独特的神灵和仪式,都有自己的保护神,即社神。工匠们经常在特定的节日举行一些仪式、祭祀来庆祝。同时,每个法团是一个大家庭,职业和利益关系取代血缘纽带构建了一个共同体。在法团中,工匠们过着一种集体生活,彼此相互称呼为"兄弟"。在举行仪式的节日里,生活确有困难的人可以得到所谓的津贴。一些富裕的法团甚至有自己共同的坟地,每一个成员都有权在此安葬,工匠们在世时像兄弟一样团结,死后也能够长眠在一起。

古罗马法团随着罗马帝国的灭亡一度几近消失,但从 13 世纪开始,中世纪法团又重新复活了。中世纪法团与古罗马法团很不一样,基督教社会所属的框架与古希腊和古罗马都不同。上帝的存在为法团及其成员提供了特殊的道德环境,法团的道德活动是围绕宗教这一形式而展开的。同样职业的人通常是在一个教堂或专门的小教堂里成立法团,并寻求圣徒或主教的保护,这个圣徒或主教就成为整个法团的庇护人。法团的集体性活动也在教堂中举行,在做完一场规模盛大、庄严堂皇的弥撒后,便利用剩余时间举行一个宴会。

相对于古罗马法团,中世纪法团职业伦理的规范更明确,约束也更严格。对几乎所有的职业活动来说,雇主和雇工的相互义务都有着明确的规定,所有法团都禁止雇佣那些已经被证明不合格的雇工。如果有雇主违反了这一规定,雇用了不该雇用的人,那么两者都会被处以重罚。当然,对雇工来说,没有充足理由,雇主也不能随意开除他。中世纪法团的职业伦理中特别强调职业活动中的诚信原则。例如,禁止屠夫给猪肉充气,把猪油和肥肉混起来,以及卖狗肉;禁止纺织工人用羊毛织布向高利贷者借贷,因为羊毛可以作为债务的抵押担保;禁止刀剪商用丝绸包裹刀把,或用黄铜、锡线缠绕刀把;等等。所有这些规定,都是为了防止商人和工匠欺骗顾客,防止在没有真正质量保障下推销商品。在涂尔干看来,对中世纪法团的考察表明,基督教的影响在宗教维度上培育了人们的"作业"观,推动了职业伦理在法团中规范化、日常化的发展。②

值得指出的是,无论罗马法团还是中世纪法团,都是一种地区性法团,其成员都

① ［法］爱弥尔·涂尔干:《职业伦理与公民道德》,渠东、付德根译,上海人民出版社 2006 年版,第 16 页。
② 参见［法］爱弥尔·涂尔干:《职业伦理与公民道德》,渠东、付德根译,上海人民出版社 2006 年版,第 18—21 页。

是某一地区的生产者,其产品的销售范围基本局限在特定的区域。但到了近代,随着资本主义生产方式的兴起,大工业生产给地区性法团带来了冲击。工业的范围越来越广,重要性越来越突出,成为社会共同利益的标志,因而中世纪模式的法团必然走向衰落。没有相应的道德规范,任何社会活动形式都不会存在。于是,资本主义工业化大生产呼唤法团必须具有一种全新的形式,进一步职业化、组织化,从宗教、地区、家庭领域脱离出来。在这一过程中,法团要演变为近代的职业群体或行业群体,其职业伦理具有独特的道德色彩、完备的道德体系和重要的社会价值,成为社会道德生活中的独立部分,甚至是主要部分。

在某种意义上,资本主义在复兴古罗马法团、中世纪法团职业伦理的基础上,赋予了职业伦理开创性的价值和意义。"一个人对天职负有责任——乃是资产阶级文化的社会伦理中最具代表性的东西,而且在某种意义上说,它是资产阶级文化的根本基础。它是一种对职业活动内容的义务,每个人都应感受到、而且也确实也感到了这种义务。至于职业活动到底是什么,或者看上去只是利用个人的能力,也可能仅仅是利用(作为资本的)物质财产,这些都无关宏旨。"[①] 马克斯·韦伯认为,现代职业伦理中的核心概念是"天职",这是新教伦理在资本主义大工业生产方式中诞生的全新价值。因此,他断言,职业伦理、新教伦理与资本主义精神是同义词,资本主义生产方式和生活方式才是职业伦理的真正起点。职业伦理是历史发展中资本主义自由启蒙精神的产物,象征着一种摆脱共同传统的能力。

二、韦伯问题与中国传统社会中的职业伦理

在西方近代社会,职业活动的兴盛和职业伦理的发展与职业观念的世俗化之间有着深刻的内在联系。近代以来,世俗化的职业谋利活动得到宗教意义上的肯定,对近代职业的发展和职业伦理的独立化起到了积极的推动作用。基于西方资本主义产生的社会历史考察,马克斯·韦伯认识到,在以往的以信仰天主教为主的诸民族中,"职业"一词或近似的概念在其语言体系中都不具有重要地位。路德宗教改革不仅带领信徒走出了天主教教会和主教的信仰垄断,更凸显了世俗生活在宗教信仰中的地位。人固然对上帝负有责任,但这种责任的落脚点在于人在世间的责任。现实的世俗生活不再是无关紧要的,不再是必须刻意回避的,人世间的责任也是信徒的重要责任,甚至是唯一责任——毕竟没有现实生活的责任,也就没有什么可以表明人对上帝的虔诚。在这种改革氛围中,西方近代职业概念、职业伦理也就出现了。"个人道德

---

① ［德］马克斯·韦伯:《新教伦理与资本主义精神》,于晓、陈维纲译,生活·读书·新知三联书店1987年版,第38页。

活动所以采取的最高形式,应是对其履行世俗事务的义务进行评价。正是这一点必然使日常的世俗生活具有了宗教意义,并在此基础上首次提出了职业的思想。这样,职业的思想便引出了所有新教教派的核心教理:上帝应许的唯一生存方式,不是要人们以苦修的禁欲主义超越世俗道德,而是要人完成个人在现世里所处地位赋予他的责任和义务。这是他的天职。"[1]

中世纪传统的宗教观念是"人人都应安守自己的生活现状,让不信神的人去追求物质利益"[2]。《圣经》明确地,并且不止一次地宣示过,生产活动及其结果——钱财与死后的天国拯救之间存在某种负相关关系。"富人进入天堂,比骆驼穿过针眼还要艰难",这句话表达出了对世俗生活的轻视和不屑。与这些传统观念相比,路德宗教改革所开启的新教伦理实现了一个巨大反转——新教伦理认为,修道院中的隐居苦修毫无价值,放弃现世生活看似是为了与上帝亲近,实际上是逃避世俗责任的自私表现。而职业的生存方式则是上帝的意愿,劳动分工迫使每个人为他人而工作是人类同胞之爱的一种表现。每一种正统的职业在上帝那里都具有完全相同的价值。人在劳动分工和职业活动中尽职尽责,主要不是出于一种经济收入上的考虑,也不是家庭式组织的纪律规范要求,而是上帝的旨意,是上帝对人的普遍性要求。

马克斯·韦伯敏锐地把握住了近代资本主义生产和新教职业伦理观念之间的关系,由此提出了一个重要命题:为什么资本主义仅仅发生在有基督教传统的西方? 这一问题被称为"韦伯问题"。韦伯对此问题的回答是明确的:因为非西方社会没有基督教传统,其宗教与"天职"观念有内在冲突,产生不出职业伦理精神。"在全世界,只有苦行主义的新教职业伦理,达到一种俗世之内的职业伦理和宗教上救赎确保的原则的和系统的一致,两者的统一未被破坏。"[3]为佐证自己对"韦伯问题"回应的正确性,韦伯专门研究过中国的社会发展,写了一本《儒教与道教》。在该书中,韦伯宣称:中国的道德传统与现代社会所要求的职业伦理是水火不容的,"中国人没有优秀的清教徒的那种受宗教制约的、中心的、内在的、理性的生活方法论,对于清教徒来说,经济的成功并非终极目标与自我目的,而是考验的手段。"[4]通过和新教伦理的对比,韦伯再次确认自己的判断——只有在基督教传统中才能够发展出资本主义,因为只有基督教传统才发展出了符合资本主义需要的职业伦理精神。

① [德]马克斯·韦伯:《新教伦理与资本主义精神》,于晓、陈维纲译,生活·读书·新知三联书店,1987年版,第59页。
② [德]马克斯·韦伯:《新教伦理与资本主义精神》,于晓、陈维纲译,生活·读书·新知三联书店,1987年版,第61页
③ [德]马克斯·韦伯:《经济与社会》上卷,林荣远译,商务印书馆1997年版,第622页。
④ [德]马克斯·韦伯:《儒教与道教》,王容芬译,商务印书馆1995年版,第296页。

实际上,韦伯的《儒教与道教》写作于 1915 年,出版于 1920 年。韦伯本人不懂汉语,当时被翻译为德语的汉语典籍数量又少。在缺少充足材料和语言工具的前提下,韦伯对中国传统社会的理解有很大偏颇,书中使用的部分史实也是错误的。但这并不足以表明"韦伯问题"的失效,在缺乏足够证据支撑的情况下,"韦伯问题"依旧是对中国学者提出的一个巨大理论挑战。如果"韦伯问题"成立,那么中国古代的价值资源中就不可能存在支撑现代职业伦理的资源,而中国要实现现代化,就必须要彻底地割裂传统文化。

如何看待传统社会中的职业伦理问题,以及传统职业伦理在当代的价值问题,一直是困扰中国职业伦理研究的焦点问题。为了回应"韦伯问题",特别是韦伯关于儒教不可能为职业伦理提供精神性资源的论断,很多学者也从儒家(儒教)资源内部,找到了大量关于职业伦理的论述和规范性要求。

战国时期的《周礼·考工记》就已经注意到在礼教体系下不同社会分工及其相应的职责。"国有六职",即王公、士大夫、百工、商旅、农夫和妇功。王公(高级统治集团)的职责是"坐而论道";士大夫(官僚贵族)的职责是"作而行之";百工(手工业)的职责是"审曲面势,以饰五材,以辨民器";商旅(坐商行贩)的职责是"通四方之珍异以资之";农夫的职责是"饬力以长地材";妇功(家庭妇女)的职责是"治丝麻以成之"。《管子》则把社会上的各种职业角色分为士、农、工、商,对于不同的职业角色赋予不同的职业责任和要求。这一主张在后来的儒家体系中一直占据十分重要的地位。

那些远离公共权力或在公共权力范围却与民众利益相对远的职业领域,如修史、教育、医疗以及商业领域,在儒家伦理的影响下也产生了特殊性的职业伦理规范。如中国历代医者在行医实践的基础上,提出了丰富的医生职业道德规范。宋代医学家郑端友说:"医门一业,慈爱为先,尝存救治之心,方集古贤之行。"就是说,医生是以治病救人为职业的人,其根本品德是慈爱。明代的李梴在《医学入门》中说:"医司人命,非质实而无伪,性静而有恒,真知阴功之趣者,未可轻易以习医。"医生的职业关乎人的生命,不是品德诚实无欺,性情安静有恒心,有真才实学并立志做好事不望报答的人,不可轻易学医。

这种超越性资源不仅在儒家文化中有大量的体现,在佛教的发展中也有明确的表达。在唐宋之际的社会转型中,平民化和世俗化是一个重要趋势。在此过程中,佛教适应社会转型的要求,通过宗教教义宣传的方式,将劝善化俗的宗教行为与职业伦理构建有机结合在一起。当时的佛教高僧在传播教义时,声称佛教的修行与世俗生活并不相悖,恪尽职守的世俗职业伦理在佛教修行过程中具有神圣性,是修行成佛的一条途径。

宋代佛教世俗化运动中有一个重要人物叫宗赜。他在《慈觉禅师劝化集》中一再强调,修行与世俗生活并不相悖,"须知佛事无它事,即此尘缘是道缘"[①],"执劳运力,无非菩萨行门"[②]。在此宗教观念的指导下,宗赜对胥吏、军人、商人在内的各行业职业操守与佛教修行证悟的关系进行了详细论述。对胥吏而言,如何在职业生活中遵守职业操守以修行证悟? 宗赜强调报效国家,"既乃分司列职,各有专长;须仔细精勤,不得因循鲁莽。而全家衣食,仰给公门,若也公家误事便于私计不安。但存报国之心,自然公私俱济","全家衣食仰公门,唯念精勤报国恩"。[③] 服务世俗权力的职业意识和报国意识在佛教修行中被赋予了价值。

宋代商业繁荣,商品经济发达,商人在社会生活中日益起到重要作用,《慈觉禅师劝化集》劝谕各行各业商人在商业活动中遵守职业道德,渐修积功,尤其强调一个"实"字。"参详日用之中,万事须知报益。若夫心行真实,语言真实,买卖真实,斗秤真实,尺寸宾实,货物真实,材料真实,价例真实,钱陌真实,数目真实,州土真实,如是等类,皆所应作。"[④]此处对诚实守信的强调贯穿了质量、价格、数量等商业活动各个方面,对一切违反诚信的"假冒伪劣"予以谴责。

通过历史研究我们发现,佛教这种面向世俗的趋势贯穿有宋一代,有着同样士人背景的南宋居士王日休在《龙舒净土文》一文中承接宗赜的观念,宣传修行与世俗职业生活不违背:"在官不妨职业,在士不妨修读,在商贾不妨贩卖,在农人不妨耕种,在公门不妨事上,在僧徒不妨参禅。凡一切所为皆不相妨。"[⑤]文章还规定了官吏、商人、农人、医生、工匠等三十六种职业或人群的伦理准则,很多地方与《慈觉禅师劝化集》世俗化精神是一致的,但涵盖的社会面更为广泛。

这些都表明,在中国传统社会中,特别是自唐以后,佛教为了争取信众,不断地调整和适应社会发展的节奏和脉动,主动适应大众生活的世俗化趋势,积极将世俗职业伦理价值纳入宗教话语体系之中,赋予其重要地位,客观上促进职业伦理与宗教的连接,为职业伦理提供了类似基督教的精神资源。这也说明,对于中国传统社会职业伦理和资本主义精神的考察,"韦伯问题"尽管提出了正确的问题,但马克斯·韦伯本人的回答恐怕过于武断和简单了。

---

① 史金波、最鸿音、白滨编:《俄藏黑水城文献》第3册,上海古籍出版社1996年版,第115页。
② 史金波、最鸿音、白滨编:《俄藏黑水城文献》第3册,上海古籍出版社1996年版,第109页。
③ 史金波、最鸿音、白滨编:《俄藏黑水城文献》第3册,上海古籍出版社1996年版,第114、120页。
④ 韦兵:《佛教世俗化与宋代职业伦理建构——以俄藏黑水城文献〈慈觉禅师劝化集〉为中心》,《学术月刊》2008年第9期,第134页。
⑤ 韦兵:《佛教世俗化与宋代职业伦理建构——以俄藏黑水城文献〈慈觉禅师劝化集〉为中心》,《学术月刊》2008年第9期,第135页。

第三节　职业伦理的基本规范

　　规范是人类社会生活中普遍存在的一种现象,没有规范,也就没有秩序,任何社会生活都不可能稳定开展。"就一般意义上说,规范就是一种标准,一种准则。这种准则或标准,既可以是人们约定俗成的,也可以是人们有意识制定的。最常见规范的地方是法律生活领域和道德生活领域。"[①] 职业伦理规范是职业伦理的核心内容。人们在职业活动中孕育了很多精神性要素,如职业理想、职业态度、职业义务、职业责任、职业纪律、职业作风、职业荣誉、职业良心等,职业伦理规范是这些精神性要素的集中体现。

　　人们对职业伦理规范的理解、追求和争论在实践中是围绕一系列职业伦理价值范畴进行的。敬业、诚信、公道等是人类在长期的职业活动中一直不断追求的理想目标,更是构建现代社会职业生活基本准则的价值圭臬。敬业、诚信、公道等范畴,作为职业伦理规范的基本价值,相互之间是存在内在联系的,在一个职业行为中经常会同时出现,但也会在一定范围内或程度上发生矛盾,尤其是在某一职业的具体活动中。因此,人们对职业伦理基本价值规范的认知和把握会存在分歧。这种分歧不仅表现在这些价值范畴何者更为根本的问题上,还表现在具体语境中的基本价值范畴的具体所指。这些分歧会给人们在职业活动中自觉遵守职业伦理要求带来困惑和冲击,但也正是由于这种挑战,人类关于职业伦理的认知和实践才会不断深化和发展。

一、敬业

　　敬业是职业精神的显著特征。敬业就其基本内涵而言,要求从业者在职业活动中始终要秉持一种"敬"的态度和精神。中国伦理思想史很早就强调"敬"的重要性。《诗经·大雅·板》有曰:"敬天之怒,无敢戏豫。敬天之渝,无敢驰驱。"这里的"敬"已经包含对某个对象敬畏的意思。孔子把专心、认真对待工作的态度叫作"执事敬",即尽心去做,做好做成。朱熹解释"敬业"为"专心致志,以事其业"。南宋陈淳在《北溪字义·敬》中对"敬"的解释是,"所谓敬者无他,只是此心常存在这里,不走作,不散漫,常恁地惺惺,便是敬"。敬的核心在于"主一无适"。所谓"主一",就是一心一意做某件事,不轻易插第二件事、第三件事进来。如果在学习、工作中三心二意,做一

[①]　罗国杰主编:《伦理学》,人民出版社 1989 年版,第 178 页。

件事又想另一件事,便不是主一,便是不敬。通过上述古人对"敬"的梳理,我们可以发现,敬业要求职业从业者无论从事何种职业,都要以一种敬畏态度对待自己的本职工作,要不折不扣地完成自己工作岗位所要求的各项具体工作。

敬业,作为一种现代职业伦理规范,在现代社会道德实践中基本包含四重含义:一是对待任何职业,只要做出选择就要一心一意地工作;二是始终以严肃认真的态度对待职业,对职业有一种基本的敬畏感;三是在敬畏职业的情感驱动下,勤勉努力地工作,完成自己的职业责任;四是在职业活动中发展一种恪尽职守、享受职业的职业精神。从这四重含义看,敬业的职业伦理规范是有层次差异的,主要包含勤业精业和乐业爱业两大层次。

在敬业的职业伦理要求中,勤业精业和乐业爱业是有优先顺序的。勤业精业是基本要求,乐业爱业则是更高的职业精神。勤业精业是乐业爱业的基础,乐业爱业是勤业精业的情感升华。勤业精业要求从业者正确认识自身工作所应承担的责任。无论从事何种具体职业,这种职业都有明确的社会责任要求,履行好这种责任要求是从业人员必须完成的工作责任和使命要求。作为一种基本要求和基本责任,勤业精业是一种义务性要求,无论从业人员一开始有没有养成一种乐业爱业的职业精神,只要他选择了某种职业,从职业活动中获取报酬,他就必须完成职业岗位的各项要求,履行好自己的工作责任。

只有在勤业精业的职业行为基础上,从业人员的乐业爱业情感和精神才能得以不断锤炼和培养。乐业爱业的职业精神对于任何职业活动都非常重要,尤其是在现代社会的职业活动中。但是乐业爱业不能脱离或先于勤业精业来培养。梁启超在《敬业与乐业》中就明确指出"敬业"和"乐业"之间的有机联系和先后顺序。"第一要敬业……凡职业没有不是神圣的,所以凡职业没有不是可敬的。惟其如此,所以我们对于各种职业,没有什么分别拣择。总之,人生在世是要天天劳作的,劳作便是功德,不劳作便是罪恶……第二要乐业……凡职业都是有趣味的,只要你肯继续做下去,趣味自然会发生。"[①] 由此可见,在一般的工作人群中,不是每一个人都能够选择自己热爱的职业,从而自觉实现乐业爱业的,更多的是在勤业精业的过程中找到职业归属感。

"敬业"是社会主义核心价值观内容之一,因此在当代我国道德建设和价值观建设中都具有十分重要的意义。"爱岗敬业"可以看成两个概念的合并,在实际操作过程中,首先要爱岗,其次是敬业。爱岗是一种情感,这种情感需要一定的心理基础。每个人的个性、志向、兴趣爱好各不相同,不同个性、不同专长的人适合的工作岗位也不同。通常情况下,当人们最初开始选择工作时,拥有一个适合自己个性特长的工作岗位是热爱这份工作的前提和基础。在"干一行"的过程中体现出"爱一行"的直接

---

① 梁启超:《梁启超谈修身》,百花洲文艺出版社 2019 年版,第 170—172 页。

原因是自己适合这一行,喜欢这一行。"兴趣是最好的老师",在工作中爱好和兴趣是爱岗的重要心理基础。但在社会发展过程中,由于选择机会、社会环境、个体发展等因素的影响,很多人都不一定能选择到自己喜欢的工作岗位。但是,人这种高级动物天生就具有很强的学习能力、创新能力和适应能力,只要在职业活动中始终抱着对自己选择负责的态度,始终保持勤业精业的责任心,不论从事哪种行业,在任何工作岗位上,都能不断地钻研业务,勤奋工作,努力创新,就能在"干一行"的敬业过程中培养出"爱一行"的爱岗情感。因此,任何职业伦理的基本要求都是从业者的勤业精业,而在更高一级的层面,乐业爱业则更有助于保持从业者敬业活动的持续,进而能将从业者的职业活动从谋生手段转变为事业追求。

必须指出的是,作为一种现代职业伦理,敬业的"主一无适"不是要求人们终身只能干"一"行,爱"一"行。敬业在现代市场经济条件下,始终强调的是人们要为自己的职业选择负责,在从事某一职业活动时要有始有终、善作善成。即便是明天选择离职,今天也要把手头的工作做好。敬业并不否定人们自由选择职业的权利,也不排斥人在不同的职业活动中实现自己的理想和价值。在市场经济体制下,合理的人才流动,以及双向选择可以增强人们优胜劣汰的人才竞争意识,促使大多数人更加自觉地忠于职守,爱岗敬业。实行双向选择,开展人才的合理流动,使用人单位有用人的自主权,可以择优录用,就可以实现劳动力和生产资源的最佳配置,劳动者也可以根据社会的需要和个人的专业、特长、兴趣和爱好选择职业,真正做到人尽其才,充分发挥积极性和创造性。因此,不能把"敬业"片面地理解为绝对地、终身地只能从事某种职业,而是选定一行就必须始终热爱这一行。

择业自由与敬业精神并不矛盾冲突,相反能够有效优化社会资源配置,改善社会风气,有利于人的全面发展,更有利于从业者理解、践行爱岗敬业的价值规范。但是,人们在职业活动中必须正视的一个现实是,在社会生活中能够找到理想职业的人必定是少数,对于多数人来说,必须面对现实,去从事社会所需要而自己内心一开始不太愿意干的工作。在这种情况下,敬业伦理要求从业者履行自己的职业义务或职业责任,以精益求精和孜孜不倦的态度不断提升技术和业务水平。如果在职业活动中没有遵守基本的勤业精业规范要求,单纯强调从兴趣出发,见异思迁,"干一行,厌一行",不但自己的聪明才智得不到充分发挥,甚至会给组织和社会带来损失。

二、诚信

诚信自古以来就是中华民族的传统美德。中国历代经典文献中对诚信之道的论述颇多。"诚"是儒家的重要范畴,从词源上讲,它产生于西周时期,但"诚"的观念,早在原始初民的宗教祭祀活动中就已产生,主要是指人对神的绝对崇拜。随着社会发展,发生了从"神本"向"人本"的转向。作为社会活动主体的人(尤其是统治者)的内在品德逐渐被认为是决定事情成败的关键,"诚"的观念遂由对神的虔诚信仰过渡到对自身内心品质的虔诚。故而孟子说:"诚者,天之道也;思诚者,人之道也。"(《孟子·离娄上》)"万物皆备于我矣。反身而诚,乐莫大焉。强恕而行 求仁莫近焉。"(《孟子·尽心上》)"诚",这一品质进而被认为是社会发展和人之所以为人的最终依据。北宋著名哲学家周敦颐认为:"诚,五常之本,百行之源也。"(《周敦颐集·诚下》)在他看来,诚是五常(仁、义、礼、智、信)的基础,亦是人的各种善行的根源。如果没有了"诚"的品德,在儒家思想体系中人也就不能称其为人了,"诚则是人,伪则是禽兽"(黄宗羲:《孟子师说》)。诚实无妄是人和动物的根本区别之一,只有人具有诚实的美德,而禽兽是不讲诚信的。如果人只追求物质私欲而不讲诚信,其行为就是一种丧失人性的禽兽行为。

"信"即信用、信任,主要指主体内在"诚"品格的外化。《说文解字》认为"人言为信",朱熹认为:"以实之谓信。"(《论语集注》)可见,"信"不仅要求人们说话诚实可靠,切忌大话、空话、假话,而且要求做事也要诚实可靠。正所谓"信者,无伪而已"(程颢、程颐:《河南程氏遗书》),"或问信,曰:'不食其言'"(扬雄:《法言·重黎》)。因此,"信"的基本内涵就是信守诺言、言行一致、诚实不欺。传统文化对"信"在个人生活、人际交往、社会活动、执政教民过程中的作用给予了高度的肯定。《诗经·王风·扬之水》有语:"无信人之言,人实不信。"对于无诚信品德之人所说的话,人是不应当相信的。所以,要使他人相信自己,就必须做诚实之人。孔子在论述朋友之间的交往时说:"与朋友交,言而有信。"(《论语·学而》)朋友之间交往最重要的原则就是讲信用,切忌毫无事实根据地乱许诺和胡言乱语。在齐家治国上,信的作用更重要。司马光认为:"夫信者,人之大宝也。国保于民,民保于信。非信无以使民,非民无以守国。是故古之王者不欺四海,霸者不欺四邻。善为国者,不欺其民;善为家者,不欺其亲。"(《资治通鉴》)

通过上述分析可知,中国传统文化中"诚"和"信"两个概念之间是相通的,"诚"更多地指"内诚于心","信"则侧重于"外信于人"。许慎在《说文解字》中也认为二者可以相互诠释:"诚,信也","信,诚也"。这样,"诚"与"信"一组合,就形成了一个内外兼备,具有丰富内涵的词汇,其基本含义是指诚实无欺,讲求信用。"诚"者,左言右成,意思是一个人说了话一定要有结果;"信"者,左人右言,意思是一个人要对自己说出来的话负责任。诚信,从内在而言,指一个人不仅对他人而且对自己诚实不欺,讲求信用;从外在而言,指人与人之间对彼此的言语许诺、行为结果承担责任,强调人与人之间应该真诚相待。因此,通常情况下,职业伦理中的诚信原则是指,在职业活动中,从业者要对自己的生产行为、宣传行为、销售行为做到真实无欺,对自己与他人订立的契约,无论书面约定还是口头约定,无论规范的法律约定还是约定俗成的民间约定,都要自觉遵守。

必须提及的是,从业人员在有意识培养自身诚信品格的过程中一定要避免两个错误见解。第一个错误见解是认为,诚信就意味着言出必行,答应的就必须做到,否则就是不讲信用。这种对于诚信的理解是一种狭义而片面的理解,忽视了诚信品德的社会生活背景。一般而言,强调诚信的语境都是在正常的职业行为范围内,而不包括违反道德甚至法律的行为。假如你答应借给朋友一千块钱,结果自己没有,为了体现诚信去抢劫,这很显然不符合诚信的本意;从事税务工作的人员答应帮朋友公司争取减免税款,结果发现不符合规定,硬是违反税法程序帮助朋友减免,这也不是诚信的本真要求。所以孟子讨论诚信原则时说:"大人者,言不必信,行不必果,惟义所在。"(《孟子·离娄下》)一个君子或一个真正了解诚信原则而通达运用的人说话不一定句句守信,做事不一定非有结果不可,只要合乎道义就行。这里面其实有一个关于"大信"与"小信"的问题,亦即"信"的通权达变问题。在职业活动中,诚信原则的执行必须不违反更高级别、更迫切的道德原则的要求,在诚信原则与生存权、国家法律、社会良俗相冲突时,我们的诚信行为就要服从这些更重要的原则。因为从根本上,这些原则是我们从理性角度承诺遵守的更高级规范和要求。

第二个错误见解是认为,诚信原则在传统社会和现代社会中的具体要求并不存在重大差异。作为一种职业伦理规范,诚信的历史传承性固然重要,但更应该结合当下社会发展来诠释,遵守现代市场经济条件下的诚信原则。一方面,传统社会缺少平等主体之间的诚信行为和活动,而是以上下级之间的诚信要求为主。在传统社会和儒家文化体系中,诚信在某种程度上更多的是为了维护社会等级关系和差序化的社会生活秩序,并不是平等主体之间的诚信关系。另一方面,诚信原则的要求在不同社会结构中的分布不是均衡的,其重要程度在不同群体中是不同的。传统社会根据血缘关系(可以扩展到地缘、学缘等)将人群分为亲疏远近的差异群体,根据亲疏关系而不同程度地适用诚信原则。人与人之间的关系越熟悉,诚信原则越重要,关系越陌生,诚信原则被舍弃的概率越大。现代社会的诚信原则是基于契约精神形成的,在职业活动中无论熟悉与否都要求从业者遵守诚信规范。契约是两个或两个以上个体、组织之间基于平等地位而自愿达成的协议,诚信原则是平等的契约方对彼此或共同协议意愿的忠诚和守信。现代市场经济条件下的诚信是不区分等级或对象的一视同仁的诚信,是陌生人之间的诚信。它是现代市场经济的基础性行为规范,构建的是现代社会信任体系。

三、公正

作为一种价值观,公正是任何一个良序社会中制度设计所必须体现的精神取向,也是任何一个社会中全体社会成员都渴望和追求的社会价值。在一个没有体现公正原则和精神的社会中，任何一个人都可能是"弱者"，任何一个群体都可能是"弱势群体"。在西方宗教意识形态中，上帝按公义审判世界，这种审判是末日审判，是超现实世界的；而在现实世界中，如果没有一种让绝大部分人信任的公正判断和处置，任何人或群体都可能受到非理性的、不合理的对待。因为每一个人、每一个有特殊利益需求的群体都有自我神化的可能，在现实世界中渴望扮演上帝的角色，按照自己的欲望和利益去评判他人。这些评判之间相互冲突，互不妥协，永远没有纷争停息的一天，这注定是一场所有人对所有人的战争。

公正是和谐社会的内在价值，是马克思所设想的社会主义、共产主义社会的基础性价值。治国要道，在于公平正义。维护和实现社会公平和正义，保障最广大人民的根本利益，是中国共产党坚持立党为公、执政为民的必然要求，也是中国特色社会主义制度的本质要求。建设一个公正的社会，不仅需要执政党有正确的、前瞻性的治国理念和政府各级部门公正执法的行为，还需要社会各界，包括所有职业从业人员的共同努力和协作。

"公正"一词是"公平正义"的简称。按《说文解字》的解释："公，平分也。从八从厶。""八"即"背"，分也，"厶"象征财物，故有"背私为公"之说。"正，是也(是，直也)，不偏不倚。""公正"与私相对，即不偏不倚、正直，没有私心。《辞源》对于公正的解释是："不偏私，正直"。从词源的分析可以看出，在中国古代，"公正"往往指一个人的道德修养，并且是没有个人之私的近乎圣的一种美德，并无作为评价社会制度、规则的价值内涵。近代以来，受西方文化和思想的影响，我们用"公正"一词来翻译英文中的"justice"(另一译法为"正义")，有关公正的评价才开始涉及制度层面。在西方，古希腊语中的"公正"一词源于"Dike"，指划分、划定出来的东西。也有人认为它和直线是一个词，表示一定之规，而且公正与法官也是一个词。在古希腊的神话里，狄刻(Dike)是正义女神，是宙斯与法律和秩序女神忒弥斯的女儿，这意味着"公正"一开始就与法律和秩序有着密不可分的联系。拉丁语中的"justice"一词得名于古罗马正义女神禹斯提提亚(Justitia)，而justitia又由"jus"一词演化而来。"jus"最初有正、平、直等含义，后来由此词发展成英文的"justice"一词。"justice"一词包含了正直、无私、公平、公道等含义，这些含义一直保持到现在。因此，从词源来看，"公正"一词的基本含义自古以来便是规范、正义。

"公正"是一个高度抽象、有着丰富含义的词汇，它表达了人们希望事物所达到的理想状态。公正意识和观念，无论在西方还是在东方，都是人类由于基本内在冲动而产生的一种对美好社会生活的追求和向往。在职业活动中，公正价值和理念的基本要求是：职业从业人员，在工作中应当秉持一种公正的价值理念，从自身工作的公共性、社会性出发，尊重客观的真实，以非人格化精神提供服务，不分亲疏远近，不论贫富贵贱,公道办事,力求在工作中不偏不倚地对待与职业活动相关的每个人。例如:商家要平等对待每个消费者,不因其外貌、身材、穿着和财富多少而区别对待消费者;医生应以人道的态度平等对待每位病人,不因病人的家世、关系而产生态度的好恶差异;公务人员要不偏不倚地回应、处理行政相对人的诉求,避免在行政活动中因人情因素发生执法的偏差;等等。

思考题:

一、试述职业伦理的基本特征。

二、试述职业伦理的基本规范。

三、怎样理解职业伦理规范与社会主义核心价值观的内在联系?

第六章　慈善伦理

　　慈善是有经济能力以及其他能力的人自愿对他人的资助的行为或人们对待他者的善良行为。慈善活动也是重要的经济活动，相对于市场机制的初次分配和政府主导的第二次分配，它被称为"第三次分配"。习近平总书记指出，要"坚持以人民为中心的发展思想……构建初次分配、再分配、三次分配协调配套的基础性制度安排"[①]，并鼓励高收入人群和企业更多回报社会。第三次分配对于中国特色社会主义的共同富裕，具有十分重要的现实意义。改革开放四十多年来，一部分人先富了起来，在共同富裕观念指导下，在不影响自己生活水平的前提下，他们自愿捐赠一部分财富或传授知识技能给还没有富裕起来的民众，以先富带后富，实现共同富裕，从而使得全体人民朝着共同富裕的目标扎实迈进。就人类的道德行为和经济行为而言，慈善行为是几千年来人类道德行为的一个基本方面。当代西方伦理学家认为，救助穷困落后地区的贫困者，是发达国家的富人们应尽的责任。因此，在人类的经济发展不平衡以及贫富差别巨大这样严峻的现实面前，慈善行为已经成为具有十分重要的道德意义的行为，也是需要从伦理学上进行研究的行为。

第一节　慈善概念及慈善伦理

　　慈善作为人类的具有道德良善意义的行为，早就为人们所关注。何为慈善？对于这一概念的界定，也一直是人们所讨论的一个话题。我们试图从词源学及现代学界的定义等方面对此进行阐述。

一、"慈善"概念及慈善的历史

　　在中国古代典籍中，"慈""善"二字最初分开使用。"慈"的主要含义是"爱"，《说文解字》中有"慈，爱也"。《左传·文公十八年》中有"宣慈惠和"，孔颖达注为"慈

---

① 习近平：《扎实推动共同富裕》，《先锋》2021 年第 10 期。

者,爱出于心,恩被于物也",又说:"慈谓爱之深也"。"慈"后引申为怜爱、仁慈,如汉代贾谊说:"恻隐怜人谓之慈。"(《新书·道术》)"善"的本义是"吉祥、美好",《说文解字》中有"善,吉也;从言从羊,此与义美同意",后引申为和善、亲善、友好。中国现代"慈善"的词义直接承袭了古代。1997 年版的《辞海》将"慈善"解释为"心地仁慈善良";《汉语大词典》将"慈善"阐释为"慈爱,善良,仁慈和富有同情心";等等。"慈善"的英文主要有"philanthropy"和"charity"。"philanthropy"源自希腊文 phianthropos(philo+anhtropos),philo 指"爱"(love),anthropos 指"人类"(mankind),所以 phianthropos 的意思是"爱人类"(love mankind),表示"善心""博爱主义"之意。charity 一词源自拉丁语 caritas,意思是"发自内心"(from the heart),表示"博爱""宽容",以及引申为"慈善事业"等意思。《犹太百科全书》对"慈善"定义是"义务地捐赠财物以救助贫困的和需要帮助的人"。

中华民族自古以来就是乐善好施的民族,慈善救助是中华民族的传统美德。在中国传统文化的主流思想中,都包含了丰富的慈善伦理文化的因素。儒家伦理以仁爱为核心,所谓仁爱,即为"仁者爱人"(《论语·颜渊》)。孟子对仁的思想多有发挥,他提出"四端"说,强调人人具有道德同情心,认为这既是善端也是仁心。同时,孟子还提出了仁爱方法论,即"老吾老以及人之老,幼吾幼以及人之幼"(《孟子·梁惠王上》)。在老子的《道德经》中,有七处出现了"慈",慈即为慈爱或仁慈。在道家看来,慈爱是最高的道德境界,是人所持有的三宝之一。后传入我国的佛教伦理的核心也是慈爱,佛家以"慈悲"为怀,说的就是佛教徒应当对人有慈悲仁爱之心。几千年来注重慈善关爱的道德文化使得中国人自古以来就养成了乐善好施的道德行为和道德传统。并且,慈善不仅仅是一种个人的私德行为,而且是通过政府组织来进行的活动。早在春秋时期,就有路施食物救济饥民的记载。到了宋代,慈幼局、慈幼庄、举子田等相继出现,民间则出现了"义庄"、宗族义田、公田等,救济族中贫困无告之人,或资助本族中贫寒弟子的学习。明清时的会馆、乡亲会等,一方面是与外地的同乡联络情感,另一方面也起着互助与资助同乡的慈善机构的作用。中华人民共和国成立以来,"爱祖国、爱人民、爱劳动、爱科学、爱护公共财物"的五爱道德以及助人为乐的雷锋精神都对人民群众的慈善精神有着极大的培育作用,我国的慈善事业迅速发展。2008年汶川地震后,全国人民踊跃捐赠以及积极投入抗震救灾之中,充分体现了中国人民的慈善伦理精神。2016 年颁布施行的《中华人民共和国慈善法》(以下简称《慈善法》),标志着我国慈善事业的发展从传统慈善向现代慈善的转型,表明我国的慈善领域从传统的以私人行为为主的"小慈善"转向国家与社会共同管理的"大慈善"。《慈善法》确立了一整套的现代慈善规范。传统慈善基本上是以扶贫、济困、救灾为中心,而《慈善法》既包括了传统慈善行为,还大大扩展了慈善概念的外延。如《慈善法》第三条规定了慈善主体的慈善公益活动包括:"(一) 扶贫、济困;(二) 扶老、救孤、恤病、助残、优抚;(三) 救助自然灾害、事故灾难和公共卫生事件等突发事件造成的损害;(四) 促进教育、科学、文化、卫生、体育等事业的发展;(五) 防治污染和其他公害,保护和改善生态环境;(六) 符合本法规定的其他公益活动。"这一规定将慈善范围扩展到了社会的教育、科学、文化、卫生、体育以及环境保护等多个方面和领域,极大地扩展了慈善行为的社会空间,为我国慈善事业的发展提供了法理依据和法律保障。

二、慈善精神文化

慈善已经成为涉及多个方面和领域的社会行为。就社会形态而言,可分为政府组织形态和非政府组织形态,即现代社会已经从单个人的慈善行为发展为社会组织形态的慈善行为。任何单个人的捐赠都是有限的,然而,多数个人任何有意义的慈善行为通过社会组织,就能够汇聚成战胜灾难、改变贫困的巨大资源力量。无论从哪个方面看,慈善首先是一种伦理精神,或具有伦理品格的行为。慈善行为以慈善伦理为核心。我们认为,中国传统的儒家的仁爱精神、道家的仁慈精神以及佛教的慈悲精神都可以看作现代慈善伦理的精神资源。

慈善行为建构了一种人与人之间相互关怀、扶助的伦理关系。慈善是自觉自愿地关爱和帮助他人,是通过对他人的关爱与帮助建构起来的一种伦理关系。这种伦理关系包含三重向度:一是施予者与被施予者的伦理关系,二是施予者与慈善组织的伦理关系,三是被施予者与慈善组织的伦理关系。实际上,在现代社会,对弱势群体的资助,在很大程度上都是通过慈善组织来实现的,当然不排除有直接资助者。但即使是直接资助关系,由于地域相隔,多数情况下也是通过慈善机构帮助而建立起的资助关系。从根本上看,在施予者与被施予者的伦理关系中,一方是施予者,另一方则是被施予者,双方所处的经济地位是不平等的,一方是有着富余财富的人,另一方是在经济上以及其他方面需要经济援助的人。两者虽然经济地位不平等,但是,在人格上应当是平等的。人格平等决定了慈善伦理关系是一种相互尊重的伦理关系。慈善组织既要尊重捐助者,也要尊重被捐助者。慈善组织接受捐赠,应当是在捐赠者自觉自愿的前提下,不能强制要求捐赠。对于被捐助者,同样也应当尊重他们的人格尊严,而不应当使他们体会不到尊重与关爱。

慈善是一种通过人们的捐赠而建构起来的伦理关系,也是一种经济关系。这种经济关系由于是通过慈善机构而建立起来的,就涉及慈善组织机构的经济问题。首先,慈善机构应当向捐赠人负责,对他们的善款的去路有一个清楚的交代。其次,慈善机构应当向被捐助者负责,向他们说明捐助所依据的是他们的需要,并且明确可以帮助他们的数目。最后,必须确保慈善组织应当是非营利的组织,除了员工的基本收入,不应当有不合法的收入。因此,对于慈善组织的经济往来,应当透明公开,而不应当使社会公众或捐赠者不知他们的善款的去向。如果捐赠者不能知道他们的善款去向,就会对慈善组织失去信任,慈善组织从中以谋利为目的,就会失去慈善组织机构的本质特性。因此,慈善精神不仅应当体现在捐赠者的仁爱之心上,也应当体现在慈善机构有着向捐赠者和被捐赠者高度负责的精神以及相应的运营管理上。

慈善也是国民财富的一种分配方式。一般而言,国民财富有两次分配,一次是通过市场机制而进行的分配,即我们所说的“按劳分配”。市场机制的分配以能力和贡献为基本依据,是一种能力、天赋的应得分配。第二次分配是通过国家税收进行调控。现代政府一般实行累进税制,即收入多的征税也相应更多,收入少的征税也相对少,没有达到征税起点的不征收税款,而没有达到最低收入保障标准,即在贫困线下的公民,政府则通过税收给予补助。第二次分配可以说是依据权利进行的调控分配。对于征税是否具有道德合理性或合法性的问题是当代政治哲学所讨论的焦点问题。罗尔斯提出差别原则,即补偿社会的最少受惠者,其资金来源只能通过征收高额累进税才可能实现。然而,诺齐克则认为以某种模式来强征富人的税,是侵犯了他们所应得的个人财产权,从而是对个人权利的侵犯。罗尔斯则把天赋看作“共同资产”,因而认为,对那些在市场竞争中获得高收入的人进行征税在道德上是可辩护的。第三次分配则是富人自觉自愿地将自己的部分财产捐赠给慈善机构,通过慈善机构来救济弱势群体或急需财物的那些人。第二次分配弥补了市场失灵,而第三次分配则弥补了政府失灵。如果说,第一次分配是能力与贡献的应得权利的体现,第二次分配则是人人享有的生存权利的体现,而第三次分配,即慈善则与权利无关,它完全是建立在道德情感基础上的。在罗尔斯看来,第一次分配并非完全符合正义的分配,而只有第二次分配才是完全符合正义的分配,这是因为,罗尔斯强调,相较于公民的平等自由权利,生存与发展的权利应当置于优先地位来考虑。罗尔斯认为他的差别原则不仅是正义原则,同时体现了传统的博爱精神。但实际上博爱应当是以慈善行为来体现的,或者说,像西塞罗所理解的,人们的善行补充了正义。

第二节　当代慈善伦理的热点问题

一、慈善与商业

“慈善经济”是指对稀缺慈善资源的有效配置,并使慈善受益主体的需求得到尽可能的满足。慈善经济的形态可分为宏观、中观与微观三个层面。宏观慈善经济主要指全球慈善经济活动,即一些世界性的基金会或公益慈善组织为实现资金的保值、增值的目的而将慈善资源用于投资或与具体产业相结合进行盈利的活动。比如,卡内基国际和平基金会采取信托资金的运作性基金会形式实现了资产的保值、增值,1980 年公布的资产是 5000 万美元,1999 年底资产是 2.736543 亿美元。[①] 中观慈善经济是指国家或政府以慈善经济作为贫困地区的扶贫开发战略,将慈善资源与地区的发展战略规划结合起来,发展经济,达到区域脱贫致富的目的。比如我国宁夏回族自治区招商引资,与具体的产业相结合,打造"黄河善谷"的扶贫开发战略。微观慈善经济是指某个国家或地区的具体慈善组织或个人为实现资金的保值、增值,将慈善资金自愿用于投资或与具体产业相结合而进行盈利的活动。比如某些慈善基金会投资房地产等领域的活动。需要强调的是,无论宏观、中观还是微观的慈善经济活动,其盈利都是为了循环可持续地进行慈善活动,而不是用作其他。

慈善经济道德评判的关键环节在于善款来源、保值增值手段的道德性与支出的合法性。首先,善款来源必须合乎道德。不能接收通过不道德的途径或非法手段获得的资金,比如公益慈善组织拒绝烟草行业的广告宣传营销捐赠。其次,善款必须通过合法手段保值增值。不能通过非法手段(贩毒、放高利贷、贩卖军火等)对善款进行运作而获利。最后,慈善用途支出的合法性。如我国《基金会管理条例》第四章第二十九条规定,"公募基金会每年用于从事章程规定的公益事业支出,不得低于上一年总收入的 70%;非公募基金会每年用于从事章程规定的公益事业支出,不得低于上一年基金余额的 8%"[②]。

有学者认为慈善与商业不能结合,一旦结合,就会蕴藏借机敛财的道德风险。借机敛财就会导致慈善异化现象的发生,不仅会使慈善事业偏离本位,同时最终会因此失去广大民众对慈善事业的信任,葬送慈善事业。信任是慈善事业赖以生存与发展的生命线。无信任则无慈善。慈善行业与其他行业不同:不信任学校,但学生不能不读书;不信任医院,但生病不能不治病。慈善事业则不同,不信任慈善,民众就不捐钱。公益慈善事业的透明度决定了其信任度。20 世纪 50 年代,卡内基基金会的主席列芬韦尔明确表示,"基金会应该放进玻璃口袋",即必须实行信息披露制度。只有实施"透明慈善",才能保证慈善经济的良性运行。

对于慈善经济道德合理性的质疑显然有其合理性,但其理由不够充分,同时,慈善经济的风险可以通过合理的制度安排来规避:其一,异化现象在社会诸多领域中普遍存在,不能因为存在慈善异化的现实可能性,就否定慈善经济本身。进一步来说,解决慈善异化问题可以通过科学合理的制度设计与安排来规避风险。其二,慈善经

①　参见资中筠:《财富的归宿:美国现代公益基金会述评》,生活・读书・新知三联书店 2011 年版,第 159 页。
②　《基金会管理条例》,国家法律法规数据库,2004 年 3 月 8 日。

济从表面来看,会造成慈善经济主体与其他经济主体的不平等竞争,但是,慈善作为基于道德与习惯调节的第三次分配方式,从其终极目的来考察,它正是为了弥补或解决因市场与政府调节分配不充分所导致的非正义问题,即弥补或解决"市场失灵"与"政府失灵"的问题。同时,如果在制度设计层面确保慈善受益主体的收益,按照公益慈善事业相关的管理条例的规定,大部分或全部捐赠都应用于公益慈善事业,那么,慈善经济的市场竞争的非平等性困境就会迎刃而解。其三,慈善经济的保值、增值的必然性离不开专业人员的运作和监管,即需要监管者严格限制慈善经济组织涉足高风险的投资领域,避免投机性的冒险行为,规避善款的亏损,同时要求慈善经济组织的执行者尽到谨慎投资人义务。显然,对于这个问题的解决属于经济学和管理学研究的范畴,不在伦理学讨论的范畴之内。

二、感恩与责任

捐赠者与被捐赠者是否是一种感恩与责任的关系? 被捐赠者应当把资助者的施予看作理所应当,还是应当对捐赠者的捐赠心怀感恩? 这是慈善事业这些年来遇到的令人困惑的问题。其中不乏一些引起大众关注的事,例如,电视上播过一则爱心馒头店的新闻:馒头店的李女士看到街边的环卫工人和流浪汉几乎连热饭都吃不上,于是动了怜悯同情之心,开始起大早赶着时间给他们做热乎乎的早饭。那些接受李女士善举的环卫工人和流浪汉一开始很是感激,然而没过几天,馒头已经满足不了他们了。他们围上来说:"我们不要馒头,你直接把钱给我们吧!"李女士被吓坏了,当然不会给他们钱。于是更坏的事还在后面,这群人要不到钱,就在后面造谣生事,诬蔑李女士行善背后有不可告人的目的。承受不住压力的李女士在44天后选择关门不再营业。无独有偶,歌手丛飞事件也在当时引起了不小的社会讨论。丛飞是一名著名歌手,他短短的一生参加了400多场义演,所得收入的大部分都捐赠给了贫困学生。他共捐资了183名贫困学生,共计捐款300余万元。为了能够捐资更多的贫困学生,他坚持带病演出,因此耽误了治疗,37岁就病逝了。然而,就在他病重不能演出期间,一些受资助学生的家长打电话不是关心他的病情,而是让他寄钱,甚至指责他不讲信用、缺德。受资助者不感恩,资助者就会感到他们尽了自己的义务却得不到任何回报,哪怕感情上的回报。并且,受资助者不仅不感恩,还自认为受资助是自己应得的,而得不到则是不应该的,甚至由此产生对资助者的怨恨。现在的问题是,资助者对于因自身贫困而需要资助的受资助者究竟负有什么责任? 受资助者是否可以不感恩而有理由要求资助者一定要资助?

在这里,我们首先需要对"责任"(duty)与"义务"(obligation)这两个概念进行区分。许多伦理学家将这两个概念混合使用,但严格来说,它们的意义并不相同。一般而言,责任所强调的是职责所要求的事,即承担什么职责,就当应当有什么责任,如一个教师的责任是把课上好,一个司机的责任是把车开好;由于责任是职责性要求,因此是强制性的,如一个教师不可以不好好上课,一个司机不可以不好好开车。而义务并非职责所要求的事,因此并不是强制性的,即不可强制某人一定在某个时间要去做某事,如不可强制某人在大街上对于所有见到的乞丐都要施舍,因为那是由某人自己的意愿来决定的,而不是因为职责而不得不做的事。①

康德正是在强制性与非强制性的意义下对法权意义的责任义务与道德意义的责任义务进行了区分。康德在《道德形而上学》中提出了法权义务与德性义务的区别。"所有义务都对应着一种法权,它被视为权限,但并不是所有义务都对应着一个他人强制某人的法权;后者特指法权义务。——同样,所有伦理责任都对应着德性概念,但并非所有的伦理义务都因此而是德性义务。因为德性义务并不涉及某个目的(质料、任性的客体),而是仅仅涉及道德的意志规定的形式的东西(例如,合乎义务的行动也必须是出自义务发生的)。只有一个同时是义务的目的才能被称为德性义务。"②法权义务指法律所规定或禁止人们去做的事,并且强制地要求人们去履行。在他看来,法权义务是强制性的,而德性义务则不是强制性的。慈善涉及的是非强制性的德性义务,而不是具有强制性的法权义务。作为德性义务,慈善行为只与资助者的道德意志相关,只是资助者自觉自愿的行为,不受法权的强制。既然受资助者没有法律权利要求资助者进行非强制性的慈善行为,那么我们还要看看,受资助者有没有道德权利要求资助者进行非强制性的慈善行为?

应当看到,"道德"是一个包含多层次内容的概念。首先,道德对应的是不道德,即不是不道德的行为,都应当被认为是在道德意义上为人们所认可的行为。一般而言,法律所规定的消极责任都是道德要求的底线,这些要求有不得杀人、不得偷盗等。其次,在分内责任和分外责任相对区分的意义上,道德要求是不同的。所谓分内责任,不仅仅是指职责责任,而且有我们的社会关系所要求的责任。这些社会关系包括家庭内的亲属关系,还有在生活共同体中建构的关系,如朋友关系、同事关系、领导与被领导的关系等。这些分内责任,很多都是同时具有法权意义和道德意义的责任,如父母与子女的关系,既是有着法权意义的保护与被保护的责任关系,又是具有道德意义的伦理关系,父母与子女之间的伦理关系决定了他们之间有一种慈爱与孝敬的道德责任。所有人都生活在社会中,都处于这些社会关系之中,都负有相应的道德责任。应当看到,这些道德责任都具有某种约束性。这种约束性体现在如果

① 为了讨论方便,本书既在学界通行的意义上,将"责任"与"义务"作为同义词来使用;为了显示区别,也在这两个概念有着相对区分的意义上来使用。

② 〔德〕康德:《道德形而上学》,载《康德著作全集》第六卷,李秋零等译,中国人民大学出版社 2007 年版,第396 页。这里需要指出,德文中的两个表示"义务"概念的词"pflicht"和外来词"duty",都可译为"责任"。

没有遵循应有的道德要求,就会受到道德舆论的谴责。如父母对子女的爱,这是代际关系对长辈的道德要求,换言之,要求受到父母的关照是子女的道德权利。如果父母对子女漠不关心,道德舆论就可能谴责他们。父母年迈了,如果子女不赡养自己的父母,甚至虐待他们,道德舆论同样会谴责他们,这是因为,父母在道德上有权利要求子女的关照。道德权利无疑没有法律权利那样的强制力度。如子女虐待自己年迈的父母,伤及父母的身体,这就触犯了法权保护的权利,重者则要移交法庭。但子女若仅仅是冷漠地对待自己年迈的父母,还没有到出手伤害父母的程度,那他们只会受到道德的谴责。所谓分外责任,主要指人们与陌生人的关系,如与路边的乞丐、远方的贫困者等的关系。如果一个人有一定的经济能力的话,日常道德并不否认他具有应当援助的义务,并且会赞扬这样的善行。慈善行为就是人们对陌生人的资助。人们对于自己的亲人的帮助,如父母无私地帮助自己的子女,通常不被认为是慈善之举,而是亲情应有之义。只有能够对贫困中的陌生人慷慨解囊,才可称之为慈善之举。然而,这样的义务并非强制性的,它完全是康德所说的,仅仅是由于道德意志的意愿而建构起来的关系。在这样的关系中,受资助者是否与在家中的子女一样,有着像他们要求父母那样要求资助者进行慈善的权利吗? 回答无疑是没有。日常道德只是赞美这样的慈善行为,而并不认为受助者拥有可以强制性要求的道德权利。

然而,在慈善活动中,我们经常会看到受助者向资助者要求资助或进一步资助的行为,如丛飞事件中的那些受助者。应当看到,受助者并没有这种要求的权利。他们的处境或许值得同情,但并不意味着他们有权利要求那些富有同情心的人对他们施以慈善之举甚至要求更多的资助。他们不仅没有这样的权利,相反,当他们受到资助时,应当怀有感恩之心。感恩是对他人资助的感激之情,是一种满足的情感,而不是一种不满的情感。知恩图报是中国自古以来就有的传统美德,"滴水之恩,当涌泉相报",说的就是他人之恩,应当加倍偿还。没有感恩或不知道感恩,就会伤了资助者的那颗善良的心。资助者不期待得到受助者金钱上的回报,但希望受助者能够对他们的无私善举心存感恩。有难相助、感恩于心应当被看作资助者与被资助者之间正常而健康的关系状态。

第三节　慈善伦理原则

慈善事业的良序发展离不开慈善伦理的支撑与指导。慈善伦理的原则应当是由一般原则、具体原则等组成的原则系统。

一、慈善伦理的一般原则

慈善事业应当遵循自愿、无偿、平等和诚信四个基本道德原则。

（一）自愿原则

自由是人的特质。自由的存在既是人存在的起点，亦是人活动的目的。慈善伦理关系的本质特征决定了自由选择是资助者的权利。自主是一种个人自由行为的形式，要求个人按照自己的意愿和选择来决定行为的过程。自主性有两个要素：一是要求人们有能力思考行为计划，二是要求人们有能力把计划付诸现实。慈善捐赠内在要求其主体具有自主性，即慈善捐赠应该是自愿的，永远将捐赠当作一项自愿的活动，尊重慈善捐赠者的个人决定。同时要求对慈善捐赠的动员工作不应当使用强制、胁迫、惩罚手段或者施加任何不必要的影响和压力，禁止在慈善活动中使用任何实际或隐含的强迫手段，比如将工作提拔或上调与慈善行为或慈善事业联系起来。

（二）无偿原则

慈善主体（组织或个人）对于慈善客体（受助者）的捐赠或者服务都应当是无偿的、非交易性的，也就是说，慈善捐赠一般均不要求偿还，是价值单方面的转让，是在自愿基础上所有权的变更，这是由慈善的本质所决定的。慈善本质上是一种无偿的帮助与服务，不受反向服务与诚命的合同义务所制约。慈善是基于同情心或仁爱之心对弱势群体的物资捐赠与志愿服务，它与交换不同。普遍的交换方式是近代以来出现的一种满足需要的基本方式。在商品经济中，从事这一活动的自然人或法人，以契约为媒介，相互进行交换活动，双方都拥有相应的权利与责任。但是在慈善行为中，资助者与受助者不是权利与义务的对等关系。施予是"不对等的。施者施与，受者接受；施者施出之后并没有得到一个相应的对等物，受者之得到也没有基于他一个什么相应对等物的付出。"[①]慈善主体双方的关系实质上是利益非对等的关系，并不是基于市场公平原则的交易关系。资助者与受助者双方的利益非对等关系从另一维度决定了慈善的无偿性特征。

（三）平等原则

慈善语境下的平等主要指资助者与受助者之间的平等关系。由于资助者与受助者之间的经济或能力不平等关系，以及在慈善行为交往过程中所形成的利益非对等

---

① 易小明：《传统施与德行的利益非对等性及其时代限度》，《道德与文明》2010年第5期。

关系,容易导致双方人格的不平等。当资助者在客观上处于某种优势地位,或者拥有某种特殊权力及能力时,往往在心态上容易高傲,认为自己高人一等;而当受助者处于社会最底层时,他在接受他人帮助的时候,容易产生自惭形秽、低人一等、仰人鼻息的心态,双方在人格与尊严上呈现不平等关系。但这是在慈善行为过程中必须加以拒斥的,其正当理由在于,每个人都有生存权与尊严权,正如康德所说:"人作为主体存在是自由的,主体之间的关系是平等的权利与义务关系"。① 慈善主客体之间的平等是基于人之为人的类的同一性而引发的强者对弱者的同情心,并在此基础上激发的慈善主体对慈善客体的慈善行为。慈善的自愿原则决定了慈善主客体之间的平等关系。慈善与不慈善的行为选择对资助者而言是自由的、非强迫式的,慈善意味着必须接受与受助者的人格平等关系,否则,资助者可以选择不慈善,受助者也可以不接受慈善。此外,平等原则内在地暗含了慈善主客体之间的相互尊重原则。

（四）诚信原则

诚信是基本的道德要求,它要求人们的言行如一,表里如一。如果一个人的诚信遭受质疑,这将对一个人的行为与发展造成很严重的冲击。由于客观真实的现实是独立于人的意识而存在的,任何伪造现实的行为都是徒劳的。因为伪造现实并不会改变现实,因而一个人的发展在于他对现实的尊重。说谎者不仅不能控制别人,而且会使自己受制于他人。诚实美德关注的是人与现实之间的最基本的关系。保罗·萨伽德将诚信定义为"忠于自己的信条和价值",诚信是一种按照自己的价值行事,表达和坚持自己的价值,并将它们付诸实践的策略诚信,从本质而言,"是对理性原则的忠实"。②

在慈善领域,诚信这一原则涉及三个维度:资助者的诚信、受助者的诚信、公益慈善中介组织的诚信。资助者的诚信是指不能对受助者或者公益慈善中介组织实施诈捐行为,即言必行,行必果。受助者的诚信则主要指申请救助的过程中要客观、真实地描述自己的处境,不能向资助者或者公益慈善组织隐瞒自己的真实情况,对他们实施骗捐。公益慈善中介组织的诚信主要指运作过程中信息要透明公开,对资助者、受助者乃至公众都应诚实负责,即对善款的来源、流向等信息及时公开。

在慈善事业遵循的自愿、无偿、平等、诚信这四个基本原则中,平等与诚信作为我国社会主义核心价值观的基本内容,已经成为社会主义核心价值的根本要求。在慈善事业中,这些要求都可以看作社会主义核心价值观在慈善领域里的体现。

---

① ［德］康德:《法的形而上学原理——权利的科学》,沈叔平译,商务印书馆 1997 版,第 36 页。
② Paul Thagard and Richard E. Nisbett, "Rationality and Charity", *Philosophy of Science*, Vol. 50, No.2, 1983, pp.250—267.

二、慈善伦理的具体原则

慈善活动主要是由资助方、受助方、公益慈善组织、政府以及社会舆论监督等利益相关方共同参与完成的。由于各方在慈善活动过程中所扮演的角色不同,承担的责任与义务也存在差异,因此,在上述一般性的伦理原则的指导下,又会对不同的角色产生更加具体的规范性要求,即慈善活动中利益相关方分别应当遵守的特殊伦理原则。

慈善伦理的具体原则包括资助方的伦理原则、受助方的伦理原则、慈善组织应遵循的伦理原则等。

(一)资助方的伦理原则

资助方在慈善活动中应当遵循以下三个伦理原则:

其一,尊重对方原则。资助方与受助方双方在慈善活动交往过程中,资助方在经济地位或者个人能力上处于优势地位,这就要求资助方尤其注意根据一般原则中的平等原则要求,尊重受助方的人格权。人格权是一个人与生俱来并受法律、道德肯定和保护的权利,因此,自觉或不自觉地损害受助方的尊严都是不应当的。此外,资助方还应当对受助方的自主选择权给予尊重,即受助方有权自主选择接受或拒绝慈善捐赠,或者有权自主选择此种或他种慈善援助产品或服务。资助方不得以任何理由或借口强迫受助方。

其二,履行承诺原则。诚信是人际和社会交往的基本道德规范。在慈善活动中,资助方遵守诚信原则、履行承诺是非常重要的一个环节,履行承诺既是资助者的主观愿望,也是实践行为。践行承诺,是谋事之基、成事之道,不能"赖捐""诈捐",言行无信则为人所不堪,为博取公众赞誉却不履行承诺更是可耻。如果确有资金周转困难或者有其他重要事项,不能履行承诺,须如实地向慈善机构或者受助方说明情况,不应该言行不一,或故意拖延、隐瞒。如果资助方存在资金上的困难而使得资助不能进行下去,这样的情况并不能认为是在主观意图上不履行承诺。

其三,不求回报原则。慈善行为的本质是一种基于仁爱之心的自愿捐赠的行为,它不是基于公平交易的市场行为,而是呈现出一种非对等性,也就是付出与回报不对等,甚至可以说付出不能要求回报。因此,在活动过程中不能对受助方持有回报的期待,更不能提出具体的回报要求。资助方在施予的过程中就获得了快乐,而不是在施予之前对受助方寄予回报的期望,一旦获得回报才会获得快乐。资助方应当不考虑受助方心存感激与否,而应当为了获得内心快乐而捐赠。不求回报原则包括不对受助方抱有物质、荣誉、权力等各个方面的期待,否则会给受助方带来沉重的物质或精神负担。同时,不求回报并不意味着受助方可以不对资助方怀有任何感恩之情或不做出其他回报他人和社会的行为。

（二）受助方的伦理原则

在慈善活动过程中，受助方并不仅仅是被动接受捐赠与资助的一方，而应当主动承担起自身的责任与义务。在这一过程中，受助方与资助方、政府、社会慈善组织等利益相关方通过慈善活动建立起了一定的伦理关系，为了有效调整慈善活动的各方关系，受助方在慈善活动过程中主要应当遵循以下三个原则：

其一，信息真实原则。受助方向慈善组织或者资助方公布的信息要全面、客观、真实、可信，不得有虚假、误导性陈述。除非某种信息属于个人隐私，提供出来有害于自己，否则不能弄虚作假，编造虚假信息，骗取同情与善款。信息真实客观，一方面是慈善机构与资助方了解受助方的真实情况，决定是否救助、救助时限以及救助程度的参考依据，另一方面是社会舆论、公众媒体与相关部门进行有效监督的基本依据。

其二，珍惜关爱原则。关爱他人是生命本质最美好的情感体现。但是如何才能使爱心不受伤害，就需要受助方珍惜他人的关爱，不能欺骗资助方，接受适当数量的财物与帮助，并合理处置捐赠资源。不滥用他人的爱心，这也是人自尊与自立之根本。不能让善心受到伤害与损失，否则会使整个社会好人变少，我们就会生活在一个人情冷漠、缺乏关爱的社会。尤其需要坚决抵制利用资助方的仁爱之心，对其所捐赠财物大肆挥霍的行为，对于这种不道德的行为，受助方应当受到良心的谴责与社会舆论的鞭挞。

其三，知恩图报原则。在慈善行为的道德关系中，资助方遵循不求回报原则与受助方知恩图报原则并行不悖。换言之，一方面，要求资助方遵循不求回报原则；另一方面，仍然可以期待受助方遵循知恩图报原则。知恩图报首先是情感上的感激，其次是在受助方有了经济能力之后对他人和社会的回报。知恩图报是中西方普遍的传统美德，在现代社会中仍然具有积极的社会意义。随着时代的不同和历史条件的变化，虽然传统点对点的知恩图报方式已经发生改变，但东西方感恩文化传统的根基仍然存在，只是需要发展成为点对面，甚至是面对面的感恩回报方式。受助方在有能力的时候也应当对社会表现出爱心，适当地通过物质、时间、精神等方式回报他人与社会。

（三）慈善组织的伦理原则

慈善组织是现代慈善活动的主体，属于非营利机构，其产生、运作、发展都有其自身的规律和必须遵循的原则。人与人之间、人与社会之间、人与自然之间的爱心是慈善行为生成的道德基础，具有明显的伦理属性。因此，为了现代慈善事业的高效持续发展,慈善组织的运行必须遵循以下基本伦理原则。

其一,透明公开原则。透明公开的本质和目的在于及时把握公众的信息需求,最大程度满足公众的知情权,达到解释疑惑、消除误解和矛盾、提升慈善组织公信力的效果。慈善组织作为非营利机构,具有向活动相关方公开信息的责任与义务,尤其是其善款的来源与去向是公众最为关心的信息,因此需要一套完备、及时的透明公开机制对相关信息(涉及其个人、组织的隐私,或受法律保护的信息除外)进行公开。公益慈善组织的公开透明包括组织理念和宗旨的公开透明、财务运作的公开透明、组织结构的公开透明、内部运作的公开透明四个方面。慈善捐赠程序、善款善物的管理和使用方式、捐助效果评估等信息必须通过有效形式与载体及时便捷地向公众公开,接受政府部门的监管和社会监督;同时,有关具体捐赠信息的公开,须尊重捐赠人自主意愿。

其二,廉洁自律原则。慈善组织内部及其成员的廉洁与否,都会极大影响到慈善组织的公信力,继而影响到捐赠者的捐赠动机、情感与意志,最终影响到捐赠者的慈善行为。为提升慈善组织的公信力,塑造慈善组织的品牌形象,慈善组织与其工作人员应当遵循廉洁自律原则,牢固树立清正、廉洁、求真、务实的工作作风,增强社会公众对慈善组织的信任程度,从而能够使捐赠者将善款善物放心交给慈善组织。此外,必须坚决杜绝随意挪用善款、贪污善款等违法行为,一经发现,必须严惩不贷。慈善组织在项目运作过程中,应倡导厉行节约,降低项目运行与管理成本。慈善组织工作人员的工资应严格按照国家法律规定的标准发放。

其三,差异对等原则。对等原则要求利益相关方在慈善活动中应以对等观念指导自己的行为、平衡各方的利益。慈善公益组织应该努力保障每一个有特殊困难的求助者受到同等的关心和平等的尊重。由于慈善资源的稀缺性,为使有限的慈善资源得到合理高效的配置,将有限的慈善资源用于最需要的地方和人,同时避免对某个社会弱者的过量救助与重复救助,此时,慈善组织对资源的配置,应当遵循差异对等原则。一方面做到对求助者的平等对待,另一方面使资源得到高效充分运用。易言之,公平的真正实现有赖于差异对等的慈善策略。如果一位重病且家贫如洗的求助者与一位身体康健而家境贫寒的求助者,得到的是慈善组织同等的救助,这样的救助就算不上是公正。换言之,差异对等的救助策略才是实现公平正义的有效路径。

慈善是作为初次分配和再分配的补充的第三次分配,共同富裕是社会主义的本质要求,是全体人民的共同富裕。大力提倡慈善精神,促进社会公平正义,对于防止两极分化,扎实推进社会主义共同富裕,实现社会安定和谐具有重要的现实意义。

思考题：

一、试述慈善伦理关系。

二、怎样看待慈善伦理关系的特殊性？这种特殊性意义下是怎样的责任关系？

三、试论第三次分配的重大意义。

四、试述慈善伦理一般原则。

第七章　新闻伦理

新闻领域是人类社会生活的基本领域之一，人们的生活离不开新闻。新闻本身是人类新近发生的事件，同时具有伦理的特性。建设新闻伦理是社会伦理建设的重要方面，也是应用伦理学的重要内容之一。

第一节　新闻及其伦理

新闻的发生、传播与接受是一个动态的过程，而其关键环节是新闻撰写以及新闻的传播。新闻本身有着基本的伦理要求，同时，社会大众对新闻的接受使得人们对新闻从业者也有一定的期待和要求。

一、新闻及其主体

《辞海》第七版对"新闻"的释义有四条，分别是：(1) 新的知识。(2) 最近发生的新事情、新消息。(3) 新近发生或变动的事实信息。一般为受众所关注，并需经传播者选择，借助语言、文字、图像等符号载体及时传播。产生于人们沟通和了解情况的社会需要。由于生产力的发展与人际交往的频繁，出现从事采集与传播新闻的社会职业，并逐步成为各种政治力量、社会团体的宣传手段和舆论工具；在经济领域，也成为一种商品。(4) 指新闻文体，广义上包括消息、通讯、特写等体裁，狭义上专指消息。[①] 从以上释义可知，新闻具有公开性、真实性、针对性、时效性、准确性、广泛性、变动性等特点。

新闻有生产新闻、传播新闻与接受新闻三种主体。新闻的生产主体不仅指使新鲜事发生的主体，也指创作、编辑新闻的主体。21 世纪以来，新闻生产主体结构经历了由"职业新闻生产主体"主导，到"职业新闻生产主体与非职业新闻生产主体共在"，再到"新闻生产'人主体'与新闻生产'智能拟主体'共在"的变迁过程。新近发生的事一定要传播开来，才可称为新闻，某人亲历或亲眼所见之事，如果不告诉他

---

① 辞海编辑委员会：《辞海（第七版）》缩印本，上海辞书出版社 2022 年版，第 2528 页。

人,那么此事不可能成为新闻,当亲历或亲眼所见者将这件事告诉别人,这就是最原始的传播。而接受新闻的主体是被动的受体,他从传播者那里获得关于某事的信息。

新发生的事情之所以具有传播意义,首先在于个体总是在相对独立的群体或共同体中生存,而这些相对独立的群体,又与其他相对独立的群体有着密切关系,但地理因素的阻隔或生活环境的相对独立,使得这些群体之间所发生的事情在没有新闻或信息传递的情况下不可能为人所知。因此,只要有相对密切关系的多个群体存在,传递新闻就具有重要意义。新闻一定是让他人可以分享的事情。太阳每天都是新的,但并非所有发生在太阳底下的事情都具有传播的意义与价值。一般而言,新闻是具有公共意义的事情,没有公共意义的事情即使发生了,也没有传播的意义与价值。政治、经济、军事等领域里发生的事情,都具有公共意义,因而都具有传播的意义与价值;公众人物身上所发生的事情,一般也具有传播的意义与价值;还有与人们的心理、兴趣相关的事情,如足以激起人们好奇心的重大天文现象,虽然与人们的利益不相干,但也具有重要的传播意义与价值;历史上或远古时代所发生的事情不是新鲜事,但如果考古发现打破了人们原有的认知局限,这样的信息同样具有传播的意义与价值,因而也可以看作新闻,或称考古新闻。总之,虽然人们总是相对独立地生活于自己的空间中,却与世界有着千丝万缕的联系,因而不可能两耳不闻窗外事。

传播是新闻产生的关键,因为新闻的最终去向是新闻接受者,而接受者接受什么则是由新闻传播者所决定的。随着社会生活领域的分化发展,人们越来越不可能依靠亲身经历来获得自己的社区、街道、城市或更大的社会空间的事实性感知,而必须依靠新闻机构所发送出来的新闻来知晓这个世界正在发生的事。因此,新闻对于人们对世界的感知判断有着极为重要的作用。只要有共同体存在,公共空间就始终存在,而新闻在公共领域里起着十分重要的作用,是社会公共舆论的重要组成部分。同时,在纷杂的世界中,每天都有大量的事情发生,报道什么或不报道什么,这一报道权在新闻机构。同时,怎样报道由新闻机构决定。新闻作为意识形态中重要的一部分,占统治地位的阶级总是可以通过新闻报道来维护本阶级的思想和观念。在建设社会主义现代化的中国特色社会主义新时代,新闻领域起着重要舆论支持作用。习近平总书记说:"党的新闻舆论工作是党的一项重要工作……长期以来,中央主要媒体与党和人民同呼吸、与时代共进步、积极宣传马克思主义真理、宣传党的主张、反映群众呼吸、在革命建设改革各个历史时期发挥了十分重要的作用。"[1]

---

[1] 《习近平谈治国理政》第二卷,外文出版社 2017 年版,第 331 页。

二、新闻与伦理的关系

新闻与伦理之间具有相互影响和相互制约的关系,二者相互作用,共同塑造着新闻行业的实践和公众对新闻的认知。

首先,伦理对新闻具有指导作用。一方面,伦理原则为新闻工作者提供了一套价值观,指导他们在报道中如何平衡不同利益,如保持新闻的真实性、公正性和尊重隐私。另一方面,伦理规范为新闻行业设定了行为标准,如不捏造新闻、不侵犯隐私、不进行有偿新闻等。新闻离不开伦理道德的“检验”。采访和编辑加工是新闻的重要环节。如何才能忠实于所发生的事实? 事实的全部信息是否都能为新闻工作者所知晓? 即便新闻工作者知晓了事件的所有信息,是需要全部报道还是有选择的报道? 更为重要的问题是,新闻工作者是否可以有意不报道其中的重要信息甚至歪曲事实进行报道? 这些问题都离不开伦理的指导。马克思主义强调以唯物主义的立场、观点和方法来认识世界和把握世界,这就要求新闻记者和新闻编辑要以“实事求是”的态度来进行新闻报道,忠实于事实、忠实于世界本身。

其次,伦理对新闻实践具有制约作用。除法律规定外,新闻行业通常有自律组织和行业准则,这些自律机制对新闻实践施加了伦理约束。早在 1766 年,瑞典议会就通过了《报业自由法案》,在这一法案中提出了新闻道德自律的问题。1874 年,瑞典政治家俱乐部成立后,制定了职业守则,其中也包括了对新闻报业人员的行为规范。20 世纪 50 年代,我国学者范长江就提出了新闻工作者的道德自律信条:消息绝对真实、思想要正确、建立群众观点、建立自我批评。[①] 这四个信条简单易记,不仅提出了新闻伦理的根本性要求,同时体现了党的新闻工作的特点。改革开放以来,百业复兴,我国的新闻事业也得到了极大的发展。在这一形势之下,新闻领域里的道德建设日益受到重视。1981 年,中共中央宣传部新闻局和中央新闻单位共同发布了《记者守则(试行草案)》,供各新闻单位试行。尔后这一守则进一步完善,1987 年形成《中国新闻工作者职业道德准则(草案)》,1991 年正式通过并颁布,后又于 1994 年、1997 年、2009 年及 2019 年多次修订。另外,公众对新闻媒体的监督也是伦理制约的一部分,媒体的公信力和声誉受到公众评价的影响。

最后,新闻对伦理具有反作用。一方面,新闻可以推动伦理的发展。新闻报道可以揭露社会问题和不公正现象,推动社会对伦理问题的讨论和重视,以此鞭挞丑恶现象,提高公众的伦理意识,促进社会对伦理规范的理解和遵守,通过新闻监督实现社会公平与正义。新闻传播是社会主义道德建设、精神文明建设的主要渠道,通过报道

---

① 《范长江新闻文集》(下卷),中国新闻出版社 1989 年版,第 1056—1057 页。

弘扬社会主旋律、符合社会道德要求、能代表和体现社会主流道德理想的典型新闻，可以促进社会整体道德风貌的改善和提高，实现社会主义道德教化的目的。另一方面，新闻对伦理发起了挑战。随着新技术的出现，如无人机拍摄、大数据挖掘等，新闻行业面临着数据隐私和信息安全等新的伦理挑战。另外，为了吸引眼球和增加点击率，新闻媒体可能会发布耸人听闻或不准确的报道，这与追求真实性和客观性的伦理原则相冲突。再如，负面新闻报道可能与道德标准产生碰撞，扰乱社会正常秩序。高频反复出现的负面新闻，可能会产生浸透式与潜移默化的影响，从而影响人们的价值观与行动。因此，新闻与伦理之间需要保持一种动态平衡。

从新闻的特性和对新闻从业者的道德要求看，新闻与伦理有着密不可分的内在联系。新闻与伦理的相互影响和制约关系是动态的，随着社会的发展和技术的进步，这种关系也在不断演变。维护这种关系的平衡对于确保新闻行业的健康发展和公众利益至关重要。因此，新闻工作者需要随着社会变化和新闻环境的发展不断学习新的伦理知识，以适应不断变化的工作环境。新闻教育和新闻职业培训亦须包含伦理教育，帮助新闻工作者理解和应对工作中的伦理问题。

三、新闻伦理的内涵与研究内容

新闻伦理，也称为新闻道德或新闻职业道德，是社会伦理在新闻领域中的具体体现，主要规范新闻从业者以及新闻媒体的行为。它涵盖了新闻传播业整体、新闻媒介实体（包括报社、电台、电视台、网站等新闻组织）以及新闻工作者（编辑、记者、播音、主持等）在新闻传播活动中的价值取向、道德表现与日常行为品德规范等。新闻伦理的核心在于确保新闻的真实性、公正性、客观性以及对社会的责任，同时关注新闻受众的伦理问题和新闻传播的伦理规律。简而言之，新闻伦理是新闻从业者在新闻传播活动中应遵循的道德准则和行为规范，旨在维护新闻的公正性和公信力，保障公众的知情权，并促进社会的良性发展。

新闻伦理问题和对新闻伦理的研究并不是自古就有的，而是人类社会发展到一定阶段以后，新闻传播领域出现了一系列伦理问题，人们对此进行探讨的结果。随着人们对新闻伦理研究的系统化、理论化、科学化，逐渐形成了新闻伦理学。在我国，关于新闻领域里的道德问题，早在最初兴起的新闻学里就已经得到了重视。在民国初年，新闻学已经成为大学里的学习内容。1918 年，北京大学就成立了"新闻学研究会"。从那时起，新闻伦理道德就已经进入新闻学的研究范畴内。1919 年，国内第一部、由北京大学新闻学研究会会长徐宝璜所著的新闻学专著《新闻学》，就提出把"提倡道德"作为新闻业界的六大职务之一。

新闻伦理的研究内容丰富，主要包括以下几个方面：新闻职业道德的起源、形成和发展的历史及其规律;新闻媒体与新闻工作者在职业活动中应遵循的基本道德原则和具体的行为规范;市场经济对新闻职业道德的影响及其相互作用;新闻传播过程中的道德决策和评价标准;新闻职业道德与现行法律法规的关系和相互作用;马克思主义视角下的新闻伦理思想;不同国家新闻伦理的差异及其互动关系;互联网等新传播环境对新闻伦理带来的新命题和挑战;全球化语境下各类媒体应遵循的相对统一的伦理标准问题;等等。这些研究内容涵盖了新闻伦理的理论与实践,旨在促进新闻伦理的规范建构与新闻伦理学科体系的发展与完善。

第二节　新闻伦理原则

新闻业已经从仅有传统的纸媒体、广播、电视等发展为传统媒体和新兴媒体并存的状态。新兴媒体是以数字技术、网络技术和移动通信技术为支撑的媒体形态,它依赖于数字化的内容存储和传播方式,打破了传统媒体的时空限制。新兴媒体强调"所有人对所有人的传播",信息传播者和接受者的身份可以随时互换,用户既是信息的接收者,也是信息的生产者和传播者。新兴媒体是一个动态发展的媒介集合,其形态不断演进,包括互联网、移动互联网以及传统媒体在技术赋能后形成的新型传播形态。目前新兴媒体正朝着融合化与智能化方向发展,融合化是指,新兴媒体与传统媒体不断融合,形成"报网互动""台网互动"等新模式;智能化是指,AI技术在内容生成、推荐和审核中的应用愈加广泛,有效提升了新闻业的内容生产效率和用户体验。在现代新媒体环境下,新闻受众有了多渠道的新闻来源,这在丰富人们接收到的信息的同时,也增加了新闻伦理的挑战,因此在新时代更要强调新闻伦理原则。

一、新闻伦理的基本原则

新闻伦理原则的发展历程与新闻业的演变紧密相连,它们共同经历了从无到有、从简单到复杂的发展过程。随着新闻业的不断发展和变化,新闻伦理原则也逐渐形成并完善,这些原则为新闻从业者提供了在实践中应当遵循的基本道德准则。这些准则不仅有助于确保新闻报道的真实性、公正性和客观性,而且对于维护公众利益至关重要。以下是一些被广泛认可的新闻伦理基本原则。

第一,真实性与客观性原则。真实性与客观性是新闻的生命,新闻报道必须基于事实,追求真实性和客观性,这是新闻伦理的第一要义。美国学者克劳福德在《堪萨斯新闻出版商伦理准则》中将新闻的"真实性"定义为"对思维、人物以及事物活动进行的不偏不倚的报道"①。"真实是新闻业的基石,毫不动摇地坚持'一切皆真,一切皆诚'的理念,这应该成为所有新闻从业人员的永恒目标。"② 新闻对于人类的判断有着强大的影响力。真实、客观、公正地陈述事实,是新闻业对社会公共责任的体现。新闻中的"事实"无论是否符合真实发生的事件本身,受众都不可能到场亲自验证,在这个意义上,新闻记者和媒体机构就负有真实、准确报道的神圣使命。虚假新闻的产生表明新闻伦理出了问题,因为虚假新闻对社会大众具有欺骗性,受众如果相信了虚假新闻,所得到的就是对事件以及事件人的歪曲认识,这无疑会使人产生错误的判断。人们之所以需要新闻,是希望能够知道社会、国家、世界真正发生了什么和正在发生什么,而不是生活在被谎言包围的世界里。陈力丹在给克劳福德的《新闻伦理学》中译本的序言中写道:"近百年过去了,关于新闻职业道德和规范的基本原则没有发生根本变化,仍然还是真实(准确)、客观、公正、全面,以及体现人性的维护公民隐私权、保护妇女儿童合法权益和拒绝广告商对报纸的控制(包括不得不把广告冒充新闻)等内容。"③ 记者和媒体机构有责任确保报道内容的准确性,避免误导公众。这意味着在报道新闻时,记者需要进行充分的调查和核实,确保所报道的信息来源可靠,数据准确无误。此外,记者还应以唯物主义的"实事求是"的态度来进行新闻报道,避免将自己的主观意见强加于报道之中,保持报道的客观性,让事实本身说话。

第二,公共责任原则。新闻事业是公共服务与公众参与的事业,新闻的公共责任是新闻的本质所在,新闻报道的价值就体现在它的公共性上。克劳福德认为,"应对社会的善与恶时,没有哪种机构比新闻报刊更加行之有效。因此,不仅对记者而言,对于普罗大众也至关重要的一点是,新闻实践的标准在于实现社会利益的最大化"④。公共责任是新闻从业者对公众的不可回避的责任,这意味着新闻从业者要以受众为中心,在报道时不仅要追求新闻的时效性和吸引力,还要考虑到报道可能对个人、社会乃至国家造成的影响。在报道涉及未成年人、个人悲剧或敏感问题时,应考虑到被报道对象的隐私权和名誉权,对受害者表现出同情和尊重,避免不必要的伤害和痛苦。这不仅涉及法律层面的保护,更是道德层面的要求。在报道对社会道德风气有负面影响的事件的同时,应当通过更多正面的报道来抵消这类负面影响,从而激发社会向上向善的良善风气,促进社会的和谐与进步。新闻报道虽然不是宣传,但起着与宣传同样的功能。因此,新闻报道应服务于公共利益,弘扬正气,揭露不正之风,促进社会正义,维护社会秩序。新闻机构应保持透明度,对错误或不准确的报道进行更正,并接受公众的监督和问责,以维护新闻的公信力。

---

① [美]纳尔逊·安特宁·克劳福德:《新闻伦理学》,江作苏、王敏译,中国传媒大学出版社 2018 年版,第 147 页。
② [美]纳尔逊·安特宁·克劳福德:《新闻伦理学》,江作苏、王敏译,中国传媒大学出版社 2018 年版,第 141 页。
③ 陈力丹:《序言二》,载[美]纳尔逊·安特宁·克劳福德:《新闻伦理学》,江作苏、王敏译,中国传媒大学出版社 2018 年版,第 7 页。
④ [美]纳尔逊·安特宁·克劳福德:《新闻伦理学》,江作苏、王敏译,中国传媒大学出版社 2018 年版,第 11 页。

第三,道德自律原则。"道德自律"要求新闻从业者或自媒体作者自觉地以新闻的伦理原则与规范要求自己。自律即是说,这一要求不是外在强加的,而是新闻从业者自己对自己的道德要求。伦理原则与规范有着一个从外在他律向内在自律转化的过程,新闻的伦理原则与规范亦是如此。首先,新闻的伦理原则与规范都是外在于主体的,是社会所确立的。这些原则和规范需要行为主体从道德认知上接受,即意识到这些伦理原则与规范是自己需要践行的。其次,新闻从业者在道德情感上认同这些原则和规范,即把践行新闻伦理原则与规范视为好的,是在道德上应当的,从而在道德情感上激起践行的决心和态度,并且在实际工作中践行下去。最后,形成道德行为习惯,即将践行伦理原则和规范的行动长期化,从而成为习惯化的行动,达到从心所欲不逾矩的境界。诚信是新闻工作者坚持道德自律的重要体现,是新闻工作者的立身之本。诚信原则要求新闻工作者在报道中保持诚实和正直,不为了追求新闻效果而牺牲新闻的真实性,同时尊重他人的知识产权,不侵犯他人的版权。另外,诚信原则还要求新闻工作者保持独立思考和判断,不受政治、经济或其他外部力量的不当影响,保障新闻自由。新闻自由不仅是新闻工作者的权利,也是公众获取信息和表达意见的基础。

新闻伦理的基本原则并不是孤立的,它们相互关联并在实际工作中相互影响。新闻从业者和广大自媒体作者在实践中要坚守基本原则,以确保新闻报道的道德和质量。随着社会的不断发展和变化,新闻伦理原则也在不断地被重新审视和更新,以适应新的挑战和需求。新闻伦理的研究和实践是一个持续的过程,它要求新闻工作者不断地学习、反思和改进,以维护新闻业的健康发展和公众的知情权。

二、西方国家的新闻伦理原则

在西方,最初的新闻业是与报纸业的产生和发展联系在一起的。1833 年,本杰明·戴创办了世界上第一份报纸——《纽约太阳报》。《纽约太阳报》以民众关心的话题来引起下层民众的兴趣,并且售价低廉,是第一份"便士报"。随着《纽约太阳报》巨大的成功,越来越多的廉价报纸开始创办,从而一个以报刊新闻为主的从业领域也就逐渐形成。

报纸的大量出现与工业革命后社会生产力的提高、经济的增长与繁荣有着密切的内在关系。首先,工业生产技术的提高使报纸的大量印刷成为可能;其次,现代工业在极大提高社会生产力的同时,产生了资产阶级和工人阶级(无产阶级),阶级分化加剧。随着资本主义经济的发展,工人阶级也不断发展壮大。在工人阶级的斗争争取下,物质生活条件也在一定程度上得到改善,人们在劳动之余也希望获得更丰富的信息来满足自己精神生活的需求,工时的缩短也使工人有闲暇来满足这一需求。资产阶级革命所产生的言论自由环境也给新闻业的发展铺平了道路。新的读者群、新的社会生产技术的成熟等,都为大众媒体的成长创造了社会条件。

需要注意的是,西方资本主义社会的新闻业是完全私有的行业,报纸也就是一种商品,而商品的存在价值就在于获取利润。因此,西方现代新闻业自产生之时起,就以营利为目的。廉价的大众化的报纸,往往以刊登和编造一些耸人听闻的花边新闻以及低级趣味的故事来赢得更多的读者,虚假新闻也时有出现。总的来说,那个时期报纸新闻的出现虽然丰富了民众的生活,但低俗化的产品无益于民众的生活品质的提高,也有伤社会风气。在新闻业发展的过程中,新闻的低俗性、真实性、公正性问题引发了人们越来越多的关注。一些新兴的中产阶级,包括知识分子,要求报纸新闻能够更多、更真实地报道重大的社会政治经济新闻。在这样的呼声下,人们开始重视新闻的伦理问题。1868 年,查尔斯·达纳接管《纽约太阳报》后,提出了报业从业人员必须遵循的十三条准则,这被认为是最早的新闻职业道德准则。这些准则包括:不攻击和嘲笑弱势群体,不冷漠,不欺侮人,做一个坦荡、善良、坚持的人等。1904 年,普利策在《北美评论》上发表了《新闻学院》一文,主张报业人员应当有着最崇高的理想、最神圣的做善事的愿望,对于自己所接触的问题,有着准确的知识和真挚的道德责任感等。这篇文章被认为是西方新闻伦理学的奠基之作。1908 年,美国密苏里大学新闻学院首任院长沃尔特·威廉姆斯主持制定了《报人守则》,这被认为是最早提出的系统的新闻职业道德规范。该守则强调新闻人应当为公众服务,不为私利驱使,认为新闻事业是神圣的事业。美国新闻团体美国报纸主编人协会制定的《报业信条》于 1923 年通过,之后也不断修订。该信条共有七条,其要点是:责任、新闻自由、独立、诚信、公平、正直、庄重。西方其他国家也都有自己的新闻伦理自律准则:德国杂志组织于 1957 年通过了道德信条,德国新闻出版委员会于 1973 年制定了《新闻界规范》;1936 年,英国"全国记者联盟"(NUJ)制定了行业道德规则——《行为准则》,英国媒体监管自律机制由此建立;加拿大法人报人协会于 1964 年通过了《报业廉政章程》;等等。总之,进入 20 世纪以后,世界各国都高度重视新闻从业者自身的道德建设问题,通过了不同形式的道德信条或道德原则规范。新闻从业者的道德建设已经进入一个成熟时期。

下面以澳大利亚为例来简述现代西方国家的新闻伦理原则。澳大利亚新闻评议会(Australian Press Council, APC)被认为是该国最具公信力的、调节范围最广的独立组织机构,旨在促进言论自由和进行负责任的新闻报道。其主要职责包括制定标准、回应关于澳大利亚报纸、杂志及其相关数字出版物的材料投诉,并确保新闻媒体遵守这些标准。2014 年 8 月,APC 发布了最新版的《新闻传播一般准则声明》(以下简称《声明》)。这一《声明》从四个方面对新闻传播媒体提出了规范性要求。

第一,准确和清晰。新闻从业者要确保新闻报道和其他事实材料是准确的,没有误导性的,并与其他材料(如意见)区分开来。如果报道的事实材料明显不准确或具有误导性,应提供更正或采取其他适当的补救措施。

第二,公平和平衡。新闻涉及公众利益与个体利益,新闻从业者要确保事实材料以合理、公平和平衡的方式呈现,意见的表达不能基于明显不准确的事实材料或遗漏关键事实。如使用合理需要但对某人有不利影响的材料,则须确保给予公平的机会,让当事人随后发表答复。

第三,尊重隐私和避免伤害。除非完全符合公众利益,否则应避免侵犯他人隐私,避免造成或在很大程度上造成重大罪行、痛苦、损害和对健康、安全构成重大风险。2015 年 12 月,APC 以《声明》为依据,专门就隐私保护发了一个声明——《新闻传播隐私原则声明》,就隐私保护给予了详细规定。这一声明对于涉及个人信息采集、个人信息安全、匿名信息来源、敏感性个人信息处理、公平公正等多个方面提出了较为具体的可操作性规范建议。隐私保护和避免伤害都涉及人权保护,是个人权利与尊严的体现。在现代科技发展,个人隐私信息有更多可能受到损害的环境下,强调尊重隐私和避免伤害有重要的时代意义。

第四,正直和透明。除非完全符合公众利益,否则新闻工作者应避免发表以欺骗或不公平手段收集的资料。还应避免因个人或集团利益而产生偏见,这意味着无论是在报道政治事件、商业新闻还是社会问题时,记者都应避免预设立场,给予所有相关方公正的对待,在报道中平衡不同的观点和声音,确保公众能够从多个角度了解事件的全貌,确保避免利益冲突并确保利益冲突不影响报道。

三、《中国新闻工作者职业道德准则》

改革开放以来,我国不断加强对于新闻从业人员的伦理道德建设,其主要成果体现在 1987 年起草、后多次修订的《中国新闻工作者职业道德准则》(以下简称《准则》)。《准则》提出了多项新闻工作者的伦理道德原则,对新闻工作者的道德建设具有纲领性意义。

《准则》包括一个导言和七条准则。这七条准则包括:全心全意为人民服务、坚持正确舆论导向、坚持新闻真实性原则、发扬优良作风、坚持改进创新、遵守法律纪律、对外展示良好形象。七条准则具体而明确地提出了对我国新闻工作者政治思想和道德品性两方面的要求,体现了中国特色社会主义的新闻道德要求。下面逐条进行分析。

全心全意为人民服务是我党的根本宗旨。《准则》将此作为新闻工作者的道德原则的第一条,表明了新闻工作者所从事的事业,是党所领导的事业,体现了党对新闻工作的根本要求。这条准则指出,新闻工作者要"忠于党、忠于祖国、忠于人民,把体现党的主张与反映人民心声统一起来,把坚持正确舆论导向与通达社情民意统一起来,把坚持正面宣传为主与正确开展舆论监督统一起来,发挥党和政府联系人民群众的桥梁纽带作用"。为人民服务是通过"三个忠于"体现出来的,这条准则的内在逻辑是,党和政府的主张与人民群众的心声是内在统一的,为人民服务不能把党和政府与人民群众分离开来。"三个统一"是对新闻工作者在全心全意为人民服务方面的符合新闻工作特色的要求,做到这"三个统一",体现了大局意识和将正确的政治方向与具体业务要求的统一,既要把党和政府的路线、方针、政策和工作任务及时准确地传达到群众中去,同时要及时地把人民群众的呼声、愿望和要求传达给党和政府,真正做到上情下达、下情上达,既对党和政府负责,又对人民负责。这条准则强调,要坚持用习近平新时代中国特色社会主义思想武装头脑,突出了在新的历史机遇下学习运用习近平新时代中国特色社会主义思想对于新闻工作者的重要性。全心全意为人民服务离不开马克思主义,尤其是中国化的马克思主义。以新时代的中国化的马克思主义武装自己的头脑,才能更好地为人民服务。

坚持正确舆论导向是我国新闻事业与西方新闻事业根本不同的特征,体现的是党对新闻事业的一贯要求,也是党所领导的新闻事业的优良传统。"坚持正确舆论导向"首先是一项政治原则,体现的是中国特色社会主义的新闻事业的根本要求,它也是一项道德原则。作为社会主义的新闻工作者,如果没有正确的政治观念,不能以正确的舆论引导人民群众,那么就不但违反了新闻工作的政治原则和宣传纪律,也有悖于新闻工作的道德要求。舆论监督是坚持正确舆论导向的题中应有之义,加强和改进舆论监督就是要"着眼解决问题、推动工作,激浊扬清、针砭时弊,发表批评性报道要事实准确、分析客观,坚持科学监督、准确监督、依法监督、建设性监督"。

真实性是新闻的生命线,没有真实性,新闻也就失去了存在的价值与意义。坚持新闻的真实性,就是在新闻价值观上坚持以"事实第一"为原则,不歪曲事实,不作虚假报道。坚持新闻真实性有五条具体可操作的方法,包括通过合法途径和方式获取新闻素材,不夸大、不缩小、不歪曲事实,不刊播违背科学精神、伦理道德、生活常识的内容,刊播了失实报道要勇于承担责任,坚持网上网下一个标准。我们可以从坚持马克思主义的唯物主义认识论的角度来认识坚持新闻真实性原则。在新闻领域坚持马克思主义的唯物主义认识论就要求立足于现实,一切从实际出发,反对本本主义,同时要反对唯上所是。反对本本主义,就是将理论与现实相结合,不以教条式的态度来对待马克思主义理论,而是把它当作能够提出问题和解决问题的活的灵魂。反对唯上所是,就是不盲从、不屈从权势人物或权威观点,从事物的客观实在出发,实事求是地作出判断分析。在实际工作中,新闻工作者需要有刚正不阿的正直品格,如果一味地盲从权势人物的意见,而不尊重事实,甚至背离事实,就有可能从根本上背离党的新闻工作的根本要求。一个新闻工作者只有坚守原则,服从事实和真理,才能真正成为坚守党的新闻原则和标准的合格人员。

发扬优良作风是对新闻工作者的三观以及道德品质修养的要求,强调的是从世界观、人生观和价值观高度来看待新闻工作者的自律要求。首先,这是从根本上来看待新闻工作者的道德自律问题,即如果没有正确的世界观、人生观和价值观,也就没有正确的新闻观,从而也就难免在新闻报道的立场和观点上犯错误。其次,这一原则直接提出了新闻工作者的道德品质修养的问题,把它作为重要原则之一来看待,也说明了我国新闻领域对新闻工作者的道德品质或德性修养的高度重视。加强三观以及道德品质及品德的修养,又突出表现在能够抵制不良风气、保持一身正气上。这里强调了对于不良环境或恶劣环境要有道德上的自觉抵制意识和抵制能力。

创新是时代的要求,发展离不开创新,创新才能发展,不断创新才能持续发展。让人民满意、让党和政府放心,就要不忘初心、牢记使命、发展创新。那么,在新闻领域如何做到创新? 在新闻领域坚持改进创新,就是要"遵循新闻传播规律和新兴媒体发展规律,创新理念、内容、体裁、形式、方法、手段、业态等,做到体现时代性、把握规律性、富于创造性"。创新要求打破思维定式,也要符合新闻工作的规律,这一规律体现在新闻报道的亲和性、感染力、吸引力等多方面。《准则》有机地将时代性、规律性与创新性结合起来,科学地界定了新闻工作创新性的特性,这也是对新闻工作者的高标准、高要求。

遵守法律纪律是对新闻工作者的一条基本要求,也是新闻工作者的道德底线。将遵守法律纪律作为道德准则提出,是从道德意识上提出法律意识的问题。法律规范是他律规范,而道德规范是自律规范。将遵纪守法作为道德自律来看待,也就是要求新闻工作者自觉地遵守,而不是作为外在的强制要求来看待。这实际上对新闻工作者提出了比一般民众更高的要求。遵守法律纪律原则具体包括维护国家政治安全与稳定、保护采访对象的合法权益、保障妇女儿童、老年人和残疾人的合法权益、维护司法尊严、遵守涉外法律、尊重和保护媒体作品版权、遵守采访规范等内容。这些具体要求表明,对新闻工作者来说,遵纪守法、维护国家利益不应仅仅停留在观念意识层面,更应当从新闻工作中体现出来。这是因为,新闻工作本身就是一种社会实践工作,它是从实践工作中体现其法律意识和道德意识的。

对外展示良好形象是对新闻工作者的特殊要求,它是相对于新闻事业的特殊性提出的。新闻事业是对外展示国家形象的重要渠道,任何正式发布的信息,都是通过新闻渠道传播的,因此,新闻媒体承担着讲好中国故事、传播好中国声音的历史重任。新闻工作者讲好中国故事,就是要生动诠释中国道路、中国理论、中国制度、中国文化,着重讲好中国的故事、中国共产党的故事、中国特色社会主义的故事、中国人民的故事,让世界更好地读懂中国。

《准则》颁布的七条原则,涉及政治意识、法律意识以及国际形象意识等多个方面,是对新闻工作者全面的道德自律要求。由此也可以看出,在相当程度上,不同的思想意识都可以转化为道德意识和道德责任来看待。从自律的角度看,道德强调的是行为主体自身对于相应的政治意识、法律意识以及道德原则等的接受、认同,并真正践行。因此,把政治意识、法律意识以及其他意识都看作道德自律的基本方面,并非降低了这些方面的地位与作用,恰恰相反,从行为主体角度看,是为这些意识在主体中确立并坚守下去找到了一个真正的突破口。

《准则》提出的七条道德自律原则不仅针对媒体机构的记者和编辑人员,也对当前媒体环境下各种媒体具有伦理建设的指导意义。在现代新闻环境下,由于互联网的出现以及广泛运用,平台媒体和自媒体也开始发展起来。[①] 这些新闻媒体环境的变化决定了新闻工作者的伦理自律的艰巨性和复杂性。当然,现代新型媒体所发布的信息是多种多样的,其中也不乏新闻类信息;另外,传统媒体并非与新型媒体毫不相关,二者呈现出整合发展的趋势,因此,《准则》提出的七条道德自律原则对新型媒体和融媒体依然适用。

第三节 新闻伦理失范问题

中国新闻事业在改革开放的大潮中迎来了一个发展的历史机遇,从单纯的政治性,转型为既为政治服务,又为市场经济服务。伴随着国家经济从计划经济向市场经济过渡转型,人们的道德价值观念发生急剧变化,利益越来越成为人们道德眼界的中心。这样的变化使得人们认为,我们处于一个道德价值观念失范的历史阶段。这一道德价值观念的变化也深刻影响到新闻领域。进入 21 世纪以来,互联网、大数据、人工智能的发展在扩展了新闻领域的同时,也使得新闻领域的边界变得不再清晰。邵慧指出:"我们新闻业正处于媒介转型时期,服务与娱乐的新闻理念日趋增强,传统的宣传管理模式正在越来越多地受到来自市场经济的冲击。'在媒体产业化改革中,新闻专业理念又遇到媒体商业化运作的陷阱,竞争与利润的红颜埋葬了一个个媒体掌控者的灵魂,这样的尴尬局面有悖于新闻记者的职业理想'。"[②] 由于受到市场经济的逐利本性的影响,新闻领域里的伦理失范现象频发。新闻伦理失范指的是新闻报道没有按照社会主义核心价值观以及新闻伦理原则去做,从而在新闻报道中出现背离伦理道德要求的问题。在诸多问题中,虚假新闻和有偿新闻(包括有偿不闻)是两种

---

① 网络信息伦理有着自身的特点,本书第八章就是对网络信息伦理的讨论。
② 邵慧:《媒介转型时期网络新闻伦理失范与建构研究》,吉林大学出版社 2022 年版,第 55 页。

比较具有普遍性的新闻伦理失范问题。

一、虚假新闻问题

　　虚假新闻就是未能反映真实情况或未能真实报道客观事物本来面目的新闻。虚假新闻有完全虚假、部分虚假之分,后者有一定的真实性,但虚假成分使得这类新闻无法为人们所相信。虚假新闻在各个平台上层出不穷,媒体机构也往往被误导从而转载。虚假新闻应当是有新闻传播以来就发生的问题,不过,在多样化媒体环境下,这一问题则更为突出。虚假新闻已经成为新闻伦理失范的典型表现。

　　新闻虚假又称"新闻失实"。新闻失实可分为故意与非故意两类。非故意失实即在主观意图上并非要报道不符合客观真实的新闻,只是记者编辑并没有觉察出这类报道具有不真实性。这类失实新闻往往是因为记者在采编过程中调查不深入或听信某些片面之言,而最后审核把关又出现问题。这些问题也往往与追求时效而忽视了记者编辑在写作过程中可能出现的失真问题有关。相较于故意造成的新闻失实问题,其性质是不同的。故意造成的新闻失实,即记者编辑在明知所写新闻为假的情况下,仍然将其作为真实新闻发布。所谓"故意",即新闻人的主观意愿,这种主观意愿有时甚至容不得不同的意见。

　　就两类新闻失实而言,对于非故意失实新闻的整治,新闻从业者主要是要进一步改进自己的工作作风和工作态度,以高度负责的精神和态度来对待新闻事件的报道传播。而之所以会出现故意制造的假新闻,有外在和内在两个方面的因素,外在的因素如利益关系、不同的阶级立场或党派立场等,而内在的因素,主要就是新闻从业者自身的问题。首要的自身因素就是这一领域里的从业人员的道德问题。换言之,新闻的伦理问题的根源在于新闻从业者的道德。我国老一辈新闻家邵飘萍先生早在1923 年就认为,记者的"品性"是记者资格的第一要素。他说:"外交记者精神上之要素,以品性为第一。"[①] 而所谓"品性",即为人格和操守。

　　对于虚假新闻,郑保卫指出有十种表现[②]:第一,政治需要,公开造假。新闻媒体为了达到政治目的,不顾客观事实,不计社会后果,公开做虚假报道。如 2020 年的美国大选舞弊,为维护舞弊成果的一方不惜代价公开为舞弊辩护,制造假象,编造假新闻。第二,于己不利,隐匿真情。新闻媒体不顾客观事实情况,完全从是否有利于自己出发,选择"事实",报道"新闻"。或者于己不利,干脆知情不报,只报喜不报忧。第三,宣传典型,任意拔高。宣传典型,以典型带动群众,起到激发群众积极性的作用,

---

① ［日］松本君平等:《新闻文存》,余家宏等编注,中国新闻出版社 1987 年版,第 388 页。
② 参见蓝鸿文主编:《新闻伦理学简明教程》,中国人民大学出版社 2001 年版,第 68—71 页。

这是我党长期以来的优良传统。然而,有人宣传典型,则是任意拔高,不顾事实,结果典型成了不食人间烟火的神仙圣人,虽然这样的典型不乏豪言壮语,但缺乏说服人的力量,使得群众觉得可敬不可亲、可看不可学。第四,屈从压力,写昧心稿。对于有些虚假新闻,新闻记者知道如果那样写,就是在欺骗大众,然而有人告诉他不得不这样写。郑保卫认为:"许多工作在基层的宣传干部和业余通讯报道这方面有很多苦衷。一些单位和部门的负责人为了宣传自己的成绩,不惜用'高指标、高奖励、高待遇'等办法来刺激宣传干部和通讯报道员写稿⋯⋯在上有高压和诱惑、下无新闻可写的情况下,一些宣传干部和通讯报道员便昧着良心弄虚作假,拔高浮夸,无中生有,乱写一通。"[①] 第五,唯利是图,编造新闻。新闻媒体受金钱私利的驱使,不惜昧着良心,编造新闻。第六,粗枝大叶,调查不实。这类虚假新闻针对的是新闻发布者的责任心问题,上面已分析,他并非一定故意为之。第七,道听途说,捕风捉影。不耐心细致地做调查访问,也不深入分析思考,而满足于道听途说,捕风捉影。在某种程度上,这也可以看作职业精神不够,没有以严肃的态度来对待自己的新闻采编。第八,知识贫乏,不懂装懂。对于所报道的相关内容,缺乏基本知识,从而造成失实。如有人未弄清一块巨大的冰块而将其当作天上掉下来的"陨冰"来报道,让人们觉得匪夷所思。第九,合理想象,添枝加叶。凭想象对某些事实进行夸张处理,添枝加叶,把新闻报道当作文学作品来写,背离了新闻的基本品性。第十,偷梁换柱,移花接木。报道出现的人和事移位和异主失实,张冠李戴。如为了突出主要英雄人物,把别人做的好事统统放在某一个人身上,使得报道严重失真。在本意上可能是为了突出宣传某个英雄人物,但如果人们知道事情真相,最终就是害了他。上述虚假新闻出现的种种表现表明,要坚守新闻真实的道德自律原则是相当不容易的。然而,这也充分说明,坚守新闻伦理原则的极端重要性。新闻真实性是新闻的生命线,新闻媒体和媒体人员负有不可推卸的责任。而要承担起这一责任,必须坚守马克思主义的新闻观,坚持全心全意为人民服务,排除一切干扰,将新闻真实看成自己必须做到的神圣责任和使命。

新闻报道失去了真实性,也就失去了存在的基本条件和价值,同时违反了新闻报道的基本原则。新闻报道与文学创作不同,文学创作以虚构的方式来叙述人物、情景和情节故事,而新闻报道则是直接面对世界本身,以新闻记者的笔来再现真实世界的本来面目,因此,真实性才是新闻报道的本性和优势所在。社会大众对于新闻的接受或期待,并非因为它虚构了一个童话故事或童话世界,而是因为通过阅读新闻,他们可以知道这个世界正在发生什么。新闻媒体通过自己精心制作的真实新闻报道,向这个世界的听众和读者展示每时每刻都在发生变化的客观社会世界和自然世界,来帮助社会大众了解这个世界,获得关于这个世界的新的信息,这是因为,每个人尤

---

① 蓝鸿文主编:《新闻伦理学简明教程》,中国人民大学出版社 2001 年版,第 69 页。

其是普通大众,都生活在相对狭小的空间和生活圈中,几乎所有普通人都需要借助新闻传播媒体才可获得与这个世界的沟通,新闻报道将每日变化的世界真实地告诉大众,大众能够通过新信息的获得,更有效地执行政策、开展工作,安排自己的生活。新闻之所以能够发挥影响大众、引导舆论的作用,就在于它的真实性。1982年,陆定一在接受《新闻战线》采访时谈了他对于新闻真实性的看法,他说:"新闻工作搞来搞去还是个真实问题。新闻学千头万绪,根本性的还是这个问题。有了这一条,就有信用了。有信用,报纸就有人看了。"[①] 新闻真实性是赢得广大人民群众信任的根本保障。"新闻媒体对新闻报道真实性的不断追求,是赢得公信力和尊重的基础,而那些虚假新闻最终会失去信任,失去市场。防治新闻伦理失范,必须坚持马克思主义新闻观,从道德层面和法律层面去双重规范这一现象。"[②] 新时代的新闻工作者,坚持新闻的真实性原则,应不忘初心、牢记使命,为实现中华民族伟大复兴的中国梦而努力奋斗。

二、有偿新闻和有偿不闻问题

何谓"有偿新闻"?《新闻学大辞典》对这一概念的定义是:新闻机构向要求刊播新闻者收取一定费用的新闻。这一定义在伦理学上是价值中性的,即这一定义并没有给出对这一行为是好是坏的定性说法。应当看到,有偿新闻是一种职业腐败行为,是新闻媒体及其从业人员利用职业优势,为了自身利益而有目的性地将新闻按照利益方的要求来改写,将新闻广告化或广告新闻化,利用新闻来打广告的行为,其所报道的新闻往往是失实的。因此,有偿新闻实质上是以收受贿赂的方式有意捏造或歪曲事实的"新闻"。同样性质的问题还有"有偿不闻"。有偿不闻是新闻媒体及其从业人员利用职业优势,通过不发表针对某事件的新闻报道或者有选择性地不揭露某个新闻事件中的某些细节,以此与某些个人或团体进行利益交换的行为,这种行为侵害了公众的知情权。由于有偿新闻和有偿不闻都是用新闻换取金钱和物质利益的腐败现象,这里统一称为有偿新闻。

有偿新闻主要包括六种形式:第一,接受有价证券、红包、礼品等,获取各种消费好处,包括餐饮、旅游、入学、住房以及为亲友解决工作等问题;第二,以新闻为诱饵,换取各种经营利益或赞助,如广告、发行费等;第三,以内参、曝光等为要挟,迫使对方提供钱财物等好处;第四,媒体给采编人员下达创收指标,堂而皇之地将有偿新闻作为经营手段;第五,不同媒体、新闻单位(包括记者、编辑)之间以牟取不正当利益为背

---

① 蓝鸿文主编:《新闻伦理学简明教程》,中国人民大学出版社2001年版,第72页。
② 陈文锋:《呼唤新闻诚信回归 重塑诚信新闻形象》,《新闻潮》2019年第12期,第9页。

景交换新闻;第六,某些中介、公关公司以盈利为目的,非法运作新闻。[①] 从这六种形式看,有偿新闻所涉及的"有偿性"五花八门,这也证明有偿新闻已经非常严重地侵害了新闻领域的健康机体。

有偿新闻是全世界共同存在的问题。许多国家也明令禁止有偿新闻,如在德国新闻出版委员会1973年制定的新闻界规范中,就涉及这一问题:"新闻界对公众的责任要求,编辑部的出版物不得受私人利益或局外人商业利益的影响。出版者和编辑人员要防止上述企图,并要注意把编辑部的文章与以广告为目的的出版物清楚地分开。"[②] 我国20世纪80年代开始出现有偿新闻,这一问题在90年代日益泛滥,至今仍然是必须严肃对待的行业伦理问题。有关部门多次发文严厉禁止有偿新闻,如中共中央宣传部和国家新闻出版署在1993年联合发布了《关于加强新闻队伍职业道德建设,禁止有偿新闻的通知》,又如中央电视台1997年发布的《中央电视台关于禁止有偿新闻的十项规定》,北京人民广播电台2011年发布的《关于禁止有偿新闻的规定》,等等。但这一问题屡禁不止,已经成为我国新闻行业的一颗"毒瘤"。有偿新闻是新闻伦理失范的严重问题,需要我们认真对待。

我国有偿新闻屡治屡犯,究其原因,主要有以下四个方面:

第一,新闻从业人员的职业道德意识薄弱,社会责任感缺乏。新闻真实性是新闻的生命线,新闻从业人员为了获得私利丢掉新闻的最根本要求,表明其对最基本的职业道德准则的要求意识极为淡薄。在外界利益的诱惑下,将职业伦理自律准则抛到脑后,完全缺乏职业自律精神。

第二,市场经济的利益驱动机制直接影响到了新闻领域。市场经济是以特殊利益主体的利益需求为动力的经济体制,其运作机制对新闻领域的影响就是将新闻金钱化、有偿化。改革开放以来,我国社会生活发生的一个重大变化就是市场经济的逐利机制已经扩大到社会生活的其他领域,从而使得商品和金钱拜物教盛行。但市场是有边界的,不是任何一个社会生活领域都可以市场化,有偿新闻就是将新闻领域市场化的必然结果。

第三,新闻媒体单位管理层、决策层的问题。应当看到,我国新闻媒体行业绝大多数是能够坚持职业操守、拒绝腐败行为的。但也有少数单位的领导一权独大,滥用职权,以权谋私,迫使基层记者编辑作出违反职业道德准则和国家法律法规的行为。这样的问题虽然为数不多,但值得引起我们警觉。

第四,相关法律法规不完善。新闻领域里的立法相对滞后于其他领域,对于新闻领域里的种种行为缺乏相对明确的法律界定。对于有偿新闻问题,也仅限于行业的

---

① 　参见陈有为:《"有偿新闻"背后新闻职业道德的沦丧》,《传播与版权》2016年第7期,第16页。
② 　蓝鸿文主编:《新闻伦理学简明教程》,中国人民大学出版社2001年版,第259页。

种种道德自律规定,而没有一部完善的法规来明确界定,从而使得有些不法分子有可乘之机。同时,由于没有完善的法律法规,新闻界在一些强权面前又显得十分弱势,在某些情况下难以保护说真话的记者编辑。

有偿新闻是为满足某些客户或媒体某些人的一己私利而产生的腐败性的失实新闻,这样的新闻可能一时能够给客户带来某些"好处",但是对于社会、客户和媒体本身,从长远来看都将产生危害。首先,危害党和国家的信誉。新闻媒体是党的"耳目喉舌",党媒姓党。党和人民的根本利益是一致的。新闻的真实性就是对党和政府以及人民的最大维护,而发布虚假新闻和有偿新闻,最终损害的是党和人民的利益,是对党和人民最大的不忠。其次,损害媒体自身的形象和信誉。媒体的信誉是靠新闻的真实无偿、排除特殊非法利益的影响且坚持党性和人民性所赢得的。如果新闻媒体为了某些私利而迎合某些人或单位,从而发布歪曲事实的报道,最终只能损害自己的信誉与形象,导致人民群众对新闻媒体的不信任感。如果没有信誉,新闻媒体就失去了自己存在的价值。

如何才能有效治理有偿新闻问题?首先,要对党和政府有效治理有偿新闻问题有坚定信心。有偿新闻虽然有着"冰冻三尺非一日之寒"的形态,但我们对治理这一问题仍要抱着积极的心态。在中国特色社会主义新时代,我国对各个领域里的反腐败的力度都空前加大,反腐败取得的丰硕成果,增强了我们治理有偿新闻的信心。其次,加强社会监督和新闻媒体的自我监督。抑制有偿新闻问题,仅靠新闻媒体的自律是不够的,还需要社会各界对媒体的有效监督。在这个方面,各大新闻媒体单位面向社会开通了举报通道,并且取得了一定的成效。最后,在加大领导力度的同时,加强新闻队伍的思想道德建设和法治建设。具体来说,就是要进一步完善新闻领域里的法律法规,加强法治观念;同时,将新闻职业道德建设提高到世界观、人生观、价值观的高度。新闻工作者要充分认识到建立马克思主义新闻观的重要性,以马克思主义新闻观来指导自己的工作与实践,做社会主义核心价值观的宣传者和践行者,树立起对党和政府、对人民高度负责的意识。另外,要加强对《中国新闻工作者职业道德准则》的学习与落实。培养新闻工作者的职业道德并非仅仅背熟了条文就可建立起来,而是要有思想情感上的认同,以及在遇到困难和挫折时能坚持下来的决心和勇气。总之,治理新闻伦理失范问题不仅需要营造良好的法治环境,更重要的是加强新闻从业者的道德自律,使其担当起应担当的道德责任,忠于职守、勤奋敬业,将遵循《准则》当作自己义不容辞的道德义务。

新闻领域是社会生活的重要领域,新闻是人类生活不可或缺的要素。在我国,新闻是党性和人民性高度统一的事业,承担着党和政府的"耳目喉舌"的功能。维护新闻的真实性,就是维护了党和政府的信誉。习近平总书记说:"党的新闻舆论工作是党的一项重要工作,是治国理政、定国安邦的大事。要适应国内外形势发展,从党的工作全局出发把握定位,坚持党的领导,坚持正确政治方向,坚持以人民为中心的工作导向,尊重新闻传播规律,创新方法手段,切实提高党的新闻舆论传播力、引导力、影响力、公信力。"① 新闻媒体领域加强伦理道德建设,任重而道远。

思考题:

一、简述《中国新闻工作者职业道德准则》的七条准则及其意义。

二、谈谈虚假新闻的危害。

三、怎样加强新闻领域里的伦理道德等方面的建设,克服有偿新闻问题?

---

① 《习近平谈治国理政》第二卷,外文出版社 2017 年版,第 331 页。

第八章　网络信息伦理

人类社会先后经过了农业时代、工业时代，如今正处于信息化时代。在农业时代，铁制农具是农业社会的标志；在工业时代，蒸汽机是工业社会的标志；而在信息化时代，因特网则是网络信息社会的标志。因特网借助通信工具、计算机等，为人类社会构建了一个与以往社会所不同的网络信息社会，它实际上是一个信息交流的高级平台，它的出现，带来了新的伦理内容，迫使人们研究网络信息伦理的产生、问题及其构建。

第一节　网络信息及网络信息伦理的产生

网络信息伦理是伴随着网络信息时代的形成而产生的应用伦理学的新领域。人类要生存和发展，就需要与自然界进行物质、能量和信息的交换。信息与物质、能量一样是人类社会生存和发展必不可少的要素。在农业社会和工业社会中，信息的传递比较缓慢。在人类社会早期，信息传递的主要中介是语言。人类通过语言来彼此沟通，交流信息。正是有了这种面对面的信息交流，人类才得以交流生产经验，提高生产水平。接着，人类发明了文字和印刷术，克服了在语言交流中必须面对面交流的缺陷。人类可以在大范围内储存知识，并把它传给子孙后代，信息交流进一步发展，范围也大幅度扩展。而随着网络信息社会的到来，人类借助网络所提供的功能服务、信息服务、查询服务等，不仅缩短了信息传递的时间，而且增加了信息传播者之间的互动，使人类进入了一个新时代。

一、网络信息社会与网络信息伦理

人类社会的发展过程就是信息在人类生活中不断发挥其越来越重要的作用的过程。网络信息时代的到来，又被称为"网络信息革命"。美国未来学家阿尔温·托夫勒在《第三次浪潮》中指出，人类社会已经经历三次"浪潮"。第一次浪潮大约开始于公元前8000年的农业社会，第二次浪潮大约开始于1650—1750年的工业革命，第三次浪潮大约从1955年开始，人类逐渐进入信息时代。在网络信息时代，劳动者从事信息和知识生产的活动,以信息化程度极高的智能机器为劳动工具,采取精密化、网络化的分工协作为劳动方式。信息生产力成为社会进步的巨大推动力,从而在更深层次上改变了人们的生活方式。

一方面,网络信息技术形成了信息生产力,推动社会向前发展。网络信息改变了社会结构。人们可以通过拥有的不同类型和不同程度的网络信息而形成不同的新的知识阶层。于是,在网络信息社会中出现了众多的虚拟群体,这些群体能够通过网络自由地发表观点,影响其他社会群体甚至政府的决策。我们不难看到,这些新的虚拟群体由于其网络力量而在现实社会中发挥作用。同时,网络信息也改变了社会的生产方式。原有的传统生产方式常常需要固定的场地,需要考虑交通、人口等众多因素,而信息网络的扩展直接改变了人们必须到一定地点工作的模式,许多人可以运用网络在家中工作,因而更多的人成为自由职业者。网络信息技术的发展有力地改变了传统的生产方式,产生了信息生产力,促进了社会的发展。

另一方面,网络信息技术改变了人们的生活方式。传统社会中人的生活方式受到交通环境、地理位置等多方面的制约。随着网络信息时代的到来,网络信息技术从一维走向多维,从窄带走向宽带,从有线走向无线,如今已经进入了虚拟与现实并存的"元宇宙"(metaverse)的网络时代。网络信息技术发展的突飞猛进使人们可以通过互联网购买、查阅各种资料,能够在人机交互的界面上互相问候,能够运用日益智能的设备随时随地上网,原有的传统生活方式正被新型的网络生活改变。

社会的高速发展和人们生活方式的改变,也带来了社会生活中伦理价值的变化。"我们经由电脑网络相连时,民族国家的许多价值观将会改变,让位于大大小小的电子社区的价值观。我们将拥有数字化的邻居,在这一交往环境中,物理空间变得无关紧要,而时间所扮演的角色也会迥然不同。"[①] 从历史上看,社会经济生活的变化或早或晚都会引起伦理价值的变化。马克思指出:"要研究精神生产和物质生产之间的联系,首先必须把这种物质生产本身不是当作一般范畴来考察,而是从一定的历史的形式来考察。例如,与资本主义生产方式相适应的精神生产,就与中世纪生产方式相适应的精神生产不同。如果物质生产本身不从它的特殊的历史的形式来看,那就不可能理解与它相适应的精神生产的特征以及这两者生产的相互作用。"[②] 网络信息时代的到来,改变了人与人之间的传统交往方式,网络信息主体之间常常是陌生的、具有高度隐蔽性的,但观点和思想的交流往往又超越了传统的范围,影响更为广泛。当网络信息技术为人类提供了各种方便之时,也带来了网络信息中的伦理问题,如入侵计

---

① ［美］尼古拉·尼葛洛庞蒂:《数字化生存》,胡泳、范海燕译,海南出版社1997年版,第16页。
② 《马克思恩格斯全集》第三十三卷,人民出版社2004年版,第346页。

算机系统、传播网络病毒等。这就需要我们运用网络信息伦理来加以规范。

　　网络信息伦理的出现可以追溯到 20 世纪四五十年代。1946 年,世界上第一台计算机诞生。控制论的创始人诺伯特·维纳在 1948 年出版的《控制论》和 1950 年出版的《人有人的用处》中,明确指出控制论和自动化等信息技术在给人类带来方便的同时,也会带来危险,需要人们从道德上认识信息技术。他在《人有人的用处》一书中探讨了计算机运用中的伦理基础、研究方法和贯彻的公正原则等。作为第一位研究计算机影响人类价值的学者,维纳被尊称为"计算机伦理学"的鼻祖。

　　20 世纪 60 年代中期,计算机侵犯隐私等问题的出现,引起了众多学者的关注。1968 年,董恩·帕克发表了《计算机科学技术中的伦理冲突》等一系列论文,阐述了关于计算机犯罪的问题,并提出了建立计算机伦理规范的重要性。他接受美国计算机协会的任命,起草了一套计算机伦理规则。1973 年,美国计算机协会接受了这些伦理规则。

　　20 世纪 70 年代,计算机伦理学作为一门学科得到确立。1976 年,约瑟夫·维泽尔巴姆出版了《计算机能力与人类理性》一书,认为人不是机器,片面地从机器的角度理解人是错误的。该书一直被认为是计算机伦理学的经典著作。同年,沃尔特·曼纳首次提出了"计算机伦理学"一词,认为计算机伦理学是运用哲学原理来研究计算机应用中的伦理问题。1978 年,他出版了《计算机伦理学入门》一书。在 70 年代,计算机伦理学学科地位得到确立,成为一门学科。

　　20 世纪 80 年代,计算机伦理的研究得到了长足发展,在理论和实践上都有了重要成果。1981 年,欧洲委员会发布了《个人数据自动化处理中的个人保护公约》(简称"《108 号公约》")。1983 年,《形而上学》杂志社发起了研究计算机伦理学的征文,得到了广泛响应。1985 年,戴博拉·约翰逊出版了《计算机伦理学》。该书从伦理学的一般原理和软件所有权等方面探讨了计算机伦理学的基本内容,成为计算机伦理学课程中的经典教材。1986 年,理查德·梅森发表了《信息时代的四个伦理问题》,提出"PAPA 议题",即信息隐私权(Privacy)、信息准确性(Accuracy)、信息产权(Property)、信息资源存取权(Accessibility)问题,在学界引起广泛影响。与此同时,大量的计算机伦理学的国家会议的召开,推动了相关研究的发展。

　　20 世纪 90 年代,随着国际网络技术的不断普及和快速发展,人们开始重新反思原来的计算机伦理学的研究视域。1996 年,罗杰森·西蒙和特雷尔·拜纳姆发表了《信息伦理学:第二代》,指出计算机伦理学研究范围过于窄小,属于第一代计算机伦理学,而随着网络技术发展所出现的网络信息伦理学则为第二代计算机伦理学。1999 年,拉斐尔·卡普罗先后发表了《数字图书馆的伦理学》《数字时代的伦理与信息》等论文,探讨了网络信息条件下的伦理问题。90 年代之后,计算机伦理学成为网络信息伦理研究范围中的一部分。各种专著、论文不断涌现,如理查德·斯宾洛的《网络伦理：网络道德与法律》、派卡·海曼等人编写的《黑客伦理与信息时代的精神》等。一些国际组织、行业协会、大学研究机构等都设立了网络信息伦理学的研究机构，如联合国教科文组织成立的网络信息伦理项目、世界科技知识和技术伦理委员会成立的网络信息伦理分委员会等。一些大学开设了网络信息伦理学的相关课程，如美国麻省理工学院开设的"电子前沿的伦理与法律"课程、匹兹堡大学开设的"网络信息伦理学"课程等。这些研究都促进了网络信息伦理研究的繁荣与发展。

　　总的来看，网络信息伦理是随着计算机网络的发展而出现的。究竟什么是网络信息伦理？关于网络信息伦理的定义有数十种之多，众说纷纭，没有统一定论。这些定义有广义和狭义之分。从广义的定义来看，网络信息伦理包括了计算机伦理，持有此观点的学者普遍认为，网络信息伦理是在商务和计算机这一新的领域的伦理研究。从狭义的定义来看，少数学者把网络信息伦理与计算机伦理相互区别。比如，牛津大学哲学家卢西亚诺·弗洛里迪认为，网络信息伦理是不同于计算机伦理与实践的新的应用伦理学的研究内容。

　　从网络信息伦理的发展我们可以发现，网络信息技术的发展与计算机密不可分，没有必要过于狭隘地理解网络信息伦理。我们认为，网络信息伦理是指人们在运用网络信息媒体的交往过程中处理各种伦理关系，为了合理调节信息主体的各种网络信息行为，使之符合社会基本道德要求的原则规范、心理意识和行为方式的总和。在这里，网络信息伦理的概念包括两层含义：其一，网络信息伦理的主体是人或组织；其二，网络信息伦理存在于各种伦理关系之中。

二、网络信息伦理的特点

　　网络信息技术的出现，形成了网络社会。网络社会是一个"自由时空"，与现实社会存在着相当大的差异性，比如，在现实社会中，偷拆他人信件、突破邮件禁区是违反社会伦理要求的，也是违法行为，必然受到严厉谴责。但是，在网络虚拟社会中，黑客自由出入一些网络禁区，开放一些破解网络禁区的软件，提出要"解放计算机"，"让计算机为全人类服务"，而人们对于黑客的做法并不是一边倒地严厉谴责。一些人认为他们是高科技强盗和计算机恐怖分子，另一些人则认为他们提倡任何人都有可以使用技术和信息交换的自由，推动了计算机革命的发展。基思·伯特费尔德就曾提出，如果没有黑客所提供的技术，大约一半以上的因特网网站将会消失，因为大约三分之二的网站依靠这些程序运行，网络新闻组也将消失，因为它们是黑客创造的程序INN 支持的；甚至 E-mail 也不能运转，因为绝大多数 E-mail 的传输是通过黑客创造的程序 Sendmail 实现的，你得在浏览器中输入 '199.201.243.200'，而不是输入与其相关的网址,因为因特网文本语言的"地址列表"依赖于黑客创造的程序 BIND。[1] 可以发现,由于网络信息社会不同于现实社会,人们的道德评价有了新的标准。如果完全忽略数字虚拟化的交往与现实社会的交往,人们既无法适应网络社会的到来,也无法提出合适的网络信息伦理要求。因此,网络信息伦理具有一些与现实社会伦理不一样的特点。这些特点可以概括为数字虚拟性、自主开放性和多元并存性。

（一）数字虚拟性

网络是人类开辟的第二生存空间。网络的诞生和发展深刻地影响了人类自身的活动。这种以网络信息为特征的社会表现出虚拟的特性,因此,人们常常把网络社会称为虚拟社会。虚拟社会的实现是通过无孔不入的数字化信息来实现的。网络信息伦理具有数字虚拟性的特点。

在传统伦理中,人们之间常常是面对面的直接关系,这一关系具有明确性。即使不是面对面的关系,至少大家彼此有一定的了解。然而在网络信息伦理中,数字信息化的中介作用,导致人与人之间的关系呈现出间接的性质。尤其在互联网中,许多网络主体选择了匿名,人与人之间的伦理关系具有模糊性,网络行为主体具有不确定性。在现实社会中,人们的社会关系复杂,其身份的多重性也比较清楚地呈现为不同的社会角色。而在网络社会中,只要愿意,一个人便可以在网络中扩展不同的虚拟交往关系,获得各种不同的身份,运用各种数字符号形成多种自我,充分体验一种非真实的多重自我生存状态。人们之间的交往表现为一种数字虚拟化的交往。从表面上看,这种快速的交往增加了人们之间的彼此联系,实际上这些交往常常是浅薄的、不可靠的。在这种网络交往关系中,交往关系范围越广,网络行为的道德主体越发表现为不确定性。从伦理学的角度来看网络社会的各种交往活动,数字虚拟化隐藏了人们的身份,创造了一种新的人际交往情境,增加了网络信息伦理中行为主体的不确定性。

当然,网络信息伦理具有数字虚拟性的特点,并不意味着与传统伦理彻底断裂。在网络信息数字化的表象之下,仍然是实际存在的人与人、人与社会、人与自然之间的关系。只不过这些关系展现出与传统伦理不同的外在形式,其网络行为主体的匿名和虚拟身份等使得其社会伦理关系变得更为复杂和多样。这就需要我们做进一步的分析与判断。

（二）自主开放性

网络信息技术的发展使得人类的交往方式增多,人们在网络社会中具有了相较

---

[1]　参见[美]派卡·海曼:《黑客伦理与信息时代精神》,李伦等译,中信出版社 2002 年版,第 178—179 页。

于传统社会更多的自主性和开放性。人们的道德主体意识更为强烈,道德形态更为开放。人们常常主动地参与网络伦理秩序的维护,接受各种各样的新观点和新思想。

与传统社会伦理相比,网络信息伦理具有明显的自主性。在传统社会中,人们在各种活动中大多处于被动的状态,受到自身的经济条件、政治状态、能力条件等的制约,难以参加现实社会中道德规范的制定。因而,在这种状态下,人们常常表现为被动地接受某种道德要求。而网络为人们提供了一个信息交流的平台,人们都能够根据自己的需要获取信息。同时,在网络社会中,每个网络行为主体都可以通过一台联网的计算机或一部智能手机,和网络信息社会中的任何其他人进行交往,没有必要刻意地接受某个他人的特殊道德要求,也没有必要不得不遵守某个他人的特别道德训诫。互联网本身是一种倾向于自治的管理机制,缺少国际管理中心。在网络上,所有的人都是网友,没有人享有某种特殊的待遇。这是一个充满了陌生人的世界。由于网络的缺乏管理中心和熟人在场的特性,人们在道德要求上具有了空间的宽松道德氛围。传统社会中的外在道德要求无法有效地发挥其作用,人们在网络社会中更多地需要自己负责、自己做主、自我管理。因此,在这种情况下,网络行为主体的自主意识,尤其是权利、责任和义务意识就显得十分重要。因此,在网络社会中,网络信息的道德监督、管理方式与传统社会相比有了很大区别,网络信息伦理更加彰显了一种自主性的特征。

与传统社会伦理相比,网络信息伦理还具有鲜明的开放性。在传统社会中,人们的交往受到各种条件的限制,比如国籍、价值观念、宗教信仰、政治态度、居住位置、职业、交通等。从人类社会的发展来看,不同的国家、不同的价值观、不同的宗教信仰、不同的政治态度等都会成为阻碍人们彼此交往的因素。但是,在网络社会中,无论你身在何处,只要你借助电子设备和网络,就可以和数据库以及外面的世界快速地连接起来,能够在网上与他人交流各自的观点。网络信息技术突破了传统社会中的各种国家、地域之类的差异性,没有这里、那里的区别,一切都可以通过网络快捷地联系起来。于是,传统社会中局限于地理的道德基础,在网络社会中无限地扩张。各种不同的道德观念、伦理价值以及与之密切联系的生活方式在这种开放的道德气氛中非常清晰地呈现在世人面前。各种具有不同道德观念、伦理价值的人能够在网络社会中借助网络信息技术相互了解、学习和交往。当然,其中也会存在各种不同的争论。从人类社会的发展来看,人类的交往总是从较小范围向较大范围扩展,非人性的道德总是最终为人性的道德所取代。社会的开放性是道德取得进步的重要前提。网络社会的到来,为网络信息伦理鲜明的开放性提供了坚实的基础。

(三) 多元并存性

人类社会越走向自主开放,就越表现出一种多元并存的特性。以网络技术为基础的互联网的发展,有力地促进了网络信息伦理所具有的多元并存性。在传统社会中,从某个民族或地区的伦理状况来看,由于该民族或地区所具有的地理稳定性,人的思想观念、知识结构、兴趣需要、情感倾向等都比较统一,具有一定的趋同性。比如,儒家价值观是古代中国的价值核心,实用主义是美国的价值观的表达,功利主义是英国伦理文化中的典型价值观。当人类社会进入网络信息时代,情况发生了很大变化。在网络上,缺少国家、民族或地区的界限,人的多样性不断被尊重和重视。人们借助网络信息技术,可以根据自己的伦理价值观形成一定的网络社团。这些突破了地区、民族或国家界限的网络社团,无形之中把彼此不同的思想道德观念、价值要求、风俗习惯等在网络上表现出来。原有的趋同的道德日益展现为一种多元道德并存的局面。

值得注意的是,我们提出了网络信息伦理的多元并存性,并不是要否认传统社会伦理中所存在的多元并存性,也不是主张网络相对主义。如果从全球的视野来看,各个民族或地区之间也还是存在着伦理上的多元并存特性。网络社会的多元并存性是指网络上既存在适合某个地区或民族所普遍认同和提倡的网络社会伦理标准,还存在个体所信奉的各种不同的网络个体道德要求。因此,我们所提出的网络信息伦理的多元并存绝不是相对主义。相对主义是公说公有理,婆说婆有理,没有统一的、绝对的道德判断的标准。我们所提出的网络信息伦理具有网络社会伦理标准和网络的个体道德要求。

三、网络信息伦理的价值意义

网络信息伦理是应用伦理学研究中的重要内容,具有重要的理论意义和实践意义。

从理论上看,网络信息伦理的研究丰富了我们对道德价值的认识。伦理学理论常常探讨各种道德的价值,但如何认识道德的价值常常是一个十分抽象的问题,比如道德的自由价值、平等价值、权利价值等。从伦理学的发展来看,探讨道德的价值的相关理论还十分欠缺。这需要回答人类为什么要设计道德? 人类设计出道德的目标是什么? 如何衡量和评价各种道德现象对于人本身的意义? 在道德的多种目标发生矛盾和冲突时,我们需要什么样的原则来解决这些冲突,走出困境? 这些都是伦理学基础理论中十分重要的内容。研究网络信息伦理能够把这些问题具体化为:为什么要设计网络信息伦理? 人类设计网络信息伦理的目标是什么? 如何衡量和评价各种网络道德现象对于人本身的意义? 在网络伦理的多种目标出现矛盾和冲突时,我们需要什么样的原则来解决这些问题? 因此,我们在研究网络信息伦理的过程中,回答这些网络信息伦理的问题无形之中深化了我们对道德价值的理论认识,有助于伦理学,尤其是应用伦理学的发展,提高相关理论水平。

从实践上看,网络信息伦理的研究具有三个方面的重要作用:

其一,网络信息伦理的研究有助于推动社会不断向前发展。网络信息技术是当今科技高速发展的产物,能够有力地推动社会不断向前发展。按照马克思主义的唯物史观,社会上层建筑和社会意识形态是由生产关系决定的,生产关系是由生产力决定的。道德作为社会意识形态现象具有巨大的能动作用。以马克斯·韦伯在《新教伦理与资本主义精神》一书的观点为例,他考察了 16 世纪宗教改革以后的基督教新教的宗教伦理与现代资本主义的亲和关系。在韦伯看来,资本主义的产生是与新教伦理分不开的。新教加尔文教派所信奉的"预定论"认为,上帝所要救赎的并非全部世人,而只是其中的"选民"。谁将要成为"选民",都是上帝预先确定了的,个人的行为对于解救自己无能为力。从表面上看,"预定论"是一种宿命论。但在韦伯看来,"预定论"导致新教徒的内心深处产生了强烈的紧张和焦虑,教徒只能以世俗职业上的成就来确定上帝对自己的恩宠并以此证明上帝的存在。于是创造财富成了一种神圣的天职,世俗经济行为的成功不是为了创造可供享受和挥霍的财富,而是为了证实上帝对自己的恩宠。从而,"预定论"的宗教伦理就激发了信徒的勤勉刻苦,使他们把创造财富视为一桩严肃的事业,利用健全的会计制度和精心盘算,把控资本投入生产和流通过程,从而获取预期的利润,这也促进了资本主义的发展。网络信息伦理与社会发展之间存在着与之类似的关系。网络信息伦理的研究有助于人们珍惜和完善相互之间的生存关系,以理性生存样式不断创造和完善人类的生存条件和环境,推动社会的不断进步。

其二,网络信息伦理的研究有助于规范网络主体的道德行为。网络信息技术的发展,尽管有着巨大的正面社会效应,但所带来的负面作用也不断出现,尤其是对青年学生所带来的负面影响不容忽视。人们的道德水平并没有随着网络信息技术的升级而提高,反而出现了道德冷漠、人性异化……所有这些表明道德发展与经济技术的发展没有完全同步。而且,由于网络信息技术具有数字虚拟性,人们道德行为的自律就显得更为重要,自律性差的人的不道德行为由于他律的减弱或缺失而出现。而网络信息技术的开放多元性,则意味着全世界的各个地区、民族或不同共同体中原来很少往来的人能够聚集于网络,从而各个地区、民族或不同共同体的价值观同时呈现,其冲突和困扰就不可避免地表现出来。"网络伦理危机""网络道德冲突"等词的出现不是偶然的。人们常常在这种冲突或困境中难以适从。因此,研究网络信息伦理在当今社会中十分必要,具有规范网络主体的重要作用。

其三,网络信息伦理的研究有助于提高人的精神境界,形成良好的社会风气。网络信息伦理的研究能够发挥道德的力量。从人类社会的发展来看,经济的繁荣、社会的进步、人类的文明,都离不开道德的发展和完善。在社会发展中,道德依然是个人自我发展的内在动力,是凝聚全社会成员的一种重要精神力量,深深地影响着人的精神风貌。道德主导着社会风气,因此,人们常常把社会风气就看成道德风气。当前,人类社会进入网络信息时代,网络社会已经成为人的第二生存空间,在人类的精神生活中占据重要地位,网络信息伦理的研究必将有助于我们提高精神境界,营造良好的社会风气。

第二节　网络信息中的伦理问题

网络社会是一个"自由空间",它在给人们带来自由的同时,也向人类社会提出了各种挑战。人们在感叹网络信息技术带来各种方便时,也不能不警惕网络社会中隐藏的形形色色的风险。比如,网络犯罪、极端自我主义的膨胀、人情淡漠、情感危机、人性异化等,其中就存在许多不可忽视的伦理问题。

一、网络信息伦理问题的表现

网络信息伦理问题是在网络空间中所发现的各种伦理问题。由于网络空间是一个不同于现实物理空间的领域,传统物理空间中的道德要求在这个空间的运用并不十分确切,存在众多困惑和分歧。目前,一些人把网络空间视为道德真空,给自己、他人和社会带来了危害。这些网络信息中的伦理问题主要表现为道德行为的失范、道德情感的失控、道德观念的混乱和大数据时代的异化。

首先,网络信息伦理问题中涉及最多的是道德行为的失范。它表现为网络行为主体在网络上为所欲为,好像其行为不受任何约束。网络社会是现实社会的延伸,也存在一定的道德规范,这样才能维护其正常有序的发展。当一些人或组织挑战一切应有的道德规范时,道德行为的失范就出现了。在网络社会中,道德行为失范的伦理问题主要包括:

第一,知识产权以及财富安全的伦理问题。在当今现实社会中,一些人借助网络技术侵犯知识产权。在一些人看来,互联网上的信息都是免费的、无偿的,能够随意获得。因此,他们没有得到授权就复制他人的成果,导致了网络社会中的恶意侵权和盗版问题。同时,由于网络信息技术的发展,侵权、盗版、复制变得十分容易,于是这种行为在网络上常态化。还有一些人为了获取个人利益或自我炫耀,编制和传播病毒,破坏他人电子设备的正常工作,这种行为严重威胁到人们的财富安全。正如反计算机病毒专家王江民所言:"编病毒的人多,反病毒的人少,几个反病毒专家的思想怎么能够和数不胜数的编病毒人的思想相比。另外,编病毒在暗处,反病毒在明处,所以,我们不可能超越他们,也无法知道他们正在琢磨什么怪招法。"[①] 这种行为所带来的问题将是一个网络社会中所必须面对的长期问题。

第二,隐私权保护的伦理问题。在网络社会中,能否保护个人隐私权,日益成为人们关注的问题。在当今网络技术条件下,一些黑客能够借助高超的技术自由出入网络世界,让一些国家的防火墙形同虚设;一些公司出于销售的需要,将上网者在网络上留下的一举一动收集起来,形成其潜在销售对象的数据材料;一些企业为了提高工作效率,奖勤罚懒,借助网络技术监控员工的一言一行;还有一些软件商在其销售的软件或所提供的免费下载软件中内置专门程序,能够把使用者的个人信息提供给服务商。所有这些都侵害了个人隐私权。

第三,言论自由滥用的伦理问题。网络社会是开放的社会。上网是一种获取信息比较简单易行的方式,许多人自然而然地把它作为获取信息的首选。在上网的过程中,一些人借口言论自由,在网络上靠传播欺骗信息牟利,进行不实的或恶意的政治攻击、人身攻击等,甚至还有一些人或组织在网络上传播反人类的邪教信息。所有这些都严重威胁了网络社会的正常发展。

其次,道德情感的变异。网络的出现,为人们打开了一个神奇的虚拟世界,拓展了人们认识世界的能力和机会。但是,网络技术的迅速发展也给人们带来了道德情感的变异。这主要涉及色情泛滥与道德冷漠。

第一,色情泛滥。人们在现实社会中的生存与发展总是需要一定的情感,网络社会的到来,为人们情感的交流提供了更为广阔的空间。网络社会充斥着各种各样的交友俱乐部、交友中心之类的组织,这些组织成为许多人情感宣泄的场所。同时,伴随着正常的网络情感发展,网络色情来势汹汹。网络色情商品的销售和情色交易十分猖獗。网络使得大规模制作色情音像制品更为快捷,传播更为迅速。一些专门提供这些色情信息的各种平台纷纷出现,如激情聊天、色情社区等,访问的人数难以估计,其中有相当多的青少年深陷其中,难以自拔。

第二,道德冷漠。在网络社会中,人们的身份数字化,现实生活中的人与人之间交流的丰富性被简单化、机械化。人与人之间的交流变成了人与机器或机器与机器的对话。许多人日益沉沦于网络世界,成为患上网瘾的"网虫",在网上的时间越来越长,而在现实生活中的时间越来越短。由于经常与电子设备为伴,一些人和自己的亲朋好友的关系越来越疏远,道德人格受到了扭曲。在网络中,轻轻一点鼠标就可以在游戏中消灭一个人或一个生物的生命,没有流血,没有哭喊,仿佛这个人或生物就不存在。人们长期生活在这种网络之中,正常的道德情感就萎缩了,似乎认为以虚拟社

---

① 刘韧、张永捷:《知识英雄——影响中关村的 50 个人》,中国社会科学出版社 1998 年版,第 447 页。

会的解决方法能简单地解决现实社会中的问题。同时，一些人长期参加各种虚拟家庭游戏，在"虚拟朋友""虚拟夫妻""虚拟父母"的关系中逐渐迷失了正常的自我情感。长此以往，一些人无形之中患上了道德冷漠症，缺乏人的基本道德情感，思考问题极端化。

道德情感是人的基本价值观形成的重要前提。如果一个人的情感世界充斥着色情与暴力，缺乏基本的道德良知，这对于社会的发展和个人自身的发展来说，都是十分有害的。同时，人的道德情感的变异，也意味着人的道德社会化受阻，无法完成正常的道德社会化的过程，在以后的社会生活中将会遇到极大的困难。

再次，道德观念的混乱。网络社会是开放的、自由的。任何人、组织、民族、国家都可以在网络上发表观点。在网络这个世界共同体中，人们的道德观念从来没有如此混乱。一方面，道德观念冲突的范围广。网络信息技术的特性就是突破了传统的国家、民族、区域等有形的界限，把整个世界融为一体。因此，在网络社会中，人们道德观念的冲突是全方位的。世界各地的各种道德观念都聚集在一起，因而，这种道德观念的冲突范围是以往传统社会所难以比拟的。从主流道德文化到非主流道德文化，从传统道德文化到现代道德文化，各种道德思想从来没有如此紧密地汇集在一起。另一方面，随着网络信息技术的发展，道德观念冲突的频率高。自从人类社会开始使用网络信息技术，人类运用新技术的能力突飞猛进，无论信息的传递方式还是信息的传递容量都是日新月异。这种发展也就为各种道德观念的交锋提供了更多的机会。如果说过去还需要借助计算机来进行探讨，那么现在仅仅借助手机等其他电子设备就可以参与讨论。

值得注意的是，尽管网络信息技术使得道德观念冲突的范围广、频率高，但这并不意味着道德观念冲突只是永远表现为冲突的一面。事实上，这种道德观念的冲突也可以达成某种道德观念的一致性。从人类文明的发展来看，任何文明中占据主流的道德思想观念总是从不同道德观念的竞争中出现的，最终成为某个民族的主流道德思想。这也是激发我们研究网络信息伦理问题的表现、挖掘其背后成因、把握其实质的重要目标之一。

最后，大数据时代的异化。随着网络技术的发展，出现了所谓的"大数据伦理问题"，即由于大数据技术的产生和使用所引发的社会问题。正因如此，人们提出了大数据伦理的概念。如果说前面道德行为的失范、道德情感的变异、道德观念的混乱还主要涉及一些小范围内的伦理问题，那么大数据的异化所带来的问题则是社会大范围内的伦理问题。成千上万的个人信息被一些公司、组织或集团加以滥用，甚至用于违法行为。它主要表现在三个方面：

第一，大数据垄断问题。随着网络技术的不断发展，人类进入大数据时代，每个人的信息都进入了各种不同的数据库。而大数据的出现带来了数据的垄断问题，一些数据库的管理者为了自己本部门的利益垄断数据资源,借助这些资源积累自己的市场份额,甚至使自己占据市场支配地位。这种数据垄断就造成了数字鸿沟,即在全球化数字进程中,人们由于掌握信息、网络技术以及运用能力等方面的差别而导致的信息落差和贫富两极不断分化的趋势。一些公司、组织或集团借助自己的网络信息数据库以及先进的技术垄断了某个成果,造成人为的数据壁垒,从而形成"富者越富、穷者越穷"的不公正现象。

其二,大数据"杀熟"问题。在大数据时代,每个个体都会在生活中运用各种网络技术,留下自己的各种信息,而这些留下的信息不仅有泄露的风险,而且每个人都只能看到自己关注和自己所想看到的信息,因而减少了接触其他信息的可能,从而把自己局限在一个狭小的信息领域。个人与大数据库的管理者之间处于信息的不对等状态。一些大数据库的管理者充分利用这一点,让老客户只能看到他们所愿意让老客户看见的商品或服务,导致老客户购买的价格要高于新客户。随着大数据的发展,大数据的"杀熟"现象也表现得越来越突出。从某种意义上看,它是大数据垄断的必然结果。

第三,人为物役问题。网络技术越发达,人就越受制于技术。在大数据时代,为了生活的便捷,人的一切要素,无论身体指标还是精神上的爱好,都被转化为各种数据。人的主体性和独立性不断丧失,不得不依靠网络技术才能生活,于是自以为获得便利的人在不知不觉中被网络技术所控制。大数据把每个人的生活全部进行了技术处理,人成了名副其实的符号。如果没有大数据所提供的选项,每个人似乎都无法生活。在这种人为技术所控制的时代,人越来越失去了应有的主体精神。

二、网络信息伦理问题的成因

前面我们探讨了网络信息伦理问题的各种表现,而关于这些网络信息伦理问题的成因,目前学界主要是从社会原因和网络行为主体的内部原因两个方面来探讨。

从当今网络信息伦理的研究来看,网络信息社会伦理问题形成的社会原因主要包括技术原因、经济原因和文化原因等。

其一,技术原因。它是指网络技术存在缺陷,无法很好地通过保护网络来防止伦理问题的出现。

随着网络的出现,各种网络防护技术也就应运而生。但是任何技术本身都存在被破解的可能。一方面,网络防护技术常常滞后于一些网络病毒研究者的计算。毕竟,网络防护技术不可能一开始就把可能出现的技术问题考虑周全。另一方面,网络信息防护技术是一把双刃剑,既有促进人们遵守道德要求的积极作用,也会带来一些不可避免的消极作用。比如,防火墙技术固然可以防止某些不道德行为的出现,但这种技术也直接影响人们的自由交流。再比如,网络信息的过滤计算可以有效地过滤各种网上的色情信息,但也会把网络上所有包括性器官在内的有关性的信息过滤掉,从而给医学工作者和相关的病人在网上获取所要咨询的内容带来了阻碍。

其实,任何新技术的运用都扩展了人类的生活空间,但它本身就意味着一种潜在的新的伦理风险,可能带来新的伦理问题。网络信息技术具有结构的开放性、通信的快捷性、空间的虚拟性、技术的共享性等特性。这些特性表现出网络信息技术是一种具有综合性、复杂性的技术,都为网络社会的伦理问题的产生提供了机会。在现实社会中,道德规范以及道德要求都展现为某种具有民族性、地区性或某种国家意志的特征,总是在一定民族、一定地区或某个国家的领域内运用。但是,随着网络技术的运用,民族、地区和国家的边界变得模糊,原有的体现民族性、地区性或国家意志的道德意识变得模糊,原有的存在于民族、地区或国家的道德规范以及道德要求就显得狭隘,无法有效地发挥作用。网络似乎成了一个道德真空地带,于是,网络上的伦理问题不可避免地出现了。

从网络信息技术的发展来看,网络信息技术的发展固然能够给人类带来各种生活福利,但也会使人性在网络信息技术的使用中发生扭曲。正如尼葛洛庞蒂在赞美网络信息时代的光辉前景时,仍不失警觉地指出:"每一种新技术都存在问题。我们将会看到知识产权被滥用,隐私权也受到破坏,我们会亲身体验到数字化生存造成的文字破坏,以及软件盗版和数据窃取等现象。"[①]

其二,经济原因。它是指对经济利益的追求导致网络信息伦理问题的出现。

网络社会也是一个经济社会。在网络社会中,对现实社会的经济利益的角逐从来没有停止,价值规律在网络经济中同样适用,实现网络社会中的经济利益最大化是网络经济中的核心目标。应该看到,信息生产者和传播者如果能够具有某种信息产品的所有权,并通过信息产品的销售来收回成本,获取利润,这是合乎道德的。然而,借助网络技术的非法复制、使用有知识产权的产品并从中获利则是一种不道德的行为。在这种经济利益最大化的追逐中,现实社会中的义利冲突也在网络社会中上演,而且有过之而无不及。为了获取最大经济利益,除了非法复制、侵犯知识产权,从垃圾广告到收费陷阱,从计算机病毒到付费色情视频,等等,可谓应有尽有。网络上充斥着各种不道德的诱惑,无论网络欺诈、网络剽窃、网络泄密还是网络攻击、网络色情等,经济利益的最大化是其中重要原因之一。

其三,文化原因。它是指网络文化的多元性导致网络信息伦理问题的出现。

---

① ［美］尼古拉·尼葛洛庞蒂:《数字化生存》,胡泳、范海燕译,海南出版社1997年版,第267页。

网络信息技术所形成的社会具有"无中心性"的特征,即原有的现实社会中的权威在这里失去了位置。网络是一个任何人都能够自由出入的社会。从表面上看,在这个社会中,没有任何权威性的文化可以主导一切。各种文化都在这里存在和发展,各种文化的多元共存也带来了各种道德价值观的激荡。这种道德价值观的激荡程度由于网络技术的便捷性而超过了以往任何时代。在网络社会中,道德价值观的信息交流是全方位的,网络信息的超地域性加剧了不同国家、民族和地区之间不同道德和文化的冲突,人们似乎能够找到指导其道德行为所需的任何理论依据。这种道德价值观的多样性源于网络文化的多元性,这大大增强了人们谋求某种道德共识的难度。因此,当某种错误的道德价值观发挥作用,就必然出现相应的伦理问题。

当然,还有些研究者探讨了政治原因、社会监管原因、法律原因等,认为政治多元化、社会监管不力、法律作用有限等也会导致伦理问题的出现。值得注意的是,所有这些原因都是网络信息伦理问题出现的外在诱因,并不意味着存在这些问题就一定导致伦理问题的出现,但这些因素都是导致伦理问题出现的前提。

从网络社会的产生和发展来看,网络信息行为主体是网络社会中最为积极的因素。网络信息主体在网络上的道德表现既有外在原因,也有内在原因。正如孔子指出的:"为仁由己,而由人乎哉?"(《论语·颜渊》)个体道德状况的形成,固然与外在原因有关,但还是要"由己"才会最终起作用。毛泽东说:"唯物辩证法认为外因是变化的条件,内因是变化的根据,外因通过内因而起作用。"[①] 就此而言,网络信息行为主体的内在原因更为重要。

其一,网络信息行为主体的平等性可能造成个体自由的过度扩张。网络社会是一个不断快速发展的自由社会,任何人都可以凭借网络平台成为网络社会中的平等一员。网络信息行为主体可以不需要任何"护照",就可以任意出入任何"国家"。从网络社会的形成伊始,"无政府"成为公用网络的流行语,现实社会中存在的各种较为严格的行为规范与界限要求在这里被突破,边缘化的人在网络信息社会中获得了更多的平等机会。因此,从现实社会进入网络社会,人们能够无视现实生活的高低贵贱之分,充分享受着彼此之间的各种平等和自由。但这种自由容易形成自由的过度扩张。在自由扩张中,网络信息行为主体自以为能为自己做一切主,想怎么干就怎么干,获得的"自由"远远超出了社会赋予他们的责任。这就很容易突破基本的网络道德要求,甚至造成侵犯隐私权、自由主义和无政府主义泛滥等严重后果。

其二,网络信息行为主体的隐身性可能造成道德意识的暂时缺失。网络信息行

---

① 《毛泽东选集》第一卷,人民出版社 1991 年版,第 302 页。

为主体可以借助网络技术实现自身行为的数字化、符号化等,在网络社会中完全隐去自己的姓名、身份、国籍、民族、年龄等,而以某一个符号存在。这种网络信息行为的数字化和符号化,容易形成"反正没有人认识我"的自我暗示。从而,网络信息行为主体似乎戴上了数字符号的面具,已经脱离了现实社会中真实存在的个人身份,进入一个暂时没有道德意识的黑暗世界。他们自以为在这里可以摆脱道德意识的存在,从而导致网络信息伦理问题。

其三,网络信息行为主体的自我中心性可能导致伦理关系的单极化。当网络信息行为主体认为自己具有平等性、隐身性,能够充分实现自己上网的自由,就很容易形成网络行为主体的自我中心性,即一切以自己的好恶为标准。这样,每一个网络信息行为主体就如同单个原子一样,把自己彻底凸显出来。因此,当每一个网络信息行为主体在网络社会中都以自我为中心,极易导致网络信息伦理关系出现单极化,自以为是网络社会的中心,拥有绝对权利,从而容易出现道德冷漠、道德人格虚伪、交往心理障碍或仅仅把他人视为获取个人最大利益的手段等问题。原有的平等的伦理关系失去了平衡,权利与义务无法对等甚至出现了断裂。由于某些网络信息行为主体热衷于追求网络信息的权利而抛弃应尽的义务,各种伦理问题也就接踵而来。

通过上面的分析我们不难发现,这些网络信息行为主体的自身特性只是网络信息伦理问题出现的可能性原因。网络信息行为主体自身道德素质低下才是网络信息伦理问题出现的根本原因,它表现在两个方面:第一,网络信息行为主体道德选择能力的低下。在网络社会中,道德选择能力的低下,会导致网络信息行为主体无法通过道德理性正确地认识道德对象,分析网络社会中的道德事实,因而也就无法克服自己在情欲等方面的弱点,提高自己的道德水平。第二,网络信息行为主体道德践行能力的低下。在网络社会中,道德践行能力低下会导致网络信息行为主体无法有效地实践其所获得的正确的道德认知,这体现为尽管网络信息行为主体明知什么是善、什么是恶,但缺乏强有力的意志支撑,无法把道德行为表现出来。

因此,从网络信息行为主体的内在原因来看,如果自身加强道德修养,具有一定的道德认识,就能够明是非、知善恶,就会自觉地遵循网络信息伦理的道德规范和相关要求。网络信息社会的到来,为人类社会伦理关系的扩展提供了前提,为人们的自由全面发展提供了机会。但是,如果网络信息行为主体自身存在道德问题,就会导致自由的滥用,出现了网络信息伦理问题。

三、网络信息伦理问题的实质

网络信息伦理问题的形成,有其社会原因,也有网络信息行为主体自身的原因。而网络信息伦理问题的实质是网络信息主体的个人利益与网络社会的整体道德义务之间的矛盾。

　　网络社会的健康持续发展与现实社会的健康发展一样离不开一定的道德义务。许多地区和国家的机构都提出了网络社会所要遵循的道德义务。比如,美国计算机伦理协会曾经公布了网络信息行为主体应该做到的道德义务:"(1) 你不应该用计算机去伤害别人;(2) 你不应该去影响他人的计算机工作;(3) 你不应该到他人的计算机文件里去窥探;(4) 你不应该用计算机去偷窃;(5) 你不应该用计算机去做假证;(6) 你不应该使用或拷贝你没有付钱的软件;(7) 你不应该使用别人的计算机资源,除非得到了准许或作出了补偿;(8) 你不应该剽窃别人的精神产品;(9) 你应该注意你正在写入的程序和你正在设计的系统的社会效应;(10) 你必须以深思熟虑和慎重的方式来使用计算机。"[1] 再如,中国互联网协会公布的《文明上网自律公约》中要求:"自觉遵纪守法,倡导社会公德,促进绿色网络建设;提倡先进文化,摒弃消极颓废,促进网络文明健康;提倡自主创新,摒弃盗版剽窃,促进网络应用繁荣;提倡互相尊重,摒弃造谣诽谤,促进网络和谐共处;提倡诚实守信,摒弃弄虚作假,促进网络安全可信;提倡社会关爱,摒弃低俗沉迷,促进少年健康成长;提倡公平竞争,摒弃尔虞我诈,促进网络百花齐放;提倡人人受益,消除数字鸿沟,促进信息资源共享。"[2] 除此之外,还有其他一些组织或机构都曾提出了网络信息社会中网络信息行为主体所要履行的道德义务。尽管网络信息技术的发展日新月异,各个地区、国家的人们有一定的道德认识的差异,提出的道德义务有一些区别,但其中还是具有一定的伦理共识,即尊重自己,尊重他人,维护网络信息社会的健康发展。任何国家或地区的道德义务都不会支持在网络中侵犯他人的基本人权、破坏网络信息的正常传播,因为这些行为违反了基本的网络信息社会的道德共识。

　　然而,一些网络信息行为主体在网络社会中过分追求个人利益,于是与这些网络社会所达成道德共识的道德义务之间产生了矛盾。在正常情况下,网络信息行为主体要自觉遵守网络社会所达成的道德共识,遵守道德义务。但是,有些网络信息主体过度追求个人利益,主动抛弃了本来应该遵守的网络社会应尽的道德义务。这种把自己本来应该朝着某个方向表现的力量向相反的方向转变,可以称之为"异化"。按照黑格尔的理解,异化是一切精神的或物质的发展到了一定时期的必然转化,是纯粹概念向外转化到同自己相反的方面。因此,我们也可以把网络信息主体的个人利益与网络社会的整体道德义务之间的矛盾理解为网络信息行为主体的自我道德异化。

　　网络信息行为主体的自我道德异化在网络信息伦理问题中表现为两种:

---

① 转引自章海山、陈泽勤主编:《伦理学引论》第 2 版,高等教育出版社 2016 年版,第 320 页。
② 《中国互联网协会发布〈文明上网自律公约〉》,中央政府门户网站,2006 年 4 月 20 日。

一是网络信息行为主体与网络技术之间的道德异化。网络信息技术是网络信息行为主体创造和发明的,是为网络信息行为主体服务的。网络信息技术越发展,网络信息行为主体越能够体现自身价值,获得更多的自由与发展。然而,在网络信息技术发展过程中,网络信息主体日益成为网络信息技术的附庸。人类发明了网络信息技术,希望能够运用网络信息技术增加知识、财富,丰富人的情感,促进人的道德思维能力的发展,然而,一些网络信息行为主体借助网络谋求一己之私,不惜损害他人或整体的利益,编制病毒,或偷窥他人隐私,或网络欺骗,或造谣中伤,等等。其结果是人们的人身、财富的安全受到了威胁,权利受到侵害,各种道德观念混乱,原有的主体与技术之间的关系发生了道德异化。正如马克思所言:劳动者"在自己的劳动中不是肯定自己,而是否定自己,不是感到幸福,而是感到不幸,不是自由地发挥自己的体力和智力,而是使自己的肉体受折磨、精神遭摧残"[①]。

二是网络信息行为主体之间的道德异化。在网络大数据时代,网络信息行为主体之间本来应该友好相处,共同运用网络这个信息平台,从中获取所需要的信息,促进个人的自由而全面的发展。然而,在网络信息行为主体与人自身所创造的网络技术之间出现了异化,从而导致网络信息行为主体之间的异化。各个网络信息主体的网络技术水平各有不同,道德水平有高有低,个别网络信息行为主体能够凭借自身超常的网络技术实现网络信息的独享,从而破坏了网络信息行为主体本来应有的共享。由此来看,当部分网络信息行为主体的不道德行为改变人与人之间本应正常的伦理关系时,从异化角度来看,这就形成了某些网络信息行为主体之间的异化。其实,这也意味着人自身的道德异化。正如马克思所说:"人同自己的劳动产品、自己的生命活动、自己的类的本质相异化的直接结果就是人同人相异化。"[②]人与人之间的异化,或者说网络信息行为主体之间的异化是网络信息行为主体与网络技术之间异化的必然结果。

人类创造了不同于现实社会的网络社会,使得网络信息技术一日千里地向前发展。然而,在这种飞速发展中,我们在多大程度上在自己所创造的网络信息社会中成为自己的主人,是很值得深思的。网络信息行为主体在追求个人利益时,罔顾网络社会的整体道德义务,异化了与网络技术之间、与其他网络信息行为主体之间的伦理关系。从这个方面来看,网络信息伦理问题的出现是人在创造网络信息社会中的自我道德异化。归根到底,网络信息伦理问题的实质是网络信息主体的个人利益与网络社会的整体道德义务之间的矛盾。

[①] 《马克思恩格斯选集》第一卷,人民出版社 2012 年版,第 53 页。
[②] 《马克思恩格斯选集》第一卷,人民出版社 2012 年版,第 58 页。

第三节 网络信息伦理的构建

在网络大数据时代,网络信息社会出现的各种伦理问题,迫使人们必须要考虑如何构建网络的正常秩序。网络信息伦理的构建主要包括网络信息伦理构建的基本原则、主体建设和教育管理三方面的内容。

一、网络信息伦理构建的基本原则

要做好网络信息伦理的构建工作,就需要确立一些基本原则。一般而言,这些基本原则的确立源于计算机网络的特质,这些基本原则包括无害性原则、调整性原则、自由性原则和系统性原则。

(一)无害性原则

无害性原则是指任何网络行为主体在网络社会中参与活动时不得利用计算机损害整个网络社会的整体利益。网络是为一切愿意参与网络社会的人员提供的一个有效交流的信息平台,它需要参与网络活动的行为主体之间遵循无害性原则,这就要求各个网络主体之间能够做到平等相待、彼此尊重。也就是说,无害性原则包括平等和尊重的道德要求。

第一,平等的要求。网络是一个人类彼此交流信息的平台,每个网络行为主体都在这个网络信息交流平台中享有平等的权利和义务。一个人的所作所为直接或间接地影响其他网络用户。无论一个人在现实社会中具有什么样的社会地位、职务,处于什么样的文化背景之中,在网络信息社会中都只是具有某个特定网络信息的"代码"。网络所提供的所有信息和服务需要大家彼此之间都能平等地使用。而网络病毒、网络犯罪等,都只是有利于某些个别人的利益,损害了整个网络的整体利益,严重违反平等的要求。

第二,尊重的要求。不管网络信息技术如何发展,网络的主体始终是人本身,不可能是机器本身。因此,在网络信息社会中,要贯彻无害性原则,就需要建设人性化的网络,需要网络主体之间的彼此相互尊重。人们在使用网络信息技术时,应该认识到网络并不是无人之境,而是人与人之间现实关系的延伸。如果在使用网络时,忽视这一点,就会失去人自身的身份感和自觉度,随意操纵计算机,侵犯他人的正当利益。因此,在网络社会中,尊重他人的隐私同样十分重要。

（二）调适性原则

调试性原则是指网络信息伦理的构建要与时俱进、能够可持续发展。网络信息技术是一个不断发展的领域。从网络电子邮件、微博到手机上网、社交软件等的出现，无不反映出网络技术在发挥其信息传递功能的过程中越来越予人便利。而每一种网络信息技术的提升，都意味着现实中人与人之间的伦理关系在虚拟世界的进一步拓展。这就需要网络信息伦理的构建做到与时俱进，不断根据实际情况，调整信息道德规范的内容、形式。同时，随着网络信息技术的快速发展，人们日益关注网络的长期健康发展，并且这种关注正在成为人们研究的重点，而适当调整网络系统中的道德规范有助于网络社会长期而健康的发展。因此，在网络信息伦理的构建中，贯彻调试性原则不仅要紧跟时代发展的需要，而且要符合网络社会长期健康发展的需要。

（三）自由性原则

自由性原则就是指网络本身是为了促进网络行为主体的自由发展，保障使用计算机网络的最大自由。网络信息技术的发展本身就是人的自由度的发展，它的存在和发展就意味着网络行为主体可以根据自己的意愿来选择自己所需要的信息，表达自己的观点。在现代社会中，网络的发展使人的自由得到了充分发挥。过去，人们想去参观一些名胜景点，却可能会受到一些实际情况的制约，比如费用、时间、精力等的影响。但是，运用网络技术，人们能够很容易地进入所想参观的名胜景点，甚至在有些方面能够比身临其境更好地了解名胜景点的情况。网络在这些方面所提供的自由是以往的生存方式和生活方式难以比拟的。所以，人们常常说"一网打尽""上网而知天下""数字化生存"等。随着人类步入信息时代，网络越来越强烈地介入人的生活，开辟了人的自由生活的第二空间。因此，构建网络信息伦理离不开自由性原则。

值得注意的是，贯彻自由性原则并不是与伦理规范相互矛盾。从表面来看，伦理规范要求网络主体在网络上遵循一定的道德要求，似乎是不自由的表现。其实不然，伦理规范所提出的道德要求正是为了保护每一个人上网的自由。比如，有人在网上自由地发送大量的垃圾邮件，这种自由就干扰了正常使用网络邮箱者的自由。再如，有人热衷编造一些热点新闻，从而增加点击率，这种自由就干扰了其他网络行为主体了解真相的自由。所以，伦理规范中的道德要求，并不是不自由，而是对自由的切实保护。

（四）系统性原则

系统性原则就是指在整个网络信息伦理的构建中要保障一种整体性效应。无论是无害性原则、调试性原则,还是自由性原则,都需要有整体性的规划,形成一种合理的规范系统。网络是一个系统,在构建网络伦理规范时也需要将其构建为一个系统。这需要把网络视为一个有机整体,从系统论的角度研究网络技术发展的内在规律,实现伦理规范的最佳组合。具体而言,系统性原则要求注意:一方面,网络信息伦理规范与网络行为主体的普遍道德水平要相适合。由于网络覆盖的广泛性,使用网络的人形形色色、良莠不齐。如果构建的伦理规范脱离网络行为主体的普遍道德水平,就会导致两者脱节,无法发挥其作用,网络伦理规范就会沦为一纸空文。另一方面,网络信息伦理规范的具体道德要求与网络表现形式要相互契合。网络表现形式多种多样,主要包括电子商务、社交媒体、微商模式、广告形式等,网络购物属于电子商务,微博、微信等属于社交媒体。当然,这些网络表现形式有时会相互交叉,如微信也兼有微商模式和广告形式。不同的网络表现形式有各自不同的特征,我们所提出的具体要求,就需要能够体现其特点,才能发挥其应有的积极作用。当然,系统性原则还要求网络信息中的伦理规范与整个社会的伦理要求相一致,这样才能确保网络信息伦理的具体道德要求发挥实际作用。

二、网络信息伦理构建的主体建设

主体与客体是哲学中的两个基本概念。主体是指有目的、有意识地从事实践活动的人,客体则是与之发生关系的对象。主体与客体是一对彼此相互依靠的概念,网络信息中的主体和客体也是一对相互依靠的概念。

网络信息中的主体是参与网络信息活动的人,它主要包括网络信息的创造者、服务者和使用者。网络信息中的客体是网络信息活动中主体的对象,如网络中的安全和隐私问题、管理问题等。

网络信息中的主体和客体是相互作用的。没有主体,也就没有客体;没有客体,主体也就失去了存在意义。从网络信息伦理的构建来说,主体也是一个道德主体,这也就涉及网络主体的道德权利和道德义务。我们正是在明确网络主体的道德权利与义务的基础上,来加强网络主体的道德修养,健全网络信息伦理的构建。

(一)网络主体的道德权利与义务

网络信息行为主体如同现实社会中的主体,既具有一定的权利,也具有一定的义务。我们这里专门谈谈网络主体在网络道德活动中的道德权利和道德义务。

网络主体的道德权利主要有隐私权、信息权、管理权等。

网络隐私权是指网络信息主体具有个人的基本信息受保护的权利,这些个人信息涉及个人简历、病历、婚姻家庭情况、生理缺陷、经济状况、特殊的爱好、个人情感、政治倾向、宗教信仰等方面。个人基本信息应该是被保密的,在没有得到主体的同意之前,任何人或组织都不能肆意传播。同时,任何人都有权利要求其个人基本信息的准确性,比如银行、医院或其他部门都要保证个人信息的准确性。另外,任何人都有权拒绝垃圾信息或不想接收的信息的骚扰。

网络信息权是指网络信息主体具有获取或发送信息的权利、访问网站的权利、信息安全的权利。第一,所谓获取或发送信息的权利是指网络信息行为主体在网络社会中都有获取(非特权)信息的权利,或在没有侵犯知识产权的情况下,给任何人发送任何合法合德信息的权利。第二,所谓访问网站的权利是指网络信息主体能够获得平等的网络访问权,能够访问任何公开的网站,但要以注意保护个人隐私为前提。这种平等的访问权在网络没有普及之前具有一定的不平等性。从贫穷地区和富裕地区网络发展来看,我们也可以发现其内在的复杂性。第三,所谓信息安全的权利是指要保证网络服务器及其保密文件的安全,网络需要一并提供可靠的网络安全为人们服务。在这个方面,网络电子运营商的安全责任就显得十分重要。

网络管理权是指网络行为主体在一些网站或论坛中,作为管理者所具有的权利。比如作为论坛或网站管理者,具有要求进入其网站或论坛的人遵守其基本要求的权利,再如父母和未成年人的监护人具有掌控未成年人上网的相关权利。

在网络社会中,不论网络信息行为主体是否了解自己的道德权利,是否敢于捍卫自己的道德权利,道德权利都是网络信息行为主体所应当享有的。只是这种道德权利往往是精神上的“软权利”,没有直接地与物质利益相联系。

网络道德义务是网络信息行为主体在网络道德活动中对自己、他人和社会所承担的道德使命和任务,主要包括尊重隐私权的义务、资源共享的义务、诚信的义务、公正的义务。

尊重隐私权是一项不证自明的义务。当网络信息主体参与网络信息的采集和运用时,要尊重隐私权,尽量避免在网络中传播其他网络信息主体的基本隐私信息,也不要自以为拥有信息传播自由权而侮辱或诽谤其他网络信息主体。

资源共享的义务是网络信息社会发展迅速的重要因素。正因为如此,我们常常把网络称为一个信息交流平台。网络信息行为主体在网络社会中拥有信息权的同时,承担着向社会公开一些合法合德的信息的义务。这种资源共享的义务有助于相互帮助,促进社会科学技术的发展、文化的交流和社会的全面进步。

诚信的义务也是网络信息主体应尽的义务,它要求在使用网络信息的过程中做到诚实守信,要有一定的个体责任心和社会责任心,没有依据的信息不要轻易传播,在网络信息的运用中做到诚实可信,不自欺,也不欺人。

公正的义务要求网络信息主体在网络经济活动中能够本着公正的原则来正确处

理交易双方的关系,要在网络交易活动中能够做到公正透明,防止尔虞我诈。网络经济活动需要彼此之间履行公正的义务,才能够建立起健康的网络经济社会,促进网络社会的健康发展。

一般而言,为了保证网络社会的快速、持续的长远发展,网络信息主体需要履行一定的道德义务。尽管从短期来看,履行一定的道德义务可能未必带来直接的经济利益,甚至可能有所损失,但是网络社会的健康快速发展必然会使各个网络信息行为主体从中受益。如果图一时之利,就可能隐藏着长远的危害。比如贩卖盗版软件,可能会让某些人或组织从中受益,但这种行为严重损害了软件工作者的利益,损害了他们工作的积极性。长此以往,我们很难想象还有谁愿意从事软件创新。这必然影响网络社会的健康发展。只要正确地运用我们的道德权利和履行我们的道德义务,网络信息社会的长远发展就能得到保证。

(二) 网络信息主体的道德修养

众所周知,道德修养是指人们在道德品质、道德情感、道德意志、道德习惯等方面所进行的自觉的自我改造、自我陶冶、自我锻炼和自我培养。网络信息行为主体的道德修养也就是人们在网络社会中从道德品质、道德情感、道德意志、道德习惯等方面所进行的自觉的自我改造、自我陶冶、自我锻炼和自我培养。

网络信息主体的道德修养过程是人道德自律形成和发展的过程,在方法上主要可以从两个方面入手:

一方面,要加强自我约束,自己为自己立法。网络上有各式各样的道德理论,网络信息主体要自觉地根据无害性原则、调整性原则、自由性原则和系统性原则,处理好以下五个关系。一是网络多元价值观与网络主流文化价值观之间的关系。在网络上,价值多元性是一种事实。也正是在这种事实条件下网络主体加强道德修养,就需要认识价值指导的一元性与价值存在多元性的关系。二是网络信息主体的道德权利与道德义务的关系。网络信息主体需要明确自己所拥有的道德权利和所应该履行的道德义务,尊重自己与他人的道德权利,履行应尽的道德义务。三是网络道德价值观与现实社会价值观的关系,我们不能把网络作为一个完全自由而不需要道德的空间,它与现实社会一样需要道德。要维持网络社会的健康发展,就要加强网络信息主体的道德修养,不能忽视网络道德。四是目的和手段之间的关系。在网络中,常常存在大量发垃圾邮件、随意侮辱他人等情况,这些不道德行为的确应该受到谴责。但是,在谴责这些行为时,有些网络信息行为主体出于维护网络社会健康发展的良好心愿,就要以恶治恶。目的的正当性并不意味着可以使用一切手段,我们要端正目的和手段之间的关系,既要有高尚的道德目的,也要有正确的手段。五是大节与小节的关系。在网络社会中,常常有些网络信息行为主体出入他人计算机,但并不破坏或窃取隐私,自认为这不过是小节,只要大节不失就可以了。殊不知小节失误,大节迟早难保。我们要防微杜渐,正确认识大节与小节的关系,才能真正做到自己为自己立法,达到道德自律。

另一方面,要结合职业道德教育来加强网络信息主体的道德修养。职业是人的社会关系的一个重要方面。自古以来,职业就对人们的道德意识和道德行为发挥着重要的影响。毕竟,每一个人要在这个世界中生存下来,谋求一定的发展,都离不开从事某个职业。职业道德始终对人与人之间的交往关系、对社会风气的改善起着一种特殊的道德感情的传递作用。尤其在当今网络社会,网络渗透到社会的方方面面,许多职业都需要运用网络来展开活动。这样一来,结合职业道德教育来加强网络信息主体的道德修养就成为一个非常重要的途径。我们可以从职业理想、职业态度、职业责任、职业技能、职业纪律、职业良心、职业荣誉、职业作风等方面展开,逐步推进网络信息主体道德修养的建设。通过职业道德的他律灌输,逐渐过渡到职业道德的自律,实现自我改造、自我陶冶、自我锻炼和自我培养,完善网络信息主体的道德修养。

加强网络信息行为主体的道德修养,是实现道德自律的过程。自觉的自我改造、自我陶冶、自我锻炼和自我培养是题中应有之义,其关键点在于每个人自己认真践行。孟子说:"仁者如射,射者正己而后发;发而不中,不怨胜己者,反求诸己而已矣。"(《孟子·公孙丑上》)孟子把道德修养中行仁比作射箭,无论射中与否都首先从自己内心找原因。"若起邪迷妄念颠倒,外善知识虽有教授,救不得"(《六祖法宝坛经·般若品第二》),说的也是这个意思。老子在《道德经》中指出,"致虚极,守静笃"(《道德经·第十六章》),突出了自身心灵的修养。在中国传统文化中,有许多加强自身道德修养的论述,值得我们在加强网络信息伦理的道德主体修养中加以借鉴。

三、网络信息伦理构建的教育管理

目前,网络已深入千家万户,通过网络来进行联系的人与日俱增。在网络日益普及化的当下,加强网络信息环境中的伦理教育与管理,具有十分重要的意义。

其一,能够保障网络信息社会的稳定与发展。在网络社会中,信息的自由流动无处不在。信息活动中本身就隐含着一定的道德价值观,各种信息活动的交流过程往往也是不同价值观的交流过程。在这种价值观的冲突和碰撞中,如果没有网络信息伦理教育与相关的管理,网络信息社会就有可能陷入混乱和内在斗争之中难以稳定,更谈不上发展。因此,加强网络信息环境中的伦理教育与管理,能够保障网络信息社会的稳定与发展。

其二,能够提高网络信息主体的道德水平。网络信息伦理教育与管理,就是要培养网络信息行为主体的道德认识,陶冶他们的道德情操,锻炼他们的道德意志,坚定他们的道德信念且使之成为一种道德习惯。因此,在网络信息伦理教育与管理过程中,网络信息行为主体的道德水平能够得到长足的发展。

其三,能够促进网络信息技术的健康发展。先进的网络信息技术的运用是推动网络社会不断发展的重要力量。加强网络信息伦理教育与管理,有助于保护个人隐私、防止网络欺诈等败德行为,也有助于网络新兴技术的推广与运用。反之,网络盗版泛滥、技术黑客横行等,则直接影响人们应用新兴技术的决心,也打击那些耗尽心神有所创新的技术开发者。依此来看,加强网络信息环境中的伦理教育与管理,能够促进网络信息技术的健康发展。

网络信息伦理构建的成败与网络信息伦理教育与管理有着密切的联系。我们不难想象,如果没有网络信息伦理教育与管理,网络信息伦理构建就会成为无源之水、无本之木。

要加强网络信息伦理构建中伦理教育与管理,就需要关注网络信息伦理教育与管理的基本方式。

其一,网络主体道德修养与伦理教育管理相结合。在网络信息伦理教育与管理中,要把外在要求与内在目标结合起来,实现网络信息行为主体他律与自律的统一。唯有实现了大多数网络信息行为主体的道德自律,才能有效地减少网络信息中的各种伦理问题。当然,网络信息行为主体的道德自律是一个由他律逐渐到自律的过程。在这个过程中,外在的网络伦理教育与管理是必不可少的。就此而言,通过网络行为主体的道德修养提高其自律水平,通过伦理教育管理形成外在促进机制,二者是相辅相成的关系。

其二,社会舆论宣传引导和组织管理监督相结合。网络社会中存在形形色色的思想观点和价值观点,这就需要加强网络舆论宣传工作的导向功能。可以充分利用广播、电视、报纸、期刊,尤其是网络自身的优势,大力宣传网络伦理规范的重要性,宣传国家的法律法规,这有助于形成良好的网络信息氛围。同时,需要加强相关的组织管理监督工作,对一些网络信息传播和运用中的不道德现象予以谴责,能够有效地发挥网络舆论宣传引导的正面效应。社会舆论宣传引导和组织管理监督相结合是网络信息伦理教育与管理的基本方式之一。

其三,伦理教育与管理的层次性与科学性相结合。在网络信息社会中,人们的道德水平存在层次差别,这与人们所接受的教育以及社会生活经验的不同有着密切的联系。就某一个人而言,这种道德层次也同样存在。因为,每个人的人生轨迹并不是一成不变的,而是存在着很大的变化,这种变化也就包括道德水平的变化。因此,网络信息伦理教育与管理要充分注意人们道德水平的层次性,具体情况具体分析,有层次、有重点地区别对待,科学地研究有针对性的对策和方法。因人施教、因时施教、因事施教。

其四,伦理教育与管理的广泛性与艺术性相结合。在网络社会中,网络行为主体涉及面广,成分复杂,伦理教育与管理的对象具有明显的广泛性。想要大范围地提高其道德水平,就要充分运用艺术性的方式方法,以及网络信息行为主体容易接受的喜闻乐见的内容来进行。在这方面,各种文艺作品,如电影、电视剧、小说等,都是很好的教育载体。我们还可以借助晚会、文艺汇演、节日庆祝活动等,通过有效的管理,提高人们的网络道德水平。

其五,网络技术与伦理教育与管理的经验相结合。在网络社会中,网络信息技术的提高也是有效防止网络伦理问题出现的重要手段。可以在总结网络伦理教育与管理的经验中,根据实际需要开发各种软件,防止黄、赌、毒等社会丑恶现象在网络的蔓延,为人们提供一个干净的网络空间。同时,需要根据不断变化的网络现实状况,不仅要在以往的伦理教育与管理经验中有所创新,而且要提升相关的网络技术,实现两者的迭代更新,确保网络空间的健康发展。

思考题:

一、试述网络信息的伦理特点。
二、如何看待网络信息伦理问题?
三、如何加强网络信息伦理构建中的主体建设?

第九章　政治伦理

政治伦理是对政治领域里的伦理道德问题的研究。政治领域是指国家统治系统或国家治理系统及其相应活动的领域。政治伦理与政治哲学内在密切相关。政治哲学是将政治学中相对一般或抽象的概念和问题上升到哲学层面来讨论。正义、公平、平等、权利、义务等概念，既是政治哲学讨论的重要概念，也是政治伦理所要关注的问题。两者的相对区分在于，政治哲学侧重于哲学层面，而政治伦理则更侧重于伦理道德层面，如政治品德等。

第一节　政治伦理概述

一、政治及其含义

在中国古代文献中，"政治"是一个复合词。"政"字在古代有四个含义。《尚书·洪范》曰："八政：一曰食，二曰货，三曰祀，四曰司空，五曰司徒，六曰司寇，七曰宾，八曰师。"孔颖达疏："曰八政者，人主施政教于民有八事也。"此处的"政"指政府事务。《论语·季氏》曰："天下有道，则政不在大夫。"此处的"政"指政权、政柄。此外，"政"还有政令政策和主持政事的意思。"治"本为水名，后来引申为治水、治理、整治。《广韵·至韵》曰："治，理也。"《逸周书·周官》曰："冢宰掌邦治，统百官，均四海。"《孟子·滕文公上》曰："或劳心，或劳力，劳心者治人，劳力者治于人。"这里的"治"均指治理、统治。因此，"政"与"治"二字就初见现代汉语的"政治"的含义。"政治"两字合用作为一个概念，也在古代文献中早有出现，如《晏子春秋》中有"君顺怀之，政治归之"，《管子》中有"政治不悔"等。在中国古代文献中，无论"政"或"治"，还是这两个字的合用，所表达的都是国家和政府对社会的治理或统治。近代以来，用"政治"翻译西方"politics"一词，基本上可以看作这一概念的传统含义在近现代的沿用。

在西方文献中，"politics"（政治）一词起源于古希腊语的"polis"（城邦）。在古希腊人那里，政治事务就是城邦事务，"城邦"是小国林立的古希腊地区的最大的政治共同体。城邦事务也就是关涉统治与被统治的事务，或城邦治理的事务。柏拉图与亚里士多德都是在这一意义上使用这一概念的，柏拉图的《理想国》和亚里士多德的《政治学》，都基本上没有离开这一基本含义。

每个人生存于世，无不受到政治的影响。政治现象是一个十分广泛而普遍的人类社会现象。尽管在历史文献中，我们可以模糊地概括出"政治"的含义，但是给"政治"下一个确切的定义并不是一件容易的事。相当多的思想家和政治家都对这一概念有过定义，但由于政治现象是人类社会生活中极为复杂的现象，人们可以从不同的立场、视角来考察，所以思想家们和政治家们为"政治"下的定义各不相同，从而人们认为，"政治"不应当只有一个单一的定义，它应当是许多特性的一个集合。

亚里士多德认为，人是政治动物，即人不可能离开政治共同体而生存。而政治本身，则涉及公共管理或社会治理。从政治涉及每个人的利益而言，政治指的是公共的善或群体的善。近代以来，西方的政治学家多从国家权力和利益分配层面对"政治"这一概念进行界定。政治有不同层面，既指向公共善，也包括为了实现这一公共善而建有强大的政治机构，如霍布斯就把国家机器比作"利维坦"。政治权威应当看作一个社会中最强大的权威。阿尔蒙德和鲍威尔说："什么是政治体系？如何确定政治体系的范围？政治体系的特征是由什么来决定的？许多政治学家曾讨论过这些问题。虽然他们表述定义的确切文字颇有差异，其中仍有相当一致的看法。大多数定义中有一个共同点，这就是把政治体系同合法的人身强制联系在一起。伊斯顿谈到了'价值的权威性分配'；拉斯韦尔和卡普兰谈到了'严酷的剥夺'；达尔谈到了'权力、统治和权威'。"[①] 政治体系的中心是权力或权力系统，但政治对于整个社会的影响则无处不在。

就政治形态本身而言，一般认为有古代政治与现代政治的分野。古代政治的主流是君主政治与专制政治，民主政治不占主流，只有在古希腊地区存在着古代的民主制。现代政治则以民主政治为主流，只有少数国家还存在着专制政治形态。专制政治以君主为本，君臣关系是最根本的伦理关系；现代政治以人民为本，从而人人具有的平等权利是现代政治伦理的中心问题，共和制、代议制和宪法政治都是现代民主政治的形态。相应地，西方政治学有着以亚里士多德为代表的古代传统的政治学和以霍布斯为起点的现代政治学的区别。虽然亚里士多德的政治学本身并不是为专制辩护的，但是他的政治伦理的中心问题是德性问题，即统治者的德性或被统治者的德性。这与中国传统儒家的政治伦理相似，儒家同样强调德性在政治伦理中的中心地位，如强调"三纲领、八条目""自天子至庶人，一以修身为本"。霍布斯所开创的政治学，则强调以人民同意作为政治合法性的依据，因此，在霍布斯看来，契约伦理是政治伦理的基本问题。

---

① ［美］加布里埃尔·A. 阿尔蒙德、小 G. 宾厄姆·鲍威尔：《比较政治学：体系、过程和政策》，曹沛霖等译，东方出版社 2007 年版，第 4 页。

马克思主义则认为,政治或政治权力的特性取决于其经济基础,政治是上层建筑,受到经济基础的决定性影响或支配。一定的经济基础有着与其相适应的上层建筑,如果经济基础发生变化,那么,作为上层建筑的政治或政治系统也必然发生变化。现代政治的产生在于现代经济与传统经济或生产方式有着根本的不同,现代政治产生于资本主义的经济基础之上,社会主义的政治产生于社会主义的经济基础之上。不过,社会主义政治仍然属于现代政治的范畴之内,从而与古代的专制政治相区别。社会主义制度是相较于资本主义制度更为优越的社会制度,代表人民的根本利益,是人民当家作主的制度。

对于政治,还可以从不同的视角进行解说。

从价值的视角看,实然与应然是一种价值关系,实然是现实状况,而应然是一种价值追求,政治既具有现实层面,也有理想追求层面。"政治"不仅指向现实是什么,而且应当是什么。一般而言,现实与理想之间总是存在距离,对理想政治的追求总是在现实政治中进行,对现实中的政治进行价值判断的参照与依据是某种规范性的应然价值,因而现实政治与理想政治两者并非完全割裂开来。然而,理想并不等同于现实,现实也并不等同于理想。实事求是,从现实政治出发,一步步向理想政治迈进才是合理处理理想与现实辩证关系的方式。

从宗教的视角看,人类社会总是处于超自然的、外在神秘力量的支配之下,政治是上帝神意在人世间的显现,现实中的政权归属、政治过程、治理效果等皆是由上帝安排的。在中国古代表现为"君权神授"。《尚书·周书·文侯之命》中为周文王伐商的合法性作论证时就说:"惟时上帝,集厥命于文王。"《诗经·大明》中也说:"有命自天,命此文王。"国家的兴与衰同样遵循不可抗拒的上帝的旨意,比如,在谈到西周灭亡、周平王东迁的原因时,《国语·周语》就提到"厉、宣、幽、平,而贪天祸"。另外,天或上帝的权能还包括命令下雨、降以饥馑、授以福佑、降以吉祥和降以灾祸等。在西方,中世纪宗教神学强调"上帝之城"对"世俗之城"的在先性和优越性。"凡掌权的都是神所授命的。"而自文艺复兴以来,宗教祛魅,世俗政治与神学拉开距离,神学政治观在现代社会已经淡出。

从政治现实主义的视角看,政治就是对权力的把握、运用和持久占有。除此之外,无它。这种认识在中国最早表现为先秦时期法家以"权""术""势"为主要内容的政治观念。文艺复兴时期,意大利哲学家马基雅弗利改变了亚里士多德的德性政治观点,认为为了政治权力可以不讲道德,君主为了夺取权力,获得政治的成功,就不得不狡猾如狐狸、凶狠如狮子。马克斯·韦伯认为,"'政治'事物一般就是指与一个政治组织——国家——内部权力关系有关的事物。"①美国政治学家拉斯韦尔明确界定,

---

① [德]马克斯·韦伯:《经济与社会》第1卷,阎克文译,上海人民出版社2010年版,第149页。

政治就是要研究权力的配置和分享,而"政治行为就是一种权力行为"①。罗伯特·古丁则把"约束条件下的权力"视为"政治的本质"。②

从社会管理的视域看,政治就是社会管理和公共事务管理。孙中山就持这种观点。他认为,"政"就是众人之事,"治"就是管理。合在一起,"政治"就是管理众人的事情。韦伯也曾通过界定"政治组织"表达过此类观点。他说,所谓政治组织就是领导集团"在一个特定区域范围内以物理暴力的威慑与运用而持续不断地予以保障"的一类"统治的组织"。③ 这里的"保障"即是组织、领导与管理之义。

人类"政治"之所以可以从多个维度、多个视域来看待,在于政治本身具有多方面的特性。俞可平认为:"概括地说,政治就是关于重要公共利益的决策和分配活动。与其他人类行为和社会活动相比,政治行为和政治活动具有根本性、公共性、全局性和权威性四个显著特征。"④ 政治的"根本性"在于,政治关涉人类的根本利益与重要利益集团利益之间关系的调整与分配。政治的公共性在于,政治所涉及的利益都是公共利益,与此相应,政治活动是一种公共管理活动。政治的全局性在于,政治所涉及的根本利益都是最为广泛的利益。政治的权威性,狭义地说,在于政治活动是管理社会公共事务的最高机构的活动,最终都表现为夺取权力和巩固权力;广义地看,在于任何组织性的权威活动都具有政治性,涉及内部权力的分配和利益分配,没有权威则不可能做到这点。

二、政治伦理范畴

政治与伦理有着密切的关系。实际上,任何领域的活动和行为,都具有伦理道德意义。伦理学的最高概念是善恶概念,换言之,凡是能够进行善恶评价的行为或行为决策都可称为具有伦理道德意义的行为。在政治领域,所有的行为活动都涉及利益,并且是涉及根本利益的分配以及利益集团之间的关系。从一定的主体立场来看,善恶问题就是利益问题,因此,政治与伦理内在密切关联。

"政治伦理"这一范畴表明在政治领域里存在伦理道德现象。国内学术界多从以下三种角度研究政治伦理。

一是从政治出发来讨论政治伦理问题,或者说,在政治的基点上讨论伦理问题。

---

① Harold Lasswell and Abraham Kaplan, *Power and Society:A Framework for Political Inquiry*,New Haven: Yale University Press,1950,p. 240.
② ［美］罗伯特·古丁、汉斯-迪特尔·克林格曼主编:《政治科学新手册》,钟开斌等译,生活·读书·新知三联书店 2006 年版,第 8 页。
③ ［德］马克斯·韦伯:《经济与社会》第 1 卷,阎克文译,上海人民出版社 2010 年版,第 148 页。
④ 俞可平:《政治与政治学》,社会科学文献出版社 2005 年版,第 2 页。

这一视角的观点认为,离开了政治领域,则无政治伦理问题。政治伦理就是与其他社会活动或生活领域相区别的一定领域的伦理现象或伦理问题。如有人认为,政治伦理"在现代意义上,应是指处理政治关系、解决政治问题、开展政治活动应当遵循的普遍法则"①。然而,由于政治本身的全局性,政治活动并非仅在狭义的政治机构中展开和进行,而是所有社会成员都参与其中的活动。这与行业领域不同,如教育领域仅仅包括大中小学等教育机构以及相关联的教育机构,又如新闻、医疗、汽车、化工、航天等行业,超出行业领域的活动都并不包括于其中。但是,广义的政治活动则涉及所有社会成员,政治既关涉某些特定机构领域,如政府部门,又关涉所有人,如现代竞选活动就是涉及全民的活动。

二是从伦理学视域出发来进行政治伦理的规定,强调政治要符合伦理道德的要求和规范。中国传统社会的政治伦理化、伦理政治化就是对这一倾向的生动说明。在中国传统伦理,如儒家伦理中,三纲是最重要的道德原则,其中的第一纲就是"君为臣纲",它实际上也是最重要的政治原则。中国传统社会是德治天下的典型,如汉代是以孝治天下。孝实际上是家庭伦理中代际关系的伦理道德原则,而在汉代,以孝德为最重要的德性,"百善孝为先",因而孝不仅成为最重要的道德原则,也是整个政治道德中最重要的道德原则。政治上的优劣以伦理德性来进行考察,而伦理道德的优劣又以政治原则(君臣关系原则)为最重要标准,从而实现了政治伦理化和伦理政治化。古希腊的亚里士多德虽然持有一种政治德性论的基本观点,但他将个人德性与公共德性或公民德性进行了相对区分,认为一个善者与一个好公民并不可以完全等同,这在于两者的伦理要求并不相同。

三是从政治与伦理两者作为上层建筑的两种重要的意识形态出发来看待政治伦理。政治意识与道德作为两种不同的意识形态,同属于上层建筑中的意识形态领域,因而两者必然相互影响、相互渗透。例如,中国长期处于封建专制社会,五千来的封建专制意识与传统社会道德对现代政治伦理有着深远影响。但传统伦理道德中也有优秀和精华部分,这部分对现代社会的政治伦理建构发挥着积极的作用。因此,不仅现实中的政治与伦理道德意识呈现出相互渗透、相互影响的关系,传统的政治伦理意识也对当代政治伦理的发展起着作用,我们要有意识地发挥传统文化的积极要素,来建设现代政治伦理。正如习近平总书记所说:"要讲清楚中华优秀传统文化的历史渊源、发展脉络、基本走向,讲清楚中华文化的独特创造、价值理念、鲜明特色,增强文化自信和价值观自信。要认真汲取中华优秀传统文化的思想精华和道德精髓,大力弘扬以爱国主义为核心的民族精神和以改革创新为核心的时代精神,深入挖掘和阐发

---

① 戴木才:《政治伦理的现代视域》,《哲学动态》2004 年第 1 期。

中华优秀传统文化讲仁爱、重民本、守诚信、崇正义、尚和合、求大同的时代价值,使中华优秀传统文化成为涵养社会主义核心价值观的重要源泉。"①

三、政治伦理研究的范围

政治伦理以涉及伦理的政治问题为研究范围,因此,关于政治伦理的认识可谓纷繁杂陈。我们可以认为政治伦理就是针对国家、政府、政党、公民、社会组织等政治主体的伦理研究,也可以认为政治伦理是涉及统治、管理、服务、参与等政治行为的伦理研究,还可以认为政治伦理是调节和规范政治主体的政治行为的原则,以及诸如其他。统而言之,政治伦理就是把政治理性纳入理想的观照之内,着力于寻求什么是好的政治,什么样的政治是应该追求并实践的。很明显,在以政治为研究对象的各种不同领域内,政治伦理研究具有独特而重要的位置。

按照一般的理解,政治学作为一门学科,可以分为理论研究和实践操作两大领域。其中,政治理论、政治思想、政治哲学属于前者,而后者主要是指政治科学,以及政治科学的子领域,如政治经济学、公共政策与行政学、比较政治学、国际政治学等直接面向现实、解决具体问题的领域。政治学是对政治现实之所"是"的研究,经常被看作经验性和描述性的,它侧重于观察和分析政治的生活世界和事实世界之所是的表现、存在的问题、原因及解决之道。这类研究或者试图建立科学"模型""范式",或者满足于整理庞杂的经验材料。在国外政治科学的研究中,大多数政治科学家继承韦伯提出的"价值中立"(value-free)政治观,回避对事实做出价值判断。20世纪以来,政治科学日益成熟,它的专业化和分化趋势更加明显,与其他学科的整合程度也更加深入。

政治伦理与政治哲学既有相关性又有区别,一般而言,在政治领域里较为抽象的一般性问题,都可以说上升到了哲学层面,因而对这些问题的讨论可以称为政治哲学,如政治领域的正义原则、政治合法性等。政治伦理则是政治领域里比较具体的伦理问题,如社会分配与正义等。如当代政治哲学的重心在于政治正义与公平分配,而正义与公平又都可以说是政治伦理所要研究的基本规范。政治哲学与政治伦理,都关注政治现实的"应然"和研究政治价值,因而具有规范性和批判性。政治伦理侧重于告诉我们什么样的政治生活是好的,是值得欲求的。它总是试图在各种政治原则、政治价值、理想之间作出排序,论证对错是非,并由此形成各种学术派别。一言以概之,政治伦理就是要为政治价值立场进行哲学的论证。

---

① 《习近平谈治国理政》第一卷,外文出版社2018年版,第164页。

第二节   政治伦理的基本层面

政治伦理既是特定的政治领域里的伦理道德现象,又是具有全局性、广泛性的伦理道德现象。前面已述,政治伦理有着多重内容,从根本上看,有这样三大类:政治价值伦理、政治制度伦理、政治主体伦理。政治主体伦理又称公民伦理、公民道德,涉及个人作为政治人的政治道德觉悟、政治道德水平以及政治道德修养等个人道德方面。这个问题需要专门篇幅来讨论,这里我们仅从宏观层面来讨论政治价值伦理和政治制度伦理。

一、政治价值伦理

政治价值主要指人们对政治活动和政治现象作出的价值判断,也指人们所希望得到的具有政治意义的事物。政治内蕴着基本价值或人类的共同价值,在政治学意义上,可称为基本政治价值,从伦理学上看,又可称为基本政治价值伦理。"基本政治价值"是任何一个政治共同体得以存在的根本价值所在,这个价值就是任何一个国家权力机构都负有的共同的责任:保护它的共同体成员的最基本的生存需要。任何一个政治共同体都由其成员所组成,没有人类个体,也就没有人类共同体,更不用说政治共同体了。任何一个人类共同体都有其共同善,其成员或具有成员资格的人都享有这个共同善。任何一个共同体的合格成员都为这一共同善作出自己的贡献,这意味着只要这一共同体的成员对于共同体来说是具有建设性而不是破坏性的,共同体就有责任保护他的生存和满足他的生存需要。同时,任何一个人在一种政治制度之下生活,也就意味着被置于其法律保护之下。中国共产党将人民群众日益增长的对美好生活的追求作为自己的奋斗目标,表明了中国共产党对于社会主义制度下的人民需求的高度重视。

从政府对社会进行管理和施政的角度来看,政治价值包括政治价值的基础、政治价值倾向和目标等。政治价值的基础从主观世界与客观世界相统一的维度,为政党执政提供更为稳定、更加深层的支撑性要素。例如,中国儒家政治价值的基础是性善论,而现代西方政治价值的基础是人性恶。儒家从性善论出发,相信人性是向善的,从而强调政治教化的功能与作用,主张通过教化来改善人性,使得内在的善端能够得到培育、扩充进而成为一个有道德的、在政治上可靠的人。现代西方的政治学则认为人在本性上更多倾向于自私和恶,而不是对他人的善。因此,西方政治强调制度建设,以制度制约,如以权力制约权力,从而在制度上扼制人性恶对社会所产生的破坏性作用。

政治价值倾向和目标具有引领现实的意义与作用。中国特色社会主义制度就是在马克思主义的指导下建立的,社会主义的最终目标是实现共产主义。应当看到,实现人类发展的最终目标,既是马克思主义所指明的人类社会发展的必然性,同时是处于人类社会运动中其他阶段的先进人类所奋斗的目标,这是因为,社会发展目标是在人类的努力奋斗中实现的。实现人类的解放,实现人类的自由而全面发展,就是这一远大社会理想中所包含的价值目标。马克思的共产主义理论认为,人类社会发展到共产主义的最高阶段是人类历史的必然。共产主义可分为两个阶段,第一阶段是社会主义社会,第二阶段是共产主义社会,前者又可以称为共产主义的初级阶段,后者是共产主义的高级阶段。正处于并将长期处于社会主义初级阶段,是当代中国最基本的国情。换言之,中国特色社会主义理论认为,社会主义社会本身也是划分为不同阶段的,而我国现在就处于社会主义的初级阶段。所谓初级阶段,就是不发达阶段,这种不发达表现在经济、政治、文化生活的各个方面。就当下的价值目标而言,也就是以人民为中心和人民至上的理念,人民的美好幸福生活是党和国家所追求的崇高目标,也是现实合理的价值追求。虽然我国处于社会主义的初级阶段,但人类的理想目标以及人类社会发展的最终归宿,是在全人类实现共产主义。因此,我们要不忘初心、牢记使命,为实现人类的远大理想目标奋斗。

政治价值伦理还内在包含着一系列的规范、原则等。一定的政治制度总是以人类社会几千年来所形成的日常道德、习惯和风俗为其价值伦理依托的。不过,不同的政治制度对人类社会本身的价值伦理中的要素是有所取舍的,甚至在不同的历史时期对政治价值伦理要素的取舍也是不同的。如汉代强调家庭伦理中的"孝",并将其作为政治价值伦理中的核心价值,采取以举孝廉取士的人才选拔政策。虽然中国传统文化都重视孝道,但并非所有朝代都像汉代那样把它排在政治伦理的首位并进行以孝为核心的制度设计。

人类社会几千年来所形成的习惯、习俗、规则、规范等,多半以道德规范的形式存在于生活中,也表现为风俗的统治。这是所有人类社会政治制度建立的社会价值前提。英国政治哲学家哈耶克将那些经由传统上人之惯例所形成的秩序称为自生自发的秩序(endogenous order 或 spontaneous order),而那些人类通过自己的理性来制度建构的秩序称为设计(或建构)秩序(exogenous order 或 made order)。前者也可称为内部秩序,后者则是与之相对的外部秩序。哈耶克还在内部秩序与外部秩序的意义上谈了两种规则,即内部规则和外部规则。内部规则是自生性秩序的规则,而外部规则则是立法机关对个人从事某一特殊任务的指令性规则。哈耶克认为,自生自发的社会秩序是自发性规则系统,这一规则系统本身是在文化的发展过程中发展起来的。在哈耶克看来,文明社会中的成员都并非有意构建一些行为模式,这些行为模式是牢固确立的习惯和传统所导致的结果。对这类行为模式的普遍遵守,乃是我们在这个世界上得以生存的必要条件。自发性规则系统的生成和进化乃是一种理性不及的过程。像道德、法律这类规则,产生于这样一个过程:一开始被采纳是由于其他原因,或出于偶然,尔后这些惯例得到延续,乃是由于采用这些规则的群体能够胜过其他群体。因此,有效规则的采纳,并非理性选择的结果,而只是这些规则约束了人们,使人们能够更好地生存和发展。在哈耶克看来,应当区分两种规则:一种是形成于人类的生物进化过程之中的,从而具有普遍性的规则;另一种是由于文化进化而具有的规则,这些规则与人的生物本能相对,依据个人的理性也无法评价和理解这些规则的作用方式,即人们只能遵循这些规则而往往不知其存在的理由。文化规则由于文化的多元性而具有多样性与可变性。但这并不意味着人们可以脱离具体情境的文化规则而进行理性的设计,而是要把自己确立在文化进化生成的行为规则的限度内。值得指出的是,哈耶克认为在这个限度内,人们可以谈制度改革。他说:"在我们力图改善文明这个整体的种种努力中,我们还必须始终在这个给定的整体内进行工作,旨在点滴的建设,而不是全盘的建构,并且在发展的每一阶段都运用既有的历史材料,一步一步地改进细节,而不是力图重新设计这个整体。"①

二、政治制度伦理

政治制度或基本政治制度是国家政治体系的主要构成要素。政治制度的基本功能是履行国家的政治职能,实现基本政治价值。人民安居乐业、社会经济繁荣,是政治基本价值得到实现的表现。同时,一个社会的政治稳定,是人民能够安居乐业和社会经济得以发展的政治前提。人民安居乐业、人民的需求得到满足,反过来会促进社会政治稳定。

政治基本价值需要政治制度来贯彻和落实,政治制度就是保障政治基本价值得到实现的基本工具,其基本功能在于保障人民的安居乐业和人民的利益需求。然而,社会是有着内在结构的组织系统,因而任何一个社会都存在着利益分配的问题,政治制度是调节社会成员利益的社会一般物。一定的政治利益和社会利益体现为一定的政治制度的结构。美国社会学家丹尼尔·贝尔说:"康拉德认为最为关键的事实是,社会不是自然撮合物,而是一个人造结构,它有一套专横规则来调节自己的内部关

---

① ［英］弗里德利希·冯·哈耶克:《自由秩序原理》,邓正来译,生活·读书·新知三联书店 1997 年版,第82 页。

系,以免文明的薄壳遭到挤压破坏。"① 不过,这里所说的"社会",应当是在人类文明演进意义上的产物。人类文明在发展过程中形成了一套保护自己的文明和文化的社会规范制度。哈耶克认为,政治制度可以分为内生规范制度和外生制度或自生自发的制度和人为建构的制度。前者是任何一种政治制度都赖以维系的规范价值系统,后者则是人类建构的制度系统。如中国传统社会中几千年来所延续的秦国郡县制,就是秦国在中国宗法关系社会基础上所建构起来的政治制度,这一制度延续几千年并且与社会的宗法关系得到了很好的契合,表明这一外生的或人为建构的制度是与中国传统社会的内在价值规范和深层结构相适应的。不过,近代以来,这套政治制度已经不适应社会生产力的发展,并且已经严重阻碍中国社会政治经济的发展,从而表明了中国在追求现代化的过程中革命的必然性。

　　现代社会的政治要求不仅仅体现在政治共同体对其成员的生存需要及其保护上,而且体现在对于其成员的平等保护以及利益的公平分配的要求上。政治制度对于其成员的平等保护,可以说是"自由"的另一种表述。法国大革命以来,"自由""平等"就成为现代社会与传统社会相区别的政治价值标志。"自由"在于摆脱奴役与压迫,获得政治上的自由,给予其成员平等的保护,而"平等"也就是实现人在基本权利上的平等。首先,自由应当是全人类的自由,资产阶级在反封建压迫的过程中,起了非常革命的作用,推动了人类历史从封建社会阶段向资本主义阶段的过渡转型,马克思指出,资产阶级的自由并非彻底的人类自由,而不过是为实现本阶级的自由而已,并且,在实现本阶级的自由的同时,将无产阶级变为了不自由的阶级。无产阶级接过资产阶级的口号,提出人类自由或全人类自由解放的问题,认为只有解放全人类才能最后解放无产阶级自己。马克思不仅提出了彻底的人类自由的问题,而且提出了科学实现人类自由的道路,这就是经过无产阶级革命,进而实现社会主义和共产主义的远大理想目标。其次,平等应当是在社会的、经济的领域中实现的平等。平等是几千年来人类追求的理想目标,资产阶级提出了人类平等的口号,与其提出的自由口号一样,其平等的主张也是不彻底的。恩格斯指出:"资产阶级的平等要求也由无产阶级的平等要求伴随着。从消灭阶级特权的资产阶级要求提出的时候起,同时就出现了消灭阶级本身的无产阶级的要求——起初采取宗教的形式,借助于原始基督教,以后就以资产阶级的平等理论本身为依据了。无产阶级抓住了资产阶级所说的话,指出:平等应当不仅仅是表面的,不仅仅在国家的领域中实行,它还应当是实际的,还应当在社会的、经济的领域中实现。"② 社会主义社会与资本主义社会有着本质的区别,就在于社会主义以追求或体现人的真正权利平等为其

---

① ［美］丹尼尔·贝尔:《资本主义文化矛盾》,赵一凡等译,生活·读书·新知三联书店1989年版,第51页。
② 《马克思恩格斯选集》第三卷,人民出版社2012年版,第484页。

政治制度的根本。

　　自由平等是现代政治价值伦理中最重要的价值,从政体形式上看,它所体现的就是现代民主政体。人类社会经历过多种政体形式,如专制政体、寡头政体、独裁政体、共和政体等,柏拉图在其《理想国》中就指出在古希腊的现实政治中有四种政体。民主政体在古希腊就出现过,不过,柏拉图、亚里士多德等人对民主政体并没有美言过,认为民主政体优越于其他各种政体是现代政治所形成的共识。尽管民主政体有种种弊端,"但在人类历史发展的当代阶段,它被证明是最好的政治制度,是抑制独裁和暴政的最合适工具。正因为如此,近代以后民主成为评价思想家和政治家是否进步的主要标准,'没有民主就没有社会主义'更被马克思主义者奉为圭臬"[①]。人民代表大会制度是我国的根本政治制度,它体现了人民当家作主的权利。

第三节　政治伦理主要原则

　　政治伦理原则是据以展开政治伦理评价的资源和依据,也是政治伦理规范最深层的根源。政治伦理原则体系中最重要的原则是以人民为中心,满足共同体成员的基本生存和发展需要。同时,这种满足是平等的,是在尊重每一个共同体成员的自主权的前提下的满足。政治伦理中的平等原则强调所有个体或群体在权利、机会和资源分配上的均等性。平等原则又是与公正原则相联系的。平等与公正之间存在密切的关系,公正以平等为前提,公正是在平等的基础上通过法律和制度的安排来实现的社会正义;平等是公正的基础,只有在个体或群体之间平等的基础上,才能进一步讨论公正的实现。

一、以人民为中心的原则

　　政治共同体的一般责任就是保障共同体成员的生存安全与满足共同体成员的生存与发展的需要。这体现在政治伦理上,就是遵循以人民为中心的原则。尽管在人类历史上,统治阶级并非总是以人民为中心,且还会将自己的利益置于人民利益之上,而如果一个共同体内多数人的生存安全受到威胁,就意味着这一共同体有覆灭的危险。但同时应看到,统治阶级为了维持其统治,也总是与被统治阶级有着某种共同

---

① 俞可平:《政治与政治学》,社会科学文献出版社 2005 年版,第 45 页。

的需要,即生存的需要,而这一需要离开了对方的存在则不可能得到实现。除此之外,每个在政治共同体中生活的人,都有对美好生活的向往。这种向往并非能够被所有统治阶级有意识地提出,因为不是所有统治阶级都能遵循以人民为中心的政治伦理原则,并不都能代表人民的利益。社会主义社会是人民当家作主的社会,"以人民为中心"原则是社会主义社会重要的政治伦理原则。中国共产党自觉将人民对美好生活的向往和追求作为奋斗目标,习近平总书记指出:"坚持以人民为中心。人民是历史的创造者,是决定党和国家前途命运的根本力量。必须坚持人民主体地位,坚持立党为公、执政为民,践行全心全意为人民服务的根本宗旨,把党的群众路线贯彻到治国理政全部活动之中,把人民对美好生活的向往作为奋斗目标,依靠人民创造历史伟业。"① 这段讲话包含着十分丰富的内容。"以人民为中心",是指执政党所奋斗的一切都是为了人民,为了人民的幸福生活和美好生活。"人民主体地位"体现了人民当家作主是社会主义民主政治的本质和核心。"把人民对美好生活的向往作为奋斗目标",指明了新时代党的工作与奋斗的重心所在。"人民"是政治现代化的道德取向和道德实践主体,以人民为中心这一政治伦理原则,使中国式现代化立足于人类历史和文明发展的普遍规律的基础上。

人民对美好生活的向往体现了人民拥有生存权、发展权、自由权等权利,这是在新的历史条件下对人类的基本权利追求的表述。马克思对未来社会"真实的共同体"提出了比一般共同体更高的要求,他说:"代替那存在着阶级和阶级对立的资产阶级旧社会的,将是这样一个联合体,在那里,每个人的自由发展是一切人的自由发展的条件。"② "每个人的自由发展是一切人自由发展的条件"的自由人的联合体,是马克思主义的最高政治理想,这一理想包含着最基本的政治价值以及崇高的政治价值追求,即每个人的生存权和自由全面发展权。这一对未来人类理想的真实共同体的表述,是人类美好生活的未来模式。人民对美好生活的向往,从长远来看,也就是马克思所说的每个人的自由全面发展,同时在这一基础上,构建一个自由人的联合体。

人所拥有的生存权、发展权、自由权等权利,是近代以来人类通过反封建、反神学斗争所得出的对于人类价值的共同理解,可以称为人的基本权利。人的基本权利是一种要求权,按照所属范围分类,可以分为个人权利与集体权利。从个人层面看,人的基本权利所体现的是个人对国家的一种要求或主张,它需要通过国家法律来保障。从集体层面看,不同民族、国家,即使是弱小的民族、国家的生存权和发展权则是通过主张国际正义,主张民族、国家不论大小都应在国际事务中得到平等尊重等来

---

① 《习近平谈治国理政》第三卷,外文出版社 2020 年版,第 16—17 页。
② 《马克思恩格斯选集》第一卷,人民出版社 2012 年版,第 422 页。

体现的。

从权利是一种要求权看,权利是一种资格。英国哲学家米尔恩说:"权利概念之要义是资格……将'资格'称作'权利'是恰如其分的。"① 拥有权利,可无差别地替换为有资格。比如你有权拥有某物,一方面说明了你占有并处置该物是你的权利,是正当的;另一方面也说明他人如不能提供正当合理的理由而予以干涉就是侵犯了你的权利,从而是不正当的。但如果他人可以正当地否认或取消你认为有资格享有的某物,或因为你享有它而使他人正当地处于不利境地,则说明你没有资格享有该物。因此,我们可以说,权利就是"采取行动或被以某种特殊的方式来加以对待的资格"②。

权利的资格性体现了它同时是一种道德权利,即它并不依成文法而得到确立。在思想史上,洛克认为它来自上帝,是上帝赋予人的不可剥夺、不可转让的权利。康德则认为,由于人人都有理性,从理性存在者的角度看,人人也应当具有人之为人的基本权利。我们认为人人具有的生存权、自由权、发展权等基本权利来自每个人都是政治共同体的成员,成员身份或成员资格是人人具有基本权利的先在性前提。首先,人人具有的基本权利独立于或者先在于法律权利,决定了法律权利是否正当和平等。而所谓法律权利是由成文法规定的权利,它是一种制度安排,具有法律效力。法律权利是否符合道德要求,并不能经由自身得到证明和论证,而需要求助于更高一级的理由。这也是法学中自然法理论的要旨所在。其次,人的基本权利在许多国家已经成为法律权利,违反或侵犯这些基本权利就是违反或侵犯法律。中国共产党强调以人民为中心和人民的主体地位,就是要确保每个人的基本权利,满足人民群众日益增长的物质文化需求,以及对美好生活的追求。

二、平等原则

平等是十分重要的政治哲学和政治伦理规范。罗纳德·德沃金说:"平等的关切是政治社会至上的美德——没有这种美德的政府,只能是专制的政府。"③ 正是平等的理想推动着人们不断地抗争宿命、偶然性的差异、特权以及由它们所带来的不平等的现状。进入现代社会,尤其是在 20 世纪的第三波民主化浪潮以后,东西方社会持续变迁和全面转型,平等愈加成为现代政治话语体系中的一项基础价值,但它远不是一

---

① ［英］A.J.M.米尔恩:《人的权利与人的多样性:人权哲学》,夏勇、张志铭译,中国大百科全书出版社 1995 年版,第 111 页。
② ［英］安德鲁·海伍德:《政治学核心概念》,吴勇译,天津人民出版社 2008 年版,第 183 页。
③ ［美］罗纳德·德沃金:《至上的美德:平等的理论与实践》,冯克利译,江苏人民出版社 2008 年版,第 1 页。

个简单明了和有确切或唯一指向的概念。在政治的理想类中，"没有什么能像平等那样错综复杂"①，但我们仍然能通过分析五种常见的平等的形式来加深对它的认识和理解。

第一，本体平等。本体平等强调人是平等的道德主体，人仅仅因为是人，就应享有平等的价值。这一观念至少有以下三种论证方式。其一，生物性论证。仅仅因为我们是人这一生物性事实，而不是考虑到我们的性别、民族、智商、财富等，我们就应该彼此平等、互相尊重。其二，神学论证。如耶稣在《圣经·新约》"加拉太书"第三章中教导他的子民："你们受洗归入基督的，都是披戴基督了。并不分犹太人、希腊人、自主的、为奴的，或男或女，因为你们在基督耶稣里都成为一了。"其三，社会契约论论证。社会契约论者高举"人人生而平等"的旗帜，其论证有从神学前提出发的，也有从理性出发的。前者强调造物主所造之人，人人生而平等；后者强调因为人人有理性因而人人平等，即强调每一个个体都平等地具备自然理性，能够正确理解自己的处境，为反抗家长主义的独裁统治提供了理论根据。

第二，法律政治平等，也称为法权平等。它强调法律面前人人平等以及政治投票的等值原则，这是现代宪政政府和代议制政府的基本要求。这"意味着它(指政府——引者注)的权限应当平等地适用于所有公民，而不管其经济、社会和政治地位"②。法律普遍地、无例外地施加于所有人，不存在富人的法律和穷人的法律，也不存在少数人的法律和多数人的法律。另外，投票权不应受限于性别、性取向、教育程度、财产、家庭出身、肤色、宗教信仰、民族等偶然因素，而应覆盖到任何一个成年公民，同时投票的对象是开放的和可选择的。国家必须创造足够的条件协助公民完整而自由地表达自己的政治见解。

第三，经济平等。与前两种平等的形式相比，这是相对晚近的平等要求。"在19世纪和20世纪的头几十年间，对经济平等的要求被社会主义并最终被它的马克思主义流派大力推动到了显著位置。"③马克思主义者把对平等的要求从政治领域扩展到了经济领域，并认为经济平等是真正实现政治平等的先决条件，因此竭力批评资本主义私有制不仅"生产着"不平等，而且通过分配制度"强化并扩大着"不平等。当代对于经济平等的政治哲学的讨论，主要集中在福利平等和资源平等两个方面。而马克思主义所要求的经济平等，则直接要求消灭阶级的不平等。

第四，运气平等和机会平等。运气平等是指社会当中的每个成员都拥有相同的运气或机会去追求并实现自己关于"好生活"的观念。这样的运气或机会不应该由于社会待遇的不公平而不可得，否则就是不正当的。这一观点最先由罗尔斯提出，并

①　[美]乔万尼·萨托利:《民主新论》，冯克利、阎克文译，上海人民出版社2009年版，第371页。
②　[美]约翰·凯克斯:《反对自由主义》，应奇译，江苏人民出版社2003年版，第119页。
③　[美]乔万尼·萨托利:《民主新论》，冯克利、阎克文译，上海人民出版社2009年版，第379页。

且引起了长久而热烈的讨论。首先,关于运气平等,罗尔斯提出,个人所有的出身、地位、天资、能力等都是因某种偶然而获得的,因而是不平等的。社会的平等就是要消除所有个人在社会运气和自然运气上的不平等。其次,关于机会平等,罗尔斯提出,所有社会职业向所有人开放,每个人都可以通过竞争来证明自己并获得人生成功的机会。正如弗里德曼所说:"机会平等的真正含义,……即前途向人才开放。只要他的才能足以胜任,他自己认为值得,人人都有权追求任何社会地位而不应受到随意的干涉。"① 不过,在罗尔斯那里,机会平等是一个复杂的论证问题。他的正义观两个基本原则中的差别原则也可说是机会平等和分配意义上差别原则。机会平等意味着所有社会职位平等地向所有人开放,但涉及如何减少社会偶然因素和自然运气的影响等诸多问题。

第五,结果平等。它主要指向收益的平均分配,也可以说是在收益分配上趋于平均分配。运气平等强调的是每个人在出生以及家庭背景等方面的平等追求,机会平等关注的是在社会发展的起点上的平等,而结果平等则强调不论前提如何,结果一律相等,一般指的是经济利益分配的平均主义。

在当代的学术讨论中,福利平等和资源平等也是平等的两个重要方面。福利平等具有结果平等的倾向,但只是强调每个人所需的基本福利的平等,而不是在社会总收入意义上的结果平等。资源平等则是指进入个人经济活动或社会生活领域的资源平等,因而具有起点平等的意义。罗纳德·德沃金对这两者都有值得重视的讨论。德沃金认为,福利平等可分为两类观点:一是福利即成功,二是福利即感觉评价。这两类观点,在关于拥有自然条件差异和不同偏好的人们的福利的纵向比较和横向比较上把手段错当成了目的,因此都遭到了不可合理解释的困难。福利平等"并不像人们时常认为的那样,是个具有内洽性的或有吸引力的理想"②。于是,德沃金转而说明并支持第二种平等观,即资源平等。资源平等把每个人当作平等的人对待,区别于只关心结果的福利平等。因为一方面,就个人来说,尽管人们之间确实表现出了巨大而明显的差异,但有一个基本的道德原则超越了这种差异性,即每个客观存在的生命都具有"内在的潜在价值",它不是因为生命的成功还是失败的结果,而仅仅是因为生命本身是重要的。在这一点上,所有人都是平等的。另一方面,就政治共同体来说,一个有德性的政府就是一个平等地关心和尊重每一个公民的政府,不能因为某些人更值得关注而授予他们更多的权利或分配更多的物品和机会,这是不正当的。作为平等的人受到对待的权利"必须被当作自由主义平等概念的根本要素"③。从这种平等观出发,德沃金认为平等比自由"更根本",对自由的权利

---

① [美]米尔顿·弗里德曼、罗丝·弗里德曼:《自由选择》,张琦译,机械工业出版社 2008 年版,第 127 页。
② [美]罗纳德·德沃金:《至上的美德:平等的理论与实践》,冯克利译,江苏人民出版社 2008 年版,第 58 页。
③ [美]罗纳德·德沃金:《认真对待权利》,信春鹰、吴玉章译,上海三联出版社 2008 年版,第 363 页。

要求来自更为根本的平等的观念。平等因此构成现代自由主义政治价值的"至上美德"。

阿玛蒂亚·森和玛莎·努斯鲍姆提出能力平等的理论。在他们看来,社会基本制度固然重要,但个人自由的根本问题是能力问题。阿玛蒂亚·森说:"相关的能力具有基本性意义,这种能力的缺乏表明一个人无能满足他自己的基本需要。"① 所谓"能力",即人的生存能力、工作能力、交往能力以及享受自然寿命所给予的生活的能力等。阿玛蒂亚·森从这些方面的能力来看待个人的基本自由:"我集中讨论了一种非常基本的自由,即生存下来而不至于过早死亡的能力。"② 他从生存能力这一最基本的自由概念立论,讨论了人的多种功能性能力自由问题。人们在这些方面的能力越强也就越有自由,因而他是从发展的意义上来看待自由的。他把个人在这些方面获得的能力发展视为实质性自由的发展,而把政治自由、经济条件、社会机会、防护性保障等视为工具性自由,他说:"这些工具性自由能帮助人们更自由地生活并提高他们在这方面的整体能力,同时它们也相互补充。"③ 能力平等论也就是强调以能力平等为价值评价标准,来看待人的实际处境,从而在趋向能力平等的方向来改善人的状况。

三、公正原则

公正(正义)也是一个重要的政治伦理和政治哲学概念。《荷马史诗》就将正义之神作为十分重要的神明来看待,正义之神是在宇宙统治之神宙斯之下维持宇宙秩序的女神。正义概念之后又转化为古希腊政治学的核心概念,这在柏拉图和亚里士多德的重要政治学和伦理学著作中都可以看到。正义概念在不同时代和不同思想家那里都有相对不同的内涵。在柏拉图的《理想国》中,正义是理想国家的社会和谐秩序和心灵和谐秩序的代名词,在这个意义上,柏拉图的正义仍然有着荷马的正义的影子。在亚里士多德那里,正义既是重要的个人德性,也是重要的社会德性。在社会德性的意义上,正义有着整体正义和部分正义之分。就整体正义而言,"政治学上的善就是'正义',正义以公共利益为依归"④。正义是城邦全体幸福的促进,而不正义就是对于城邦幸福的破坏。正义的城邦是法律统治的城邦,"而法律的实际意义却应该是促成全邦人民都能进于正义和善德的[永久]制度"⑤。

① ［英］G.A. 柯享:《什么的平等? 论福利、善和能力》,龚群译,载［印度］阿玛蒂亚·森、［美］玛莎·努斯鲍姆:《生活质量》,中国社会科学文献出版社 2008 年版,第 31 页。
② ［印度］阿玛蒂亚·森:《以自由看待发展》,任赜、于真译,中国人民大学出版社 2002 年版,第 18 页。
③ ［印度］阿玛蒂亚·森:《以自由看待发展》,任赜、于真译,中国人民大学出版社 2002 年版,第 31 页。
④ ［古希腊］亚里士多德:《政治学》,吴寿彭译,商务印书馆 1965 年版,第 148 页。
⑤ ［古希腊］亚里士多德:《政治学》,吴寿彭译,商务印书馆 1965 年版,第 138 页。

　　亚里士多德的部分正义又可称为特殊正义,它分为三个层次:分配正义、补偿正义(或纠正正义)和交换正义(或互惠正义)。分配正义要求根据美德的比例来分配政治权利、荣誉等事物。"没有人不同意,应该按照各自的价值分配才是公正。"① 因而,同等美德的人,就应该得到同等的事物,这就是公正。如果同等美德的人得到的是不均等的事物,或者不同美德人得到了均等的事物,就会产生争吵和怨恨,因为这是"公正的对立物,是比例的违背"②,也就是不公正。当然,亚里士多德也把分配正义和物质财富的分配联系起来,但是采取的是一种偶然和次要的方式,而且他并没有把它扩展到国家的层面。有学者提出,亚里士多德"没有提到正义要求国家在公民中组织物质分配的基本框架,甚至连可能性都没有提。……也没有提到正义可能要求(或者禁止)国家重新分配财富的可能性"③。补偿正义要求根据伤害程度给予受损失者相应的补偿,这与美德无关。在这种正义之中,"不论好人加害于坏人,还是坏人加害于好人,并不区别。……法律则一视同仁,所注意的只是造成损害的大小"④。要恢复公正,就要靠法律来纠正,或者惩罚施害者,或者剥夺其所得。交换正义出现在市场交换中,基本要求就是公平交易。理解亚里士多德的正义观,应该看到他把正义作为公民和城邦幸福的内在构成要素。城邦幸福是城邦的最高利益,是至善,也就是正义或正义的实现。

　　近现代以来的西方正义观的思想来源是洛克的自由主义传统。在洛克看来,每个人生来就有不可剥夺、不可转让的天赋或上帝所给予的权利,这些权利是生命权、自由权和财产权等。这些权利又可称为人的基本权利或"自然权利"。对于这些人的基本权利的保护,就是正义或符合正义,而侵犯人的基本权利就是不正义。洛克的这一正义观影响深远。美国《独立宣言》所阐述的就是洛克的正义观,后来法国大革命所颁布的《人权宣言》是洛克的正义观的再次表述。罗尔斯的正义论继承的也是洛克以来对正义概念的理解,即正义内涵就是个人或公民的权利。罗尔斯说:"正义是社会制度的首要德性,正像真理是思想体系的首要价值一样。一种理论,无论它多么优雅和简洁,只要它不正确,就必须加以拒绝或修正;同样,某些法律和制度,不管它们如何有效率和有条理,只要它们不正义,就必须加以改造或废除。每个人都拥有一种基于正义的不可侵犯性,这种不可侵犯性即使以社会整体利益之名也不能逾越。因此,正义否认了一些人分享更大利益而剥夺另一些人的自由是正当的,不承认许多人享受的较大利益能绰绰有余地补偿强加于少数人的牺牲。所以,在一个正义的社会里,平等的公民自由是确定不移的,由正义所保障的权利决不受制于政治的交易或

---

① ［古希腊］亚里士多德:《尼各马可伦理学》,苗力田译,中国人民大学出版社2003年版,第98页。
② ［古希腊］亚里士多德:《尼各马可伦理学》,苗力田译,中国人民大学出版社2003年版,第99页。
③ ［美］塞缪尔・弗莱施哈克尔:《分配正义简史》,吴万伟译,译林出版社2010年版,第26页。
④ ［古希腊］亚里士多德:《尼各马可伦理学》,苗力田译,中国人民大学出版社2003年版,第99页。

社会利益的权衡。"[①]罗尔斯提出一个具有重大理论意义的正义理论,这一正义理论按罗尔斯自己的理解,是关于制度的正义。他把正义看作社会基本制度最重要的德性。罗尔斯清楚地指出,正义概念的关键在于对每个公民的权利的保护。他把现代公民称为平等自由的公民,而权利则是平等自由的权利,在他看来,平等的公民自由是确定不移的,由正义所保障的权利不受制于政治的交易或社会利益的权衡。罗尔斯强调,这种自由平等是不能以任何借口侵犯的。也就是说,它是一种神圣的权利,而这种神圣的权利也就是罗尔斯正义论的核心内涵。罗尔斯的正义论开启了一个政治哲学与政治伦理讨论的新历程,现代政治哲学与政治伦理对于正义问题的讨论都绕不过罗尔斯。罗尔斯的重要性在于,他在继承洛克以来的传统思想的同时,提出了差别原则。差别原则是罗尔斯重要的正义原则,这一原则强调对社会弱势群体的补偿。他明确提出,一个社会中存在弱势群体或最少受惠者群体,从人人平等的权利出发,这些人的处境不是公平合理的,因此,社会有责任进行补偿。因而罗尔斯的正义论又称之为"公平的正义"。

公平在当代关于正义的讨论中占有相当重要的地位。我国自 20 世纪 90 年代以来,在政治学、哲学、伦理学、法学以及经济学等领域也持续进行了对现代正义的讨论。在这些讨论中,一个重要问题就是如何看待效率与公平的关系问题。效率是一个经济学的概念,即社会经济生产的效率,公平主要是一个经济分配的概念。人类分配的历史表明,如果更多地倾向于公平,则有可能影响经济发展中的效率。在分配的意义上,效率问题是指,向不平等倾斜多少才可达到较高的经济效率,又不至于产生严重的经济分配不平等。社会效率或社会生产效率以一个国家的经济增长速度来衡量,经济增长速度受多重因素影响,向不平等倾斜无疑是其中一个因素。同样,如果一个社会实行平均主义的分配,即强调结果的平等,那么必然挫伤社会广大成员的生产劳动积极性,从而影响社会经济增长,即影响效率。我国自改革开放以来,注重经济发展,所遇到的问题之一就是效率与公平的关系问题。我国的分配政策经历了从按劳分配为主体、兼顾平等平均的分配制度到更加注重效率和公平的转变,在处理效率与公平的关系上更强调公平的重要性:"要把维护社会大局稳定作为基本任务,把促进社会公平正义作为核心价值追求。"[②]实现共同富裕,保障人民安居乐业,没有社会的公平正义则不可能实现。习近平总书记在党的二十大报告中指出,扎实推进共同富裕,完善分配制度,构建初次分配、再分配、第三次分配协调配套的制度体系。这一重要部署,对于正确处理效率和公平的关系,在发展的基础上不断增进人民福祉,逐步缩小贫富差距,朝共同富裕的目标迈进具有非常重要的意

---

① 　John Rawls: *A Theory of Justics*, Cambridge, MA: Harvard University Press, 1971, p3-4.
② 　《习近平谈治国理政》第一卷,外文出版社 2018 年版,第 147 页。

义。由此可看出,公平正义在习近平新时代中国特色社会主义思想中占据着重要地位。

思考题:

一、试述政治伦理的研究范围。
二、什么是政治基本价值?
三、怎样看待平等与正义?

第十章　行政伦理

　　行政伦理的系统性研究于 20 世纪中叶兴起于西方社会,学科体系成熟于 70 年代。在我国,行政伦理学学科 20 世纪 90 年代后逐步建立并完善。行政伦理关注的是公共行政领域的道德问题,是调节公共行政机关及行政人员行为的伦理思想和伦理规范的总和。行政伦理是从政治伦理和行政学中分化、交叉而来,与政治伦理、政治学、行政学有着密切的联系,又有着明显的区别。国家意志的提炼、表达(政治)与国家意志的贯彻、执行(行政)有着内在的一致性,行政伦理在事实层面的描述和研究与政治学、行政学有很大的重合,但行政伦理在考察国家意志执行时主要采取的是价值性、规范性立场,其道德应然性色彩浓厚。在伦理规范的研究层面,行政伦理和政治伦理分享诸多共同的价值要求,但政治伦理侧重于政治决策、政治人物活动的宏观性评价,而行政伦理更多关注的是具体公职人员行政行为的道德维度。基于这些差异,行政伦理的兴起和发展在理论上和实践中都预设了一个基本前提——政治与行政的分立。

第一节　行政伦理与行政价值

一、行政与政治二分

　　任何一门学科得以成立的基本前提是有一个相对独立的研究对象和研究领域。公共行政行为和活动从政治活动、政治领域中独立出来,这不仅是行政学得以成立的前提,也是行政伦理学研究得以开展的基石。关于政治与行政的分立,国内学术界提到比较多的代表作是美国公共行政学学者弗兰克·古德诺 1900 年所著的《政治与行政》一书。《政治与行政》一书是美国行政学的第一本专著,被称为美国行政学研究的开山之作。但实际上,在古德诺的《政治与行政》一书问世之前,试图将行政学从政治学中独立出来的探索和尝试就已经开始了。1887 年 6 月,美国学者伍德罗·威尔逊在美国《政治学季刊》第二期发表论文《行政学研究》。在此文中,威尔逊提出,要研究国家行政管理,建立行政科学,并对行政学研究的对象、内容、方法提出了自己的设想。

威尔逊在研究中回溯了行政学在德国、法国的产生和发展,重点提到了德国学者布隆赤里的研究成果。在布隆赤里的研究中,政治与行政的区别已经得到了高度的关注,政治与行政是国家和政府的两种不同功能,决不能忽视二者的界限,将其混而为一。"政治是'在重大而且带普遍性的事项'方面的国家活动,而'在另一方面','行政管理'则是'国家在个别和细微事项方面的活动。因此,政治是政治家的特殊活动范围,而行政管理则是技术性职员的事情'。'政策如果没有行政管理的帮助就将一事无成',但行政管理并不因此就是政治。"①

在布隆赤里的启发下,威尔逊认为有必要建立一门独立于政治学之外的行政学,研究行政管理问题。威尔逊指出,行政与政治的区别在于,政治或政治家的责任是用来自选民的授权来制定政策,而非具体执行政策,也不能肆意干涉政策的执行;而行政作为一个事务性领域,则置身于政治的混乱和冲突之外。行政或公务员的责任是政策的执行、操作,这也是政府工作中最外显的部分。在《行政学研究》一文中,威尔逊显然已经将行政看成一种不同于政治的另一类政府活动,行政与政治分立的思想已经出现。这篇文章标志着理论界或学术界自觉研究探索公共行政的开端,公共行政作为一门系统的科学和一个被人认可的政府研究领域得以建立起来,便是从威尔逊,或者严格地说,是从威尔逊的这篇文章开始的。

相对于布隆赤里和威尔逊的开拓性探索,古德诺的独特贡献在于系统地阐述了政治与行政的区别,为建立科学的行政学奠定了理论基础。在《政治与行政》一书中,古德诺系统阐述了自己的政治与行政二分理论。作为一名宪法学者,古德诺不赞同孟德斯鸠的三权分立,他更倾向于洛克的观点,认为司法并非一种与其他国家权力相分立的国家权力。作为一种合理的政治实践,司法独立有其现实价值,但并不是科学的政治原理。作为有机体的国家只可能设想存在两种功能,即表达和执行的功能。宪法在政府中构建了两种不同的实体,政治是国家意志的表达,负责界定、表达人民的意志;行政是国家意志的执行,负责执行人民的意愿。在国家意志的执行,即行政系统中,以文官体系(公务员体系)为主的公共行政属于具体执行国家意志的工具和技术。这种文官主导的公共行政不应受政治因素的影响和干扰,而应当在实践过程中获得类似于司法独立的地位。

古德诺第一次从政府功能区分的角度系统论证了政治和行政的性质、功能和运行规则的不同。任何一个政府都存在两种基本功能:一种功能体现于政府表达国家意志所必需的活动中;另一种功能则存在于政府执行国家意志所必需的活动中。政府的这两种基本功能有着深刻的内在原因,作为一个理性活动的主体,政府行为和个体行为一样,在具体执行之前必然要求先有清晰的表达。"就单个人来说,他自然自

① 彭和平、竹立家等编译:《国外公共行政理论精选》,中共中央党校出版社 1997 年版,第 15 页。

己表述和执行自己的意志,这就要求他必须在执行意志之前表述意志。"①而政府行为也自然有表述自己意志和执行自己意志的两个阶段。因此,政府的两种基本功能要充分实现,就要在政府中设立不同的机关来实现其功能,即政治机关和行政机关。政治机关和行政机关的分立绝不是立法、司法、行政的三权分立。一种政府机关只行使一种权力的观点,看似一个完美的政治设计,在实际事务处理中却是一种极端形式,这种极端形式对任何具体的政治组织来说都是行不通的。政治机关和行政机关的分立表现在,行政机构分为上下两个层次,上层是行政首脑,直接受政治、政治机关的控制;下层是文官、公务员,他们直接服从的是行政首脑,而不是政治、政治机关。政治对文官群体的控制只能是,也必须是间接的控制,即通过对上层的控制来实现。这种政治与行政的分立,主要是为了保障文官、公务员的中立性和长久任职。从国家意志的执行层面看,一个中立的、长久任职的文官、公务员群体是国家意志顺利实现的重要保障。

　　古德诺也注意到,国家意志如果想要顺利实现,政治与行政之间的分立并不是绝对的,也不是仅仅实现了分立就万事大吉了,二者必须实现某种形式的统一。"一方面为了保证国家意志的执行,政治必须对行政进行控制;另一方面,为了保证政府的民治性和行政的高效率,又不能允许这种控制超出其所要实现的合理目的。"②古德诺从政治实践的价值性和操作性双重角度出发,意识到要实现政治和行政之间的协调,关键在于政治对行政的适度控制。这种适度控制既要保证政治目标的实现,也要尊重行政的相对独立性。为了实现这种协调,达到政治对行政的有效控制,就必须在行政机关的上层实现某种程度的行政集权,实行首长负责制。"只有行政在一定程度上被集权化了,才能达到政治和行政功能之间必要的协调。"③这种行政集权追求的是执行国家意志的忠诚度和效率性,侧重于方便行政机构中上层行政首脑对政治的服从、贯彻,进而可以避免政治对行政事务事无巨细的过问、干涉。

二、价值中立与行政的伦理困境

　　一个具有原创性影响的理论必定源于特定社会实践的需要,政治与行政二分法的构建同样根植于西方近代以来的政治社会生活。西方特别是文官制度的逻辑发展内在要求独立的行政力量出现。在美国民主政治的运作过程中,曾经出现过政党分肥制。民主选举的胜利方"赢家通吃",不仅获得政治的统治权,还将政府机关中的人事安排依据党派背景重新分配。政党分肥制不仅带来了政府部门中以政党派别为依

---

① 〔美〕弗兰克·J.古德诺:《政治与行政》,王元译,华夏出版社1987年版,第6页。
② 〔美〕弗兰克·J.古德诺:《政治与行政》,王元译,华夏出版社1987年版,第21—22页。
③ 〔美〕弗兰克·J.古德诺:《政治与行政》,王元译,华夏出版社1987年版,第69页。

据的变相买官卖官,也带来了政府机关人事变动的过于频繁,进而带来行政效率的低下。为避免政党分肥制的诸多问题,19 世纪后期西方国家建立起了独立于政治运作的公务员制度,使得政府中出现了政务官、事务官两类角色。政务官由选举产生,根据政治规则来行动,而事务官由选拔考试、功绩累积等方式产生,依据上级命令,并对照法律、规则机械性执行。此外,随着西方社会的发展,社会公共事务越来越多,政府面临的公共管理事务日益繁多,解决公共管理事务的政府职能机构不断增多,日益复杂。西方公共事务发展的规模化、复杂化、技术化使公共行政部门的独立性、效率性越来越成为需要。政治生活、社会现实的实践发展和需求奠定了政治与行政二分法的社会历史背景。

政治与行政的差异首先表现为二者职能的不同,政治的职能是政策的协商和制定,行政的职能是负责政策的执行。其次表现为政治人员和行政人员的职业差异。政治人员来自民主选举,属于政治家或政务官,其任职年限通常跟选举年限密切相关,而行政人员不来自选举,属于专业技术性的公务员或事务官,其任职年限相对较长。最后,政治是目的,负责的是政策制定,其具体关心的是"要办什么,为什么要办"的问题,不可避免地要处理各种价值冲突,伦理色彩浓厚;而行政是手段,负责的是政策执行,其具体关注的是"怎么办",要体现价值中立、政治中立,凸显的是技术色彩、工具色彩。

在政治和行政的二分法中,行政、行政活动、行政人员是与政治决策无关的,进而是与价值无涉的。如果行政活动有任何价值追求、伦理准则的话,那就只有唯一的效率原则。价值中立、政治中立要求行政关注的始终是如何高效、经济地完成任务。"没有民主党或共和党式的修建桥梁的方法,只有正确的修建桥梁的方法。"[1]行政任务的正当与否、行政行为的价值判断、行政活动的伦理性质、具体行政活动与公众利益之间的关联性等问题都不是公共行政机关及其人员所要关心的事情。在政治和行政二分法下,评价行政行为的标准只有一个:"'投入'和'产出'之间的数学关系。当后者最大化而前者最小化时,就是道德上的'善'。"[2]

政治与行政二分法的理论体系蕴含着行政伦理的价值悬置。一个只负责执行的机构、一群只负责执行的人员,对其进行伦理要求明显违反"应该蕴含着能够"的道德原则。在"二分法"对行政活动、行政机关角色、行政人员责任的理解中,行政伦理是不可能出现的。因为行政机关、行政人员对自己接到的政治决策、上级指令没有任何怀疑、反思的道德空间,该项指令与公共利益之间的关系并不是行政机关及其人员应当关心的问题。在具体的行政执行过程中,因政策和目的的错误而对行政机关及

① Jack Rabin, W. Bartley Hildreth and Gerald J. Miller, *Handbook of Public Administration*, New York: Marcel Dekker, 1998, p.711.

② Herbert A. Simon, *Administrative Behavior*, 4th Edition. New York: The Free Press, 1997, p.217.

其人员问责是没有意义的,因为他们从一开始就被告知不必、不能介入对政策、目的的反思。行政机关的这种预设导致行政机关的伦理悬置,使其在道德上处于尴尬地位。行政机关的设立初衷是为公共利益服务的,扩大公共利益、提升公共服务的质量和水平是行政机关的分内职责,但在具体的行政活动中,行政机关及其人员不需要思考自己的活动是否真的扩大、提升了公共利益。

三、行政的价值性

鉴于政治与行政二分法对行政活动的价值豁免,尽管"二分法"对提升行政行为的相对独立性起到过至关重要的贡献,但它在实践中和理论上一直被质疑和挑战。在现实政治生活中,罗斯福新政的出现极大挑战了行政活动的价值中立性原则。为了缓解大萧条带来的经济危机与社会矛盾,罗斯福新政扩大了美国联邦政府的规模、职能和总统的权力,增加政府对经济直接或间接干预,淡化了政治与行政之间的严格区别,行政活动的决策性、价值倾向性明显增强。换言之,在罗斯福新政中,以总统为中心的政府行政机关的行政活动带有明显的政治性、价值性。

与鲜活的社会实践同步并行的是,学界对"二分法"的质疑和反思。美国著名行政学家古利克认为,我们既不应该也不可能,更不需要将政治和政策同行政严格地分离开来,行政必然要涉及政治和决策过程。一项政治决策不可能包含所有需要有所选择、有所取舍的细节,行政人员活动也不可能简化为一套标准的操作流程。20 世纪 40 年代,行为主义行政学家赫伯特·西蒙提出,管理就是决策,在公共政策的执行过程中的每一步,都包含着公共政策制定的内容。20 世纪 50 年代,西方公共行政学开始形成以"公平"为核心价值的民主制行政范式。民主制行政理论并不拒绝官僚制行政,但对官僚制行政理论的效率至上原则提出质疑,进而批评了政治与行政二分法。在二分法中,政治负责民主决策,负责价值观冲突、协调,而行政负责高效率执行,负责具体技术性事务。20 世纪 60 年代末至 70 年代兴起的新公共行政学派认为,政治与行政的二分法,只是为了改革当时美国极度腐败的吏治,推行公务员新政所做的必要理论或舆论准备,是一种政治实践的策略,不具有普遍意义。政治与行政的二分法在实践上是不可能的。行政行为必然包含某些决策活动,政治与行政总是高度地结合在一起,相互作用,构成政治和行政的完整体系。以理想化的态度,要求行政机关、行政人员在执行过程中不作任何决策,单纯地执行上级的政治决策、行政指令,再好的政策也终将失败。

从 20 世纪 80 年代兴起并发展至今的新公共管理学派同样否定政治与行政的二分法,认为在行政过程中预设行政的绝对执行、公务员群体的价值中立甚至是价值无涉理论是没有意义的。而从实践上看,政治与行政的分开也是难以做到的。

经过半个多世纪的发展，学术界在承认政治与行政相对分开的前提下，也为行政活动提供了充足的价值性根源。当前主流观点认为，行政的价值性、伦理性主要表现在三个方面：

第一，行政机关在行政活动中的价值性。这种价值性主要表现在行政活动的决策性上。即便政治与行政的严格二分能够成立，但政治机关的决策如果要变成现实行动，没有行政机关的细节性决策、补充性决策、临时性决策是不可能的。政治机关提供的政策决策往往只是一个宏观方向或指导，并不是具体、明确的操作性指南。政策从宏观理念、政策设想变成现实举措，经常是具体管理机构的任务。没有行政机关根据现实情况而因地因时制宜采取的决策，政治政策是不可能与公共利益产生现实联系的。在某个全国性政策的落实过程中，涉及的具体行政行为可能是千差万别的。如果工作人员没有一点能动性，不根据情况做出倾向性决策，那么行政工作是不可能开展的。我们经常说的"一抓就死，一放就乱"，本质上是行政的独立性、决策性的体现。

第二，公共行政机关管理者的价值性。任何行政机构的管理者都有自己的个人价值观，希望其负责的部门或统辖的下属按照他的意图行事，因此他可能会有有意或无意抵制、变相抵制政策初衷的做法。更为严重的是，管理者还可能利用政策在具体执行过程中不可避免的表述含混，故意曲解政治决策的意图，实现自己部门或个人的利益诉求。我国在全面深化改革过程中，改到深处是利益，遇到利益就会带来改革的障碍。"触动利益比触动灵魂还难"，当改革的方案是具体部门自己制定的时候，不管是利益还是灵魂都难以触动。"部门主义"在某些机关已成为不可逾越的藩篱，很多改革举措，每当遇到"部门主义"就寸步难行。多年来的改革经验表明，公共行政机关及其领导者有其自身特殊的利益诉求，有其核心利益，这正是公共行政机关及其管理者价值性的体现。

第三，具体行政人员的价值性。具体行政人员在政治政策的明确范围内，或在法律制度的明确规范下，也拥有一定的自由裁量权。自由裁量权的存在有助于提升行政机关及其人员的行政效率，降低政治决策的烦琐性，提升公共管理、公共服务的效能。应对现代社会中层出不穷的新问题、新形势和公众的新需要，政治决策、立法程序总是滞后的、不及时的，这使得公共行政机关中的自由裁量权就不仅是可能，更是必须。但自由裁量权的存在使得行政活动在效率维度之外呈现出与公众利益的直接关联性。这种关联性具有浓厚的价值性，从而进入了伦理审视的范围。

因此，与政治行政二分法理论预设行政事务不涉及价值因素不同，在实际操作中，行政事务的主体内容的确是事实性问题，但价值性问题也十分突出。在公共行政活动中，修建一座桥梁的正确方式固然不与某个党派的政治属性相关，但正确修建桥梁的行政活动中仍然存在一些与正确修建桥梁技术性因素无关的价值性事务，如桥梁的具体位置直接影响河两岸人们所享受到的公共服务;桥梁修建过程中的土地征收及其征收方式、房屋拆迁及其拆迁方式更是直接影响公共利益。行政活动的这种价值性在中国特殊的政治社会语境中表现得更为明显。同样是一个棚户区的改造政策,在不同的城市、不同的行政负责人的执行中会呈现出不同的样态。大量的事实表明,行政机关、行政人员的价值选择在此类行政活动中至关重要。这也是在我国的干部教育中一再强调党员干部、公务员要有坚定的理想信念、心中要时刻装着人民、牢记为人民服务的一个重要原因。

社会公众对行政人员的角色期待绝不是行政人员仅仅作为一个机械执行的机器,而是期待行政人员是一个有相对独立价值的道德主体;而行政人员对自己的角色定位不应该是成为一个政治中立的执行人,而是成为和政治人物一样的公众利益的代理人,最重要的是要向公民、公众利益负责,而不是只对政治、上级负责。"行政人员不应该只是被动执行政策指令,他们'不应该是中立的,而应该献身于良好的管理和社会公平'。"[①]

至此,经过历史与逻辑的正反合式发展,行政伦理的两大现实性因素都已具备:一方面,行政从政治领域中脱离出来,行政活动拥有自己独特的对象、领域、方式和原则,行政学、行政伦理学从政治学的经典视野中转出,开辟了自己的理论域场;另一方面,从政治视野中转移出来的行政活动具有了一定的道德自主性,不再是价值中立的伦理绝缘体,行政领域、行政行为、行政人员都可以用伦理视角来审视,并凝练出独特的道德准则、伦理体系。

第二节　行政伦理基本原则

一、公共利益原则

现代公共行政与以往传统社会官僚行政的本质区别在于,公共行政的最终目的不是维护、实现某一特殊君主或特殊群体的利益,甚至也不是服务于某一特殊阶级。公共行政指向的目标是公共利益,政府或行政机关具有促进和实现公共利益的伦理义务和道德责任,这是公共行政区别于帝国管理、企业管理的一个根本特征。公共行政具有公共性,是为范围极广泛的全体居民或全体公民的利益服务,而不是为自我、

---

① 刘亚平、[美]山姆·布朗:《政治行政两分:起源、争议与应用》,《中山大学学报(社会科学版)》2010年第6期,第178页。

家庭、小集团或一帮人的利益服务,属于公共伦理、社会伦理的范畴。帝国管理、企业管理具有自利性,是为某一优先的具体对象利益服务,属于私人伦理、家庭伦理或企业伦理的范畴。

公共利益是什么,其内涵具体包括哪些利益和范畴? 公共行政学和行政伦理的研究并没有一个边界明晰的界定。"公共"和"利益"也不是内涵清晰的概念,"社会并不是一个密不可分的整体,而是由一个个实在的人组成的,而人和人、集团和集团、国家和国家之间的利益经常发生冲突,因而究竟什么是'公共利益'就成为一个令人困惑的问题"①。学者在对"公共利益"的研究过程中,确立了一些外部特征:非排他性和非私人性。非排他性是指,任何人在任何时候,都可以自由地享有该项利益,无须有特别条件的限制,该项利益不封闭,也不专为某些个人所保留。根据非排他性的特征,市政部门建设一个对公众开放的公园就属于增进公共利益,而企业建设一个仅供会员使用的游乐会所就不属于公共利益的范畴。非私人性是指,公共利益与私人利益是相对独立的,甚至是相互对立的。尽管从长期来看,公共利益与私人利益不必然矛盾,一些追求个人利益的行为会极大促进公共利益。曼德维尔在《蜜蜂的寓言》中就揭示了私人的恶德如何促进了公共的利益。具体到行政领域,行政人员在为公共利益行使行政权力时并不绝对排斥自己的正当利益——公务员在行政机构中理应获得正当的职业报酬。但在具体的行政行为中,行政权力如果成为市场交易的对象,行政人员私人利益的增加不仅不会促进公众的福利,反而会损害公共利益。

公共利益的模糊性本质上是由人类生活的复杂性和公共领域的自我发展所造成的。公共利益的认知和把握要受到经济发展、文化传统等社会现实的影响。当社会生产力发展到一个新的阶段,新的价值观念出现、扩散,关于公共利益的研判标准就要发生变化。但是,在一个相对稳定的社会环境下,公共利益的边界模糊并没有妨碍人们探索、确立所处社会、所处时代的核心公共利益范围,如公共安全、环境保护、健康与国防等。具体到行政伦理中的公共利益,美国公共行政学会提出,行政人员为公共利益服务的范围包括:(1) 运用权力促进公共利益;(2) 反对各种形式对公众的歧视和伤害,提倡对公众的帮助行为;(3) 为了更好地从事公共事务管理,要认知和尊重公众的权利;(4) 让公众参与政策的制定;(5) 用完整、清晰和容易理解的方式回答公众的问题;(6) 准备处理那些公众不接受的决策。②

毋庸置疑的是,在行政伦理的视野下,公共行政应当将公共利益作为自己行动的

---

① 张千帆:《"公共利益"的构成——对行政法的目标以及"平衡"的意义之探讨》,《比较法研究》2005 年第 5 期,第 1 页。
② 参见王正平:《美国行政伦理的基本价值理念及其规范制度建设》,《上海师范大学学报(哲学社会科学版)》2008 年第 6 期,第 24 页。

出发点和归宿。公共行政的一个重要价值使命就是要扮演执行和捍卫人民利益的角色。一味服从政治决策的行政机关,只听从命令的行政人员,极有可能沦为暴政的工具,异化为压迫人民的武器,注定不可能承担现代公共行政的角色和责任,也不具备在现代社会的正当性和合理性。行政机关、行政人员服务人民利益、公众利益的过程,对公共利益的回应、落实,关系到政府的权威和公信力,关系到行政伦理的现代灵魂。行政机关应尽可能限制自己的部门利益、部门权力,防止部门权力优先维护、实现部门权力。行政人员应当成为公共利益的信托者、履行者,而不能在行政活动中首先考虑自己的利益。

在社会主义行政伦理的建构过程中,"公共利益"概念基本等同于"人民利益"这一范畴。在社会主义国家,根据马克思主义的观点,行政人员的最根本的角色是"公仆",最重要的职责是服务于人民利益。"公仆"作为社会主义国家行政人员的伦理角色要求,其基本内涵包括:(1)国家的主人是人民,主权在民。行政人员不是人民的主人,而是人民的勤务员;(2)行政人员不是私人利益或个别集团的利益的维护者,而是人民利益和社会公共利益的维护者;(3)行政人员与人民群众的关系不是统治与被统治的关系,而是具有自觉性的代表者服务人民与人民监督代表者的关系;(4)行政人员的基本职责就是为人民群众提供高效低价的公共服务,要积极构建一种"廉价政府";(5)忠于人民、服务人民是行政人员应有的最基本、最重要伦理品质。

二、公平正义原则

现代行政的公共性决定了公平正义是行政伦理的另一基础价值。随着新技术形态、新组织形式的不断发展,多样性、开放性成为现代社会系统的基本特征。与传统社会相比较,多样性带来了社会生活的价值多元化。"上帝已死"带来的是单一权威的崩塌,"诸神在场"一词恰当地描绘了现代社会的伦理生活。而开放性决定了在现代社会建立一种长期权威的努力要么是不可能的,要么是通过代价极大的暴力专制而实现的。但是基于专制权力与资源垄断而树立的权威不可能在社会活力与社会稳定之间实现动态的平衡,注定要在经济全球化的竞争浪潮中风雨飘零。

作为一个权威人物、权威机构影响力逐步淡化的大系统,现代社会内在关注社会公共行为的合法性和合理性。这种合法性和合理性建立在正当性基础之上。一个现代社会没有公平正义,不管它多么有效率,多么有活力,都是不可能自我辩护的。"正义是社会制度的首要美德,正如真理之于思想体系一样。一种理论如果是不真实的,那么无论它多么高雅,多么简单扼要,也必然会遭到人们的拒绝或修正;同样,法律和体制如果是不正义的,那么无论它们多么有效,多么有条不紊,也必然会为人们所改革或废除。"[①] 在现代行政中,行政机关及其人员天然肩负提升行政效率的责任,行政机关作为一种官僚科层制组织,下级服从上级、首长负责制、任务层级分解和落实都是行政效率的保证。一个好的或善的行政机关应当是一个有效率的组织,"等级制组织的完善会使效率最大化"[②]。但公平正义是公共行政生存发展的基础和条件,绝不能单纯为了行政效率而罔顾公平正义——以公平正义的牺牲或滞后来换取行政效率的提高,即便在特殊情境下具有手段的合理性,也是不可能持续的。不公平、不公正的行政政策、决策、行为会引发社会的骚动不安和社会秩序的解体,阻碍社会和谐发展,最终危害政治安全和行政机构自身的生命。

公平正义作为行政伦理的基本价值之一,包括三个基本内涵:

第一,公平正义的行政价值要求公平行政。行政机关作为国家管理的执行机关,具有分配资源,创设规则,依法对国家政治、经济和社会公共事务进行管理的职能。在这一过程中,行政机关和行政人员应平等地对待行政相对人,不偏不倚地制定行政规则、分配社会资源和执法执规。在公平行政中,社会成员无论身份、角色、样貌、性别、与行政人员亲疏远近,都应平等成为公共政策制定的利益相关方,成为公共领域的受益人。行政领域的自由裁量权不应发展为差别对待社会成员,乃至异化为为自我、为家人亲友牟利的特权。

第二,公平正义的行政价值要求公正行政。中国政治传统很早就强调,"政者,正也。子帅以正,孰敢不正?"(《论语·颜渊》)在行政伦理中,公正行政要求行政出于无私动机和正当考虑,禁止私人因素和非正常的考虑进入行政过程,排除私念和特殊利益考虑,通过制度化的利益安排推动公正行政以维护政府的公正形象。公平正义是政府的价值基石,公正行政也就成为政府公信力和权力形象的决定因素。当政府行政行为不公正时,政府的公信力就会丧失,而公信力一旦丧失,就会陷入"塔西佗陷阱"——当政府部门失去公信力时,无论说真话还是假话,做好事还是坏事,都会被认为是说假话、做坏事。

第三,公平正义的行政价值要求公开行政。公开行政是指行政机关的议事活动及其过程公开和行政机关制定或决定的文件、资料、信息情报公开,其目的是将行政权力运行的依据、过程和结果向相对人和公众公开,使相对人和公众知悉。当然,并不是政府的所有行政行为都必须公开,为了公共利益的考虑,某些行政决策、行为要在一定时间内保密,但这种不公开必须有法律依据。按照中共中央办公厅、国务院办公厅印发的《关于全面推进政务公开工作的意见》,就是"坚持以公开为常态、不公开为例外,推进行政决策公开、执行公开、管理公开、服务公开和结果公开"。严格来说,

---

① John Rawls, *A Theory of Justice*, Cambridge, MA: The Belknap Press of Harvard University Press, 1999, p.3.
② 罗德刚:《论我国行政伦理的几个实质性问题》,《云南行政学院学报》2002 年第 3 期,第 6 页。

公开行政是公平正义的程序性保障,是公平正义价值实现的一种制度性要求。在历史上,任何行政机关都有自己的内部运行"秘密",越是专制的政府,其行政的神秘色彩越浓。这种内部秘密的主要目的不在于增进公共利益,而在于抬高行政官僚群体的进入门槛,降低其管制社会的阻力。因此,良序社会的一个重要指标就是政府行为的公开程度。行政秘密容易产生腐败,容易给暗箱操作留下巨大空间,行政公开有助于维护行政的公共性,更有助于社会公众的参与、监督和问责。"阳光"是行政行为最好的稳定剂,当前推进行政体制改革,政务公开、信息公开是一个重要的突破口。

三、敬业尽责原则

敬业尽责原则是行政人员应当遵守的一条基本从业伦理规范,是从职业伦理角度对公共行政人员提出的一项基本道德要求。行政人员无论职位高低、工作分工,都有自己特定的岗位,有自己特殊的职责和任务。敬业尽责要求行政人员以一种敬畏之心和忠诚而负责的态度履行自己的本职工作。工作,对大多数人而言,是一种谋生手段,远没有成为一种自觉的需要。一个行政人员基于谋生的需求进入公共行政领域,从事行政活动,这一动机是无可厚非的。但无论基于何种理由,行政人员一旦进入某个行政岗位,他就要对自己的选择承担责任,就要以一种敬畏精神对待自己的岗位、职业。恪尽职守、努力工作、敢于担当责任,都是敬畏精神在工作中的体现。上班期间,不迟到、不早退,不擅离职守,不无故缺勤,不利用工作时间处理私人事务,遇到职责范围内的任务不推诿、不逃避、不拖延,保质高效地完成,等等。这些都是敬业尽责的基本内容和要求。[①]

敬业尽责要求公共行政人员不断提升自身专业技能。随着科学技术高度发达,生产效率全面提高,分工精细化成为现代社会的重要特征之一。社会分工的细化,意味着社会合作体系中不同行业、不同职业、不同工作的专业化程度越来越高,一个专业化管理的时代已经到来。公共行政作为一种专业的管理技术活动,要求行政官员(行政首长、公务人员等)掌握公共决策实施、反馈、修正等环节的理论、知识和技能。公共领域范围的增加,活动复杂性、系统性的增强,都对行政人员提出了较高的受教育程度要求,敦促其不断进行继续教育,以提升其公共素养、专业技能。

公务人员行政责任的落实重点要落在具体的行政行为上。从公共项目建设到日常的行政流程运转,再到被动的行政责任质询、回应,都需要具体行政人员具备一定的行政能力。实现公共利益的责任要求实现手段能力的提升,专业化、职业化则是能力提升的内在要求。在这一意义上,行政人员的专业技能提升是敬业尽责的手段保

---

① 　参见朱贻庭主编:《应用伦理学辞典》,上海辞书出版社 2013 年版,第 413 页。

障和能力支撑。在行政组织中,个人能力的提高、个人职业技能的提升,不仅仅是行政人员个体职业伦理的需要,也是行政机关组织伦理的要求。行政伦理研究越来越强调要在组织内部创造一种鼓励、支持提升个人能力的机制和氛围。

敬业尽责还要求公共行政人员在行政活动中坚守、锤炼行政人格,特别是诚信的道德品格。在中西方传统伦理价值中,先贤们一直都把诚信作为政治和行政领域的基石。孔子说:"道千乘之国,敬事而信,节用而爱人,使民以时。"(《论语·学而》)治理一个大国的政府官员要严肃认真地处理政事,注重政事处理过程中的诚实信用,节约公家用度,爱惜民众的辛劳和怜悯其苦难,根据农事的忙闲合理使用民力。荀子在《荀子·不苟》中也谈道:"夫诚者,君子之所守也,而政事之本也"。美国宪法制定者之一亚历山大·汉密尔顿也指出,好的政府需要的是诚实的人,因为诚实的行政人员不仅可以实事求是推进政务,还能激励、范导普通民众保持诚实。美国当代著名行政伦理学家特里·L.库珀指出,如果在政府机构中没有具有诚实品性、正义感的个人,政府行为就会出现各种问题。没有诚信的存在,行政机关内部、行政机关与公众之间就不可能进行有效交流,行政效率就会极大降低。

在公共交往和公共行政事务的管理中,诚信是政府公信力和行政效率的前提条件。在古今中外的道德论述中,诚信或诚实都是公务人员行政人格的核心内容,是公务人员行政良心的基础内容。具有诚信品格的行政人员在其生活和行为中会表现出信仰、理念、知识与行动的一致性。他们不会为了眼前的利益而放弃或改变自己的信仰、价值,也不会为了明哲保身而一味迎合行政首长的意志。行政人员的诚信品质无疑是他们意识到自身责任,并勇于承担自身责任的前提。缺少诚信品质和勇气,行政人员在面对公共利益与行政首长命令发生冲突时,极少能肩负起维护、保障和实现公共利益的责任心。

四、守法廉政原则

守法廉政,是公共行政管理的重要道德理念,包含依法行政和廉洁从政两个基本内涵。现代社会是法治社会,现代国家普遍承认,法治是优于人治的治理方式。人治,强调的是权力依附于某一或少数权威人物,权力的运行主要依据权威人物的意志。在特定政治人物的统治下,人治中的政治、行政运作会呈现一种积极向上的行政效能,公共利益也会随之提高。但人治的最大问题在于,过于依赖领导者的权力运行智慧和良心。即便机缘巧合下,出现了一个非常合适的人治领袖,也很难保证该人物终其一生都能保持权力运行的公共性和公正性。因此,亚里士多德指出,人治容易偏离公正,再伟大的贤人也难以完全摒除个人好恶,而法治则体现理性精神,更能确保公正;法律由众人审慎考虑后制定,比一个人或少数人的意见更具有正确性;而且法律具有稳定性,人则容易朝令夕改。只有法律才是最优良的统治者。[①] "法治"与"人治"相对,强调法律的权威性和普遍适用性,将法律作为治理国家和社会的最高准则,任何人和机构都不得凌驾于法律之上,强调法律在国家和社会治理中的至上地位。

法治社会的主导者是一个依法治理社会的政府——法治政府。法治政府之下,守法或依法行政的具体内涵包括:(1)行政活动的范围必须坚持职责法定,权力法定。不自我赋权,不自我减责,坚持无法授权不可为,法无授权不乱为。树立法律意识,增强宪法权威,依法行政,关键是依宪行政,要将宪法蕴含的人民意志、法律精神贯彻到具体的行政活动之中。(2)在行政活动中依法办事。行政人员要自觉忠诚于法律法规,维护法律法规的公正性和严肃性,在执法过程中自觉将自己的行为与法律相对照,用法律法规来检验自己的行为和活动。重视程序正义,完善执法程序,建立执法全过程记录制度。倡导文明规范的执法行为,明确一些重点领域,如行政许可、行政处罚、行政强制、行政征收、行政收费、行政检查等领域的具体规范性操作流程。(3)在自由裁量权的弹性空间内尽力实现立法精神,使行政行为符合公共利益的需要和导向。自由裁量权是行政权力负责社会现实的内在需要。法律法规是一种抽象的、概括的文字表达,行政人员必须结合自己的工作实际才能转化为合法的行政行为。自由裁量权弹性空间的公正运用是考验行政人员依法行政道德品格的重要标准。在自由裁量权内,行政裁量的标准、范围、种类、幅度的适用变化,要体现法律的立法精神,体现公道、公正、公平的价值取向,体现公共利益优先的行政导向。

廉政,作为行政伦理原则,一方面是守法行政、依法行政的他律性要求。严格按照法律来开展行政活动的公务人员一般不会出现贪污腐败的结果。另一方面,廉政还是行政主体的自我约束、自我调控。廉政美德是行政道德理想的核心要素之一。廉政是对廉洁自律、廉洁从政的简约化表达,强调的是公务人员在行政活动中自觉克服私心和私欲,抵制各种外界利益刺激和诱惑,切实依据公共性、公正性原则调控自己的行为取向和行为方式,实现清正廉洁的行政美德。廉政美德主要协调的是个人利益与公共权力之间的关系。廉政绝不反对行政人员追求自己的正当利益,但坚决反对任何有可能因自身行使公共权力而获得的不当利益。在这一意义上,廉政对个人追求自身合理利益的范围、手段的界定要比市场领域严格,甚至是苛刻。这种严格是权力的强势性所导致的,没有这种苛刻的规范和要求,权力就极易滑出公共利益的边界,成为私人利益的工具。

预防、约束权力的腐败,避免公共权力沦为私人利益的工具和手段是任何国家、政府都要考量的问题。由于我国政治生活的德治传统,廉政在公共行政领域具有尤

[①] ［古希腊］亚里士多德:《政治学》,吴寿彭译,商务印书馆 1981 年版,第 171 页。

为特殊的地位,具有基础性价值。中国历史上流传下来大量关于廉政的官箴名言和故事。例如,"临官莫如平,临财莫如廉。廉平之守,不可攻也。"(《说苑·政理》)"吏不畏吾严,而畏吾廉;民不服吾能,而服吾公。""公生明、廉生威。"(《官箴》)这些都是推崇廉政的思想结晶。包拯、海瑞、施世纶等清官都负有"青天"之名,并有大量故事、演义在民间流传。文化可以暂时被遮蔽,但不能永远被割断。这些价值观念在当代中国行政管理中依然有重要的指导作用。党的十八大以来,不断打破"禁区"和"惯例",通过坚决反对腐败的决心和斗争,建立廉洁政府,打造清廉干部已成为各界的共识。所有这一切,都在强化"廉政"作为行政伦理价值在中国行政管理中的地位和意义。

第三节　行政伦理热点问题

　　作为一门学科,行政伦理研究的对象和内容十分丰富,主要包括:行政伦理应当遵循的伦理规范、道德准则有哪些的问题;行政机关及公职人员应当对谁负责、对什么负责的问题;行政领导、行政决策、行政协调、行政控制和行政监督等事项的正当性问题;与内部控制相关的公职人员的价值观和道德观问题;与外部控制有关的伦理立法和公众监督问题;公职人员的职业伦理标准和职业美德以及培训问题;行政伦理的调节机制问题;行政腐败的防止问题等。[①]

　　在这些行政伦理的研究领域中,有三类问题是当前我国学界研究的热点问题:

　　(1)行政机关及其人员应当秉持的伦理原则、道德准则有哪些? 这些伦理道德要求在不同国家体制下的具体内涵是否有差异? 这类问题具体到中国行政伦理研究中,就是中国行政伦理建设面临的特殊性问题。

　　(2)假如行政机关及其人员的伦理性要求基本确定,接下来的问题就是通过什么样的途径能够确保行政机关的运作和行政人员的行政行为符合行政伦理的规范性要求。

　　(3)假设所有的行政人员都愿意自觉按照行政伦理要求自觉约束行政行为,是否行政机关中就不会出现伦理困境和冲突?

　　一个严肃的挑战是,行政伦理的实现不仅需要明确的规范性指导,需要有利于负责任行政的良好内外部环境,更需要行政人员具有高度的伦理自主性和自觉性,把握、协调、解决行政活动中的诸多冲突,真正实现负责任的行政。

---

① 　朱贻庭主编:《应用伦理学辞典》,上海辞书出版社 2013 年版,第 17—18 页。

一、行政伦理建设路径

实现公共利益,维护公平正义,促进敬业尽责,提升守法廉政是行政伦理的基本目标。这一良好行政目标的实现需要相应的行政伦理建设。行政伦理建设有两种基本方式。一种是外部控制,即行政伦理的制度建设和组织文化建设。这种方式强调行政组织结构的合理安排,突出行政伦理立法、规章制度设立以及严格完善的监督机制。另一种是内部控制,即个人伦理自主性、价值观和信仰培育。这种方式突出行政人员行政人格、行政良心、伦理分析能力在行政伦理中的地位和作用。对照这两种基本方式,行政伦理建设的主要路径包括:

第一,推进行政伦理立法。行政伦理立法是将行政领域中一些影响重大的伦理规范通过立法程序变为法律,使软约束的道德规范变为硬约束的法律条规。通过立法的形式,提升行政机关及其人员的伦理水准,是当前行政伦理建设的一个普遍共识。美国法哲学家博登海默指出,"那些被视为是社会交往的基本而必要的道德正义原则,在一切社会中都被赋予了具有强大力量的强制性质。这些道德原则的约束力的增强,是通过将它们转化为法律规则而实现的。"[1]西方国家在这方面率先进行了探索,一些基本的行政伦理规范通过立法强制实施后,效果十分明显。

美国从 20 世纪中期就开始制定一些行政伦理的规章制度。1958 年 7 月,美国国会两院以共同决议书的形式通过了《政府工作人员伦理准则》。但这一准则是一部没有强制约束力的倡导性规范,并没有引起人们的足够重视,效果甚微。伦理是应然之理,道德停留在文字层面,腐败和渎职依旧生生不息。针对这一情况,美国联邦政府相继出台了一些强制性的行政伦理法律。1978 年 10 月,美国国会通过了《美国政府行为伦理法》;1985 年,美国国会制定了《美国众议院议员和雇员伦理准则》;1989 年4 月,国会通过了布什总统提交的《美国政府行为伦理改革法》;1992 年,美国政府又颁布了由政府伦理办公室制定的更具操作性的《美国行政部门雇员伦理行为标准》。另外,政府的一些部门根据各自的具体情况,制定了适合本部门的伦理规范和实施办法。

第二,推进行政伦理的制度化建设。与行政立法的举措相配套,行政伦理的制度化建设也是外部控制的重要举措。行政人员之所以有倾向于违反行政伦理的冲突,主观上是因为违反行政伦理会带来好处,客观上是因为违反行政伦理的行为并没有遇到现实的权力界限和障碍。针对这两个原因,就要从制度设计上尽可能杜绝在行政活动中为恶却能获利的可能性。"当人们处于从恶能得到好处的制度之下,要劝人

---

① ［美］E. 博登海默:《法理学——法哲学及其方法》,邓正来、姬敬武译,华夏出版社 1987 年版,第 361 页。

从善是徒劳的。"①更要从制度上设计一些能够切实限制行政权力的边界和障碍,正如邓小平指出的,制度好可以使坏人无法任意横行,制度不好可以使好人无法做好事,甚至会走向反面。

在西方的行政伦理建设实践中,实现上述两个目标的主要是一些具有操作性、相对科学的制度设计:(1)财产、礼品等的申报与公开制度。美国规定公务员的财产收入必须向社会公开,除非特殊情况一般不允许收受礼品或好处。例外情况包括:① 在生日或特定的、有互赠礼物传统的节假日,公共雇员一般可以每次接受或赠予总价值不超过一定金额的东西,在办公室享用食物、茶点或在家中私人的招待。② 在为数不多的、对个人有重要意义的活动中,如结婚以及在结束上下级关系的情况下(如调整岗位、退休),雇员可以赠送或接受礼物。③ 可以为集体性的自愿捐助提供或征集少量礼物。(2)广泛的行政伦理监督机制。社会监督是行政伦理实践的基本保障。通过司法监督、公众监督、社会舆论监督等监督机制协调发力,有效约束了行政行为的伦理失范问题。

第三,行政伦理精神培育。有了完备的外部控制机制,行政人员也并不一定能时时有效地解决各种伦理冲突,在具体的行政情景中总是充满了各种道德问题和决策方案。找到一个合适的决策方案,实现公共利益,就不仅仅只是行政法规和组织价值、制度约束的问题,还是行政主体自我伦理意识、理性能力、伦理思考的结果。良好的行政人格是行政伦理精神培育的核心,要提升行政人员的行政人格,就要涉及组织文化的养成、行政伦理的教育和培训、行政人员的个体道德修养。随着西方行政伦理法治化、制度化的健全和完善,西方政府越来越重视行政人员的伦理教育和培训,重点培养行政人员自主选择符合公共利益的决策和行为,提升行政人员公共行政的决策技巧和行政良心。为实现这一目标,西方行政人员的培训,在方法上已经从传统的讲授式教学向案例式、情景式、研讨式转变。

二、行政责任的冲突与超越

行政伦理是行政机关及其工作人员在行政活动中应当履行的道德要求。作为一种现代伦理形态,行政伦理本质上是一种责任伦理,关切的核心问题是如何保持、提升行政机关及其人员的负责任行为。美国当代行政伦理学家特里·L.库珀认为,"责任是行政伦理学的关键观念",在探讨公共行政人员的伦理问题时,责任是用来表述行政伦理相关问题的核心词汇,行政责任冲突是造成行政伦理困境的根源。② 根据库

---

① ［美］乔治·霍兰·萨拜因:《政治学说史》,盛葵阳、崔妙因译,商务印书馆1986年版,第633页。

② 参见［美］特里·L.库珀:《行政伦理学——实现行政责任的途径》(第四版),张秀琴译,中国人民大学出版社2001年版,第62页。

珀的分析,现代行政伦理的核心问题不是行政人员应该做什么或应当肩负哪些责任的问题,而是在具体的行政行为中,一个想负责任的行政主体如何解决不同责任之间的冲突,理性履行行政责任的问题。正视责任冲突,并找到超越责任冲突的路径、方法才是行政伦理的伦理焦点所在。

我国行政伦理研究也重视关于责任冲突与超越问题。但是,如果没有正视行政主体在其行政活动中必然发生的、不可避免的责任冲突,没有实事求是地讨论这种冲突的解决,仅仅是空泛地论证一些永远正确的应然判断,提出一些无可辩驳的价值原则,那么我国行政伦理的研究就会趋于脱离实际的空话、套话,甚至是废话。如果承认行政伦理的责任冲突,却先验假定、规定冲突的一方有理有据,另一方自私自利,实际上是将真实的责任冲突消解为虚假的价值排序。廉洁自律的行政伦理要求与出于个人私欲的权力寻租,人民公仆、清官意识与大老爷做派、贪官、庸官,等等,这些对比严格意义上都不属于责任冲突的内涵,因为它们的是非对错早就已经达成了基本共识,剩下的只是如何实现好价值、履行好责任的问题。因此,"所谓行政伦理问题,应该是指从伦理角度,发现和讨论行政主体在其作为时有没有内在的必然发生的不可避免的伦理冲突,如何看待和解决这种冲突"[1]。回避行政责任的冲突,是一种理论勇气的缺失,不仅会带来学术上的停滞,更会带来更深刻的语言腐败,损害我国行政伦理研究、实践的长远发展。

行政责任的冲突是指,行政机关及行政人员在行政活动中遇到两种及以上伦理要求,而恰好这些伦理要求的内容不同、取向相悖。这一境遇的出现使得行政主体对责任的担当出现两难疑惑,责任履行的正当性和价值性出现疑问甚至挑战。行政责任的冲突主要有两大客观根源:

第一,行政责任的冲突源于行政人员在社会中的多元角色和多重身份。行政人员作为公众利益的受托人,在公共行政机关中的角色是一种公共性角色,要始终对公共利益负责,工作任劳任怨、尽心竭力、善始善终、善作善成。但社会作为一个复杂的人际合作体系,赋予行政人员的角色不是单一的,而是多棱面的。在行政机关内部,一个行政人员除了是公共利益的代言人,也是部门利益的代表者,可能既是一些行政人员的领导,也是上级领导者的下属。在行政机关外部,行政人员还拥有存在于经济生活、家庭生活、个人生活中的多重角色和责任。他可能是一个父亲或母亲,是一个儿子或女儿,是一个教徒或无神论者,是一个慈善义工或享乐主义者,是某些约束力强大的社会团体的成员或是某些自愿性社团的负责人,等等。行政人员这些社会角色之间的责任要求是不同的、离散的,在某一特殊的行政情境中,这些多元的角色会最终引发责任冲突。

---

[1]　刘可风:《论中国行政伦理问题及其实质》,《武汉大学学报(人文科学版)》2003 年第 3 期,第 296 页。

第二,行政责任的冲突还源于行政人员所依据的伦理准则本身的复杂性。现代社会的基本特征之一是缺乏坚不可摧的价值共识,价值呈现为一种多元流动性状态。如果从传统社会的立场来看,现代社会是一种过分自由的价值混乱状态。即便人们在行政伦理研究中,就基本的价值原则达成了概念上的共识,但具体概念的内涵及其在行政行为中的操作要求依旧是"仁者见仁、智者见智"。在中国社会转型时期,更是如此,"传统价值体系瓦解,革命价值体系消退,现代价值体系尚在培育之中。价值多元和混乱使得人们在面对冲突性责任时无法抉择到底应担当何种价值要求下的责任"[①]。

行政人员的角色丛与价值依据的多元性决定了负责任行政行为过程中的伦理冲突。根据伦理冲突的性质差异,行政人员面临的责任冲突可以分为三大类:一是角色冲突。角色冲突是一种客观责任冲突,是外部角色的负责性带来的。在现实生活中,行政人员是一个角色丛,承担着一大堆角色,作为不同的社会角色,必须承担不同的相应社会义务和责任。德怀特·沃尔多在《伦理与公共行政》中认为,一个行政人员要承担的责任共计有12种:忠于宪法的义务;遵守法律的义务;对民族或国家的义务;民主的义务;遵守组织—官僚制规则的义务;忠于职守与信守专业精神的义务;对家庭与朋友的义务;对自我(人格与尊严)的义务;对集体的义务;对公共利益或全民福利的义务;对全人类或全世界的义务;对宗教或上帝的义务。[②] 二是权力冲突。行政人员作为行政机关的成员,对其上级的命令有服从的责任。但行政机关内部的权力是多层级的,当不同层级的上级权力发布的命令出现差异,甚至是矛盾时,行政人员要履行自己服从命令的责任时就会面临伦理冲突。三是利益冲突。行政人员作为一个公民,其私人身份要求至少是允许利己主义的个人存在。但只要他们在行政机关中工作,其公共身份就是执行政策的成员,就要代表公众的利益而展开行动。行政人员在职业活动中的自我实现与增加公共福利的冲突是始终存在的。

根据上述分析,现代公共行政的过程,是行政责任冲突解决与超越的过程,是分析伦理争议和解决伦理冲突,实现伦理共识的过程。这一过程是个复杂的系统工程,涉及政府机构设置、公民权利保护、政党执政方式,也牵涉官僚制度、行政组织和社会文化背景。其中,行政人员面临责任冲突时,作为一个道德主体的伦理分析、决策过程是行政伦理研究的重点。库珀在《行政伦理学——实现行政责任的途径》一书中指出,人们在面临伦理冲突时一般有四个层次:情感表达(好恶倾向)、道德规范(是非判断)、伦理分析、后伦理分析。行政人员负责任的行政行为一般遵循着上述四个层次展开,但这种依次展开并没有严格顺序。简单的责任冲突,往往只涉及情感表达,

---

① 王宁宁:《责任担当中的伦理困境及超越——以经典案例为中心的考察》,《中州学刊》2015年第4期,第88页。
② 转引自丁秋玲:《行政伦理价值冲突及其消解》,《江西社会科学》2008年第9期,第188页。

这与行政人员直观的情感好恶相联系。稍微复杂一点的伦理冲突,就涉及理性分析,要通过道德判断来决定。一些更复杂的责任困境,就会涉及伦理分析,要通过价值排序、是非取舍来选择。后伦理分析层次则是在更深层上追问行政伦理规则的价值依据,进入了行政正义或行政合法性的追问领域。要培养行政人员负责任的行政行为,就要强化行政人员良好的道德情感,提高公共服务的自觉性,更要培养行政人员的决策技巧,有意识地养成处理责任冲突的方法,最终是要提升行政人员的伦理意识和人文素养。在面对深层次责任冲突时,创造性发挥伦理自主性和道德想象力,超越责任冲突。

思考题:

一、怎样理解行政与政治的关系?

二、怎样理解行政的价值性?

三、试述行政伦理的基本原则。

第十一章　法律伦理

　　法律伦理是一门法学与伦理学交叉的学科。作为一门新兴的交叉学科,法学伦理学扩大了伦理学和法学的视域,增添了司法实践的有效性和伦理学应用的领域。人类社会的法律与伦理道德有着共同的起源,这一共同的起源就是人类原始时期的禁忌。自从进入文明时代以来,人类的社会规范开始分化为法律规范和道德规范。然而,法律与道德两者既相互分离,又相互渗透和相互支持,在法律中有伦理要求,在伦理中有法律的支持。就社会形态来看,法律伦理就是对于这样两者之间的交互融合及其表现的研究。

第一节　法律伦理的研究对象及其自身特性

　　法律伦理是应用伦理学的一个分支领域,既从法学或法律的视域也从伦理学的视域对于法律领域里的伦理问题进行研究。因此,我们首先需要讨论的是法律伦理的研究对象及其自身特性。

一、法律伦理的研究对象

　　法律伦理的研究对象为社会法律领域里的道德现象或具有道德意义的法律法规问题。人类社会的法律包括法律法规与法律运行两个方面。应当看到,所有的法律法规以及法律运行都离不开道德价值,或都可以进行道德评价,因而法律伦理是以整体法律领域为研究对象。一般而言,法律法规是自从文明时代以来,国家立法机构所颁布的法律条文和规定,它是国家意志或统治阶级意志的体现。这些法律法规又称为成文法;除成文法之外,还有实在法之称谓,实在法包括成文法、判例法和习惯法,它所相对应的是自然法。自然法是在西方法学思想史上长期存在的对超出或高于成文法或实在法之上的法的称呼,自然法在古希腊是神法,是宇宙的法则,自古希腊以来直至近代,西方思想文化界一直把自然法视为一种至上法规,而人类社会的法则都应依据自然法来评判。对于高于或超越于实在法之上的自然法的研究是法哲学的任务,法律伦理研究成文法、实在法以及法律运行中的道德现象和道德问题。

法律法规是人类社会特有的现象,它是自文明时代进入阶级与国家状态才产生的,用于维护社会秩序、国家正常生活秩序和在阶级社会中维持统治阶级统治的基本社会规范。马克思主义认为,法的关系是从人们的经济关系中产生的社会关系,它集中反映了统治阶级的根本利益和作为统治中的个人的共同利益。马克思说:"由他们的共同利益所决定的这种意志的表现,就是法律。"[1] 法律法规的特点在于,它是由国家机关所制定或认可的并以国家强制力量或警察、法庭、监狱等为手段保障其执行和实施的,反映的是国家的意志和统治阶级意志的规范体系。成文法是法律法规中的主要规范体系,除此之外,还有基于社会风俗习惯的习惯法。习惯法是一定地方社区或民族群体在长期的社会生活中所形成的风俗习惯的基础上,形成的具有一定的法的约束意义的地方性法规,如中国古代社会的乡规民约,就是体现了地方性风俗的法规。《中华人民共和国民法典》就把保护"公序良俗"与守法并举作为"总则"第八条,体现了对民众生活的良好风俗习惯的尊重。

法律法规不仅仅是一种作为文字呈现的社会规范,同时它体现在法律运行的活动上。所有的法律运行活动都是为了履行其法的职责以及执行宪法和法律法规而进行的活动。这些活动包括:法的生成、法的实施以及实施过程中对法的完善。建设社会主义的民主法治国家,不仅要完善法律规范体系,更重要的是将法的精神贯穿在整体法律运行全过程的始终。这一法律运行的过程包括:

第一,立法(法律制定)。立法是国家立法机构和权力主体依据一定的职权和程序,运用一定的技术而制定、修改或变动法律法规的活动。随着法律法规适用范围的不同,因而与其相关的立法机关的职权也不同。全国人民代表大会及其常委会具有制定全国性宪法和法律法规的职权,而不同地方的人民代表大会及其常委会具有制定地方性法规的职权。我国立法工作已经取得了丰硕的成果,社会生活各个领域里的法律法规从无到有、日益丰富,并随着社会经济生活的发展而不断完善。习近平总书记指出:"我国形成了以宪法为统帅的中国特色社会主义法律体系,我们国家和社会生活各个方面总体上实现了有法可依,这是我们取得的重大成就。"[2] 法治原则、民主原则和科学原则是我们立法原则中的重要原则,其中法治原则尤为重要。立法的法治原则强调一切立法权的存在和行使都要具有法律依据,用于规范立法制度和立法活动的法律,除了必须充分体现国家的国体和政体,还必须充分反映民意,规范立法方面的法律在立法活动中必须具有最高地位和权威。

第二,执法(法律执行)。学界目前所理解的执法方式大多是行政执法,即国家行政部门依据国家法律执行国家行政职能。国家权力部门所制定的法律法规,主要是

通过国家权力的行政机关的日常职务行为来贯彻执行和体现的。公安、法院、检察院等政法部门是主要的法律执行部门,其他所有政府部门的公职人员都是在法律授权下,执行多样性的国家权力职务,从而为人民服务。执法内容具有广泛性、多样性和等级性等特点。广泛性是指执法是以国家名义对社会实行全方位的组织和管理,它涉及国家、社会、经济、生活的各个方面;多样性是指执法不仅是在合乎法规的前提下进行的活动,而且是维护法律法规以及对于不合乎法律法规的行为进行惩罚的活动;等级性是指各级执法部门的层级以及管辖范围不同,因此法律所适用的地区范围不同。如目前我国城市中维持市容的城市行政执法,其执行的主要是各城市自己所制定的行政法规。行政执法以维持社会秩序和国家安全为目的,其宗旨是为人民服务。因此,法律有不同层次的适用性和有效性。

第三,守法(法律遵守)。守法是指所有公民个人、社会组织、国家机关都应依据法律的规定来行使权利和履行义务。在我国,一切企事业单位以及行政机关、社会团体和公民个人,都是守法主体,守法主体还包括在我国领土的外国组织机构、外国人和无国籍人。法律的范围包括中央与地方的各种法律法规。守法包括履行法律义务和行使法律权利,两者内在相关、不可分割。遵守相应的法律就有行使相应法律的权利,因而守法是遵守法律与行使法律权利的有机统一。

第四,司法(法律适用)。司法是法律实施的另一种重要方式。法院和检察院等司法机关部门的法律执行活动,是依照法定的职权和法定程序,运用法律来处理各种案件的专门活动。相对于法院与检察院,公安机关因为拥有一定的刑事侦查权,往往被误认为是司法机关。但严格地说,公安活动与司法活动有着重大区别。如司法活动实行"不告不理"的原则,如果没有适当的控诉主体依法启动程序,依照控、审分离原则,不能主动执法,而公安对犯罪的侦查显然没有这种被动性;另外,司法活动具有一定的中立性或独立性,依照法律独立行使检察权和监督权,而公安侦查则不具有这样的中立性或独立性,它是严密的组织活动,遵从自上而下的命令模式。

第五,法律监督。法律监督可以分为党内监督、国家监督、社会监督。党内监督不仅依照法律,而且依照党章以及党内法规对党员进行监督。国家监督可具体分为国家权力机关监督、国家行政机关监督和国家司法机关监督。社会监督则为政府组织之外的社会组织、群众舆论、网络舆论、新闻监督。近年来,随着互联网的发展,网络监督对反腐倡廉、打击贪污受贿等腐败犯罪活动起了巨大的作用。

法律运行的五个过程构成社会法律现象的一个整体,而其后还有包括宪法以及国家层面、各地方层面的法律法规体系,这些都包含着丰富的伦理内涵,从而成为法律伦理研究的对象。

二、法律伦理的特性

法律具有伦理的特性,表明法律与伦理道德之间存在着既相对分离同时又相互关联的特性,那么,这是一种怎样的特性呢?

第一,法律与伦理道德规范共同作为社会规范,这两者之间有着共同的起源,即都是从原始社会的禁忌与风俗习惯转化而来的。人类在原始社会,还没有分化出道德与法律,而只是禁忌与风俗习惯在起着维持社会秩序的作用,而随着阶级社会的到来和国家的出现,原始社会的一部分禁忌与风俗习惯转化为法律,另一部分则转化为道德规范和道德原则,起着调节人们的日常生活以及维持社会秩序的作用。

第二,法律与伦理道德规范又是相对区分的。二者的区分从文明时代便开始了。随着人类原始社会向文明社会进化发展,有些原始的禁忌与风俗习惯则随着人类文明的进步而失去了其维持社会秩序的功能,从而成为人类社会史上的历史记忆。原始社会中一部分具有强制性的禁忌与风俗习惯,在统治阶级的作用下,转化为具有强制性的法律规范,其实施诉诸国家强制力量;另外一部分强制性较弱的禁忌与风俗习惯则转化为道德规范和道德原则,道德原则依靠人们的内心自觉以及社会舆论的力量来维持,所诉诸的是个人内心的服从。

第三,法律与伦理道德规范在相对区分的同时,又相互渗透,相互支持。从整体上看,任何一个社会的法律规范都不可能完全与道德相分离。例如,孝是中国传统社会主要的道德规范,为了维护孝道,几千年来,中国传统社会的统治阶级都制定了不同的法律法规来加强这一道德规范,如在子女对父母的伤害与父母对子女的伤害这两者的法律量刑上,历来的法律都是袒护长辈并对后辈严加处罚。一般刑法所禁止、所惩罚的行为,不仅是非法的,而且在道德上是错误的、恶的行为,是在道德上得不到辩护的行为。非法性在一定意义上在于它的不道德性。当然,并非所有不道德的行为都构成犯罪,犯罪的法定分类是根据刑法的相关规定所作的分类,只有严重到触及刑法的程度才构成犯罪。

第四,法律法规的合理性不仅来自具有立法权的立法机关,也来自道德。有国家暴力支持的强制性的法律法规并非就具有合理性。法律法规的合理性可以分为形式合理性与实质合理性。具有形式合理性的法律法规是那些由国家权力部门或权力机关颁布的具有法律形式的法律法规。具有实质合理性的法律法规是那些体现社会发展规律、人类进步与发展方向以及先进阶级的利益或社会全体人民的共同利益的法律法规。实质合理性又可称为道德合理性,即在道德上经得起质疑。道德合理性是法律法规合理性的内在依据,是更为根本的合理性。任何丧失道德合理性的法律法规都是没有实质合理性的,如纳粹德国杀害犹太人的法律,因为它从根本上是反人类的,违背了人民的利益和人类进步的利益,从而丧失了道德合理性。

第五,法律法规的更好的施行需要依靠道德权威性。"法律是成文的道德,道德是内心的法律。"① 只有把法律看作内心自觉自愿服从的道德义务,法律才具有道德权威性。只有一个共同体之中绝大多数社会成员承认服从现行成文法是他们的道德义务,并且愿意履行这些义务,法律法规才能具有真正的有效性。如果没有服从法律法规的道德义务,法律法规的实行只能唯一地依靠暴力,如法西斯式的专制。进而我们可以认识到,如果维持和执行法律法规的政府官员或公安、检察、法院人员,在维持和执行法律法规时没有以内心的道德作为义务,法的作用就会严重削弱。习近平总书记指出:"发挥好法律的规范作用,必须以法治体现道德理念、强化法律对道德建设的促进作用。一方面,道德是法律的基础,只有那些合乎道德、具有深厚道德基础的法律才能为更多人所自觉遵行。另一方面,法律是道德的保障,可以通过强制性规范人们行为、惩罚违法行为来引领道德风尚。"② 这段话深刻阐明了道德与法律相互交融、相互支撑的关系。

法律法规的实质合理性从道德权威性中汲取自身存在的力量,然而,这种道德权威性又来自于何处? 原始社会中的禁忌集道德性与暴力强制性于一身,并且是以暴力强制性来强化其道德性的。进入文明社会以来,由于阶级社会日益深化的阶级矛盾,法律与道德的分化日益显著,然而,这并不意味着我们可以离开道德去思考法律的合理性。在阶级社会中,法律无疑具有维持统治阶级统治的功能,但正是通过这一功能,法律同时维护了整个社会的存在和发展。马克思主义认为,一定的社会形态是在一定的社会生产发展阶段中为其生产方式和经济关系所决定的。而在一个社会形态可以容纳其生产力发展水平的历史条件下,也就是还没有到冲破其生产关系和社会政治形态的历史时期,法律的功能不仅在于维护统治阶级的统治,还在于维护全体社会成员的利益或社会整体利益。同时,任何一个社会的法律如果只是维护统治阶级的利益而丝毫不顾及被统治阶级的利益(例如奴隶社会中奴隶的生命财产安全),甚至在肉体上完全消灭被统治阶级,那就意味着消灭统治阶级本身的存在条件。在这个意义上,法律法规的道德权威性的最深层次的根源就在于维护社会共同体普遍成员的生命安全。这也是任何一个正常社会的法律都把杀人看作必须制止和惩罚的恶行的根本原因。社会主义法律法规在本质上不同于以往人类历史上阶级社会的法律法规。社会主义的法律法规从根本上是保障全体人民的根本利益和最大利益,促进公平正义和社会和谐稳定发展,因而社会主义的法律与以往社会的法律相比,有着更深厚的道德基础。党的二十大报告指出:"公正司法是维护社会公平正义的最后一道防线。深化司法体制综合配套,全面准确落实司法责任制,加快建设公正高效权威

---

① 《习近平谈治国理政》第一卷,外文出版社 2018 年版,第 141 页。
② 《习近平谈治国理政》第二卷,外文出版社 2017 年版,第 117 页。

的社会主义司法制度,努力让人民群众在每一个司法案件中感受到公平正义。规范司法权力运行,健全公安机关、检察机关、审判机关、司法行政机关各司其职、相互配合、相互制约的体制机制。强化对司法活动的制约监督,促进司法公正。"① 我国法律制定与执行部门维护人民群众切身利益,为实现中华民族伟大复兴的中国梦提供有力保障,对于社会主义国家治理和国家现代化建设,以及实现"两个一百年"奋斗目标具有重大的现实意义和作用。

第二节　法律伦理的原则与规范

法律领域内蕴着丰富的伦理道德内容,法律领域的问题不仅需要从法律角度进行分析研究,也需要从伦理角度来切入。法律伦理的原则与规范所提供的就是从伦理角度对法律问题进行分析理解,以及在实践中解决问题的根本原则与规范。

一、公平正义原则

公平正义是法律的基本原则,也是法律伦理的基本原则。做一个公正(正义)的法官就是要求做到不偏不倚、公平正义。公平正义是一个复合概念,即以公平界定正义,强调做到公平才符合正义。在法律伦理意义上,公平正义就是指社会全体成员按照法律规定或在法律面前都具有平等的权利和义务;就法律运行意义而言,公平就是以法律为准绳,不偏袒任何一方,平等地对待每一个人,对等地处理每一件事。

首先,公平正义是法律的灵魂,是法治社会最基本的道德原则。在古希腊文献《荷马史诗》中,主持司法的女神就是正义女神,"正义"这一概念在文化的源头就与法律内在关联。亚里士多德是第一个对法律的公平正义性进行理论探讨的人。在亚里士多德看来,法律的公平正义有多重意蕴,在行为主体方面,守法为公正,不守法为不公正;而就法律的本性来说,"法律表现了全体的共同利益,以及高贵的人和主宰者的利益,以及其他类似的方式。所以,从一个方面,我们说公正就是幸福的给予和维护,是政治共同体的组成部分"②。亚里士多德指出,法律颁布了各种行为准则,而若任意而行、破坏法律,就是不正义,这是因为,破坏法律就是破坏共同体的共同利益,从而也就构成对共同体本身的破坏。就司法而言,亚里士多德第一次提出法律为比例

① 《习近平谈治国理政》第一卷,外文出版社 2018 年版,第 147 页。
② ［古希腊］亚里士多德:《尼各马科伦理学》,苗力田译,中国社会科学出版社 1999 年版,第 97 页。

正义或比值正义的概念。所谓比例正义或比值正义,是指同等的恶的行为应受到同等的惩罚,遵循法律对犯罪的惩罚又称矫正正义。比值正义也体现在对财物的分配上,即同等的贡献给予同等的报偿。亚里士多德说:"这种公正就是为了自足存在而共同生活,只有自由人和比例上或算术上公平的人之间才有公正,对于那与此不符的人,他们相互之间就没有政治的公正,而是某种或类似的公正。公正只对那些服从法律的人才存在,法律只存在于不公正的人们中,裁判就是公正或不公正的判别。"① 亚里士多德之后,一代又一代的学者都将法律作为天下正义之公器来看待。人们认为与法律相关的正义概念的经典定义是古罗马的乌尔安比提出的并为优士丁尼的《法学阶梯》所采纳的,这一定义为:"正义是分给每一个人以其权利的稳定的、普遍的态度"。② 正义为所应得的,即"应得"正义为中世纪以及近代以来的法学家和哲学家所认同。当代哲学家麦金太尔说:"正义是给每个人——包括给予者本人——应得的本分。"③ 并且,麦金太尔以这一基本理解来批评罗尔斯与诺齐克没有将应得置于其中的正义。应当看到,罗尔斯以及诺齐克等人并非在法律层面讨论正义,而是在哲学层面进行讨论,因而与法律层面对正义的界定是不同的。霍布斯指出:"法律就是关于正义与不义问题的法规,被认为不义的事没有一种不是和某些法律相冲突的。"④ 亚里士多德所说的"法律存在于不公正的人们中",是要以法律来对其所做不公正之事进行审判,即以矫正正义来体现法律的公平正义精神。如"杀人偿命、欠债要还"这一古老的理念,就表明了等害交换的公平正义性。法律通过体现公平正义,成为维系社会成员的共同生活、维系社会存在与发展的基本规范。

其次,法律面前人人平等,是法律公平正义的表现形式。法律面前人人平等不仅是执法过程中的基本法律原则,同时也是基本的法律伦理原则。西方社会自古希腊以来,就强调所有公民在法律面前人人平等,中国古代也曾奉行王子犯法与庶民同罪的理念。进入近代以来,西方国家都以宪法和法律条文形式对在法律面前人人平等进行确认。但要指出,以往的人类历史时期所强调的在法律面前人人平等,更多的是形式而并不可能真正做到。社会主义是人民当家作主的社会,其本质特征是以人民为中心,人民至上,强调在法律面前人人平等,真正做到了将以往形式上的口号变成现实。习近平总书记指出:"必须坚持法律面前人人平等。平等是社会主义法律的基本属性,是社会主义法治的基本要求。坚持法律面前人人平等,必须体现在立法、执法、司法、守法各个方面。"⑤ 在法律面前人人平等,就是尊重每一个中华人民共和国公

---

① 〔古希腊〕亚里士多德:《尼各马科伦理学》,苗力田译,中国社会科学出版社 1999 年版,第 108 页。
② 〔古罗马〕优士丁尼:《法学阶梯》,徐国栋译,中国政法大学出版社 2005 年版,第 11 页。
③ 〔美〕阿拉斯戴尔·麦金太尔:《谁之正义? 何种合理性?》,万俊人、吴海针、王今一译,当代中国出版社 1996 年版,第 56 页。
④ 〔英〕霍布斯:《利维坦》,黎思复、黎廷弼译,商务印书馆 1985 年版,第 206 页。
⑤ 《习近平谈治国理政》第二卷,外文出版社 2017 年版,第 115 页。

民的权利与尊严,使人民不会因职务地位的高低、贫富的差距而受到不合理的歧视、得不到应有的法律保护或逃脱法律的制裁。党的二十大报告指出:"严格公正司法。公正司法是维护社会公平正义的最后一道防线。深化司法体制综合配套改革,全面准确落实司法责任制,加快建设公正高效权威的社会主义司法制度,努力让人民群众在每一个司法案件中感受到公平正义。"[①] 在社会主义条件下,每个公民都享有平等的生存和发展的基本权利,这些权利是受宪法和法律保护的。坚持法律面前人人平等原则,就应当把它作为法律运行的基本原则,而不仅仅是在法律条文下的规定。这要求司法和执法人员倾听每一个与法律案件有关联的人和事的声音,尊重事实,尊重每一个当事人的权利,以法律为准绳,将这一基本理念贯彻到法律运行的社会实践中去,从而解决法律平等与事实上的不平等问题,维护宪法和法律的权威,防止冤假错案的发生。法律面前人人平等更应当是司法和执法人员应当遵守的道德原则,即司法和执法人员应当把它转化成自己自觉自愿努力履行的道德信念,在建设社会主义法治社会的实践中,以公正执法、严格执法来履行这一道德信念,以法律忠诚来捍卫这一信念,让人民群众切身感受到公平正义就在身边。坚持法律面前人人平等原则,对于社会主义民主政治和社会主义法治文明建设都具有十分重大的意义。

二、实事求是原则

在我国,"实事求是"一词最早出现在班固的《汉书·河间献王传》中,文中称赞汉景帝的儿子河间献王刘德"修学好古,实事求是"。唐代学者颜师古将其解释为"务得实事,每求真是也"。"实事求是"在这里指研究古代文献,从事学问研究,第一要务是进行文献的甄别,进行实事考察,区分真假对错,从事实中得出符合实际情况的真理性结论。毛泽东将马克思主义的基本理论与中国传统文化相结合,对"实事求是"理念进行了创造性的发展。他说:"'实事'就是客观存在着的一切事物,'是'就是客观事物的内部联系,即规律性,'求'就是我们去研究。"[②] 实事求是是毛泽东用马克思主义指导中国革命的全部经验的结晶,是我党的思想路线,是马克思主义实践观的体现,是诚实严谨的科学态度的体现。《中国共产党章程》明确指出,党的思想路线是一切从实际出发,理论联系实际,实事求是,在实践中检验真理和发展真理。一切从实际出发,也就是研究和分析问题不是从抽象的定义和本本出发,而是从客观存在的事实出发,从分析事实中找出方针、政策和办法来。司法工作涉及各类案情的多方面利益,找出事情的真相,保护人民利益,实事求是,就是对司法工作的最基本的唯

---

① 习近平:《高举中国特色社会主义伟大旗帜　为全面建设社会主义现代化国家而团结奋斗——在中国共产党第二十次全国代表大会上的报告》,人民出版社 2022 年版,第 42 页。

② 《毛泽东选集》第三卷,人民出版社 1991 年版,第 801 页。

物主义认识论和方法论要求。

实事求是有着丰富的道德内涵，不仅是工作作风和人生态度，也是指导法律运行工作的原则。首先，从工作作风和人生态度上说，坚持一切从实际出发，理论联系实际，既要对理论有深刻的认识和把握，同时要对错综复杂的现象进行严谨的科学分析，从感性认识上升到理性认知，找出内在的规律性，真正做到求真务实。毛泽东在《改造我们的学习》一文中强调，实事求是是有其针对性的，即主要是从共产党人的工作作风、人生态度入手，反对脱离中国革命实践、只求本本等不切实际的工作作风。从而，他提出求真务实的实事求是的严谨学风和人生态度。邓小平也在这一意义上指出："做老实人，说老实话，干老实事，就是实事求是。"①

其次，从作为指导法律运行工作的原则上说，实事求是在司法领域充分体现为"以事实为根据，以法律为准绳"，对于司法领域正确运用法律，达到法律与事实的统一具有重大的指导意义。做到"以事实为根据，以法律为准绳"，是司法人员做老实人、说老实话、做老实事的体现。坚持"以事实为依据，以法律为准绳"的原则，就是要坚持从客观存在的事实出发，在深入进行调查研究的基础上进行科学判断和分析，力图以充足的证据为前提，而不是主观臆断或以主观好恶进行判断，否则往往会制造冤假错案，从而不仅远离事实，也损害了法律的权威。在20世纪80年代我国盛行"严打"之风时，北京首任市委书记彭真就强调实事求是的重要性，他说："打击严重刑事犯罪也要实事求是，是多少就是多少，是严重就是严重，不严重就是不严重，是短期就是短期，是长期就是长期，是复杂就是复杂，不复杂就是不复杂。"② 维护法律的尊严，从根本上看，也就是保护人民群众的根本利益。在事实不清、证据不足的情况下，片面追求办案数量和效率，草率断案，匆忙下结论，就是不实事求是；从法律伦理的角度看，这也是对法律不诚信，对人民不忠实的表现。司法人员若是以人民的生命财产为交换获取个人利益，不把国家和法律的信誉放在心上，则会造成冤案、假案和错案，对当事人造成极大伤害，严重损害法律信誉和司法的公信度。实施依法治国的目的是保护人民的权利，也包括犯罪嫌疑人的合法权利。坚持"以事实为依据，以法律为准绳"的原则，就要树立起自觉维护法律权威的道德信念，在任何利益诱惑面前不动摇。对人民利益高度负责，就是对党的事业高度负责，对法律的权威高度负责。

三、执法人员的道德规范

法律需要在法律运行中得到践行和落实，执法人员只有心中有道德，才可以真正

①《邓小平文选》第二卷，人民出版社1994年版，第45页。
②《彭真文选》，人民出版社1991年版，第517页。

践行保护人民合法利益的法律。习近平总书记说："'公生明,廉生威。'要坚守职业良知、执法为民,教育引导广大干警自觉用职业道德约束自己,做到对群众深恶痛绝的事零容忍、对群众急需急盼的事零懈怠,树立惩恶扬善、执法如山的浩然正气。"[①] 执法人员的职业道德是执法人员诚信执法的内在道德保障,执法人员没有内在的道德良知,必然导致司法腐败,危害党和人民利益。善良、正直、廉洁这三种道德规范是执法人员的基本道德规范。

善良是做一个有道德的人的基本道德要求,也是作为一个执法人员的基本道德要求。什么是善良？ "善良"一词出自《礼记·学记》："发虑宪,求善良,足以謏闻,不足以动众。"孔颖达疏："良亦善也。又能招求善良之士。"此处的"善良"指品德上的好。从儒家道德上来看,"善良"就是孔子以爱人为内涵的"仁",也是王阳明所说的"良知"。善良的人是一个仁慈的人,也是一个有良知的人。体现在司法领域,一个品格善良的人会要求自己遵守法律法规,不做违法犯罪之事,否则会受到良心的谴责；一个品格善良的人会以仁爱之心对待他人,自觉保护他人的合法权益,不会徇私枉法,以权压法。

正直是司法人员又一重要的道德规范。正直的品格是行事正义的内在道德保障。古希腊的"正义"概念包括正直的内涵,因此正义本身就包括个人品格正直的要求。面对利益诱惑不为所动,是正直的品格的体现。一个正直的人不会偏私,能够排除一切干扰而秉公执法。正直也是立身处世之本,是一种风骨,"人之生也直,罔之生也幸而免"(《论语·雍也》)。这是说,一个人由于正直,能够生存于世,不正直的人有时也能在世上生存,但那只是他侥幸躲过了祸害。我国《检察官职业道德规范(2002)》第四条规定："严格执法,文明办案,刚正不阿,敢于监督,勇于纠错。"其中的"刚正不阿"就是对"正直"这一法律伦理道德规范的强调。习近平总书记也强调："司法人员要刚正不阿,勇于担当,敢于依法排除来自司法机关内部和外部的干扰,坚守公正司法的底线⋯⋯坚决遏制司法腐败。"[②] 执法人员的正直就体现在把人民至上放在心中和对法律的忠诚上。

廉洁指不贪赃枉法,不收受贿赂。廉洁是保证司法公正运行的道德前提,也是获得党和人民信任的道德前提。廉洁是忠诚于法律、忠诚于人民的道德境界的体现。《中华人民共和国法官法》第七条第五项规定,法官应当履行"清正廉明,忠于职守,遵守纪律,恪守职业道德"的义务。《中华人民共和国法官职业道德基本准则》(以下称为《准则》)"总则"第二条规定："法官职业道德的核心是公正、廉洁、为民。基本要求是忠诚司法事业,保证司法公正,确保司法廉洁,坚持司法为民,维护司法形象。"《准

---

① 《习近平谈治国理政》第一卷,外文出版社 2018 年版,第 149 页。
② 《习近平谈治国理政》第二卷,外文出版社 2017 年版,第 121 页。

则》将廉洁具体解释为"正确的权力观念""避免利益交换""避免家属干预"等内容。司法部门是维护法制的重要部门,然而,在当前的情形下,不少执法人员知法犯法,使司法部门成为腐败滋生之地。习近平总书记指出:"近年来,司法腐败案件集中暴露出权力制约监督不到位问题。一些人通过金钱开路,几乎成了法外之人,背后有政法系统几十名干部为其'打招呼'、'开路条',监督形同虚设。要加快构建规范高效的制约监督体系,坚决破除'关系网',斩断'利益链',让'猫腻'、'暗门'无处遁形。"① 司法反腐是一场艰巨的斗争,要以司法公开促公正,以透明保廉洁,让司法腐败无藏身之地。在司法反腐的形势下,加强司法人员的廉洁教育,提高司法人员的道德自律,对于推进司法部门的廉政建设,具有重要意义。

第三节　法律伦理的重要课题：法治与德治相结合　—

依法治国和以德治国两者的关系是我国法律伦理的重要课题。党的二十大报告指出:"坚持依法治国和以德治国相结合。"② 法律的伦理特性决定了依法治国与以德治国两者缺一不可。

一、依法治国

目前对于如何治理国家,主要有依法治国和以德治国两种方式。在中国几千年的传统中,以德治国是基本国策。汉代的"孝治天下"就是以德治国的典型代表,历代重视儒家伦理的道德教化作用,体现的也是以德治国。依法治国是依据宪法和法律而不是个人的旨意管理国家和社会,其核心是确立以宪法和法律为治国的最高权威的标准,树立法高于人、法大于权的观念。而在我国,依法治国有更明确的定义,是指广大人民群众在党的领导下,依照宪法和法律的规定,通过各种途径和形式管理国家事务,管理社会事务,管理经济文化事业,保障国家各项工作都依法进行,逐步实现社会主义民主的制度化、法律化,其根本目的在于保障人民充分行使当家作主的权利,维护人民当家作主的地位。依法治国是现代化国家的标志之一,全面推进依法治国是实现国家治理现代化的重要因素。

全面推进依法治国是以习近平同志为核心的党中央提出的社会主义法治的总目

---

① 《习近平谈治国理政》第四卷,外文出版社 2022 年版,第 295—296 页。
② 习近平:《高举中国特色社会主义伟大旗帜　为全面建设社会主义现代化国家而团结奋斗——在中国共产党第二十次全国代表大会上的报告》,人民出版社 2022 年版,第 44 页。

标。党的二十大报告指出："全面依法治国是国家治理的一场深刻革命，关系党执政兴国，关系人民幸福安康，关系党和国家长治久安。必须更好发挥法治固根本、稳预期、利长远的保障作用，在法治轨道上全面建设社会主义现代化国家。"① 全面依法治国的总目标就是要建设中国特色的社会主义法治体系，依法治国的各项工作都要依照这个总目标来部署。全面推进依法治国，坚持依法治国、依法执政、依法行政共同推进，坚持法治国家、法治政府、法治社会一体建设。因此，全面推进依法治国是一项浩大的系统工程。

全面依法治国的关键在于坚持党领导立法、保证执法、支持司法、带头守法。要坚持以法治的理念、法治的体制、法治的程序开始工作，推进依法执政制度化、规范化、程序化。同时要看到，法治国家、法治政府和法治社会这三者是统一的，同时又各有侧重、相辅相成。而在这三者中，法治政府建设是重点，建设法治政府，对于法治国家和法治社会具有示范性带动作用。全面推进依法治国还需要全社会共同参与，需要全社会增强法治观念。全民守法是法治社会的基础工程，特别是要加强青少年的法治教育，不断提升全体公民的法律意识和法治精神，建设社会主义法治文化，使法治成为社会共识和基本准则。"要在全社会树立法律权威，使人民认识到法律既是保障自身权利的有力武器，也是必须遵守的行为规范，培育社会成员办事依法、遇事找法、解决问题靠法的良好环境，自觉抵制违法行为，自觉维护法治权威。"② 党的二十大报告也强调："法治社会是构筑法治国家的基础。弘扬社会主义法治精神，传承中华优秀传统法律文化，引导全体人民做社会主义法治的忠实崇尚者、自觉遵守者、坚定捍卫者。"③ 建设法治国家、法治政府和法治社会，坚定走中国特色社会主义法治道路，就要引导全体公民自觉遵守法律，做到依法治国与以德治国相结合。

二、依法治国与以德治国相结合

全面推进依法治国离不开以德治国。前者是说治国要以法为依据，后者是说治国要以德为手段。习近平总书记说："要坚持依法治国和以德治国相结合，实现法治和德治相辅相成、相得益彰。"④ 依法治国与以德治国相结合，才可真正实现国家的长治久安和人民幸福安康。

① 习近平：《高举中国特色社会主义伟大旗帜　为全面建设社会主义现代化国家而团结奋斗——在中国共产党第二十次全国代表大会上的报告》，人民出版社 2022 年版，第 40 页。
② 《习近平谈治国理政》第二卷，外文出版社 2017 年版，第 120 页。
③ 习近平：《高举中国特色社会主义伟大旗帜　为全面建设社会主义现代化国家而团结奋斗——在中国共产党第二十次全国代表大会上的报告》，人民出版社 2022 年版，第 42 页。
④ 《习近平谈治国理政》第四卷，外文出版社 2022 年版，第 292 页。

社会的安定和谐离不开人的合乎规范的行为,法律与道德都有规范人的行为,调节社会关系和维护社会秩序的功能。人们的外在行为服从法律法规,并不意味着人的内心服从法律法规。内心自觉自愿地服从,则需要道德教化。法律具有外在强制性,道德才具有内在自愿性。因此,法律要有效实施,需要有道德的支持。同时,道德的制约是一种软制约,道德的践行在法律的加持下,会有更好的社会功效。传统社会主要强调道德教化对于规范人的行为、治理国家、维持社会秩序的功能,将法律约束作为对道德约束的补充,强调人心教化的功能往往是法律约束所不具备的。孔子说:"道之以政,齐之以刑,民免而无耻;道之以德,齐之以礼,有耻且格。"(《论语·为政》)不过,历史经验也表明,仅仅强调以道德来治理国家,而使法律仅仅起补充作用,这一做法有着明显的不足。首先,道德本身难以制度化,如果没有制度化的法律法规,社会治理在相当多的领域就会失去基本的权利与义务分配的标准。其次,道德主要诉诸内心自觉,如果没有了外在的约束和规定,那么对于没有内心自觉的人,则更有可能不受约束地扩张自我利益。因此,仅仅强调"自天子以至于庶人,壹是皆以修身为本"(《礼记·大学》)是远远不够的。现代社会与传统社会最大的区别在于现代社会是法治社会。然而,法治如果不与德治相结合,则会失去内在道德的支持,法治的效果同样要削弱。法重惩恶扬善,德重扬善抑恶,两者不可偏废。既要看到法律中有道德,也要看到道德中有法律。同时,操作性强的道德规范可以上升为法律。例如,我国通过《中华人民共和国民法典》《关于健全社会信用体系的意见》《国务院关于建立完善守信联合激励和失信联合惩戒制度加快推进社会诚信建设的指导意见》等法律法规,明确了失信行为的定义、信用信息的管理、失信惩戒的基本原则和具体措施。这些法律法规旨在通过多部门协作,形成对失信行为的强大震慑。这就是以法律强化诚信这一道德规范,引导社会向善的体现。

习近平总书记指出:"法律是成文的道德,道德是内心的法律,法律和道德都具有规范社会行为、维护社会秩序的作用。"[①] 这深刻说明了法律与道德的辩证关系,法律是道德性的,而道德也是法律性的,两者统一于"约束"功能和"向善"价值。

首先,依法治国与以德治国两者在功能上互补。法律与道德在治理国家、规范人的社会行为上,具有不同的功能。一方面,法律规范在运行过程中,诉诸外在的强制力,而道德规范的实施则诉诸人内心的服从,体现为教化养成。另一方面,"夫礼者禁于将然之前,而法者禁于已然之后"(《汉书·贾谊传》),道德侧重于预防违法犯罪,而法律侧重于惩罚已经发生的犯罪行为。正是由于它们各具其能、各司其职,因此是不可偏废或相互取代的,而是相辅相成,共同构成一个不可分割的有机整体,成

---

① 《习近平谈治国理政》第二卷,外文出版社 2017 年版,第 116 页。

为统治阶级调控社会的两种不可或缺的手段。一方面，一些能够规范、协调和发展社会关系及社会秩序的具有约束性的道德规范能被法律吸收，以成文法的形式固定下来，从而强化了这些道德规范在人们心中的地位。另一方面，法律对行为的约束是有范围的，而道德比法律作用的范围更广泛，能够渗透于社会生活的各个方面，对人们的行为产生深入持久的影响。通过道德教育的劝导力和教化力，能够影响和提高社会成员的道德觉悟，使人们自觉遵守法律法规，进而培育良好的法律文化。因此，建设社会主义法治国家、法治政府和法治社会，就既要发挥法律的规范作用，也要发挥道德的教化功能。

其次，依法治国与以德治国两者在价值目标上一致。在中国特色社会主义新时代全面推进依法治国的同时，坚持依法治国与以德治国相结合，是大力推进国家治理现代化建设的重大治国方略。依法治国，是党领导人民治理国家的基本方略，是发展社会主义市场经济的客观需要，是社会文明进步的重要标志，是国家长治久安的重要保障。社会主义的法治国家建设，其根本目标在于保障最广大人民群众的根本利益和人民的民主政治权利。习近平总书记指出："要始终坚持以人民为中心，坚持法治是为了人民、依靠人民、造福人民、保护人民、把体现人民利益、反映人民愿望、维护人民权益、增进人民福祉落实到法治体系建设全过程。"[1] 法治与德治，从根本上看，都是为了人民，为了人民当家作主的权利的实现。社会主义法制保护的是人民的根本利益，但实践证明，仅有法律制度的保障，而没有执法者思想道德上的保障，这种制度保障仍有落空的可能，这在法律制度不健全、不完善的历史条件下体现得更为明显。所谓思想道德上的保障，是指执法者在思想上能够自觉以人民利益高于一切来要求自己，从而能够做到依法办事，维护党和人民的利益。全心全意为人民服务是社会主义道德的核心，正是在这个意义上，依法治国与以德治国两者在价值目标上一致。

建设法治国家和法治社会，需要依赖全体公民的道德觉悟和整个社会道德文明程度的提升。依法治国与以德治国相结合，就要提高全民的法治意识和道德自觉。社会主义道德对公民的最低要求就是遵纪守法，日常道德的底线要求是不触犯法律。加强法治意识和道德自觉不仅体现在人民能自觉践行社会主义法律，还体现在人民敢于同一切违犯社会主义法律的坏人坏事作斗争。推进国家治理现代化和治理能力现代化，法律体系与道德体系必须与时俱进，在法治轨道上全面建设社会主义现代化国家，在全社会的法治文明进步和道德进步中提升人民幸福感。

---

[1] 《习近平谈治国理政》第四卷，外文出版社 2022 年版，第 301 页。

思考题：

一、怎样看待公平正义是法律的根本原则？

二、怎样看待在法律面前人人平等？

三、为什么说善良、正直和廉洁是司法人员重要的道德规范？

四、怎样看待依法治国和以德治国相结合？

第十二章 科技伦理

20世纪以来,现代科学技术的迅速发展与应用,给人类社会带来的巨大科技风险,引发了永无休止的科技伦理问题,也促成了现代科技伦理的诞生。现代科技伦理的诞生,为人类思考科技风险、应对科技伦理问题提供了智力支撑,形成了一系列行之有效的科技伦理原则与规范。所谓科技伦理,本质上就是"开展科学研究、技术开发等科技活动需要遵循的价值理念和行为规范,是促进科技事业健康发展的重要保障"[①],其作用就是在科技活动中调节人与人、人与社会以及人与自然之间的利益关系。从发展历史看,不同的科技伦理尽管因其产生背景、价值立场、文化传统等因素而在内容上有所差异,但总体而言都是从人类生存利益出发的,其价值取向是向善的。现代科技伦理,更应遵循这一规律,承载人们对于美好生活的殷切期盼,确保科学技术的研究、发展和应用造福于人类。

第一节 现代科技的社会风险与伦理问题

发端于17世纪的现代科学技术,经过数百年发展,到如今早已成长为一个庞大的现代科技体系。从其影响看,这一科技体系一方面通过提高生产力、促进经济发展、改善生活质量,给人类带来无尽的福祉;另一方面,造成了环境破坏、社会不平等和一系列伦理问题,迫使人类社会进入了一个灾难深重的"风险社会"。从这个意义看,现代科技既是推动社会文明不断进步的内生动力,又是现代社会风险的重要来源。有鉴于此,我们应先确认现代科技的本质特征,之后再探讨现代科技带来的社会风险和科技伦理问题。

一、现代科技的本质特征

时至今日,人类社会已进入一个由科学技术主导创新的科技新时代。那么,这个科技新时代的科学技术究竟是什么?或者说,我们应该怎样理解现代科技?

---

① 《关于加强科技伦理治理的意见》,《人民日报》2022年3月21日。

　　从概念构成上看,现代科学技术概念是"现代""科学"和"技术"三个概念的统一体。其中"现代"限定了时间,指的是17世纪科学革命以来的现代科学技术。"科学"(science)从词源上看,源于拉丁文"scientia",意指"学问""知识"等。"技术"(technic)从词源上看,源于希腊文"techne"(工艺、技能)和"logos"(词、讲话)的组合,意指"技能""技巧""艺术"等。在之后漫长的历史演化中,人们对这两个概念的理解和使用渐渐形成了一定共识,即一般认为,科学是人们认识客观世界的方式,技术是改造世界的手段;科学是发现,技术是发明;科学提供可能,技术则将可能变成现实。基于这一共识,人们在相当长的历史时期内普遍认为,科学是人类关于自然界的物质形态、结构、性质、联系以及运动规律的知识体系和研究过程,而技术则是"将知识应用于人类生活的实际目标,或应用于改变和控制人类的生存环境"[①]。然而,进入现代社会以来,尤其是近百年以来,科学和技术这两个概念的上述分野日渐模糊,科学和技术的一体化趋势日益凸显,科学技术也作为一个整体概念获得社会各方的普遍认同。与此同时,科学技术对人、社会、自然系统之影响的深度与广度也越来越大,甚至突破了通过渗透、扩散到生产力要素之中发挥作用的旧有模式而发展为推动社会发展的第一生产力。在这一背景下,人类社会进入了先有科学、后有技术,再有科学—技术—生产一体化的"大科学""高技术"时代。

　　"大科学"(megascience)是国际科技界提出的新概念。美国科学学家普赖斯于1962年6月发表了著名的以《小科学、大科学》为题的演讲。他认为第二次世界大战以前的科学都属于小科学,从第二次世界大战起,进入大科学时代。大科学的研究特点主要表现为:投资强度大、多学科交叉、需要昂贵且复杂的实验设备、研究目标宏大等。"高技术"(high technology,简称Hi-tech)的概念亦源于美国,这是一个历史的、动态的、发展的概念。国际上对高技术比较权威的定义是:高技术是建立在现代自然科学理论和最新的工艺技术基础上,处于当代科学技术前沿,能够为当代社会带来巨大经济、社会和环境效益的知识密集、技术密集技术,如人工智能。在"大科学""高技术"的背景下,传统的科学和技术概念发生了根本性改变。具体来说,此时的科学较之以前表现出三大特征:其一,科学不再是个人或少数人的活动,而是一种社会建制,成为国家的一个重要部门;其二,科学摆脱了旧有的独立形态而成为一个多层次、立体化、开放式的大系统;其三,众多学科摒弃了旧有门户偏见、壁垒意识而协同作战。与科学的变化相呼应,技术也在此背景下呈现出三"高"特征,即高智力、高投入、高增值。高智力特征,是指现代技术要以高深的科学理论和最新科学成就为基础,体现当代技术的最高水平;高投入特征,是指现代技术要以高昂的人力、物力、财力为前

---

①　美国不列颠百科全书公司编著:《不列颠简明百科全书》第2卷,中国大百科全书出版社2011年版,第753页。

提,需要有强大的国力和经济基础做支撑;高增值特征,是指现代技术一旦用于生产,即可创造出巨大的经济效益。当然,上述科学与技术的特征只是从相互分别的意义上来叙述的,但实际上,二者的分别也并不是如此的清晰和明显。

在"大科学""高技术"背景下,科学和技术高度融合、辩证统一,共同融合为现代的科学技术。作为新事物,现代科学技术必然具有不同于传统科学技术的本质特点。对于这一点,学者们早有研究并得出了自己的结论。比如,许智宏等将现代科技的本质特点归纳为四个:其一,知识总量剧增;其二,从研究到应用周期大大缩短;其三,研究领域拓宽,研究程度愈加深入,学科交叉使传统学科界限变得模糊,新的前沿领域不断产生;其四,支撑现代科技发展,需要高的经费投入。[①] 为更好认识现代科学技术、探讨科技伦理,我们将现代科学技术的本质特点归纳为四个:

一是两极化。两极化是指现代科学技术在其发展过程中所呈现出来的高度专业化与高度综合化现象。专业化是指学科划分越来越细、分支专业越来越多,从而形成了各个学科的高深学问;而综合化则是指现代科学各学科交叉与融合以及新兴学科的大量涌现。20 世纪中期之后,尤其是进入 21 世纪以来,现代科学技术的两极化特征愈加明显:一方面高度专业化特征使现代科学技术越来越成为某种壁垒森严的高深学问;另一方面高度综合化特征则使现代科学技术成为学科跨越愈加明显、界限愈加模糊的知识应用系统,例如,始于 20 世纪的纳米技术、生物工程、信息科学与技术等就是这样的系统。两极化特征表明,现代科技发展,一方面促进了新兴学科的大量涌现,推动了科学技术研究程度的愈加深入,另一方面也推动了学科的交叉与融合,使现代科学技术的研究领域变得愈加广泛。

二是一体化。一体化是指现代科学与技术密切结合、深度合作,并积极与一定社会的经济生产密切融合,从而形成了科学、技术、生产的一体化。在今天的"大科学""高技术"时代,科学和技术早已远离了那种各行其是、不相往来的发展模式,走向了彼此影响、相互贯通的新阶段。且更加显著的是,科学和技术积极与经济生产相联系,呈现出科学的发展推动技术应用的产生,技术的发展又反过来推动科学理论的产生的互动局面。正是因为这一点,科学与技术之间的相互依赖程度越来越高,科技主体之间的合作越来越广泛、深入,人类社会攻克科研难题的速度大大提升,新知识、新技术不断涌现,科技成果转化为现实社会生产力的周期明显缩短。此外,科学、技术与生产的一体化趋势还将随时间推移而进一步加剧。

三是目的化。目的化是指现代科学技术的研究与发展往往是围绕一定利益目的来进行的社会现象。今天,科学技术不仅是一种社会建制,而且是一种职业或行业,其研究与发展具有自己的目的性。现代科技的目的性,首先体现在它所追求的知识

---

① 　参见许智宏、黄小茹:《科技伦理问题的思考》,《科学与社会》2012 年第 2 期,第 1—3 页。

目的上,其次则体现在它所提供的利好和服务上。目的化特质,一方面大大促进了现代科技的发展与创新,另一方面也使现代科技作为一种工具帮助人们在自然界中不断扩张与攫取,尽可能多地发现和利用自然资源去创造物质财富。就此而言,现代科技正在成为一种高效的社会治理模式,它传播特定的世界观和价值观,体现着当今社会的精神世界和价值追求。但须注意,科学技术的目的化强化了科学技术的工具合理性,但同时也弱化了科学技术的价值合理性。

四是竞争化。科学技术的目的化,导致不同利益主体之间关系紧张,也催生科学技术的竞争化。竞争化是指科技主体为使自己在现代科学技术的研究发展领域夺取并保持一定优势地位而展开竞争的社会现象。一般来说,竞争化现象表现为两种形态。其一是机遇与挑战并存。从世界范围看,现代科技的研发主要掌握在发达国家手中,科技发展严重不平衡。在这个意义上,科学技术对于世界各国来说,既是机遇又是挑战。不过,对发展中国家来说,挑战往往大于机遇。其二是竞争与合作并存。世界各国在科学技术的研究与发展方面既有竞争又有合作。例如,一些国家为保证其在科技发展上的先进性和垄断性而强调知识产权的保护,严格控制垄断先进科学技术,同时又在全球变暖、能源危机等重大高科技问题上寻求与其他国家的合作。

二、现代科技的社会风险

"风险社会"概念是德国社会学家贝克在《风险社会:新的现代性之路》一书中提出的。在他看来,科学技术推动了社会生产力的快速发展,但生产力的过度发展也带来了严重的负面影响。在现代化进程中,越来越多的破坏性力量被释放出来,导致现实的人类社会除了面对"财富分配"的社会冲突,还要面对"风险分配"的社会冲突,以至于人类社会成为"风险社会"。在贝克那里,"风险社会是一个灾难社会。在这样的社会里,例外状态恐怕也要成为常态了"[1]。

在西方文明中,"风险"(risk)概念最早是在16、17世纪欧洲早期资本主义扩张背景下形成的,其基本含义为"冒险""危险"等。20世纪以来,随着风险社会的出现,风险问题引起西方学者的广泛关注,"风险"概念也被赋予了新的时代内涵。贝克认为,"风险是个指明自然终结和传统终结的概念。或者换句话说,在自然和传统失去它们的无限效力并依赖于人的决定的地方,才谈得上风险"[2]。"风险概念表明人们创造了一种文明,以便使自己的决定将会造成的不可预见的后果具备可预见性,从而控制不可控制的事情,通过有意采取的预防性行动以及相应的制度化的措施战胜种种

---

① 〔德〕乌尔里希·贝克:《风险社会:新的现代性之路》,张文杰、何博闻译,译林出版社2018年版,第10页。

② 〔德〕乌尔里希·贝克、〔德〕约翰内斯·威尔姆斯:《自由与资本主义——与著名社会学家乌尔里希·贝克对话》,路国林译,浙江人民出版社2001年版,第119页。

副作用"①。贝克的论述表明,现代社会的风险与传统社会的风险具有明显差别。在传统社会中,风险一般来自外部,而且尽管这种风险后果严重,但由于经常发生而有一定的规律可循,可以计算、预测。与此不同,现代社会不仅要面对传统的外部风险,还要面对因自身知识能力的提高、科学技术的进步和信息量的扩大而出现的一种新型风险,即"人力制造出来的风险",或者"人造风险"。人造风险不是来源于自然界,而是来源于科学和技术的不受限制的推进。这就是说,"风险"源于科学技术,是现代工业文明的产物,而且它早已失去了传统的"勇敢、冒险"的含义,成为一种迫使地球上一切生命遭遇毁灭的灾难性风险。

上述分析表明,在"风险社会"视域下,"风险"主要指由科学技术的发展应用而产生的风险,即科技风险。对于科技风险,学者们也作了分类。例如,钱振华将科学技术带来的风险归为两大类:其一是人为性风险,它源于科学技术的发展,其二是制度化风险,它源于当代科技风险固定责任的缺失。② 在科技风险之下,"现代社会物质性活动不断地诱导着人们的视线,使得社会交往更加趋于物质利益化,带来现代科技、经济、金钱相互影响而甚嚣尘上的不良现象:一种膨胀的物质欲望窒碍着人际合于情性的交流,只讲究经济利益合理性的一面,而淡薄于人际关系,致使人类情感维系欲坠,而且随之带来的是人生信仰缺失、人生价值目标不明确和人生理想的追求淡化"③。在现有研究的基础上,可从时间、存在、性质、范围等层面将科技风险的本质特征归纳如下:

一是现代性。现代性是指科学技术风险与人类社会发展的现代性相关联。这是基于不同的发展时代对科技风险特点作出的概括。在吉登斯那里,现代性是指"社会生活或组织模式,大约十七世纪出现在欧洲,并且在后来的岁月里,程度不同地在世界范围内产生着影响。这将现代性与一个时间段和一个最初的地理位置联系起来"④,因此他认为"'现代性'大略地等同于'工业化的世界'"⑤。如果吉登斯是正确的,那么科技风险就是工业社会的产物,具有现代性特征。这一特征告诉我们,科技风险不是与生俱来的,而是到了工业时代才产生的,是现代工业社会的产物。

二是灾难性。灾难性是对科技风险作出的定性判断,是说科学技术在其应用过程中所出现的后果是灾难性的。在科学技术的研究、开发、利用方面,总是有人把人类设想成上帝,具有全知、全能、全善的力量,有能力利用科学技术干预自然、开发自然、改造自然。如果人类真的拥有上帝的力量,一切都在人类的掌握之中,那么我们

---

① ［德］乌尔里希·贝克、［德］约翰内斯·威尔姆斯:《自由与资本主义——与著名社会学家乌尔里希·贝克对话》,路国林译,浙江人民出版社 2001 年版,第 121 页。
② 参见钱振华:《现代科技伦理意识探析与养成》,知识产权出版社 2017 版,第 4 页。
③ 郭刚:《科技伦理化何以可能?》,《科学学研究》2010 第 11 期,第 1061 页。
④ ［英］安东尼·吉登斯:《现代性的后果》,田禾译,译林出版社 2000 年版,第 1 页。
⑤ ［英］安东尼·吉登斯:《现代性与自我认同》,赵旭东、方文译,生活·读书·新知三联书店 1998 版,第 16 页。

也就无须担心什么科技风险了。然而,事实上,人类不是上帝,也没有上帝的全知、全能、全善的力量,根本无法排除其干预自然所造成的灾难性后果。例如,现代人类社会建立了工业化生产模式,这种模式凭借科学技术的物质力量利用自然,追求经济增长,强调对自然的无偿占有和奴役,其结果则是在带来物质财富的同时,也带来了影响人类存在与发展的灾难性生态危机。

三是普遍性。普遍性是指科学技术带来的风险无处不在、无时不有,普遍地存在于人类社会之中。我们今天的世界,是一个充满现代性悖论的世界。于此世界之中,人们看到,"同任何一种前现代体系相比较,现代社会制度的发展以及它们在全球范围内的扩张,为人类创造了数不胜数的享受安全的和有成就的生活的机会"[①]。同时,这一制度也暴露出现代性的阴暗面,暴露出现代科技体系对于人类社会生存与发展的巨大风险性。在"大科学""高技术"时代,任何国家或团体都不能控制科学技术的发展,也不能控制科技风险的爆发区域和范围。尤须注意的是,在经济全球化背景下,人类社会对科学技术的依赖与日俱增,大力发展科学技术也成为全世界的共识。如此,在不远的将来,科技风险将遍及世界的每一个角落。

四是深远性。深远性是指科技风险对于人类社会影响的持久性。长期以来,尤其是过去几十年里,科学技术一方面加快了创造财富的步伐,使现代人摆脱了以前那种为"每天的面包"而奋斗的生活模式,过上了生活资料富足的幸福生活;另一方面也释放出越来越多的破坏性力量,给人类社会带来了巨大的科技风险。从现实状况看,这些科技风险对人类社会的影响是深刻且普遍的,且在时间上是久远的。具体而言,这种深远性特征表现在两个层面。其一是现实危害的深远性,如切尔诺贝利核电站事故至今遗患无穷。其二是心理危害的深远性,如人类对转基因技术的担忧与恐惧。因此,我们不仅要尽享科技发展带来的好处,还须时刻注意科技带来的风险。

三、现代科技的伦理问题

对于现代科技带来的种种风险,国内外许多学者都进行了认真反思。从立场而言,学者们的反思是有差异的,例如,有的学者坚持人类中心主义立场,有的学者则坚持非人类中心主义立场。从内容看,他们都基本坚持这样一个事实,即科技风险是由人类所发展的现代科技带来的,由此产生的科技伦理问题,同样是整个人类社会的科技伦理问题。这就是说,人类社会一致赞同:现代社会中所存在的科技风险都是现代科技的"杰作",由科技风险转化而来的科技伦理问题则是对人类生存与发展提出的严峻挑战,而我们对科技风险和科技伦理问题的思考与应对就要服从于人类社会的

---

① ［英］安东尼·吉登斯:《现代性的后果》,田禾译,译林出版社 2000 年版,第 6 页。

根本利益。我们知道,早在启蒙运动时期,德国哲学家康德就提出了人是目的的思想,指出人是伦理追求的最高价值目标。在这个意义上,科技伦理问题似乎就不是什么别的问题,而只能是"特指在科技发展过程中所产生的对人类社会伦理道德发展产生负面效应,进而阻碍人类社会伦理道德进步的问题"[1],而且在"风险社会"视域下,这类问题最终表现为现代科技与人、自然、社会之间形成的多层次利益与道德关系层面上的冲突,进而成为"科技研究科技探索和科技应用中的伦理问题"[2]。从这样的认知中,可以得出如下结论:现代科技伦理问题,是指在科学技术的研究、应用、发展等过程中所形成的,存在于人与人、自然、社会之间多层利益与道德关系层面的、对人类生存与发展带来严重影响的伦理问题。

具体来说,现代科学技术带来的科技伦理问题主要表现为如下五种类型:

一是现代科技与既有道德之间的冲突问题。一般而言,道德作为调节人与人之间以及个人与社会之间相互关系的一种特殊规范的总和,是一个社会的最普遍的价值观,更是人类社会建设、维持其基本关系的价值向导,因此人类社会的基本行动都要接受道德的指导和规制,科学技术实践活动也不例外。所以,在"大科学""高技术"时代,那种纯粹满足个人好奇心的科学技术认识活动是不可能的。"当前人的科学技术活动必然涉及公共生产与公共生活,必然会对社会、集体、组织和其他个体产生重大影响。因此,人的一切科学技术活动,毫无疑问,都应该是一种有统一的道德意识、道德规范约束的道德实践活动。"[3]但是,令人遗憾的是,现实科学技术的发展却不是这样的,而是一而再、再而三地突破人类社会的道德底线,带来各种不可预知的严峻风险。尤其值得一提的是,现代科技的研究、发展、应用的手段问题所涉及的伦理问题特别突出。例如,在美国社会中,以活体胚胎进行干细胞研究导致了科学技术与既有道德的严重冲突,因此,虽然活体胚胎干细胞研究在美国是合法的,但受到严格的监管和限制。

二是现代科技与环境安全之间的冲突问题。现代科技的根本目的在于随心所欲地控制自然世界,因此必然要以无限追求对自然世界的控制力和征服力为发展方向。基于这一目的,人类社会研究发展了现代杀虫剂技术、现代医疗技术、现代水利技术,甚至研究发展了具有毁灭性力量的核武器技术。历史经验表明,现代科技的发展,促进了现代工业的发展,极大提升了人类社会征服自然、向自然索取资源的基本能力,但也在过去多年的征服和索取中,破坏了自然环境,导致环境污染、资源枯竭、土地沙化、物种减少、臭氧层空洞等影响人类生存与发展的严峻环境问题。环境问题的出现,直接危及人类的生存与发展,激化了科技与环境安全之间的矛盾与冲突,也迫使人类

---

① 张小飞:《现代科技伦理问题表现及特征的哲学探究》,《天府新论》2004年第6期,第33页。
② 马智:《科技伦理问题研究述评》,《教学与研究》2002年第7期,第66—69页。
③ 陈彬:《科技伦理问题研究———一种论域划界的多维审视》,中国社会科学出版社2014年版,第30页。

社会重新认识和思考人与自然环境的关系。从现实状况看,世界人口连年增加,人们对美好生活的热切向往极度高涨,科学技术的征服能力日趋增强,因此对自然的干预程度也会日渐深入。所以,在可预见的未来,现代科技与环境安全之间的矛盾和冲突将会进一步凸显。

三是现代科技与人的尊严之间的冲突问题。现代科技重视技术创造,重视财富创造,由此产生了科学技术知识的物化现象。科学技术知识"物化"现象的一个严重结果,就是人与自然的紧张关系严重冲击了人的生命尊严价值。对于这一点,海德格尔早就敏锐指出,现代技术在本质上有一种非人道的价值取向,其最大危险就是人们仅用工具理性去展示事物和人,将人置于物的统治之下,剥夺了人的自由。第二次世界大战很好地证明了这一点。第二次世界大战期间,在欧洲,希特勒法西斯屠杀犹太人并在他们身上做了种种灭绝人性的人体试验,在亚洲,日本 731 细菌部队冷酷地使用中国人进行人类活体实验,而对于这些恶劣行为,德国人和日本人的一个共同借口都是科学。有鉴于此,著名科学史学家乔治·萨顿尖锐地指出,科技专家的"技术迷恋症"有可能与人道产生矛盾,他们对技术的专注以及由此而来的麻木不仁和无知无觉达到那样一种程度,以至于使他们的精神对人性已完全排斥,他们的心灵对仁慈已毫无感觉。因此,他坚决主张科学的人性化,主张"必须准备一种新的文化,第一个审慎地建立在科学——人性化的科学——之上的文化,即新人文主义"。新人文主义"将赞美科学所含有的人性意义,并使它重新和人生联系在一起"。①

四是现代科技与社会正义之间的冲突问题。当科学技术的工具性价值越来越突出的时候,人类征服自然的欲望必然会进一步膨胀,掠夺式开采也必然成为人类社会颇为荣耀的生产生活资料获取形式。然而,所有这一切的结果,却是人类社会制造了一个报复自己的对象,进而迫使科学和技术成为阻碍人类精神进步、损害社会正义的武器。刘大椿、段伟文指出:"传统的主体间直接的近距离伦理关系随之在时间和空间两个向度上出现了延伸。例如,在时间上,未来世代的权利和当代人的责任已经成为反思科技与未来的重大命题。"② 在我国,人人都有共享自然资源、科技福祉的权利,同时又承担着维护和促进他人生存的义务。过去我们在发展经济的过程中,功利主义泛化现象严重,存在过度消费、污染环境、科技犯罪等不道德行为,人与人关系不协调、不公平。现代科技伦理的构建,其重要目的之一就是在社会上形成道德评价氛围,人人都来监督、谴责不道德行为,纠正和遏制过多浪费资源、损害环境、影响他人平等消费权利的不道德消费行为,在全社会建立人与人真正的平等合作关系,促进社会正义。

---

① ［美］乔治·萨顿:《科学史和新人文主义》,陈恒六、刘兵、仲维光译,上海交通大学出版社 2007 年版,第 133 页。
② 刘大椿、段伟文:《科技时代伦理问题的新向度》,《新视野》2000 年第 1 期,第 36 页。

五是现代科技与食品安全之间的冲突问题。近些年来,我国社会接连出现了毒奶粉事件、瘦肉精事件、染色馒头事件等与食品添加剂有关的恶性食品安全事件,也出现了人们对于转基因食品安全的广泛担忧。与之相随,食品添加剂也成为牟利、违法、伤害甚至是毒品的代名词,转基因食品也成为备受厌恶和指责的对象。作为价值选择,无论是食品添加剂还是转基因食品都不是自发产生的,而是人类社会发展到一定阶段的产物,是人类社会的自觉选择。当然,对此也存在着不同观点。比如,有观点认为,食品添加剂、转基因技术之所以导致食品安全问题,根本原因不在于技术本身,而在于人类社会对技术的滥用与乱用。这种观点是有道理的。不过,即便如此,也应当承认,现代科技与食品安全之间的冲突问题是实际存在并严重影响人们生活的。

第二节　现代科技的价值之争与科技伦理的历史使命　—

科技风险与科技伦理问题,引发了广泛而深刻的现代科学技术的价值之争。就其内容而言,现代科技的价值之争所涉及的都是现代科技与价值的关系问题,自始至终无不渗透着伦理的气质以及人类社会对现代科技发展的期盼与希望。从历史事实看,正是现代科技的价值之争有力推动了人类社会构建科技伦理,以求探寻并获得消除科技风险、应对科技伦理问题的有效方案。为此,现代科技伦理就要肩负起研究科学技术与伦理道德的关系问题、现代科技伦理的基本原则和规范问题、科学家和科学共同体的道德问题的历史使命。

一、现代科技的价值之争

现代科技有无价值,一直是一个颇具争议的话题,且这一话题更因文化差异而具有不同的特点。我们认为,现代科技是从西方兴起的,现代科技的价值之争自然也始于西方。一般来说,这里的价值,主要是指对现代科技作出的善或恶的价值判断,而价值之争则是指现代科技究竟为善还是为恶的论争。从科技史的角度看,关于现代科技价值的争论主要有如下两种观点:

第一,科技价值中立论。这一观点认为,科学技术没有善恶,其价值完全取决于使用者,即好人用之成就良善,而坏人用之则制造丑恶。爱因斯坦是科技价值中立论的典型代表。他认为:"科学是一种强有力的工具。怎样用它,究竟给人带来幸福还是带来灾难,完全取决于人自己,而不取决于工具。刀子在人类生活中是有用的,但它也能用来杀人。"① 从历史角度看,在科技价值中立论的形成过程中,培根的科学与技术相互作用的线性模式、休谟的事实与价值的区分理论产生了重要作用,而德国社会学家马克斯·韦伯的"价值中立性"思想则是这一观点的直接推动者。在韦伯这里,科学研究就是陈述或描述客观事实,寻求客观规律,而在科学知识的生产中,科学家必须抛开任何非自然的个人和社会因素,对被研究的对象和所获得的结果只作"事实判断",而不作"价值判断"。② 价值中立论包含有两层含义:其一,科学技术作为人类达成某种目的的手段或工具,无所谓善恶,在价值上是中立的。其二,人们在善恶美丑等价值层面存在着难以调和的对立与冲突,在科学技术的价值问题上各有坚守。从这一观点看,科学技术与善恶美丑没有关联,在各种宗教和哲学或不同的意识形态的对立中保持中立,可以为不同的人群、阵营或集团所使用。

在第二次世界大战爆发之前的很长一个时期,科技价值中立论始终是科学意识形态领域的主导者。在这一视域中,科学研究本身独立于任何价值考虑之外,在科学活动中进行伦理讨论是没有意义的。然而,海德格尔认为,无论人们作出怎样的辩护,都改变不了一个事实:科技价值中立论,只是一种浅薄的大实话。这是因为,它只是指出了科学技术的表面现象,并没有揭露出科学技术的真实本质。事实上,科技价值中立论"夸大了人相对于科技的独立性","夸大了科技知识与价值观念在客观性方面的区别"③,也因此消除了科学技术的价值负载特征,割裂了真理和价值、主观和客观、科学和社会之间的联系,最终陷入纯粹客观主义的泥潭。

第二,科技价值关联论。这种观点认为,科学作为一种文化,不存在于社会真空之中,因而不是价值中立的,其一切实践活动都是始终在一定价值观念的引导下进行的。从哲学史的角度看,科学哲学的历史主义学派代表人物库恩是将这一观点带入人们视野之中的第一人。1962 年,库恩通过"范式"这一概念,把社会、文化、信仰等价值因素引入其哲学思考,揭示了科学的价值维度或社会维度。从库恩的逻辑出发,科学知识社会学(Sociology of Scientific Knowledge, SSK)通过系统考察当今被"产业化"的科学知识的生产过程,提出了科学的社会建构论。科学的社会建构论认为,科学知识是"社会的建构",科学知识生产过程是一种社会磋商过程,所有利益相关者参与了这一过程。例如,拉图尔等在《实验室生活》中指出,科学事实不过是社会建构物,"科学活动并非针对'本质',而是为了建构实在性而进行的一场激烈的战斗"④。可见,依据这种观点,科学就是一座靠团体认同而树起的大厦,它与外在的大自然、科学真理等是没有多大关系的。

---

① 　[美]爱因斯坦:《爱因斯坦文集》第 3 卷,许良英、赵中立、张宣三编译,商务印书馆 2010 年版,第 69 页。

② 　[德]马克斯·韦伯:《学术与政治》,冯克利译,生活·读书·新知三联书店 1998 年版,第 37—38 页。

③ 　卢风:《科技、自由与自然:科技伦理与环境伦理前沿问题研究》,中国环境科学出版社 2011 版,第 107 页。

④ 　[法]布鲁诺·拉图尔、[英]史蒂夫·伍尔加:《实验室生活:科学事实的建构过程》,张伯霖、刁小英译,东方出版社 2004 年版,第 167 页。

　　无论是库恩的历史主义科学观,还是科学知识社会学的社会建构论科学观,它们都揭示了科学的社会维度和价值负载,但他们在强调社会因素对科学事实的建构作用时,否定了自然实在的基础决定作用,否认科学知识生产的真理维度,主张一切知识都是相对的。如此,这些观点也就抹杀了科学真理与其他知识文化之间的差异性,从而走向了相对主义和神秘主义。此外,还须指出,科技价值关联论也在一定程度上体现了科技发达时代反科学、伪科学思想的回潮。在科学技术如此昌明的时代,一些宗教、政治意识形态势力缺乏与科学正面碰撞、争锋的能力,于是就将一些神学教义、反科学的信条伪装成"科学伦理"以表达其对科学技术发展的反对意见,这一点值得警惕。

　　毫无疑问,上述关于现代科技的价值之争,尽管有其严重的局限性、片面性,但深化了人类社会对于现代科技价值的理解。对此,我们应有清醒的认识。此外,我们还应注意,科学与技术无论怎样融合,它们之间的关系形态还总是具有研究和应用的阶段性特征的。在科学技术研究阶段,人们研究自然现象的特性,在现象之间建立联系,并把这些联系以知识或理论的形式表现出来,然后在应用阶段,人们将获得的知识或理论运用于实践,去实现人们自己的目的、满足人们自己的需要。在第一阶段,科学技术作为知识和文化,具有自身的内在价值,它具有相对的独立性、自主性,按照它自身的逻辑发展和完善;而在第二阶段,科学技术所体现的则是一种满足人类需要的工具价值。在这个意义上,科学技术是手段和目的的统一,具有明显的价值性特征。因此,在这个意义上,我们就应承认,科学技术自其存在之日起,就开始对纯粹科学技术领域之外的事物产生重大影响了,而且这种影响可以是政治的、经济的,也可以是伦理的。事实上,在"大科学""高科技"时代,纯粹的学术研究领域也需要庞大的研究资金,这些资金的投入绝不是为了满足科学家的好奇心,而是为了它潜在的应用价值前景。在这样的逻辑下,即使纯而又纯的学术研究,也是难以保证价值中立的。

二、科技价值与科技伦理

　　作为一个哲学范畴,价值是指在实践基础上形成的主体和客体之间的意义关系,是客体对主体需要的满足及其程度。从这一观点看,"价值"概念应具有两层含义:一是事物的存在对人的有用性,二是人们对事物有用性的评价。据此逻辑,科技价值就是科学技术对人的有用性和人们对科学技术有用性的评价。从这个意义看,人们关心科学技术的价值问题,其实质就是人对自己的利益、命运和生活的关心,其伦理指向不言自明。

　　事实上,历史视野中的科学技术,自其诞生之日起就始终与伦理关联在一起。在漫长的科技实践中，人类社会对于科学技术与伦理的关系的认知形成了如下六种基本观点。① 一是科技与伦理同一论。该观点遵从苏格拉底"美德即知识""知识即美德"的逻辑原理，认为有知识的人必然有美德，有美德的人必然有知识，在这里知识和美德是不可分割的。二是科技与伦理互斥论。该观点认为，道德堕落完全是现代科技发展的产物，因此科技与道德是水火不相容的。要保存道德就要放弃科技，而发展科技就要败坏道德。三是科技与伦理无涉论。该观点遵从英国思想家休谟的"事实与价值无涉"的逻辑原理，认为科学是关于事实的知识，与情感、道德无关，后来的维特根斯坦、卡尔纳普等赞成并继承、发展了这一观点。四是科技决定伦理论。当代法国化学家贝特洛等人认为，科技是道德发展的基础，一个社会只要科学技术发展了，其道德水平就会随之提高，一个人只要从事科学技术研究，其道德品质自然随之改善。五是伦理决定科技论。当代比利时社会学家德·曼认为，科技对道德不可能产生任何重大影响，实际上科技是被道德决定的，科技知识是工具知识，是被道德支配、为道德服务的。六是科技与伦理辩证统一论。马克思主义认为，科学技术与伦理之间既不是绝对统一的，也不是完全相悖的，科学技术是伦理道德的发展动力，而伦理道德则具有相对独立性，对科学技术具有反作用。

　　上述观点反映了人类社会对于科学技术与伦理道德关系的不同观点。有趣的是，在严重的科技风险背景下，这些观点正在逐渐消除它们之间的差异性，而在科学技术的价值方面逐渐达成共识。当然，共识的形成是建立在一定的历史事实基础之上的。众所周知，文艺复兴以来，科学技术长期被看作一种解放的力量，至19世纪末20世纪初，更是被神化为一种对人类社会产生普遍影响的"万能力量"。然而，第二次世界大战结束前夕，美国在日本广岛和长崎投下两颗原子弹。原子弹爆炸所产生的严重影响震惊世界，有良知的科学家开始反思科学家的责任问题。20世纪70年代的脱氧核糖核酸（DNA）重组，严重冲击了人类社会固有的生命观念，最终演化为关于科技责任讨论的大事件。"在美国，1971年和1972年已有人在私下讨论DAN重组的潜在危险。到了1973年，则有科学家开始向公众阐明这一问题。斯坦福大学的著名DNA专家伯格自觉限制自己的研究。"② 原子弹爆炸和DNA重组这两大科学技术事件，拨动了人类社会反思科学技术的价值琴弦，点燃了科技伦理诞生的历史火焰，使得人们"渴望一个学科研究领域能解释和理解这一现象，并试图寻求运用一种成熟的学科体系和学科范式来给出满意的解决方案"③。于是，人们将这一任务交给了伦理学，试图借助伦理学的深厚力量揭示科学技术与伦理道德的密切关系——科技伦理学诞生了。

　　科技伦理的诞生是对科技价值中立论的一种回应，更是科技价值关联论的胜

---

①　参见宋慧昌：《应用伦理学》，中央党校出版社2001年版，第173页。

②　卢风：《应用伦理学概论》，中国人民大学出版社2015年版，第174页。

③　陈彬：《科技伦理问题研究——一种论域划界的多维审视》，中国社会科学出版社2014年版，第10页。

利。在传统意义上,伦理所关涉的主要是人,或者说是人与人、人与社会、人与自身的关系,而极少涉及人与自然的关系。与此不同,科技伦理的产生打破了这种传统,人类社会由于科技风险而将伦理扩展到了科学技术,将人与自然的关系、科学与自然的关系纳入伦理视野,并使之成为现代伦理学的重要研究对象。从这一点看,现代的科技伦理超越了以理性、求真、怀疑为基本特点的传统科技观,形成了"以理性 – 伦理为本性,以臻善为核心,以责任为激励,以完善人格为宗旨,以协调发展为依归"的理论品格,"进入了科学 – 社会领域,体现了科学活动主体对科学成果合理应用的道德责任意识,体现了科学家肩负的促进科学发展和人—自然—社会系统协调发展的道德使命。"①

从这个意义上可以说,科技伦理自其诞生以来,就始终面对这样的问题:如何应对现代科技带来的巨大风险? 现代科技为什么会带来如此巨大的风险? 现代科技正以何种方式主导着当代文明? 规避科技风险、扭转科技发展方向是否可能? 这些问题种类繁多,不一而足,但有一点是肯定的,那就是对于新生的科技伦理,人们有着不同的认知和寄托,也赋予它不同的历史使命。比如,刘大椿、段伟文就认为:"现代科技的发展已使科技成为人类社会及其环境中的一种无所不在的因素,科技伦理所涉及的层面也因此得到不断拓展:科技共同体内的伦理问题、科技社会中人际伦理问题、科技背景下人与自然的伦理关系,展现了科技伦理的新向度。"② 再如,卢风认为:"科技伦理是研究科技行业之道德维度的学科。科技伦理要研究的问题涉及两大类:(1)科技共同体的道德规范和科技从业者的职业道德问题,也就是科研伦理问题,包括科学家的社会责任问题;(2)科技与道德的关系问题,或科技与价值的关系问题。"③

这些观点都是有道理的。科技伦理的产生根源于一个多重要素构成的整体系统。从根源看,科技伦理产生于现代科技带来的巨大风险,因此是从科学技术的实践活动中产生的。从内涵看,科技伦理关涉的是科学技术与伦理道德的关系,是指科技活动中人与社会、人与自然、人与人关系的思想与行为准则,规定了科技工作者及其共同体应恪守的价值观念、社会责任和行为规范。从目的看,科技伦理是为了应对科技风险的,因此是用来协调科技与伦理的关系、规范人们的行为、消除或者避免科学技术的负面效应,推进科学技术合理发展的。由此可见,科技伦理具有其必然的合理性,承担着一个时代的历史使命,是一个核心明确、立意深远、责任突出、反对庸俗的思想体系,是充分重视人类需求、合理发展科学技术并使之为人类服务的向善之道。

---

① 王学川:《现代科技伦理学》,清华大学出版社 2009 年版,第 5—6 页。
② 刘大椿、段伟文:《科技时代伦理问题的新向度》,《新视野》2000 年第 1 期,第 36 页。
③ 卢风:《科技、自由与自然:科技伦理与环境伦理前沿问题研究》,中国环境科学出版社 2011 年版,第 7 页。

三、现代科技伦理的三重历史使命

现代科技伦理作为一种向善之道,它的具体任务是什么? 肩负怎样的使命? 依据现有研究成果,我们将科技伦理的历史使命概括为如下三个维度:

其一,科学技术与伦理道德关系的研究维度。在现代社会中,科学技术已成为第一生产力,而作为第一生产力,科学技术就必然与物质利益纠缠在一起,影响着人们的各种社会关系。从这一点出发,在科学技术与伦理道德关系范围内,现代科技伦理应主要研究三个层面的问题。一是科学技术的伦理本质问题。现实的人类实践证明,科学技术不是价值中立的,而是具有伦理本质的。虽然科学技术作为知识体系具有客观中立的一面,但作为一种文化现象,科学技术不仅仅是能产生物质力量的价值中立的知识系统,而且体现着价值选择和伦理向度。因此,如果"我们着眼于'科学技术与人'来审视科学技术这种文化现象,那么,科学技术的人文精神也是不言而喻的。伦理价值的源泉在人,显而易见,科学技术的伦理本质同人文精神有着特殊的亲缘关系"[①]。二是科学技术与伦理道德的相互运动问题。科学技术的使命是认识事物的本质和规律,以求真为最高目的,伦理道德的使命则是以行为规范、准则等形式调节人与人、人与社会、人与自然之间的关系,以求善为最高目的。科学技术和伦理道德作为人类社会的产物,彼此之间不是无涉的,不是互斥的,也不是相互决定的,而是相互联系、相互渗透、相互转化的,始终处于一种相互运动的状态之中。如何认识这种互动关系,并促使科学技术沿着有利于人类发展的方向发挥作用,就成为现代科技伦理的重要任务。三是因科学技术而产生的人与自然的道德关系问题。科学技术带来的巨大风险凸显了人与自然关系的重要性,人与自然的关系被赋予了重要的伦理意义。一般而言,在认识和理解人与自然关系方面,历来存在人类中心主义和非人类中心主义两种对立的观点。然而,不管如何对立,有一点必须承认,那就是人要生存于自然之中,自然对于人类生存具有人本生态价值,而"自然的人本生态价值构成了人类社会存在和发展的最高诫命"[②]。因此,反思人与自然的关系,合理有效地调节这种关系,也就成为现代科技伦理的一项重要任务。

其二,现代科技伦理基本原则和规范的研究维度。现代科技的快速发展以及其与经济生产的一体化,不只是提高了社会生产力,为人类社会带来了富足的物质财富,也带来了严峻的社会风险和伦理问题,而科技伦理正是在反思科技风险、思考应

---

① 王学川:《现代科技伦理学》,清华大学出版社 2009 年版,第 11 页。
② 王常柱、武杰、张海燕:《自然价值的全景式界定与哲学辩护》,《科学技术哲学研究》2012 年第 1 期,第 109 页。

对科技伦理问题的背景下形成的。这一事实决定了科技伦理研究的根本性质和基本任务,也就是通过研究并构建相应的原则和规范,保证科学技术研究与应用的所有环节都处在伦理规训空间之内,使整个研究与应用链条都指向善的目的,从而有效地减少社会风险、应对科技伦理问题。这就是说,现代科技伦理应全面系统研究科学技术的性质与应用,以及对后果的评价等,并对每一领域都确立相应的伦理原则和规范。此外,我们知道,现代科学技术不只是科学技术知识体系,而且是与经济生产高度融合在一起并且作为第一生产力深刻影响现代社会的知识应用体系,而其中所有的科技实践行为都是由一定科技主体实现的。因此,科技主体之间的利益调节也应当在科技伦理的研究范围之内。综上可知,科技伦理原则与规范的研究应集中在如下三个领域:一是科学技术研究应用领域。科学技术是探索未知、造福人类的事业,因此理应是自由的。有鉴于此,有人认为科技伦理不仅无益于科技研究与应用,反而是阻碍科技发展的障碍或紧箍咒。这一观点忽视了科技的研究和应用与人类生活的相关性,因此是错误的。人类的认知能力是有限的,不可能预判并消除科学技术的所有不确定性带来的种种风险。为此,预先设置一些伦理规范,将科技研究与应用置于伦理监督之下,则可最大限度消除科学技术之不确定性带来的种种风险。二是科技主体及其关系领域。科技主体,包括作为个体的科学家和工程师、作为整体的科学共同体,以及从事科技实践活动的其他人员,是科学技术研究与应用等实践活动的主动者。科技研究与应用实践活动是由科技主体推动和实现的,调节他们的利益同样需要伦理原则和规范。所以,科技伦理的一项重要任务,就是借助于一定科技伦理教育和培训,将伦理观念、原则、规范内化为科技主体的行为规则。三是科技实践结果评价领域。在现代社会中,科学技术毫无疑问是人类社会的一项重要实践活动,而这样的实践活动必然要依据活动的目的而达成一定的实践结果。对于所达成的科技实践结果,人类社会应当作出正面或者负面评价,从而推动或者遏制科学技术的研究、应用与发展。为此,现代科技伦理应确立相应的伦理原则与规范以评价当下的科技实践。

其三,科学家和科学共同体道德的研究维度。从个体与整体的关系看,科学技术活动主体可划分为作为个人的科学家和作为整体的科学共同体。在科学家个人层面,道德问题主要是科学家个人的职业道德问题。我们知道,一个特殊的社会角色,就应当承担特殊的社会责任。在此,科学家也不例外,也应当承担相应的特殊的道德责任。例如,科学家作为现代科学技术的研究者和掌握者,对于其科学技术的研究与发展可能带来的某些危害风险比其他人认识得更清楚,因此有责任去思考、预测、评估科学技术可能产生的社会风险,承担起他们作为科学家应当承担的社会责任和义务。在过去多年历史中,"科学家和工程师在反复的科技实践活动中形成了一定的行为准则,这些行为准则经过一些思想家的提炼和概括,形成了比较系统、完整的科技伦理规范体系,成为科学家和工程师普遍遵循的评价和判断善恶的标准"①。这些标准有效地调节着科学家或工程师与自身、与社会集体之间的伦理关系,有效地促进着人类科学技术事业的健康、有序的发展。与上述的科学家个人层面道德责任问题相比,科学共同体作为"科学家群体",其道德责任问题则显得更加复杂和重要。科学共同体早已成为现代科学技术活动的主体,现代科技从根本上也是科学共同体的产物。在这个意义上,"英国科学社会学家理查德·惠特莱指出,就科学共同体是知识生产与评价的独一无二的部门而言,科学共同体构成了科学"②。在这个层面,科学技术的道德问题就具体表现为科学共同体的伦理道德规范问题。当代西方伦理学研究者普遍认为,科学共同体的伦理标准奠基于科学行业的目标,包括追求知识、消除无知并解决实践问题。许多科学中的行为规范也有其社会道德基础,例如,捏造数据之所以是科学中的不道德行为,不仅仅是因为它是撒谎,而撒谎是一种不道德的行为;而且还在于捏造数据就是传播错误,而传播错误会破坏科学的信誉。在这个意义上,科学共同体的伦理标准就应当拥有两种概念基础:"一是科学方面的,一是道德方面的。科学共同体的伦理标准不能违背社会的共同道德标准,同时它又应该有助于科学目标的实现。"③

第三节 科技伦理的构建前提与原则规范

构建现代科技伦理,须有明确的构建前提。从其肩负的三重历史使命看,构建现代科技伦理须明晰科技知识的客观性、科技活动的功利性、科技主体的多样性、科技发展的必然性四个构建前提。基于这样的前提,构建起来的科技伦理就应以真理至上、人本主义、和谐发展为基本原则,把诚实严谨、求真创新、负责兴利、民主自由、继往开来确立为自己的基本规范。科技伦理原则规范的贯彻实施的关键在科技主体,没有科技主体的认同和践行,就没有科技伦理原则和规范的功能实现和作用发挥。

一、现代科技伦理的构建前提

面对严峻的科技风险和科技伦理问题,构建符合时代要求的科技伦理势在必行。

① 王学川:《现代科技伦理学》,清华大学出版社 2009 年版,第 49 页。
② 王学川:《现代科技伦理学》,清华大学出版社 2009 年版,第 47 页。
③ 卢风:《应用伦理学概论》,中国人民大学出版社 2015 年版,第 175 页。

这是因为,科技伦理是科技活动必须遵守的价值准则。然而,科技伦理不是凭空构建的,它需要相应基础和前提,因为只有满足前提条件、拥有坚实基础,科技伦理才能为"大科学""高技术"时代的科学技术研究、发展与应用提供可资遵循的原则和规范。鉴于其所承担的三重历史使命,现代科技伦理的现实构建应拥有如下四个基本前提:

一是科技知识的客观性。构建科技伦理,之所以要把科技知识的客观性作为基本前提,根本之处在于科学技术的研究、发展与应用都要以客观性的科技知识为前提,没有客观性的科技知识,一切科技活动以及与科技活动紧密相连的科技伦理也就无从谈起。我们知道,现代科学技术既给人类带来了全新的生活,也带来了前所未有的风险和道德问题,而科技伦理的一项责任就是把伦理学的规范性研究成果应用于科学技术领域,为应对科技风险以及由此引发的诸多道德问题提供可能的应对方案。正是基于这样的目的,近些年来科技伦理发展迅速,并诞生了与各个科技领域相关的科技伦理,如核技术伦理、太空伦理、生态伦理、生命伦理等。也就是说,科技伦理涉及伦理和科技两个层面的内容。于伦理而言,科技伦理源于一般伦理在科技领域的应用;于科技而言,科技伦理涉及科技领域的高深知识。由于伦理与科技之间的学科特点和领域差异,科技伦理内部必然存在着各种矛盾与冲突。例如,"科技伦理面临的道德难题本身也是各具体科技领域研究的重点,但具体科技领域研究者的成果较容易为本领域所接受,而却不为伦理学家所接受。反过来,伦理学家由于不熟悉科技领域,常常隔靴搔痒、言之无物,又为科技工作者所不齿"[1]。在这样的背景下,过去那种单方面由伦理为科技立法的做法显然不合时宜了,代之而起的应该是科技与伦理的辩证统一,即在充分尊重科学技术自身发展规律、科学技术知识客观性的基础上,综合考量人类自身的生存目的,确定对待科学技术的立场与态度,进而在一定价值原则指导下,构建起以相应伦理原则规范为基本内容的科技伦理。

二是科技活动的功利性。构建科技伦理,之所以要把科技活动的功利性作为基本前提,根本原因在于功利性早已成为现代科技的基本特征。在功利性特征的塑造下,第二次世界大战以来的科学技术迅速改变了之前的低水平局面,产生了以信息技术、新能源技术、空间技术、半导体技术、生物技术、互联网、大数据、人工智能等为代表的一系列新兴科学技术,开创了以科学技术加速发展创新为特征的新时代。在这个新时代,科学技术早已以其功利性特征为武器,全面深入地渗透到现代人生活的各个层面,正在对人类社会的发展产生着强有力的影响,同时日益与权力、市场相结合,在官僚化和商品化的历史进程中根据军事和商业要求重塑着自身的特征。在此背景下,现代科技早已不再像传统科技那样被视为单纯的知识技能体系,而是渗透着伦理道德、价值追求的行为过程。因此,现代科学技术与其说效忠于人类和公众,倒不如

---

[1]　王学川:《现代科技伦理学》,清华大学出版社2009年版,第7页。

说效忠于国家和公司。于是,道德与科技的关系也由此发生了巨大变化。如果说以往的科学技术是通过间接途径对伦理道德产生影响的,那么,现代科技对伦理道德的直接影响则变得越来越突出,其直接表现就是导致大量新的伦理道德问题产生,如太空伦理问题、核伦理问题、生命伦理问题、人工智能伦理问题等。面对科学技术的功利性,科技伦理不能无动于衷、自说自话,而是要将这种功利性纳入自己的反思和考量范围之内,寻求减少乃至消除科技风险、应对科技伦理问题的应然之道。因此,科技伦理的现代构建,必须重视科学技术及其活动的功利性,必须重视协调科技活动主体的利益诉求,且唯有如此才可以切实应对、解决现实的科技伦理问题。事实上,科技伦理,只有在解决社会实践问题的过程中,才能逐渐赢得其生存权和生命力。

三是科技主体的多样性。构建科技伦理,之所以要把科技主体的多样性作为基本前提,根本原因在于科技主体早已形成了多样化局面。科技主体是指科学技术研究与应用等科技实践活动的主动者,在传统观念中,只有科学家才能成为科技实践活动的主体,而如今的科学技术早已是社会建制化的,科学家、技术专家、工程师乃至一般社会成员都有可能参与科学技术研究、发展、应用等科技实践活动,因此科技主体的范围扩大了。当然,范围的扩大也意味着科技主体的利益、立场的更加复杂化。对此,贝尔纳早在20世纪就给出了明晰的判断,他说:"科学家即使在过去曾经是一种自由自在的力量,现在却再也不是了。他现在几乎总是国家的、一家工业企业的、或者一所大学之类直接间接依赖国家或企业的半独立机构的拿薪金的雇员。由于他需要维持生计,因而科学家真正的自由实际上仅限于支付薪金的人所容许的活动。"[①]于是,在科技主体多样化背景下,科技主体不仅可以是一个个具体的人,还可以是一个组织、集团,甚至是一个国家或政府。依据这种逻辑,科技主体可简要地划分为国家和政府、科学共同体和科学家个人、公众三个层面。首先,现代科技研究及其应用,无一不是在社会层面进行的,而在这个层面,只有国家或者政府才拥有相应资源和权力进行规划和管理。其次,科学家及其共同体是科学研究的根本承担者,不仅要为研究的直接后果负责,还要为研究的间接后果负责,包括那些难以预知的后果。最后,随着科技渗透到社会生产、生活的各个方面,科技所产生的问题已经超出了研究者和政府可应对的范围,成为所有社会成员需要面对的问题,而社会公众也成为现代科技主体的重要构成部分。

四是科技发展的必然性。建构科技伦理,之所以要把科技发展的必然性作为基本前提,根本之处在于科技与人类社会的关系,在于人类社会的存在与发展需要科学技术的发展。概括而言,原因有三。首先,科学技术是经济增长的第一动力。马克思主义认为,科学技术是生产力,而且是第一生产力。历史证明,任何一次科技进步都

---

① ［英］J.D.贝尔纳:《科学的社会功能》,陈体芳译,广西师范大学出版社2003年版,第450页。

对全球生产力的提升起到至关重要的作用。当前,科学技术与生产力系统已经高度融合,"广泛而深入地渗透到生产力系统的各个层面,成为维持和发展社会生产的最主要因素,并最终决定着社会生产关系进而决定社会经济关系"①。可见,对于当今社会的经济增长,科学技术早已不可或缺,是第一动力。其次,科学技术的发展影响人类社会的生活方式。现代科技的发展与广泛应用,迫使"人类从来没有像今天这样把自己的一切都交付给某些人的某项高级创造,科学为我们设定了行为的标准与判断的依据,整个社会的思维模式已经不可逆转地被科学所型塑"②。从这个意义看,科学技术极大地推动了人类社会的物质文明和精神文明的发展,也使得科学技术广泛而深刻地渗透到人类生活之中而塑造现代人类社会的生活方式。在这一方式之中,我们从衣食住行到生老病死各个层面,都彻底离不开科技了。最后,科学技术是消除风险的物质力量。科技风险之所以产生,固然有科技应用的根源,但不容置疑的是,也存在着科学技术本身的原因,而且科技本身的原因是科技风险产生的最隐蔽根源。之所以如此,乃是因为人的认识能力是有限的,对于一项科学技术的本质功能的认识也是有限的。因此,消除这种最隐蔽根源,仅仅依靠道德情怀或者宗教情感是不够的,还必须大力发展科学技术,通过发展科学技术获得消除科技风险的物质力量。由上可知,科技与人类社会的关系决定了科学技术必然要获得最充分的发展,而这一事实则表明,建构科技伦理,必须要给予现代科学技术足够的发展空间。

二、科技伦理的原则与规范

一般而言,科技伦理原则就是"科技道德关系与科技伦理本质的集中概括,是科技评价的标准,是调整科技伦理人员行为的指导原则"③。而科技伦理规范则是"科技伦理原则在某一侧面和特定范围道德关系中的表现、展开、具体化和补充,是科技人员在从事科技活动中应当遵循的行为规范"④。就我国而言,2022 年 3 月,中共中央办公厅、国务院办公厅印发了《关于加强科技伦理治理的意见》,提出了增进人类福祉、尊重生命权利、坚持公平正义、合理控制风险、保持公开透明等科技伦理原则。基于上述四个科技伦理构建前提以及我国既有的科技伦理原则,我们可将现代科技伦理的构建原则概述如下:

一是真理至上原则。真理至上原则是指在科技伦理实践中将追求真理放在最高位置,坚持科技知识的真理性。之所以将真理至上确立为科技伦理的基本原则,根本

---

① 陈彬:《科技伦理问题研究——一种论域划界的多维审视》,中国社会科学出版社 2014 年版,第 6 页。
② 李侠:《科技伦理:没有约束的科技是危险的》,《光明日报》2015 年 7 月 31 日。
③ 王学川:《现代科技伦理学》,清华大学出版社 2009 年版,第 38 页。
④ 王学川:《现代科技伦理学》,清华大学出版社 2009 年版,第 39—40 页。

原因在于一切科技实践活动都要以真理性的科技知识为基础,没有真理性知识,就没有科学技术。我们知道,现代科技实践活动是一个包括多种构成要素的系统工程,其中研究、应用、评价、教育是最重要的基本构成要素。因此,真理至上原则要贯彻到包括上述四个要素在内的所有构成要素之中。首先,确立热爱科学、追求真理的精神情感。追求真理的情感和愿望是人类一切努力和创造背后的动力,没有这种情感和愿望,也就不可能有人对真理的追求。在学习科研活动中,要重视培养这种精神情感。其次,培养实事求是、尊重规律的实践品格。追求真理的过程,就是一个实事求是、促使主观认识符合客观世界及其规律的过程。这就要求科技工作者在其一切科技实践活动中都要做到实事求是,不能有半点虚假,必须要尊重客观规律。最后,确立无所畏惧、百折不挠的英勇气概。科学研究是一种十分艰难严肃的事业,其间必然存在着坎坷与挫折。为此必须牢记:科学上没有平坦的大道可走,只有那些不畏艰苦、沿着陡峭的山路攀登的人,才有希望达到光辉的顶点。

二是人本主义原则。人本主义原则是指在科技伦理实践中以人为本,坚持科学技术为人类服务的价值立场。之所以将人本主义确立为科技伦理的基本原则,根本原因在于现代科技实践活动具有强烈的功利性,而为人类服务、为人民造福是其功利性特征的最本质体现。这种功利性特征,虽然可以表述为以最广大人民群众的利益为出发点和归宿,并把能否为人类造福作为评价科技实践善恶、正邪的最高道德标准,但事实上这具有将研究、应用、评价、教育等科学技术实践活动导向某一特定目的的可能性。例如,对高科技的垄断在一定意义上就是这种功利性特征的具体体现。为此,人本主义原则就具有了重要意义。首先,人本主义原则为科学技术研究方向提供伦理保障。我们知道,在"大科学""高技术"背景下,科学研究早已成为具有强烈工具性目的的职业,其为谁服务的目的性是十分明显的。因此,人本主义原则就为科学研究提供了正确方向。其次,人本主义原则为科技应用目的提供价值依托。应用是一切科学研究的出发点和落脚点,而这一点也表明了科技应用的功利性与目的性。因此,面对一项科学技术,做出能否应用、如何应用、为谁应用的正确选择就成了无法回避的根本问题。人本主义认为,科技以服务全人类为最高宗旨,应关怀人、关心人、爱护人、尊重人,要关心人类福祉、维护人类尊严。具体到中国社会,人本主义就是一切"以人民为中心"。

三是和谐发展原则。和谐发展原则是指在科技伦理实践中将和谐作为最高价值原则,处理好科学技术与自然系统的关系问题。之所以将和谐发展确立为科技伦理的基本原则,根本原因在于人类生存环境的实际。在人类最初生存的绝大多数时期中,"他们喂养、生产和繁殖,基本处于生态平衡之中"[①]。然而,如今的人类在通过科

---

① 卢风:《应用伦理学概论》,中国人民大学出版社2015年版,第63页。

学技术向自然索取以满足自身贪欲的同时,却以科学技术的强大物质力量剧烈地破坏着地球的生态平衡,从而引发了自身生存发展环境问题。因此,强调和谐、凸显科学技术与自然系统的和谐发展就具有重要现实意义。首先,和谐发展原则确立科学技术发展的最高界限。19世纪中期以来,资本主义快速发展,在不到一百年的时间内创造出了无与伦比的物质生产力,但也以其违背整体和谐原则、违背生态学规律的行为给人类社会带来严峻的生态危机。今天,人类已在很大程度上汲取了过去几个世纪的深刻教训,作出了服从生态学规律、重新回到大自然怀抱的决定。其次,和谐发展原则确立人类保护自然生态系统的主体责任。因此,在严峻生态危机面前,人类应该彻底抛弃征服者姿态,肩负起保护地球生态系统的责任。毋庸讳言,虽然生态危机有着科学技术的根源,但其根本原因还在于人类自身。因此,人类要肩负起保护地球生态系统的责任。事实上,也只有人类才有能力去肩负起保护地球生态平衡的责任。

基于上述三大原则,可确立现代科技伦理的基本规范。现代科技伦理规范的使命,就是从观念和道德层面规范人们所从事的科技活动,保障人类的切身利益,促进人类社会的可持续发展。历史上,不同学者或机构早已从不同角度出发提出了科技伦理的基本规范。例如,默顿就提出了四种作为惯例的规范:普遍性、公有性、无偏见性、有条理的怀疑主义;我国科协第二届全国委员会向科协"三大"提出的工作报告中,明确了"献身、创新、求实、协作"的科技规范。本书依据科技伦理的构建前提和基本原则,在充分借鉴现有成果的基础上,提出如下现代科技伦理规范:

一是诚实严谨。诚实是指言行与内心思想相统一,严谨是指人的行为严密谨慎。而把诚实严谨作为科技伦理规范,则是要求一切科技主体在其科技行为活动中都应做到思想言行一致、行为严密谨慎。首先,诚实严谨是一切科学技术获得真理性的基本前提。科学技术研究是一种严肃、严密、符合客观规律要求的工作,其一切实践活动都必须以客观事实为依据。为此,科技主体唯有诚实地尊重客观事实,严谨地开展科学研究,才能为科学技术的真理性奠定客观基础。其次,诚实严谨是一切科技实践活动得以顺利展开的基本准则。这一规范要求一切科技人员都应从实际出发,不唯书、不唯上、只唯实,依靠诚实严谨的态度,去观察、思考、概括实际问题,进而认识并掌握客观规律、展开科技实践活动。最后,诚实严谨是一切科学技术存在发展的内在要求。科学技术是系统严谨的知识体系,它的存在发展固然需要丰富的人文情怀,但更需要多思善想、综合分析、整理归纳、精心观察、科学预见等理性能力。这一事实必然要求诚实严谨体现在科技存在与发展的内在要求之中。

二是求真创新。求真就是追求真理,创新就是抛开旧的、创造新的。而把求真创新作为科技伦理规范,则是要求一切科技主体在其科技实践活动中都应坚持追求真理、推陈出新。首先,求真创新是一切科学技术创造和发展的内在动力。事实上,这种内在动力不仅是人类社会科技发展的重要力量,更是决定当代社会科技发展的终极力量。为此,发展科技必须坚持求真创新,唯有坚持求真创新,才能推动科技进步。其次,求真创新是一切科技活动主体的精神气质。究其本原,求真创新是包括科学家在内的一切科技主体通过科技实践获得的思想意识。这种思想意识与科技主体的知识修养、生活实践、道德品质等紧密相关,因而必然催生科技主体求真创新的精神气质。最后,求真创新是一切科技应用实践的本质要求。科学技术之所以能够进步,之所以能够服务人类,其根本之处在于科学技术的求真创新,而科学技术的求真创新本质,又不断地为满足人类需要提供种种可能。在当今时代,求真创新对于科技发展、国家富强、人民幸福具有特别重要的意义。

三是负责兴利。负责就是承担自己的责任,兴利就是要为人类带来福祉。而把负责兴利作为科技伦理规范,则是要求一切科技主体都要担负起自己的伦理责任,使科学技术有利于人民。首先,负责兴利是一切科技实践主体的伦理责任。毋庸置疑,现代科技已与社会发展高度相关,是推动社会发展的第一生产力,而科学技术的功能实现是由科技主体决定的。因此,一切科技行为主体都应在其科技活动中遵守伦理规范,承担自己的伦理责任,反对一切不符合伦理原则和规范的科技活动。其次,负责兴利是指导和评价一切科技实践活动的伦理依据。在科技风险日甚一日的今天,科技人员尤其是科学家只有坚持负责兴利这一科技伦理规范,才能保证现代科技成为造福人民的正义力量。最后,负责兴利是一切科技实践活动的伦理诉求。在科技功利性特征的诱导下,科学技术极容易异化其向善的目的和追求而堕落为某些人或者集团谋取私利的工具。有鉴于此,强调负责兴利的伦理规范就成为遏制这一可能的主体保证。

四是民主自由。在科技领域,民主自由指主体可以依据自己的意志开展科技实践活动、追求科技利益、参与关于科技的政府决策、评价科技成果等。首先,民主自由为科学技术提供了赖以生存和发展的学术环境。民主自由保证了在科技政策制定或科技项目的规划、审批等决策过程中,让不同利益相关者,如科研人员、企业代表、政府官员、公众等都能参与进来;在科技资源的分配中公平合理,避免少数机构或个人垄断,根据科研项目的价值和社会需求等因素,让不同地区、不同领域的科研人员都有机会获得支持,促进科技的均衡发展,同时让科技成果可以广泛地为社会共享;在科技研究中科研人员享有在法律和道德允许范围内探索科学问题,选择研究方向、方法、途径,追求科技利益的权利,不受不合理的行政干预或权威压制;等等。其次,民主自由是一切科技学术交流和争鸣的伦理支点。由于时间、空间、认识的不同,人们在科学技术上产生不同学术观点,进而形成不同的学派,这些不同学派的交流和争鸣推进了科学技术的发展,而支撑这些交流和争鸣的伦理支点就是民主自由。坚持民主自由规范的科研人员能依据自己的意志,在学术论坛、学术会议、学术期刊等平台或场合,公开发表自己的研究成果和观点,即使这些观点可能与主流观点不同,从而使更多学者和学派加入进来,促进学术的繁荣和科技的进步。

五是继往开来。在科技领域,继往就是要求年轻一代科技人员虚心向前辈学习,继承他们丰富的科研经验和良好的科研道德,促进自己的快速成长,同时要求年轻一代科技人员对老一辈科技人员多生尊重之情、多怀感恩之心,接续科学技术的传承与发展。开来不仅要求在学术上有造诣的专家学者把自己丰富的科研经验和良好的科研道德传授给青年一代,积极主动地教诲、提携、奖掖后辈,培养他们早日成为科学技术事业的骨干和接班人,同时要求科技工作者以开拓创新的精神,积极探索新的科技领域和解决新的科技问题,前瞻性地思考科技发展对未来社会的影响。作为科技伦理规范,继往开来是科技发展的内在需要,其所涉及的不仅是老一辈科技主体与年轻一辈科技主体的伦理关系,还涉及科技与人类的过去和未来之间的伦理关系。首先,能使科技发展在传承优秀科技文化传统的基础上,不断创新突破,避免科技发展的文化断层,让科技进步与文化传承相互促进,丰富人类文明内涵。其次,促使科技工作者在追求创新的同时,承担起对社会、环境和未来的责任,确保科技发展造福人类,避免因短视行为给人类带来灾难,保障科技发展的可持续性。最后,为全球科技界提供共同的伦理指引,促进不同国家和地区的科技工作者在共同的价值基础上开展合作,凝聚共识,携手应对全球性科技挑战,推动构建人类命运共同体。

三、原则规范的落实之道

科技伦理原则和规范,只有贯彻到科技实践活动之中,才能实践自己的功能、发挥自己的作用,真正有效地规范和指导科学技术的研究、发展与应用。一切科技实践活动,都是科技主体实施的。因此,贯彻落实科技伦理原则规范,就须明晰科技伦理原则规范与科技主体之间的关系。

从功能实现与作用发挥看,科技伦理原则规范与科技主体逻辑上存在着两种关系模式,即他律模式和自律模式。他律模式就是通过一定的强制力量,迫使科技主体遵守执行科技伦理原则和规范的关系模式。自律模式就是科技主体认同科技伦理原则和规范并使之内化于心,进而在科技实践活动中自觉践行的关系模式。在他律模式中,科技伦理原则和规范是依据外在的强制力量来实现功能、发挥作用的,而且科技伦理原则规范的功能实现和作用发挥的充分程度常常与强制力的大小程度成正比。与他律模式不同,自律模式不是依靠强制力而是借助于科技主体的道德自觉来实现和发挥科技伦理原则规范的功能和作用的。也就是说,在自律模式中,科技伦理原则规范之所以能够实现其功能、发挥其作用,根本原因在于科技主体自觉的认同、支持和践行。

上述关系模式表明,科技伦理原则和规范能否发挥其规范、引导、教育、评价等作用,关键在于科技主体。因此,在严峻的科技风险和科技伦理问题面前,只有赋予科技主体以真正的道德责任并使之承担起这种责任,科技伦理原则和规范才能真正担负起促进科技发展、维护人类福祉的历史使命。为此,落实科技伦理原则与规范的关键在于处理好如下四个问题:

一是科技伦理原则规范的合理性问题。毫无疑问,科技伦理的原则和规范,唯有占据充足的合理性,才能赢得认同,才能指导人类社会有效地应对科技风险和科技伦理问题,从而推动科学技术的健康发展和人类福祉的稳步增长。因此,拥有充分的合理性,就成为保证科技伦理原则和规范顺利贯彻落实的重要保障。近百年特别是近几十年来,科技工作者早已在丰富的科技实践活动中形成了一定的行为准则,这些行为准则经过一些思想家的提炼和概括,形成了系统、完整的科技伦理规范体系,成为科学技术工作人员普遍遵守的伦理准则,而其根本的合理性,只能存在于与时俱进、适应时代的发展过程之中。所以,科技伦理也必须紧跟科技发展前沿,紧贴人类生存实际,充分认识科学技术的本质和潜在风险,探求人类社会存在和发展的最根本任务,以最大的可能努力保证科技伦理原则和规范的合理性。唯有如此,科技伦理原则规范才能赢得科技主体认同和支持,贯彻落实这些原则规范,才会遇到最小的阻力。

二是科技共同体承担的伦理责任问题。现代科学技术作为一个相对独立的知识应用系统,其研究既是一种理性认知活动,也是一种社会职业,是一种国家事业,而它的从事者也早已不再是单纯的科学家,而是一个包含了以共同专业为特征的科学专业共同体、以共同职业为特征的科学职业共同体以及以共同研究为特征的科学研究共同体在内的庞大科技主体集合——科技共同体。这样一个群体,掌握着科学技术知识生产、传承与创造的秘密,决定着科学技术研究、发展与应用的方向和质量,主宰着科学技术服务于人类社会的广度和深度,因此理应肩负起应有的伦理责任,即"在科学的规范结构的基础上,进一步坚持客观公正性和公众利益优先的伦理原则,以人类及其环境的福祉作为他们的最高诉求;在任何势力面前都要坚持真理;不因为任何的诱惑而作伪或滥用科技手段;认真地思考每一项科技活动的价值意涵与可能的社会后果;审慎地进行可能具有不明确的深远影响的科技活动"①。这样的伦理责任,对于科技发展、社会繁荣无疑是重要的,但对于科技共同体而言却是艰难的。所以,应建立相应利益保障机制、处理好科技共同体的伦理责任问题。唯有如此,才能更好地贯彻落实科技伦理的原则与规范。

三是科技工作人员的道德修养问题。对科技工作人员而言,道德修养具有一般道德和职业道德两个层面的内容,但从贯彻落实科技伦理原则规范的角度看,科技工作人员的道德修养问题更多地指向职业道德。从职业层面看,科技工作人员的道德

---

① 王学川:《现代科技伦理学》,清华大学出版社 2009 年版,第 47 页。

就是从事科学技术事业所要求的道德,而科技工作人员的道德修养就是自觉按照一定的道德原则和规范进行的自我教育、自我改造、自我陶冶、自我锻炼的认识实践过程。借助于道德修养,科技工作人员学习、认知、接受一定的科技伦理原则和规范,并使之内化于心、外化于行,进而自觉地按照这些原则和规范来从事他的科学技术实践活动。我们知道,科学技术带来的恶有许多种,其中"不仅仅包括那些基于前沿知识而来的新奇危险,还包括更多的基于普通知识的平庸的罪恶,比如瘦肉精、三聚氰胺以及电子秤上安装作假程序等现象"[①]。面对这种"平庸的罪恶",我们固然可以使用法律、条例等手段加以制裁,但真正能从根本上消除它们的还是道德。所以,为落实科技伦理原则规范,为消除科技风险和应对科技伦理问题,我们必须重视科技工作人员的职业道德教育,从知情意行诸方面影响科技工作人员,全面提升科技工作人员的道德修养。

四是国家和政府对科学技术的干预责任问题。近百年以来,科学技术之所以能够迅速发展、产生如此重要影响,一个重要的原因就是国家和政府对科学技术的积极干预。从以往的历史看,国家和政府对科学技术的干预方式主要有提供巨额经费、提出发展需求、制定发展目标三种,而且干预的效果非常显著。从干预的后果看,国家和政府的强烈干预,首先使得科学技术成为一种有大量人力参与的、得到社会广泛资助的、高度组织化的社会活动,其次使得科学技术研究成为一种可使科技工作者获得荣耀、权力和种种福利的职业,最后使得科学技术成为推进社会发展和进步的最重要动力。这种干预后果,一方面表明科学技术具有推动人类社会发展进步的巨大能量,另一方面也凸显出国家和政府对科学技术的责任问题。具体而言,这里的责任,就是国家和政府对于消除科技风险、应对科技伦理问题、推进科学技术向善发展的责任。在"大科学""高技术"背景下,只有处理好国家和政府对科学技术的责任问题,才能做好贯彻落实科技伦理原则的大文章。否则,缺少国家和政府的相应的引导与支持,任何贯彻落实科技伦理原则规范的举措都是难以奏效的。

思考题:

一、现代科技所产生的伦理问题有哪几种类型?
二、试述科技伦理的三大原则。
三、试述科技伦理的五大规范。

[①]　李侠:《科技伦理:没有约束的科技是危险的》,《光明日报》2015 年 7 月 31 日。

第十三章　生命伦理

生命伦理是 20 世纪 70 年代兴起的伦理学同医学和生命科学相交叉的应用伦理学学科。生命伦理从传统医学伦理发展而来,传统的医学伦理主要研究医学与医疗领域里的伦理问题,生命伦理则是在现代科学技术日益深入、介入生命医学领域的背景下所产生的。

第一节　生命伦理的学科特性及其研究发展

生命伦理作为一门现代新兴的应用伦理学学科,有自身的学科特性。生命伦理是在现代科学技术的发展给人类带来许多前所未有的新难题的前提下产生的,因而有必要对其发展历程进行简要概述。

一、生命伦理概念及其学科特性

生命伦理(bioethics)这一概念最早由范·伦塞勒·波特 1971 年在《生命伦理学:通往未来的桥梁》一书中提出,其原意为能够让生命更为美好的生命科学。1994 年美国出版的《生命科学百科全书》对生命伦理学的定义是:运用各种伦理学方法,在跨学科的条件下,对生命科学和医疗健康领域的伦理学维度,包括道德见解、决定、行动、政策等,进行系统研究的学问。

生命伦理是为了应对现代科学技术给人的生命及医学所带来的前所未有的伦理问题而兴起的。现代科学技术的进步为人类追求和实现美好生活增添了新的现实条件,但同时给生命与医学领域带来了传统伦理所没有遇到的问题,如人类生殖、基因工程、器官移植以及安乐死等领域里对人类的道德提出的新问题。有些问题是已有的道德观念所无法解答的,如女儿无法怀孕而让其母亲来代孕,或找任何一个适龄女子来代孕的道德问题,是在具有现代科技条件之前的社会所没有遇到的,因此已有的道德观念无法解答。现代科学技术所带来的不仅是伦理实践问题,同时是对传统伦理理论的挑战。因而生命伦理学的研究可以分为理论与实践两个重大层面。就理论层面而言,研究生命伦理作为一门学科的理论基础、理论框架、理论观点,以及研究方法和研究论证等;就实践层面而言,研究所有与生命和医学领域相关的道德实践、道德难题、伦理政策和道德规范。西方学者将生命伦理的研究范围进行分类,提出以下四种门类:(1)理论生命伦理,研究生命伦理的伦理理论问题,如传统伦理理论是否有应用于生命伦理的可能? 当代生命伦理是否能应对现代科学技术对传统生命伦理的挑战,从而在理论伦理上进行创新? 等等。(2)临床生命伦理,即研究实践中的生命伦理问题,如安乐死、生殖技术、基因工程等现代科学技术对生命伦理和传统伦理理论带来的挑战。(3)政策以及制度生命伦理,即研究如何从政策上和制度上来探讨生命伦理,以及如何制定制度规范以适应科学技术所带来的生命伦理问题。(4)文化生命伦理。这里的"文化",既指传统的社会文化对于生命伦理的决策、观念等产生的影响,也指在现当代生命伦理实践的影响下可能产生的文化,如人们对待安乐死的传统态度对安乐死立法的影响,以及安乐死立法将如何影响人们的死亡观念等。

二、生命伦理研究的发展

生命伦理伴随着现代生命科学技术和现代医学的发展而产生和发展。第二次世界大战以来,世界经济出现了强劲的复苏,科学技术包括生命医学技术得到了迅速发展。新技术为人类的幸福和健康带来了福音,也带来了传统伦理所没有遇到的新问题。在西方,美国最先开始了对生命伦理的研究。1969 年,美国生命伦理学家丹尼尔·卡拉汉建立了名为"生命科学与社会伦理研究所"的海斯汀中心,中心分为四个研究小组进行活动:死亡与濒死、行动控制、遗传工程和咨询以及人口控制。中心定期召开生命伦理学会议,1971 年 6 月,中心出版了《海斯汀中心报告》。另一个生命伦理研究中心为 1970 年海勒格斯建立的"人类生殖和发展研究肯尼迪中心",几年后更名为肯尼迪研究所。该研究所资助研究出版了一批有分量的作品,其中影响最大的是彼彻姆和邱卓思合著的《生命医学伦理原则》以及《生命伦理学百科全书》。

此后,欧洲以及亚洲一些国家也开始了生命伦理的研究,目前生命伦理的研究在世界范围内已经形成一定热潮,生命伦理在不同国家学术界从无到有,从仅有少数人关注和研究到已经形成一定范围的专家学者持续地进行研究,在世界各国的高等院校和研究机构,都已经有了专门的研究人员从事和进行生命伦理学研究。生命伦理已经成为国际学术里的一个专门领域,并且已经有了国际性的专门学会组织。自1992 年以来,国际生命伦理学学会每两年举办一次国际学术会议,联合国教科文组织成立了国际生命伦理委员会(International Bioethics Committee,IBC),并以联合国名义组织召开生命伦理学会议,每年医学杂志、医学伦理学和生命伦理学杂志刊发大量的相关论文。2000 年 6 月,第一届国际生命伦理大会在西班牙召开。2005 年 10 月,联合国教科文组织通过了《世界人类生物伦理与人权宣言》。第八届国际生命伦理大会于 2006 年在中国北京召开,这次大会有来自 49 个国家或地区的代表共 601 人参加,取得了巨大的成功。生命伦理问世以来,短期内得到快速发展,被称为成长最快的年轻学科,目前几乎所有美国医学院和护理学院都开设生命伦理学课程。生命伦理的重要性已经得到了国际公认,生命伦理已经越来越成为生命研究和伦理研究的一个重要领域。

我国的生命伦理研究在 20 世纪 70 年代就已经起步。在学科建设方面,生命伦理目前在我国已经成为伦理学的一个生长点和热门学科,不少医学院校都开设了生命伦理学或医学伦理学课程。许多院校还开设了生命伦理学或医学伦理学专业,如华中科技大学 2001 年设立了生命伦理学博士点,高校和研究机构的学者培养了大批研究生命伦理学的硕士和博士研究生,中国学者的研究已经形成规模,其作用和影响不断增强。相关教材也出版了数十种,主要针对各种学制的医学生的专业课,以及普通大专院校学生的选修课。在期刊和专著方面,1980 年,《医学与哲学》杂志问世,1988 年,《中国医学伦理学》杂志也创刊。1987 年,邱仁宗出版了《生命伦理学》,这是我国学者在这一领域里的最初标志性成果。目前我国有两家专门的医学伦理学期刊,一家是西安交通大学主办的《中国医学伦理学》,另一家是大连医科大学主办的《医学与哲学》。在学术交流方面,1979 年,我国学者就已经与美国肯尼迪研究所建立了学术联系。2007 年,我国召开第一届全国生命伦理学学术会议,截至 2022 年,该会议已经召开了九届,对生命伦理、临床伦理、公共卫生伦理、新兴生物技术伦理、动物伦理等议题开展了深入研究,不断推动我国生命伦理学术研究的蓬勃、健康发展。一些高等院校和研究机构也召开了不同类型的生命伦理学术论坛或学术会议,如中国社会科学院的应用伦理学研究中心就以应用伦理学学术会议的形式召开了多次生命伦理学术会议,东南大学举办过生命伦理学的高端论坛,中国人民大学伦理学与道德研究中心成立了生命伦理学研究所。各地高校和研究机构的生命伦理研究正在向纵深发展。

第二节　生命伦理原则

生命伦理作为一个新兴的应用伦理学学科,探讨的是生命科学和医疗保健领域中的道德问题,它涉及生命的起始、维持、结束以及与生命质量相关的重要决策。生命伦理是随着新的生命科学技术产生的,为人们如何分析、研究、应对这些问题提供指导和依据,因此,生命伦理的发展往往伴随着规范和原则。生命伦理原则在理论上来源于规范伦理学,并且根据自身的特殊性,提出了相对具有针对性的本领域的伦理学原则。随着时代发展,不同学者提出了不同的观点和理论,其中最为著名、较为公认的是比彻姆和邱卓思在《生命医学伦理原则》所提出的"生命伦理学四原则"：自主、不伤害、有利和公正。公正原则更多地涉及公共卫生（健康）资源的分配，而公共卫生健康是一个相对独立于生命伦理的领域，故我们在此只讨论前三个原则。

一、自主原则

"自主"（autonomy）一词来源于"autos"（自己）和"nomos"（统治、规范）的组合。个人自主是个人自由的核心概念，指人们具有服从自我意志和支配自我行动的能力和条件。自主作为个人意志和能力的体现，又可称为自主权。在生命伦理中，它的主要含义是"自主选择的决策能力"[①]，自主是就摆脱他人支配或操纵而言的，这一决策能力包括不受他人意图和意志的控制从而自我选择的权利。自主原则是个人尊严的体现，欧洲的生命伦理原则就把尊严看作主要原则。个人自主应当尊重，也就意味着个人尊严应当得到尊重。

自主原则要求尊重行为者或患者的自主权，尊重自主的最典型代表是知情同意制度，所谓"知情同意"，即患者本人在充分知情的前提下自我作出决定，同意或不同意进行某种手术、某种医学试验或为进行治疗服用某种具有一定副作用或危害的药物等。知情同意进行的治疗方案体现的是患者自己的意愿，这里涉及对患者的精神状态或意志能力状态的界定。在《生命医学伦理原则》中提到知情同意的五个要素："（1）行为能力，（2）告知，（3）理解，（4）自愿，（5）同意。"[②] 每个要素在实际运用中都需要一些细化的解释和规定。比彻姆和邱卓思提出，医疗中的行为能力与法律中常见的行为能力在含义、标准和目的上都不同，法律中的行为能力（例如诉讼能力、民事行为能力和刑事责任能力）往往与一些非常复杂的、引发法律意义的行为挂钩，而医疗中的行为能力就是最低层次的生理能力，例如有无交流能力，有无能力理解自己的处境及后果，能否提出理由并作出合理的决定。即使一些智力障碍者、精神病人或者严重衰弱的老人都具有这样的行为能力。而且，一些学者针对这个问题提出了"滑动天平"的策略，即根据医学研究或治疗中行为对病人或受试者的风险来调整对其同意或拒绝所需行为能力的标准。风险在天平的一端，作出同意或拒绝的所需能力在另外一端，自然，可能的风险越大，所需的能力就越高。告知和理解也有着不同的标准，包括专业实践标准、理性人标准和主观标准。但专业实践标准既难以形成，又违背了病人自主原则的核心精神，只适合于医疗判断，不适合于知情同意；理性人标准则假

[①] ［美］汤姆·比彻姆、［美］詹姆士·邱卓思：《生命医学伦理原则》（第5版），李伦等译，北京大学出版社2014年版，第60页。

[②] ［美］汤姆·比彻姆、［美］詹姆士·邱卓思：《生命医学伦理原则》（第5版），李伦等译，北京大学出版社2014年版，第79页。

设病人是一个普通的、正常的理性人,他可能需要知道什么信息,那么就要按照这个标准进行告知,也按照这个标准来达到病人的理解程度。这一标准比专业实践标准更符合病人的自主原则。而主观标准则指患者自己认为应该获知或者被告知什么信息以及理解了什么。主观标准自然最大程度地尊重了病人的自主权,但也可能带来实践中的一些麻烦,如医生由于检验手段不够而并没有掌握更多的信息。总的来说,医生或者研究人员将全部他所知的信息告知一个精神心理健全的患者,让他能够在充分知情的情况下,理解这些信息,自愿地行动或作出抉择,同意或不同意某一治疗或干预方案,这就是知情同意的基本含义。

知情同意是对长期以来所实行的亲属或家长同意的挑战。知情同意已经成为世界绝大多数国家(包括我国)所实行的基本医疗制度之一。然而,由于受长期以来所实行的亲属同意以及早些年代所实行的单位领导同意的影响,目前在一些医疗机构,患者的知情同意权实际上被亲属替代行使,而没有真正实行。在什么情况下知情同意被亲属替代在法理上是可得到辩护的?只有当患者处于没有法定行事能力的年龄期(被监护的未成年人)、或真正被判定为神志不清或精神病患者时,亲属替代才可得到辩护。

二、不伤害原则

自主所确立的是个人尊严不容侵犯,而不伤害原则直接提出了对患者的保护性要求。自主原则可以看作对患者进行治疗或干预的程序过程中的关键性的一个环节,而不伤害原则指明了进行医治或进行人体试验本身的核心问题:不得因为医疗或试验有意伤害患者或健康个人。医疗或人体试验的目的是治病救人,但如果在这一治疗过程中不是治愈而是加重患者病情或直接伤害了患者,即治疗不是达到向好的方向转化的目的,反而向坏的方向恶化,就是违背了不伤害原则。当然,治疗尤其是手术有不可人为控制的问题,但只要不是主观上具有加害或加重患者病情的意向,患者在手术前已经被充分告知了风险,而且征得了患者本人同意,在这样的情况下,如果发生了坏的情况,应当是既可以得到患者理解,也是可辩护的。换言之,不伤害原则首先是确立医生治疗主观上的底线界度,其次,也要在客观上尽最大努力来保障对患者和应试者的不伤害。

不伤害原则类似于一般性的底线伦理,或者说,它就是生命伦理的底线伦理原则。这一原则看起来似乎降低了生命伦理的道德要求,因为它并不是提倡崇高或高标准的理想道德,而只是要求在生命伦理意义上不作恶。在西方医学史上,著名的希波克拉底《誓言》所表达就是一个献身医学、治病救人而不谋私利的崇高形象。不过,《誓言》也将不做违法和害人之事作为基本内容之一。毋庸置疑,医学或生命医学的最根本宗旨是实行治病救人的人道主义。医生的职业决定了这是一个与患者的生命打交道的职业,医生面对一个病患的生命必须要有崇高的品德,如果德性不高尚,则有可能将其医疗技艺作为谋取非法利益的手段,从而对患者造成不可弥补的生命损失或损害。因此,这样一条道德底线,也是对医务人员很高的道德要求。

三、有利原则

在生命伦理上,比彻姆和邱卓思将有利(beneficence)界定为"仁慈、善意、友谊和慈善等类似的行动"①。这一概念也许译为"仁慈行善"会更符合中国人的理解。不伤害原则是在消极意义上提出的,而有利原则则是在积极意义上提出的。道德要求一般可分为消极和积极两类,消极的要求一般以否定式表示,如"你不能";积极的要求是以劝导式方式表示,如"你应当"。有利原则的完整表述当应为"你应当行善,你应当对患者做有利于他的事"。一般认为,这类原则应当是"仁慈"而不是"有利",如此才可把这类原则的善性表达得更准确。不过,比彻姆和邱卓思认为,仁慈是增进他人利益的品格或具有这类行为的德性,而有利则是为增进他人利益而行动的道德义务。他们这样区分表明了在生命伦理的理论与实践中,不仅要强调具有这样的品格德性,更重要的是要有这样的行动,因而,强调有利就是从实践意义上强调行善的重要性。

有利原则不仅是生命伦理的要求,实际上更是对人类社会行为的一般要求。任何人都在社会中生存,都存在于社会关系中。在所有社会关系中,都存在着互惠互利的因素。罗尔斯认为,社会就是一个相互合作的体系,人们之所以选择合作而不是孤独一人生存,是因为人类只有在相互合作中才可以更好生存下去。相互合作也就是相互有利。友好在正常的人际互动中,一般会使他人对我们产生好感,从而在我们需要他人时,他人也会给予我们帮助或关照,这就是相互有利。如果我们的善意或仁慈行动得到了特定某人的冷漠反应甚至是恶意相向,下一次如果他还需要我们的帮助,我们可能会漠然处之。社会合作关系的存在,决定了人们之间存在着相互有利的需要。这一需要具有人类生存的本体意义。人们之所以选择进医院看医生,是因为医院是专门救治病患的社会机构,救治病人是医生的工作和职责,通过医生的救治,我们能够从病中恢复或转危为安。因此这是一类对人类生存有着特殊意义的有利。在伦理学上,消极意义的原则比积极意义的原则有着更为严格的行为意义。就不伤害原则和有利原则相比较而言,不伤害原则比有利原则更为严格。在生命医学的实践中,常常也会发生不伤害与有利之间的冲突,如果这两者发生冲突,不伤害原则往往

---

① T.I. Beauchamp and J. E. Childress, *Principles of Biomedical Ethics*, 7th edition, Oxford: Oxford University Press, 2013, p.202.

会压倒有利原则。例如著名的功利主义例子:杀死一个健康人取其器官救治五个患者,尽管这样做可以对五个人有利,但首先必须遵循不伤害原则,不能杀人取器官。换言之,即使伤害一个健康人能够换来更多人的健康,也必须优先服从不伤害原则。如果将有利原则置于不伤害原则之上,像上面所假设的事件可能就会常常发生,从而医院这一救治患者的特殊人道主义机构的根本职能就会丧失,它就不再是医治病人的医院,而是一个杀人机构。

上述讨论所假设的是极端情况,然而在并不那么极端的情形下,这两者之间也可能会发生冲突。例如,比彻姆和邱卓思也承认,如果伤害微乎其微而带来的利益巨大,我们倾向于有利原则优先于不伤害原则。在《生命医学伦理原则》中还列举了不伤害原则所支持的规则,例如"1,不杀害;2,不致疼或不致痛;3,不致残;4,不冒犯;5,不剥夺他人生活品"[①]。这些行为都是在医学实践中不可避免的,如所列举的第二、第三和第四类伤害行为。事实上,几乎所有的医疗行为(甚至包括一些医学检查)都会或多或少地伤害病人,例如几乎很难找到一种没有毒副作用的药物,更不用说那些风险巨大甚至必然会导致一些糟糕后果的手术了(例如肢体或者器官切除手术)。我们认为,在对患者进行救治的过程中,如果没有某种伤害则不可能进行救治,或伤害所带来的坏的后果远远小于不伤害带来的坏的后果,或伤害所带来的好的后果远远超过伤害所产生的坏的后果,则伤害是可以得到辩护的。如进行手术必然要开刀,开刀必然是对患者身体的一种伤害,但如果不开刀则不可以进行手术,从而患者身体里的肿瘤则不可能切除,那么,这样的伤害是可以得到辩护的。但手术对于患者的伤害仍然是一个需要改进的因素,这也是当代医学发展的方向,如将手术对患者的伤害或风险降到最低程度。

第三节　生命伦理领域里的几个重大问题

生命伦理当今仍然处于兴盛发展过程中。基因伦理、生殖伦理、器官移植伦理、死亡伦理以及人类增强伦理等,都是生命伦理的重要议题。基因技术已经成为医学最前沿技术,为许多疾病带来了神奇的医治效果,但也引发了巨大争议和严重事故;生殖伦理涉及千家万户,面临许多现实挑战。因此,我们选取基因伦理和生殖伦理进行讨论,以展示生命伦理的精神内涵和思辨方法。

---

① ［美］汤姆·比彻姆、［美］詹姆士·邱卓思:《生命医学伦理原则》(第 5 版),李伦等译,北京大学出版社 2014 年版,第 115 页。

一、基因伦理

基因（Gene）是 20 世纪最重要的发现之一。基因研究重新定义了疾病和医学，也为生命科学和医学展示了无限广阔的前景。

孟德尔是历史上第一个以单个性状为依据来研究杂交试验结果的科学家，他假定植物的各种具体性状是基于包含在个体内的各个要素的特性，这些性状基于各个要素的组合或分离形成各种各样的个体性状，这些要素传递的过程就是遗传。孟德尔第一个探索到了遗传的本质，并且通过大量的观察和计算，以数学统计为工具，找到了支配这些要素形成和发展的规律。但在孟德尔的年代，人们还没有发现"遗传因子"的物理实体，也没有一个统一的名称称呼它。1909 年，丹麦植物学家约翰森通过自创的词"基因"（德语为"Gen"，后被翻译为英语"Gene"）来称呼这种"遗传因子"。我国著名遗传学家谈家桢将 Gene 的汉译定为"基因"。1929 年摩尔根出版了《基因论》，至此，科学家找到了基因所在的位置，找到了基因与性状的联系途径。1909 年至 1930 年，以美国生物学家列文为首的研究者们发现核酸分为"脱氧核糖核酸"（DNA）和"核糖核酸"（RNA）两类。1953 年，DNA 的双螺旋结构被美国化学家沃森和克里克揭示。伴随着双螺旋结构的发现，人们发现 DNA 与基因的功能密切相关，基因"是赋予有机体特性和功能的信息根源。基因的集合（基因组）是赐予每个有机物自己独特的发展道路"[①]。人的产生、发育、生长、繁殖、疾病、衰老和死亡都反映在其中，因此，基因可以被称为"人之书"。[②]

发现基因以后，一方面，科学家认为从整体上了解人类基因是有必要的；另一方面，随着分子生物学的发展，基因与人体健康的关系也让科学家认为，要想理解疾病的机理，进一步弄清疾病和健康的规律，就应当着眼于整个基因组，只有译出人类基因组的完整序列，才能真正为许多疾病提供治疗方案。1990 年，美国启动了人类基因组计划（Human Genome Project, HGP），它与原子弹研究的"曼哈顿计划"、人类登上月球的"阿波罗计划"并称为 20 世纪最伟大的工程。人类基因组计划原本计划耗时 15 年，后来整个测序于 2000 年 6 月提前完成。

我国的基因组研究开始于 20 世纪 90 年代。1992 年，我国开始了水稻的基因组测序工作；随后工作主要集中在人类基因多样性的识别、保存和研究上，以及一些疾病的致病基因研究。1998 年，我国先后成立了国家人类基因组南方中心和北方中心，1999 年 9 月，中国科学家参与到美国的人类基因组计划，承担了其中 1% 的任务，并于 2000 年 5 月完成了中国所承担的全部测序任务。

[①]　James Waston, *A Passion for DNA*, New York: Cold Spring Harbor Laboratory Press, 1998, p.187.

[②]　［美］沃尔特·博德默尔、［英］罗宾·麦凯：《人之书：人类基因组计划透视》，顾鸣敏译，上海科技教育出版社 2002 年版，第 83 页。

（一）基因决定论

基因研究让人们发现，生活的方方面面都可能与基因有关。那么，基因在多大程度上决定我们的生活？针对这一问题，产生了"基因决定论"，即认为我们的生活和命运都由基因决定。基因决定论存在不同的层次，较强的基因决定论主张，人的命运完全由基因决定，一个人在受精卵结合的那一刻基因就已经全部决定，于是他的一生已经被决定。弱基因决定论主张，基因可以决定个人和社会的许多方面，但并不会决定所有事情。总的来说，基因决定论包含以下三个方面的主张：

第一，基因以直接或叠加的方式决定着个体的各种性状，进而决定个人生活。从人的高矮胖瘦到人的智力、体力甚至性格都受到基因的影响，个人生活的道路被基因限制在某个范围内。人们也不断地寻找诸如"癌症基因""肥胖基因""近视基因"甚至"嗜赌基因"等对于个人生活有着巨大的影响的基因，希望能借此改变生活。

第二，基因和基因组的变异是疾病的根源。根据目前对基因的了解，有科学家提出"一切疾病都是基因病"，基因决定了人的疾病与健康。在我国持这一观点的典型代表是基因科学家方福德，他提出："大量研究表明，人体健康状况或疾病状态作为'表型'，直接或间接地与基因相关。疾病发生是基因作用和基因外作用的综合过程，致病因素通过一定途径作用于基因，尔后产生基因后代谢过程改变、组织细胞的病理改变甚而行为的改变。因此，阐明疾病的基因机理是研究疾病发生发展的本质一环。这就是近年来'基因病'概念被广泛接受的原因所在。"[1]

第三，基因决定人类社会文化进化。语言和创造性思维都具有基因基础，人类的叉头框 P2 基因（Forkhead box p2，可简称为 FOXP2 基因）与其他非灵长类动物的类似基因存在两个细微差别，而人类具有语言能力，非人类灵长类则没有。因此，有科学家认为，基因的突变可能是人类在所有生物中如此特殊的原因。如美国人类学教授理查德·克雷恩在 2003 年提出一个大胆的假设："距今 10 万年到 5 万年前，由于人类大脑发生了生理变化产生的'创造性基因'是点燃现代人类思想火花的根源。这组控制语言和创造力的基因总数约一万个左右，正是它们的随机图谱，才诱发人类文化以崭新的模式出现。"[2]

基因确实决定了人的许多生理性状，人类可能从外形到性格都受到基因的影响；基因也与疾病有密切的联系，进一步，基因可能确实在人类的文明史中起到了非常关键的作用，人成为"万物之灵"可能必须具有基因的基础。但首先，基因指示的往往是可能性而非必然性。一个人具有肥胖基因并不意味着她或他必然肥胖，她或他可能只是相对于其他人来说更容易肥胖。其次，一种基因所导致的某种生理性状的差

---

① 方福德、孟雁：《DNA 双螺旋结构模型与生物医学的发展》，《医学与哲学》2003 年第 7 期，第 8 页。
② 张春美：《DNA 的伦理地位》，上海书店出版社 2006 年版，第 63 页。

异并非意味着社会意义或文化上的差别。许多性状对于人们的影响经过了个人和社会两重"滤镜",也就是受到了"个人如何看待"和"社会如何看待"的影响。二者固然有所关联,互相影响,不能截然分开,但是二者也具有一定的独立性,个人观念可以在一定程度上摆脱社会的偏见,社会意见也并不必然是个人意见的总和,而可能在一定程度上超越现实和时代。并且,无论个体的意见还是整个社会的意见,都可能缓慢而艰难地发生改变。例如对性别、黑人(或其他少数族裔)、同性恋者和艾滋病人的意见:性别并不指向能力强弱、社会分工和角色;肤色、不同性取向、是否患有艾滋病等并不指向道德水平和能力高低。这些性状也都不必然指向不同的社会对待,如身为聋人的贝多芬可以成为音乐家,身患"渐冻症"的霍金可以成为伟大的物理学家等。最后,基因只是可能在我们生活中产生影响的诸多因素之一而已。健康与疾病的机理尽管不再神秘,但这并不意味着可以将其完全简化为基因这一个因素,我们可以揭示出更多的影响因素、影响过程甚至是影响规律,这些因素都有着各自不可替代的作用,基因不过是长长的因果链条上最初的一环。基因研究的发展已经向我们昭示,仅仅针对 DNA 的研究远远不能揭示生命和疾病的全部秘密,我们必须结合基因组、蛋白质组、转录组、相互作用组的研究,并对其进行不同层次的综合。即使主张"一切疾病都是基因病"的方福德也指出:"基因组图谱在表现生命现象时虽然起关键性作用,但不是唯一的作用。任何生命现象归根结底都是遗传与环境相互作用的结果。生命的演绎过程就是各种复杂的因素在遗传背景这张天幕上表演情节复杂的'戏剧'过程,很精彩。遗传是内因,环境因素是外因,外因通过内因起作用,二者彼此依存。"[①]

(二) 基因的伦理争议问题

基因技术的发展引发了三个比较容易产生伦理争议的问题:基因检测、基因治疗(尤其是基因编辑)和基因增强。

1. 基因检测的伦理争议

近年来,基因测序技术的改进突飞猛进,基因检测的成本不断降低,使得针对普通人的基因检测已经走向商业化。一个人只需要花不太多的钱就可以为自己做一套全基因组测序,来获知自己的基因种族来源、隐形性状以及易患疾病。这样的现象也引发了伦理上的忧虑:我们应该选择做基因检测吗? 知道自己的基因会为我们的生活带来益处吗? 我们的检测结果应当公开吗? 能否强制进行基因检测? 基因检测会不会导致歧视? 未来的保险、入学、求职甚至恋爱会不会都要把基因检测报告作为必要的信息? 会不会根据基因检测报告将人分为三六九等? 会不会根据基因检测进行基因选择,将问题基因胚胎流产? 那么,这样的图景离希特勒的种族灭绝还有多远?

---

① 　方福德:《人类基因组图谱研究能给我们带来什么》,《医学与哲学》2000 年第 11 期,第 17 页。

基因检测势必会走向商业应用,尽管各国都在出台针对基因检测的管理法规,但基因检测走向大众是必然的,不可阻挡的。对基因检测的狂热以及以基因检测结果为各种判断依据的思想基础仍然是"基因决定论"。正是因为人们相信基因信息对生活如此重要,才认为我们必须去检测,相信基因检测结果可以决定一个人在学校、工作、家庭和社会中的表现,才可能将检测结果作为这些活动的录取和评价标准。只要正确认识基因对于我们生活的意义,破除"基因决定论",就不会再有对基因检测的狂热和对检测结果的过分依赖。

可以说,基因检测推向商业化、大众化以后究竟产生怎样的效应可能很大程度上并不取决于它的实际科学意义,而取决于在各种复杂文化因素和商业推动下在大众心理上产生的波澜,这时候我们可以说,这不仅是科学问题,也是心理问题、传播问题甚至是经济问题。就像人们为了减肥、健身、美容所花的巨量金钱是否合理? 有机食品与食品安全有多大关系,又在多大程度上只是商业噱头? 转基因食品的争议中究竟有多少是真正的科学问题,又有多少是传播问题? 解决公众对于转基因食品的疑虑和抗拒需要的是更多的科学研究还是在传播手段上更多的反思和改进?

2. 基因编辑的伦理争议

在基因检测实现之后,基因治疗自然而然是下一步。发现了问题基因以后,人们自然会试着清除或者改变这些导致疾病的基因。以 CRISPR–Cas9 为代表的基因编辑技术,使科学家能够以前所未有的精确度对特定基因进行修改,剔除、插入或替换致病基因,从而治疗疾病。这项技术在医学中的应用包括治疗遗传性疾病、癌症以及研究疾病机理。宽泛而言,基因疗法就是把导致遗传病的基因缺陷通过各种手段给"修补"好,从而减轻或治愈相关的疾病。这样的治疗方法隐含了几个问题:首先,我们能否编辑胚胎的基因? 如果可以,那是不是就可以通过基因编辑技术来制造"完美宝宝"? 其次,我们能否不仅限于编辑致病基因,也通过基因编辑来进行基因增强? 例如,如果可以去掉近视基因,是否也可以通过基因编辑来增强人的视力? 基因编辑会导致"人工进化"吗? 如果是,会不会导致社会中的不公平,例如有钱人不仅仅在营养、教育上超越穷人,而且可以通过基因编辑让自己的子女成为"超人";会不会在基因编辑和非基因编辑的人共存的社会和时代出现对非基因编辑的人的歧视(或者反过来)? 会不会造成两种人的对立甚至对抗? 最后,基因编辑技术可以不限于人,那么如何看待通过基因编辑技术制造"人兽嵌合体"?

2018 年 11 月,中国学者贺建奎宣布成功基因编辑了一对胚胎,他的团队从一对 HIV 阳性的父母那里获得受精卵,然后使用 CRISPR–Cas9 技术来编辑这些胚胎的 CCR5 基因,目标是使胚胎对 HIV 病毒免疫,这些胚胎随后发展为出生的双胞胎女婴。他声称这是世界上第一例基因编辑婴儿的成功案例。这一事件在科学界和社会引起了广泛的关注和争议,许多科学家和生物伦理学家对贺建奎的行为表示担忧,认为他在未经充分安全性和伦理审查的情况下进行了人类基因编辑,可能存在未知的风险和后果,强调了科学家和社会在推动科技进步的同时,必须严格遵循道德和法律准则,确保科技的发展与人类的利益相一致。

针对贺建奎"基因编辑婴儿"事件,中国政府和中国学术界都表达了明确的反对立场,并很快做出了进一步的应对。贺建奎也因非法行医罪被判处有期徒刑三年,并处罚金人民币 300 万元。这一事件引发了全球范围内的讨论,促使国际社会进一步思考基因编辑技术的伦理、法律和安全性问题。《中华人民共和国刑法修正案(十一)》于 2020 年 12 月 26 日通过并于 2021 年 3 月 1 日开始实施,其中明确规定:"将基因编辑、克隆的人类胚胎植入人体或者动物体内,或者将基因编辑、克隆的动物胚胎植入人体内,情节严重的,处三年以下有期徒刑或者拘役,并处罚金;情节特别严重的,处三年以上七年以下有期徒刑,并处罚金。"

为什么贺建奎在人类胚胎上进行基因编辑,诞生"基因编辑婴儿"是不合法的?首先,贺建奎的行为违背了国际伦理准则,包括不充分的医学指标、糟糕的研究方案设计、不符合保护受试者福利的伦理准则,以及在临床程序的一系列发展和审查过程中缺乏透明度等;贺建奎的行为未经适当的法律和伦理审查,通过他人伪造伦理审查书,在没有资质的医疗机构开展实验,这违反了科研诚信和伦理规范。

其次,基因编辑技术,特别是 CRISPR-Cas9 技术,尽管精确度较高,但仍存在"脱靶"效应,可能破坏人体中原本正常的无关基因,导致患严重的遗传疾病。贺建奎的实验可能会给参与实验的婴儿带来无法预测和治疗的遗传疾病风险。更重要的是,这样做不仅可能影响经基因编辑出生的个体,还可能影响人类基因池,改变整个人类的基因构成,触发更大的不可知风险。而且,许多专家认为,贺建奎的实验并不具有迫切的医疗需求,其实验的必要性受到质疑。在许多国家和地区,对生殖细胞的基因编辑是被明令禁止的,此事件引发了全球范围内的公众恐慌和对基因编辑技术的担忧,对社会造成了负面的影响。贺建奎的行为受到了国际科学界和伦理学界的广泛谴责。

这一事件之后,我国更加重视对于生命伦理、科技伦理的治理,加快了科技伦理治理体系建设。2019 年 7 月,中央全面深化改革委员会第九次会议审议通过了《国家科技伦理委员会组建方案》等文件,指出科技伦理是科技活动必须遵守的价值准则。2019 年 10 月,中共中央办公厅、国务院办公厅印发通知,成立国家科技伦理委员会,旨在加强统筹规范和指导协调,推动构建覆盖全面、导向明确、规范有序、协调一致的科技伦理治理体系,并提出要抓紧细化相关法律法规和伦理审查规则,规范各类科学研究活动。2021 年 7 月,中共中央办公厅、国务院办公厅发布了《关于加强科技伦理治理的意见》,明确提出了伦理先行、依法依规、敏捷治理、立足国情、开放合作的治理要求,明确了增进人类福祉、尊重生命权利、坚持公平公正、合理控制风险、保持公开透明五条科技伦理原则。2023年2月,国家卫生健康委、教育部、科技部、中医药局联合发布《关于印发涉及人的生命科学和医学研究伦理审查办法的通知》,进一步完善制度规范,健全治理机制,强化伦理监管。如果说刑法修正案属于"事后严惩",制定严格而清晰的伦理审查办法则是将监管前移,做好预防。不当的基因编辑可能造成极其严重、无法估量的结果,因此,事前预防和事后严惩都必不可少。尽管如此,目前我国的科技伦理治理体系依然有许多有待细化、优化的地方,作为科技工作者和临床工作者都需要谨慎行动,及时关注最新法律规定。

对基因治疗的忧虑往往源自已经超出了"治疗疾病""恢复功能"范围的基因编辑技术运用。基因只是影响我们生活的因素之一,基因编辑技术的出现也并不必然意味着每个经过基因编辑的人都必然比未经过基因编辑的人更健康、更优秀。当我们认识到,基因并不会对我们的人生起决定性作用,那么对于基因编辑和基因增强的狂热可能都会降低。但仍然不可避免有人抱着"尽管基因不起决定性作用,但有更优良的基因总是好的"的想法,坚持试图进行改良人的基因编辑。而且与基因检测一样,这就不再是一个科学问题,而是一个社会问题。除非科学能够证明基因无影响,或者基因无法改良。"不让孩子输在起跑线上"这种想法产生的原因是多元的,首先是社会主流价值观单一,父母们认为上名校、赚大钱是唯一的成功,而罔顾孩子的兴趣和能力,罔顾孩子的自由选择;其次,社会资源分配存在着不公,竞争格外激烈,如果在单一标准的竞争中落在下风,可能意味着基本的生活和尊严都无法保障。消除这种激烈的、非理性的竞争的根本途径是破除"成功"的单一评判标准,完善教育体系,建设更加多元化、有保障的职业体系,让拥有各种各样天赋和能力的人都能够自由地过上有尊严的生活,而不是简单地禁止一种技术以达到维护社会公正的目的。

二、生殖伦理

在现代科学技术条件下,生殖领域出现了两个前所未有的伦理问题,即代孕和克隆。

(一)代孕伦理问题

生殖技术的发展使代孕成为可能,代孕是生殖伦理领域的重要问题。代孕是指有生育能力的女性(代孕母亲)通过现代医疗技术,如人工授精或体外受精、胚胎移植等,为他人(委托方)完成妊娠和分娩的行为。代孕分为完全代孕和部分代孕,前者指代孕子女与代孕母亲无基因关联,后者则有基因关联。此外,代孕还可以按是否支付报酬分为无偿代孕和有偿代孕,其中商业代孕是完全商业化的形式,常通过中介进行。

代孕在世界范围内的合法性不同,一些国家如俄罗斯、乌克兰、印度等允许所有形式的代孕,而中国、日本、德国等则禁止所有形式的代孕。许多女性由于各种各样的原因(例如子宫切除、特殊疾病、超龄等)无法孕育自己的孩子,但又渴望有一个孩子,这时如果有人能够代孕,为什么不行呢?

首先,就情感而言,一方面,代孕母亲可能对自己十月怀胎孕育的孩子产生感情,而未来孩子也可能对代孕母亲产生非常复杂的感情;另一方面,生物学母亲没有怀胎十月,可能对孩子情感淡薄。当代孕发生,无论保护哪一方的利益,切断孩子与生物学父母的关系,抑或与代孕母亲之间的关系,都是残酷的;但如果不切断关系,孩子要如何分别与自己的生物学父母和代孕母亲相处?

其次,在社会层面,孩子与生物学父母之间的关系、与代孕母亲之间的关系也挑战了社会对于传统亲子关系、家庭关系的认知,进而对公共秩序产生强烈的影响和冲击。更重要的是,代孕可能损害女性的生育自由。代孕的技术较为复杂,过程漫长,必然存在组织者和操作者,代孕母亲往往受到经济上(只能拿到很少一部分钱)、身体上(操作人员无资质、操作严重不规范)、情感上(孩子会被强制带离,无任何选择空间)的多重剥削和伤害。从事代孕的往往是社会中全方位的弱势群体,开启这样一个"口子"绝非为她们提供一条"生路",而是开辟了一个新的剥削女性的场地,进而导致社会不平等,加剧富人对穷人的剥削。

因此可以想象,如果商业代孕合法化,最有可能引发的不是妇女身体自主,而是大量弱势女性的不自主。而非商业代孕也没有明确的法律配套,所以同样不应该提倡。目前最紧迫的是严厉惩罚非法代孕产业组织者和参与者,避免更多损害妇女身心健康的行为发生。

在我国,代孕不仅面临伦理挑战,还涉及法律问题。我国相关法律法规如《人类辅助生殖技术管理办法》明确规定,医疗机构和医务人员不得实施任何形式的代孕技术。代孕合同在中国没有法律效力,代孕行为可能违反《中华人民共和国民法典》和《中华人民共和国合同法》中关于公序良俗的原则。此外,代孕行为可能涉及非法行医罪,如果涉及组织出卖人体器官,则可能构成刑事犯罪。代孕的社会影响也是多方面的,它可能导致代孕女性和代孕孩子的合法权益受到损害,引发法律纠纷,扰乱正常的生育和社会秩序。因此,我国法律对代孕持否定态度,并规定了违法实施代孕技术的医疗机构和医务人员相应的处罚措施。

但是,也有学者提出,我们必须正视代孕的需求。例如一些患有特殊疾病的女性或者大龄失独母亲希望拥有自己的孩子,是否可以通过非商业的形式找到亲友或者志愿者代孕呢? "堵不如疏",不如经过公开、深入的讨论和分析,清晰规定哪些代孕是可允许的,哪些代孕(例如商业代孕)是必须禁止的,这样也可以对代孕产生的一些后果进行应对和规制,而不是"禁区"变成"盲区",反而损害孕母和孩子的利益。

这些意见具有启发意义,代孕这个议题值得生命伦理继续思考和讨论。伦理学原本是公共理性的反映,生命伦理也应当是公共议题。但是,必须强调的是,目前我国还严格禁止任何代孕行为,这反映了国家对生命尊严、社会公正和伦理道德的重视和保护。每一个公民都必须遵守法律,否则必将受到严惩。

(二)克隆伦理问题

在生殖伦理中与生命尊严密切相关同时争议巨大的问题是克隆(Clone)。克隆指无须精子和卵子的结合,而通过抽去卵子的细胞核,从其他生物体内抽取干细胞的细胞核,植入已经没有遗传物质的卵细胞,于是,干细胞所含复制信息就会输入卵细胞,这个细胞会像正常的受精卵一样继续分裂和发育成胚胎,再植入子宫,经宫内孕育而成为与提供干细胞者相同的生物。按目的不同,国际人类基因组组织(The Human Genome Organisation,简称 HUGO)伦理委员会将克隆分为基础性研究、治疗性克隆和生殖性克隆。基础性研究以基因测序、基因检测为主;治疗性克隆包括基因治疗和器官复制,即利用改正的细胞代替或补充受损的细胞,从而对遗传缺陷作修正,或由细胞分化成人类组织,用以制造人类所需的各类细胞、组织甚至器官;而生殖性克隆则完成整个过程,复制出人。目前引起争议的主要是生殖性克隆,世界各国政府一致坚决反对生殖性克隆。

目前反对克隆人的理由主要包含以下七条:

第一,克隆人技术具有风险。根据目前克隆动物的经验,克隆体容易出现流产、畸形、多病和早衰等问题。如果明知存在这些风险还进行克隆人,而这些问题又出现在克隆人身上,那么就是对克隆人的有意伤害。一般的技术可以通过实验来逐步提高和完善,但克隆人技术不能通过实验来提高。因为即使克隆技术在动物实验中已经非常成熟,但应用于人同样可能出现问题,而克隆人的实验结果就是一个克隆人的出生,一旦出现缺陷也绝不能将其毁灭,这个人将承受这种大胆尝试带来的所有痛苦后果。这确实是不可突破的一点。

第二,克隆人侵犯人的"独特权"。持这种观点的人认为,每个人的独一无二是尊严的来源,而克隆人是对这种独特性的侵犯,也是对人的尊严的侵犯。对此的反对意见认为,人格的本质并不是生理基础,不是基因也不是 DNA。基因可能直接地或者间接地影响人的性格和人格。前者表现为基因影响人的一些性格特质,如创造力、对宗教的态度等;后者表现为对人的生理性状如一个人的体型、相貌产生影响,进而对人的性格产生影响,但这些生理性状是通过它们在特定的社会文化中的意义对人的性格产生影响的,因此属于间接且可控的影响。人格更为重要的来源是社会生活,经历完全相同的社会生活,形成完全相同的人格几乎是不可能的。

第三,克隆人会造成身份混乱,破坏家庭关系。克隆人到底是谁? 如果一对夫妇克隆了妻子作为孩子,那么这个孩子是这位妻子的妹妹还是女儿？如果用妻子的卵细胞克隆了她的丈夫,那么克隆人与妻子的关系是什么？如果用一位女儿的卵细胞克隆父亲,那么克隆出的人是她的父亲还是儿子、弟弟？对此的反对意见认为,既然克隆人只是面貌和身体与被克隆人相同,只要通过法律确定克隆人的身份并且告知所有人,就不会出现身份混乱。如前所述,克隆人的人格与被克隆人不可能相同,因此,克隆人的身份就是自身,而不是被克隆人,和其他人完全一样是一个新人,只是出生方式不同。同卵双胞胎从某种意义上说就是一种克隆,而面貌相同的双胞胎也并没有造成人格相同和身份混乱;法律上还有其他拟制关系,例如收养关系可以形成拟制血亲,这样的规定也可以适用于克隆人。

第四,尊严和歧视问题。克隆人和其他人不一样,可能因此遭到社会的歧视,甚至被作为"器官工厂",缺乏与有性生殖的人的平等地位。对此的反对意见认为,这一问题和上一问题有类似之处,只是属于随社会观念变化的现象。从根本上来说,克隆人的尊严并不低于任何一个有性生殖出生的人,就像单亲家庭的孩子或者同性恋家庭的孩子的尊严也不低于任何一个一夫一妻异性恋家庭的孩子,造成对他们歧视的不是他们本身有任何不同,而是社会造就的偏见,是对公正的追求所必须反对和消灭的观念。因此,这也不会是反对和阻止克隆人的理由。

第五,克隆的方式违反自然。与此类似的意见还有,人类自己制造生命是"扮演上帝"的做法。对此的反对意见认为,如今在生殖方面违反自然的技术已经太多了,试管婴儿同样违反自然,但如今已经广泛为人们所接受。至于"扮演上帝"的指责,与"违反自然"的指责相同,"人不能扮演上帝"只不过是宗教体系中带有"恐吓"意味的话语,并没有理性的说服力。在非基督教国家,上帝的权威甚至形象都并不存在于绝大多数人的心中,更不用说用这种权威来规范人们的行为了。如果他们的反对只是基于宗教信仰,那么并没有什么理由用宗教信仰中的观念去约束非信徒。

第六,克隆技术非常昂贵,如果允许克隆,就可能由于经济能力上的差异,导致有的人可以使用这项技术,有的人不能,进而造成机会不平等。对此的反对意见认为,许多医疗技术在开发的先期成本都非常高,并且,即使一项医疗技术一直成本很高也不是停止发展和使用它的理由,因为如果它能够创造比金钱更重要的价值,人们自然会去选择它。一项价格高昂的技术并不必然造成社会不公正,当它属于人们的基本需求时,为确实需要它的人提供相应的保险并非不可行;而当它所满足的是人的非基本需求时,将它交给市场也并不会造成不公正。

第七,克隆会破坏遗传多样性,进而破坏人类演化过程。有性生殖本身是一种选择方式,基因会通过组合和突变进行基因优化,因此有性生殖优于无性生殖,有性生殖是演化的重要方式。而克隆人则是完全复制,失去了组合和突变的可能,因此将会导致人类演化停滞。对此的反对意见认为,首先,这种效应只可能在人类主要依靠克隆这种方式进行繁衍的情况下发生,但是,即使允许生殖性克隆,克隆人的情况是否会大规模出现? 有性生殖的方式是否会消失? 其次,"物竞天择适者生存"只是自然界的生存法则,而人类社会与文明已经极大地柔化了这一法则,例如我们的社会保障体系目的就在于让那些在社会竞争下无法胜出的人不至于被"淘汰",不至于丧失生存的机会。如果严格按照"物竞天择适者生存"的法则,那么人类可以甚至应该摒弃许多人道主义措施,例如任由许多患有先天疾病甚至体弱的孩子死去,甚至让智力障碍者、重病患者和残疾人无法生存,更不允许这些人结婚和繁育后代,否则就会丧失自然选择对于基因的优化作用。这很明显是荒谬的,不符合当今人类文明的发展程度。最后,自然演化的过程漫长而缓慢,我们的文明史与人类的进化史相比非常短暂,人类的进化在我们的社会中所产生的变化及其影响微乎其微。因此,无论其是否终结,并不会造成太大问题。

那么,支持克隆人的意见如何呢? 支持克隆人的理由大致包括以下四点:

第一,生育是人的基本权利,无论那些没有生育能力的人还是同性恋者,抑或普通的单身者都有生育权,都应该享有制造自己孩子的权利,而克隆正好可以满足这一需求。克隆对于某些人来说是他实现拥有自己后代唯一愿意或者可能的方式,那么他们应当拥有这一自由。问题在于,如果一个人还有其他方式可以实现这一权利的时候,使用其中一种可能造成伤害的方式是否可以得到允许? 在现代社会,尽管人们拥有充分的自由和权利,但是人们行使自己的自由和权利的时候不得伤害他人。由于克隆人具有极大技术风险,采取克隆的方式生育后代相当于放任对孩子的伤害,而且这种伤害可能影响孩子的一生,这是生育权利也不会支持的。

第二,克隆可以制造一个和现在的人一样的人,那么我们就可以通过克隆亲人来消除失去亲人的痛苦,还可以克隆过去的天才、伟人,让他们继续造福社会。对此的反对意见认为,克隆人不会具有和被克隆人一样的人格,因此这一目的根本达不到。

第三,克隆可以不通过有性生殖而繁衍,就可以在太空旅行中打破人的寿命限制。对此的反对意见认为,这样的目的可以通过试管婴儿来完成,在克隆技术风险远远大于试管婴儿的情况下,选择克隆人是不明智的。

第四,克隆可以打破家庭关系,让人类的繁衍和养育不再依赖家庭,或许这可以实现柏拉图和基督教的理想,人们不再有私心,社会不再有私有制,所有人类皆为兄弟姐妹,亲如一家。对此的反对意见认为,首先,家庭无论作为人的情感归宿还是社会单位,仍然有其深厚的价值底蕴,柏拉图的理想国在历史中已经被许多思想家批评过;其次,克隆人并不必然让家庭消失,家庭消失也并不必然带来全人类亲如一家的世界大同局面。因此以这一理由支持克隆人太过遥远也太过冒险。

从以上分析可以看出,目前克隆人最大的障碍是技术造成的风险,我们无论如何也不能冒着制造有缺陷的人的风险去做尝试和实验。但是同时,克隆技术也没有那么多好处和优势。

还有一种观点认为,伦理无法阻挡科学技术的脚步,即使能够阻止遵守伦理规范的科学家的工作,也无法阻止某些科学狂人的行动。鉴于克隆人存在技术风险,克隆人这一行为可能会导致伤害罪,但只需要像对待其他罪恶一样进行严厉惩处即可。即使克隆人真的出现,鉴于上面的分析,它相较于其他的"造人"方式并没有特别的优势,因此也并不意味着克隆人必然会大行其道。并且,在克隆人总体上无法为人类伦理所接受的情况下,我们所要做的不是思考克隆人大行其道之后的应对之策,而是个别克隆人出现之后如何处理他们的待遇和地位问题。例如,其中的一项危险可能是无法识别克隆人和被克隆人。目前的许多以生理特征为基础的识别手段,如指纹、DNA 都将失效。如果在被克隆的人出生之际就开始克隆他,年龄也不必然是一个识别因素。克隆技术可能打破我们通过生理特征鉴别人的方法,因此,应当同时发展鉴别克隆人和被克隆人的技术。另外,有一件事应当确认,即尽管克隆人这一行为是有罪的,但克隆人本身是无罪的。克隆人的伦理地位和法律地位和普通人没有任何区别,任何利用、伤害克隆人的行为完全等同于伤害一个普通人。从法理上看,如果创造了克隆人的人可以肆意控制、伤害他,那么同理,父母就可以对有性生殖的子女也肆意控制、伤害了。尽管这种父母的特权在历史上并非没有出现过,但现在已经普遍被认为不符合道德与法律。同样地,生理上的"创造"并不能产生对任何人的生杀予夺大权,事实上,也没有任何行为可以产生对人类的这种权力。

思考题:

一、试述生命伦理的自主原则的基本内容。
二、怎样做到不伤害原则和有利原则两者的结合?
三、为什么目前不允许对人类胚胎进行基因编辑?
四、为什么我们目前仍然需要禁止克隆人?

第十四章 生态伦理

　　生态伦理(有时也可称为环境伦理),所研究的对象是人与自然之间的伦理关系。作为一门应用伦理学学科,生态伦理兴起于20世纪的西方工业化国家。生态伦理的兴起是对近代工业文明所产生的生态环境危机的理论反思,而有着几千年历史的中国传统哲学,则蕴含有丰富的生态伦理思想。生态伦理与一般规范伦理学仅仅关注人类社会内部关系不同,它的研究对象从人与人、人与社会的关系扩展到包括人和自然万物在内的整个自然。生态伦理力图为人类保护自然环境确立形而上的理论基础、提供相应的行为规范,并且力图确立环境美德,实现环境正义。党的十八大以来,以习近平同志为核心的党中央把生态文明建设纳入"五位一体"总体布局。在全国生态环境保护大会上,习近平提出,"要通过加快构建生态文明体系,使我国经济发展质量和效益显著提升,确保到2035年节约资源和保护环境的空间格局、产业结构、生产方式、生活方式总体形成,生态环境质量实现根本好转,生态环境领域国家治理体系和治理能力现代化基本实现,美丽中国目标基本实现。到本世纪中叶,建成富强民主文明和谐美丽的社会主义现代化强国,物质文明、政治文明、精神文明、社会文明、生态文明全面提升,绿色发展方式和生活方式全面形成,人与自然和谐共生,生态环境领域国家治理体系和治理能力现代化全面实现,建成美丽中国。"①生态文明建设离不开生态伦理建设。推进绿色发展,保护自然,实现人与自然的和谐共生,是生态伦理的中心要旨。

第一节　现代生态伦理的诞生

　　生态伦理缘起于人类生存的困境,是人类为解决生态问题、拯救自身而进行深刻反思的结果。在远古时期,神创世界、万物有灵的观念统治着人的精神世界,人类被动地屈从于自然、顺应自然。人类用最原始的工具采集狩猎,从自然中获取最基本的生存资料。因而,人与自然之间形成了一种原始的和谐关系。到了农业文明时代,农

---

① 习近平:《推动我国生态文明建设迈上新台阶》,《论把握新发展阶段、贯彻新发展理念、构建新发展格局》,中央文献出版社2021年版,第260页。

业生产活动本身就内含着遵循自然规律的要求。虽然也曾出现人类过度干预自然、破坏生态环境的现象，但是，人类对自然的破坏是局部的。人类通过不断地迁移，给自然留下了喘息、复原的机会。然而，进入工业文明时代之后，科学技术迅猛发展，人类凭借科技的力量，对自然资源展开了疯狂的掠夺，从而导致了全球性生态危机，将人类推到了悬崖边缘。在严峻的现实面前，人类不得不重新反思人与自然之间的关系，生态伦理应运而生。

一、西方生态伦理的思想源流

在西方文明的历史长河中，对动物福利的关怀成为生态伦理的先声。早在 17 世纪，就有英国的仁慈主义①思想家们反对实验医学中的动物活体解剖实验，主张仁慈地对待动物。约翰·洛克认为，善恶之分源于我们有苦乐之感，动物也能够感受苦乐，无故伤害动物是在道德上错误的行为。杰里米·边沁也认为，动物像人一样，也能感受苦乐。但他更进一步强调，感受苦乐的能力是获得平等权利的根本特征。所以，动物也应具有免遭无端折磨的权利，法律应该为一切生灵提供保障。另一位英国思想家亨利·塞尔特从权利的角度论证仁慈对待动物的合理性。他在《动物权利与社会进步》一书中指出，动物和人一样具有天赋的生存权和自由权，人类应抹平与动物之间的道德鸿沟，扩展道德共同体的范围，在道德上不断进步。仁慈主义思想家还力图把他们的思想变成法律，促使英国于 1822 年通过了禁止虐待家畜的《马丁法案》，之后又通过了《禁止残酷对待动物法》等法律，以保护动物在自然状态下的生存权利。早期的仁慈主义思想，不仅突破了将道德关怀局限于人类社会内部的偏见，唤醒了人们的良知，而且成为当代生态伦理中动物保护思想的重要理论来源。

继仁慈主义思想之后，随着美国环境问题的出现，保护自然资源的呼声在美国逐渐高涨。19 世纪上半叶，美国的工业化进程高歌猛进，经济迅猛发展。美国人对金钱和财富的渴求空前高涨，大批拓荒者涌向西部开垦荒地，探寻宝藏。但是，滥垦滥伐最终导致了森林覆盖率下降、水土流失严重、生物多样性减少等严重的环境问题。这引起了有识之士的忧虑与反思。西方生态环境学者认为，只有人类保护自然资源并使其处于良好状态，人类的福祉才能得到保障。自然资源短缺，并非因其绝对稀少，而是人类的非理性行为导致的。环保主义的先驱亨利·戴维·梭罗则深入瓦尔登湖畔，用最简朴的生活实践对抗资本主义的物质主义大潮。他受爱默生的超验主义思

---

① 这里的仁慈主义(Humanism)，是罗德里克·弗雷泽·纳什在其著作《大自然的权利：西方环境伦理学史》中多次提及的一个词语。仁慈主义反对基督教和笛卡尔的动物观，认为动物有灵魂，是能够感受到苦乐的。所以，不应进行动物活体解剖实验，而应当仁慈地对待动物，避免给动物带来不必要的痛苦。

想影响,认为自然充满灵性与生机,是人的精神之本、生命之源。他说"荒野中保留着一个世界",荒野教给了他以前从未学到过的东西。在梭罗看来,生物跟人"一样有生存的权利",不应随便杀死它们。①梭罗将自己"融于自然"之中,揭示了简朴生活的意义、自然的价值。

梭罗的思想被约翰·缪尔继承发展,并成为美国早期资源保护运动的重要精神资源。这次运动由政府要在约塞米蒂国家公园内的赫齐赫齐峡谷修建水库而引起。吉福特·平肖是政府一方的代表,他认为经济利益至上,主张对自然资源进行"科学管理,明智利用",坚持在赫齐赫齐峡谷修建水库。约翰·缪尔是民间力量的代表,他相信自然是一个和谐统一的有机体,万物有灵,自然与人的精神是相通的。自然万物不是为了人类而存在的,自然除了具有经济价值,还具有美学价值,自然景观的壮美可以激起人们保护自然的要求。所以,约翰·缪尔坚决反对以功利主义的态度对待自然,反对在自然保护区内建水库,主张保持山谷的自然状态。缪尔的观点得到了一批民间力量的支持,如阿巴拉契亚山俱乐部等。双方进行了长达6年的公开论战,虽然民间一方最终失败,但是一批民间环保组织,如塞拉俱乐部、阿巴拉契亚山俱乐部、奥杜邦协会等发展壮大,黄石国家公园、约塞米蒂国家公园等自然保护区也由此设立,美国还通过了包括《黄石国家公园保护法案》在内的一系列环保法案。而且,吉福特·平肖的资源保护思想(conservation)与约翰·缪尔的超功利的自然保护思想(preservation),是"造成今天环境伦理学内部人类中心主义与非人类中心主义对峙的直接根源"②。

此后,阿尔贝特·史怀泽和奥尔多·利奥波德的伦理思想成为生态伦理中生命中心主义和生态中心主义的重要内容,为生态伦理的建立做出了重要贡献。史怀泽深感第一次世界大战对生命的冷酷与漠视,提出了"敬畏生命"的伦理思想。他指出,所有的生命都是神圣的、休戚与共的,人类应敬畏所有的生命,而不仅仅是人的生命。利奥波德以生态学为基础创建了大地伦理学,把自然中所有的存在物,无论有生命的,还是无生命的,都纳入大地共同体中,从而将人类道德关怀的范围扩展到整个自然。

二、现代生态伦理诞生的时代背景

生态伦理诞生于特定的时代背景。20世纪,美国的化学污染、核污染及汽车工业导致的空气、噪声污染等问题日益严峻,世界八大公害事件③相继爆发。环境的日

---

① 参见[美]亨利·戴维·梭罗:《瓦尔登湖》,徐迟译,沈阳出版社1999年版,第208页。
② 余谋昌、王耀先主编:《环境伦理学》,高等教育出版社2004年版,第19页。
③ 世界八大公害事件指1930年的比利时马斯河谷烟雾事件、1948年美国宾夕法尼亚州的多诺拉事件、20世纪40年代初美国洛杉矶市的光化学烟雾事件、1952年的伦敦烟雾事件、1931—1972年间断发生的日本富山县的骨痛病事件、1952—1972年间断发生的日本水俣湾的"水俣病"事件、1961—1970年间断发生的日本四日市哮喘病事件、1968年日本的米糠油事件。这八大公害事件造成成千上万的人死亡或病痛终生。

益恶化引起了有识之士的担忧。1962 年,美国海洋生物学家蕾切尔·卡逊的名著《寂静的春天》出版。她运用生态学原理告诉人们,农药能够杀死害虫,但也会危害人类。卡逊唤醒了美国民众的生态意识,美国群众性环境保护运动由此兴起,民间环保组织,如塞拉俱乐部以及新成立的美国环保协会、动物解放阵线等,不断发展壮大。与此同时,保罗·埃利希、巴里·康芒纳、罗马俱乐部等纷纷撰文批判工业文明的弊端,从人口数量、现代技术和经济增长方式等角度探寻生态危机的根源。这场由普通民众和知识精英共同参与的环境保护运动,从 20 世纪 60 年代一直持续到 70 年代,对美国环境保护事业的发展起到了积极作用。美国政府颁布了《清洁空气法》等环保法令,并成立了环境保护署等环保机构。1972 年,联合国在瑞典首都斯德哥尔摩召开了"联合国人类环境会议",并通过了《联合国人类环境会议宣言》,后又相继成立了环境规划署、世界环境发展委员会等机构,通过了一系列关于保护大气臭氧层、海洋环境等的重要文件。环境保护成为全球关注的焦点。

生态伦理的诞生,还得益于生态学等学科的发展。20 世纪 30 年代以后,生态学取得了长足进展,生态系统、生态金字塔、能量转换定律等思想相继被提出。生态学的研究对象不再仅限于生物有机体与环境之间的关系,人类对生物与环境的影响也被纳入生态学的研究之中。与此同时,相对论、量子力学、基本粒子物理学和系统科学不断发展,冲击了传统的机械论世界观,为人们揭示了一个整体的系统世界观。人们终于认识到,人并不是自然的主人,自然也不是机械的客体,人与自然共生于一个统一体中,人的存在依赖于自然万物的存在,人的行为受制于复杂的生态规律。这种整体主义世界观,超越了西方近代以来的主客二分思维模式,为生态伦理的创立奠定了科学基础。

生态伦理不是传统伦理学发展的结果,而是从哲学角度对生态问题批判反思的结果。1967 年,美国历史学家林恩·怀特发表了一篇重要的文章《我们生态危机的历史根源》,文章指出,基督教中的人类中心主义传统是生态危机的根源。从此,学界开始从神学或哲学角度讨论人类中心主义问题。1971 年,美国佐治亚大学的布莱克斯通教授组织的关于环境问题的第一次哲学会议,成为"发展一种环境伦理的哲学序幕"[1]。布莱克斯通的论文《伦理学与生态学》,从人类中心主义立场出发,呼吁捍卫一种"新的人权",即"拥有一个可生存的环境"的权利。哲学家约尔·范伯格提交的会议论文《动物与未出生的后代人的权利》,则从非人类中心主义视角,为动物的权利辩护。他主张一个动物只要拥有利益,就拥有权利。1971 年,由古德洛维奇等人合编的《动物、人与道德:关于对非人类动物的虐待的研究》一书出版,该书是第一部用哲学语言探讨动物权利问题的现代著作。此外,学者们还从生态整体主义的视角研究环

---

[1]　余谋昌、王耀先主编:《环境伦理学》,高等教育出版社 2004 年版,第 29 页。

境问题。同年,美国法学教授克里斯托弗·斯通发表论文《树木拥有法律地位吗?》,认为树木应该像企业一样拥有法律地位。1973 年,挪威哲学家阿恩·奈斯发表论文《浅层的与深层的、长远的生态运动:一个概要》,批判浅层生态学的人类中心主义特征,倡导非人类中心主义的深层生态学。1975 年,霍尔姆斯·罗尔斯顿发表了《存在生态伦理吗?》一文,为环境伦理学的创立奠定了基础。随着环境问题的哲学讨论如火如荼地展开,生态伦理的学术期刊《环境伦理学》(*Environmental Ethics*)于 1979 年在美国新墨西哥大学创刊。之后,美国的《地球伦理学季刊》、英国的《环境价值观》等杂志相继创刊。此外,北得克萨斯大学等院校均开设了生态伦理课程,并设置了该专业的学位。与此同时,一大批生态伦理的教科书和专著涌现出来,如我国学界熟知的比尔·德维尔和乔治·塞申斯的《深层生态学》、霍尔姆斯·罗尔斯顿的《哲学走向荒野》等。1990 年初,霍尔姆斯·罗尔斯顿发起成立了国际环境伦理学学会,吸收了包括中国在内的许多国家的会员,为生态伦理的国际交流作出了重要贡献。

第二节　西方生态伦理流派

生态伦理诞生之初,主要是在形而上层面寻求保护自然万物的伦理依据,由此产生了不同的理论派别。根据是否承认自然物具有内在价值,生态伦理流派可以分为人类中心主义和非人类中心主义。

一、人类中心主义

人类中心主义的定义有多种,但这里所要探讨的是导致人与自然关系紧张的人类中心主义,即价值论意义上的人类中心主义。这种人类中心主义只承认人的内在价值,把人类的利益作为唯一的尺度;自然仅仅具有工具价值,人可以按自己的目的支配自然,而不必对其承担道德责任。这种人类中心主义,是从古代的人类中心主义逐渐发展演化而来的,如普罗泰哥拉所说的"人是万物的尺度"。人类中心主义根据人的某种特征,如理性、自我意识、意志自由等,赋予人内在价值,主张以人类的利益为中心,并且认为保护自然终归是为了人类的利益。

美国环境伦理学家诺顿提出了两种人类中心主义:强式人类中心主义(strong Anthropocentrism)和弱式人类中心主义(weak Anthropocentrism),前者主张满足感性偏好,而后者则只要求满足理性偏好。诺顿认为,人的偏好有两种:感性偏好(felt preference)和理性偏好(considered preference)。感性偏好是人能感觉到的所有欲望或需要,理性偏好则是经过审慎的思考后才表达出来的欲望或需要。理性偏好受制于合理的世界观,这个世界观由科学理论及其形而上学、一组审美理念和道德理想构成。弱式人类中心主义不像强式人类中心主义那样仅以个体感性为标准,追求所有偏好的满足,而是对人类的偏好进行反思和区分,只肯定合理的需求,所以,它不会像强式人类中心主义一样,把自然当作满足人类欲望的工具,而会拒斥破坏自然的不道德行为。深层生态学的代表人物沃里克·福克斯指出,人类中心主义放大了我们在更大范围内的"自我重要性"(self-importance),很显然是一种"自私自利"(self-serving)的假设。[①]

强式人类中心主义只承认人具有内在价值,非人类存在物只有在能满足人的需要时才有工具价值;而弱式人类中心主义认为,自然不仅具有满足人的需要的价值(human demand value),还能丰富人的精神世界,调整人们的感性偏好,使人们形成理性的世界观,具有转换(人们价值观念的)价值(transformative value)。强式人类中心主义否认人对自然负有道德义务;弱式人类中心主义一方面强调人类的优越性,另一方面将其他有机体也视为生命共同体的成员,认为人类有义务从道德上关心他们。

二、非人类中心主义

非人类中心主义的环境伦理学有两大构建路径,一种是拓展主义的,另一种是以生态学为基础构建起来的。拓展主义往往以康德的义务论、边沁的功利主义、密尔的功利主义、罗尔斯的正义论等为基础,并且"询问该理论如何将道德关怀的范围扩展到非人类存在物,通常指脊椎动物"[②]。拓展主义依旧没有脱离人类中心主义的理论框架,实质上是将欧洲启蒙运动的遗产——个人主义、理性主义——应用于其他非人类生命。整体主义是以生态学为基础构建起来的。生态学颠覆了西方传统的机械自然观,为人们提供了一种整体主义的自然观和新的哲学范式,使人们认识到人与自然共存于一个生态共同体中。共同体中的所有非人类存在物都和人类一样具有内在价值,都应获得人类的道德关怀。总之,根据环境伦理的不同构建路径,我们可以把非人类中心主义生态伦理分为个体主义和整体主义两大理论阵营。个体主义既包括彼得·辛格的动物解放论、汤姆·雷根的动物权利论,又包括阿尔贝特·史怀泽的"敬畏生命"论和保罗·沃伦·泰勒的"尊重大自然"的思想;整体主义则包括奥尔多·利奥波德、克里考特的"大地伦理",霍尔姆斯·罗尔斯顿的"自然价值论"和阿

---

① Warwick Fox, *Toward a Transpersonal Ecology*: *Developing New Foundations for Environmentalism*, Albany, NY: State University of New York Press, pp.13–14.

② J. B. Callicott, *In Defense of the Land Ethics*: *Essays in Environmental Philosophy*, Albany, NY: State University of New York Press, p.3.

恩·奈斯等的"深层生态学思想"。

（一）生态个体主义中的动物解放论与动物权利论

在人以外的其他生命形式中,动物最早引发了人类的道德关注。早期的仁慈主义思想家们为动物的权益奔走呼号,当代哲学家彼得·辛格和汤姆·雷根为保护动物进行了系统的论证。

1. 彼得·辛格的动物解放论

彼得·辛格以功利主义作为其理论基石。他主张将功利主义原则应用到动物身上,因为动物和人一样能够感受苦乐,拥有自己的利益。根据功利主义原则,如果一个行为给人带来的痛苦超过了快乐,那么,这个行为是不道德的。据此,如果给动物带来的痛苦超过了快乐,这样的行为也同样是不道德。辛格还根据人际伦理中的平等原则推出了一个结论:我们应该平等地关怀每一个生命的利益,否则,人就会像种族主义者和性别主义者一样,犯物种歧视主义的错误。正是基于这样的认识,辛格主张仁慈地对待动物,反对把动物当作工具,反对对动物进行活体解剖,并且倡导素食主义,认为素食者会与肉食者一样健康。辛格认为,人类应当充分发挥利他精神,做动物的道德代理人,"动物的解放"是"人类解放事业的继续",人类应不断推进动物解放事业。

2. 汤姆·雷根的动物权利论

雷根反对辛格把功利主义作为动物解放论的理论基础。他认为,功利主义同样可以为虐待动物的行为辩护,只要该行为可以带来更多的功利。同时,功利主义追求最大的功利总量,这可能导致牺牲某些动物个体的利益,这与平等原则是相背离的。因此,雷根另辟蹊径,以康德的义务论为理论基点,建构了动物权利论。雷根认为,动物与人一样,拥有平等的道德权利。虽然动物不具备人所具有的语言、理性、自由选择等特征,但是,动物像人一样,也是"生活的主体"（the subject-of-a-life）,"拥有一种独立于他人的功用性的个体幸福状态"[①]。也就是说,动物像人一样,拥有独立于他人评价的、自己能体验得到的或好或坏的生活。由于人是"生活的主体",每个人被赋予了相同的"天赋价值",也因此被赋予了道德权利。即使那些不具备正常人特征的人也拥有道德权利。据此,作为"生活的主体"的动物,也应该和人一样,具有"天赋价值"或"固有价值"。这种价值赋予了动物一种道德权利——不遭受不应遭受的痛苦的权利。人类应尊重动物的天赋价值和权利,而不应将动物用于科学实验,否则就是侵犯了动物的权利。

---

① Tom Regan, *The Case for Animal Rights*, Berkeley, CA: University of California Press, 1983, p.243.

（二）生态个体主义中的敬畏生命思想与尊重大自然理论

动物权利论和动物解放论仅仅关注动物个体的生命,而"敬畏生命"的伦理思想和"尊重大自然"理论则将道德关怀的范围扩展到了所有的非人类生命个体。

1. 阿尔贝特·史怀泽的"敬畏生命"思想

史怀泽批判欧洲文化,认为以往的伦理仅仅处理人与人之间的关系,因而是不完整的,"伦理学与人对所有存在于他范围之内的生命的行为有关"[①]。所谓伦理,"就是敬畏我自身和我之外的生命意志"[②]。因为,"任何生命都有价值,我们和它不可分割"[③]。在所有的生命形式中,只有人能够摆脱自然规律的制约,认识到生命的神圣及其相互联系。所以,只有人能够"承担起无限的责任和义务"[④],帮助其他生命实现更高的价值。"善的本质是:保持生命,促进生命,使生命达到其最高度的发展。恶的本质是:毁灭生命,伤害生命,阻碍生命的发展。"[⑤]只有出于不可避免的必然性(比如为了生存),我们才可以杀死其他生命。史怀泽反对人们将生命分为有价值的和无价值的,反对这种根据人的主观感受任意区分生命价值的做法,认为这不仅会导致对某些"无价值"的生命的伤害,也会导致无视某些人的价值,从而导致肆意的杀戮和战争。人越敬畏其他的生命形式,就会越敬畏人的生命。所以,要想彻底消除战争,就必须敬畏所有的生命。

2. 保罗·沃伦·泰勒的"尊重大自然"的伦理学

泰勒主张尊重大自然中所有的生命,但与史怀泽不同,史怀泽主要诉诸人的情感体验,因而泰勒构建了一个严密论证的思想体系,该体系包括尊重自然的态度、生物中心主义世界观和行为规范三个部分。泰勒认为,所有的生命个体都是拥有自己的"善"的实体(entity having a good of its own),它们都有自己的福利,都能得到帮助或受到伤害。因此,所有生命个体都具有固有价值(inherent worth),都应得到人们的尊重。这种尊重自然的态度建立在生物中心主义世界观的基础之上。生物中心主义世界观承认自然万物之间密切相关,将有机体视为生命目的的中心。人只是地球生物共同体中的一员,而不比其他存在物优越。因此,泰勒提出了生物平等主义原则——所有的生物都有同等价值,都应受到同等的道德关怀。最后,泰勒提出了指导人们行为的标准和规则体系,如不伤害规则、不干涉规则等。

① ［法］阿尔贝特·史怀泽:《敬畏生命》,陈泽环译,上海社会科学院出版社 2003 年版,第 9 页

② ［法］阿尔贝特·史怀泽:《敬畏生命》,陈泽环译,上海社会科学院出版社 2003 年版,第 26 页。

③ 陈泽环、朱林:《天才博士与非洲丛林——诺贝尔和平奖获得者阿尔贝特·施韦泽传》,江西人民出版社 1995 年版,第 156 页。

④ ［法］阿尔贝特·史怀泽:《敬畏生命》,陈泽环译,上海社会科学院出版社 2003 年版,第 76 页。

⑤ ［法］阿尔贝特·史怀泽:《敬畏生命》,陈泽环译,上海社会科学院出版社 2003 年版,第 92 页。

（三）生态整体主义

大地伦理思想、自然价值论和深层生态学是当代西方生态伦理学的又一重要流派，这些理论以生态学作为理论基础，体现了一种整体主义的道德关怀。生态整体主义反对个体主义以生命为判据来扩展道德身份的做法，它以生态科学和进化论为基础，从整体主义视角出发，将道德关怀的范围拓展到整个自然，认为人以及人之外的所有自然存在，包括动植物、山川、河流等，都具有内在价值，并强调自然界的整体价值高于个体的价值。

1. 奥尔多·利奥波德的大地伦理

奥尔多·利奥波德是美国环境伦理的先驱。他在《沙乡年鉴》一书中提出了大地伦理思想。他的这一思想，对美国环境伦理的发展和美国的荒野保护运动，都产生了深远的影响。

利奥波德从生态学中汲取营养，创立了大地伦理思想。他主张人们"像山一样思考"（thinking like a mountain），要求人们以整体主义的视角看待自然万物对生态平衡的作用以及人与自然的关系。利奥波德认为，人类的伦理范围是不断扩大的，他提出了"大地共同体"的概念，把伦理的边界扩展到包括"土壤、水、植物和动物"[①] 在内的共同体之中。人类不是大地共同体的征服者，而是这个共同体中的"平等的一员和公民"[②]。"土地"以及其上的自然万物，将不再仅仅是人类的财富，也是人类道德关怀的对象，人类对土地与自然万物不具有特权，而是负有义务。在这个共同体内，每个成员都有它继续存在的权利，"至少是在某些方面，它们要继续存在于一种自然状态中的权利"[③]。

利奥波德将大地共同体视为一个高度组织化的"金字塔"，从底层往上依次是土壤、植物层、昆虫层、鸟类与啮齿动物层、大型食肉动物。金字塔结构的多样性和复杂性、各个部分的合作与竞争是维持金字塔正常运转的保证。因此，处于金字塔顶端的人类，有义务保护生物的复杂性和多样性，也要尽可能不干预或少干预共同体的生态过程。大地共同体的利益是最高的善，"当一个事物有助于保护生物共同体的和谐、稳定和美丽的时候，它就是正确的，当它走向反面时，就是错误的"[④]，这是大地伦理的原则。

2. 阿恩·奈斯的深层生态学

挪威哲学家阿恩·奈斯的"深层生态学"是与浅层生态学相区别的。浅层生态

---

① ［美］奥尔多·利奥波德：《沙乡年鉴》，侯文蕙译，吉林人民出版社 1997 年版，第 193 页。
② ［美］奥尔多·利奥波德：《沙乡年鉴》，侯文蕙译，吉林人民出版社 1997 年版，第 194 页。
③ ［美］奥尔多·利奥波德：《沙乡年鉴》，侯文蕙译，吉林人民出版社 1997 年版，第 194 页。
④ ［美］奥尔多·利奥波德：《沙乡年鉴》，侯文蕙译，吉林人民出版社 1997 年版，第 213 页。

学是人类中心主义的,关注的是环境污染等环境危机的表面问题。它一味赞成经济增长,仅仅以改良主义的方式来改造"占主导地位的社会范式"。而深层生态学是非人类中心主义的,力图从价值观、社会机制等方面探明环境危机的深层根源,并主张变革社会的政治经济结构,用生态承受力代替经济增长观念,承认非人类存在物的内在价值,主张控制人口,倡导勤俭、文化和生态的多样性、地方自治等。① 深层生态学反对功利主义的资源保护运动,主张建立荒野区,认为"荒野区是那些有权为自己生存和繁荣的存在物的栖息地",建立荒野区是"我们对地球表示谦虚的方式",是"我们尊重和敬畏大自然的内在价值的表现"。② 对荒野的体验有利于培养人对自然的认同意识,培养人对自然的谦恭美德。

深层生态学的核心是两个最高准则:其一是生物圈平等主义(Egocentric Egalitarianism),即承认每一种生命形式都拥有生存和发展的权利。除非是为了满足基本的需要(如为了生存),我们才可以杀死其他生命。因为,其他生命与我们密不可分地联系在一起,它们是我们的认同对象,和我们一样具有内在价值。其二是自我实现论。奈斯认为,深层生态学的"自我"是生态大我(以大写 S 开头的"Self"),它的实现,需要经历从追求享乐或狭隘自我的"本我"(ego)到单个的社会的自我(self),再到生态自我的过程。在这一过程中,个体不断扩大自我认同的范围,从而认识到自己不是孤立的存在,而是与社会、自然密切相关的个体,最后达到"我"中有万物、万物中有"我"的状态。所以,生态大我的自我实现,就意味着所有的生命潜能得以实现,这同时也就实现了生物圈平等主义。

为了解决人际伦理与环境伦理的冲突,奈斯提出了两条原则:"一是根本需要原则,二是亲近性原则。根本需要原则是指根本需要优先于非根本需要,而不论需要的主体是谁。在这两条原则中,根本需要原则是第一位的。只有当根本需要原则不能解决利益冲突的时候,亲近性原则才是有效的。亲近性原则是指当相同的利益或义务发生冲突时,那些与我们相同的存在物的利益具有优先性。"③ 可见,奈斯与克里考特一样,都强调对人的义务优先于对非人类的义务,强调保持生命生存、发展的重要性。所以,深层生态学本质上并不是反人类的,相反,它主张生物圈平等主义,主张关爱所有的生命,因此,"它展现了一种更为宽泛的人道主义"④。

3. 霍尔姆斯·罗尔斯顿的自然价值论

罗尔斯顿(Holmes Rolston)从自然进化的角度指出,自然创造了万物,创造了价值,价值是自然所具有的创造性属性。人是自然的巅峰之作,凭借独有的评价能力来

---

① ［美］戴斯·贾丁斯:《环境伦理学》,林官明、杨爱民译,北京大学出版社 2004 年版,第 93—95 页。
② ［美］纳什:《大自然的权利》,杨通进译,青岛出版社 1999 年版,第 180 页。
③ 雷毅:《深层生态学思想研究》,清华大学出版社 2001 年版,第 160 页。
④ 雷毅、李小重:《深层生态学的困境与出路》,《安徽大学学报(哲学社会科学版)》2010 年第 6 期,第 24—28 页。

认识自然的创造性属性。评价过程伴随着内在的兴奋体验和情感表达,即人们通过体验的通道来理解自然的价值。但是,在我们的偏好之外,在我们体验不到的地方,也存在着价值,价值是客观的。罗尔斯顿指出,在生态系统中,存在着超越了工具价值和内在价值的系统价值。系统价值就是一种充满创造性的过程,它将自然万物的工具价值编织进生态关系网中,利用工具价值创造出内在价值。因此,大自然中的人不仅对作为内在价值放置点的动植物个体负有道德义务,也对生态系统负有道德义务。

罗尔斯顿并没有仅限于论证人类对自然的义务,他还注重把人对自然的义务与人对人的义务联系起来考察,把环境伦理与社会伦理结合起来,将生态伦理系统地应用于政策抉择、企业的商业活动之中,并主张把生态伦理变成强制性的伦理,尤其在公共领域,必须把道德转化为法律。他强调荒野保存(wildness preservation),反对功利主义的资源保护(resource conservation)。他认为,荒野保存并不会导致环境不正义问题,贫困的根源在于社会制度的不正义,只有通过变革不公正的制度,才能解决贫困问题。罗尔斯顿还将他的生态伦理规范与环境美德相联系,把生态伦理视为个人的道德信念,认为生态伦理是一个人道德境界的新的试金石,也是人的价值和优越性的体现,号召生存于文明社会的每一个人都诗意地栖居于地球。

第三节　生态伦理的中国智慧与原则

改革开放以来,随着社会经济的快速发展,多年高增长积累的环境问题,"一段时间内成为民生之患、民心之痛"[①]。习近平总书记指出:"随着我国社会主要矛盾转化为人民日益增长的美好生活需要和不平衡不充分的发展之间的矛盾,人民群众对优美生态环境需要已经成为这一矛盾的重要方面,广大人民群众热切期盼加快提高生态环境质量。人民对美好生活的向往是我们党的奋斗目标,解决人民最关心最直接最现实的利益问题是执政党使命所在。"[②] 因此,以习近平同志为核心的党中央,高度重视生态文明建设,"推动物质文明、政治文明、精神文明、社会文明、生态文明协调发展,创造了中国式现代化新道路,创造了人类文明新形态"[③]。生态伦理为生态文明建设提供道德基础,而生态文明建设也促进了生态伦

---

① 中共中央宣传部、中华人民共和国生态环境部编:《习近平生态文明思想学习纲要》,学习出版社、人民出版社 2022 年版,第 36 页。
② 《习近平谈治国理政》第三卷,外文出版社 2020 年版,第 359 页。
③ 习近平:《在庆祝中国共产党成立一百周年大会上的讲话》,《求是》2021 年第 14 期。

理的进一步发展。

一、传统"天人合一"的生态整体观

"天人合一"是中国传统哲学中最基本的生态文明与生态伦理观。中国传统社会几千年来是农耕社会,中国农历中的二十四节气,体现了中国古代在观察宇宙自然的基础上对生产的人事与天时互动的深刻把握;同时,中国人民在几千年来的农业生产和村社生活中培育起了对大自然的深厚情感以及对人类生命与大自然内在依存关系的深切感悟。这种情感与感悟反映在哲学上,就是中国传统哲学的"天人合一"的观念。"天人合一"观体现的是中国传统哲学对人与自然的整体性把握或对人生与宇宙的整体性思考。中国哲学把人看作与天地一样伟大的存在物,提出以天、地、人为"三才"的观念。同时认为,天地是人的父母,"天地者,万物之父母也"(《庄子·达生》)。人是大自然的产物,永远离不开大自然。中国传统哲学没有将人类与赖以生存的大地自然分离开来,从而没有提出主客二分式的将自然作为宰制对象的带有人类中心主义的思维。因而"天人合一"的整体自然观,首先指的是,人是自然的一部分,人永远不可能离开大自然;其次指的是,人应当努力做到不违反自然,以天道来设人道。中国传统哲学认为,天有天道,人有人道,如《易经》所说"立天之道曰阴与阳,立地之道曰柔与刚,立人之道曰仁与义",天道与人道虽有不同,但从根本上看是一个道,即人法地、地法天、天法道、道法自然。"道法自然",即道本无为,是自然而然。人道是取法于自然天地、自然天道。因而天地人虽有不同,但相互联系、相互对应,并且从根本上看,人道效法天道,应遵从自然天道。

在"天人合一"整体观下的是中国传统哲学对动植物所寄予了深切情感关照的伦理精神。在《诗经》中有着大量保护生态的诗句,如"敦彼行苇,牛羊勿践履。方苞方体,维叶泥泥"(《大雅·行苇》)是说,芦苇的绿叶刚刚长出,不要让牛羊去践踏。又如"王在灵囿,麀鹿攸伏。麀鹿濯濯,白鸟翯翯。王在灵沼,于牣鱼跃"(《大雅·灵台》)一诗描绘了鸟兽鱼虫安然地栖息在周文王的园林中的景象。《毛诗正义》中有:"以文王德及昆虫,民归附之,故作此诗以歌其事也。""德及昆虫"表明,中国古代的德的概念有着远比当代规范伦理学更广的内容。儒家的仁爱精神也可说是文王之德的扩展。周文王的"仁及草木""德及昆虫"的仁爱精神,在孟子这里得到了充分体现。梁惠王听到牛要献祭而发出的悲鸣而心生悲悯之情,孟子认为这正是仁德的基础:"人皆有不忍人之心",把这"不忍人之心"推广于人间,以及自然万物,就是仁政。"老吾老,以及人之老;幼吾幼,以及人之幼。……故推恩足以保四海,不推恩无以保妻子"(《孟子·梁惠王上》)适用于人类社会的推己及人的准则,同样也可由推己及人到推己及物,从而实现"亲亲而仁民,仁民而爱物"(《孟子·尽心上》),即实现对普遍意义的万物生命的关爱。孟子的这一伦理精神,正是天人合一、万物一体的生态伦理精神。孟子还以牛山之木的案例来说明人们对生态环境保护的重要。如果不加以保护性利用,过度放牧则有可能将草木繁茂的山林变成光秃秃的山头。利用自然的前提在于保护自然。亲近自然、保护生态是中国传统哲学的重要观念。

二、人与自然生命共同体及其构建原则

生态伦理的发展与生态文明建设都离不开中国共产党的领导。"中国共产党历来高度重视生态文明建设,把节约资源和保护环境确立为基本国策,把可持续发展确立为国家战略。进入新时代,以习近平同志为核心的党中央加强对生态文明建设的全面领导,把生态文明建设摆在全局工作的突出位置,作出一系列重大决策和战略部署。"[①]当前,我国的社会主义生态文明建设取得了举世瞩目的成就,与此同时,生态伦理也展现出了蓬勃生机,并具有了本土化的特点,这集中体现为习近平总书记提出的创新性理念——"人与自然生命共同体"。习近平总书记在党的十九大报告中指出:"人与自然是生命共同体,人类必须尊重自然、顺应自然、保护自然。"[②]人与自然生命共同体的理念,不仅从哲学本体论层面描绘了一幅有机整体的世界图景,而且科学地揭示了人与自然万物共生共荣的密切关系。它深刻阐明了人与自然的伦理价值关系,也蕴含着人类对自然的深厚情感。人与自然生命共同体理念克服了人类中心主义从主客二分出发将人视为自然主宰的错误观念,同时超越了非人类中心主义仅仅为动物权利和自然存在内在价值辩护的做法,是对马克思主义自然观和中国传统的"天人合一"观的创新与发展,是生态伦理的最高理念和最高原则。

首先,人与自然生命共同体的理念表明了人与自然生命共存的关系。在人类中心主义视域之下,人因有理性而高于其他自然存在,其他自然存在则被贬低为仅仅具有工具价值的被动客体。人与自然生命共同体理念表明,自然存在并非机械的、可用技术操作的被动客体,而是一个能够创造生命的生机勃勃的有机体。人与自然生命共同体理念是对中国传统的宇宙生生不息的宇宙生命精神的继承与发展。在中国传统哲学看来,"天地之大德曰生"《周易·系辞上》,天地间生命大化流行,宇宙生生不息,自然的存在是生命的存在,草木花果以及山石溪流都是生命的存在。人类与自然血脉相连,与自然万物共生共存,爱护自然也就是爱护生命。

其次,人与自然生命共同体理念表明,人的生命存在需要通过从大自然中吸取养

---

①　中共中央宣传部、中华人民共和国生态环境部编:《习近平生态文明思想学习纲要》,学习出版社、人民出版社 2022 年版,第 14—15 页。

②　《习近平谈治国理政》第三卷,外文出版社 2020 年版,第 39 页。

料和能量才能维持,因而爱护自然也就是爱护自己的生命。"自然是生命之母,人因自然而生"①,人类的繁衍生息都依赖于自然,自然不仅为人类提供肉体所需的物质资料,也是人类意识和精神产生的重要因素:"植物、动物、石头、空气、光等等,一方面作为自然科学的对象,一方面作为艺术的对象,都是人的意识的一部分,是人的精神的无机界,是人必须事先进行加工以便享用和消化的精神食粮。"②自然虽然不是人的身体,但它给人类提供直接的生活资料,并成为人类生命活动的对象,因而也就"变成人的无机的身体"③。

最后,人与生命共同体的理念表明,人的生命与自然万物的生命都是作为生命共同体的成员而存在的。人与自然万物的关系不是西方主客二分思维方式下的统治与被统治的关系,也不是生态整体主义视域下生物学意义上的平等关系,而是一种平等的共同体成员关系,是一种交互性主体关系。所有成员都在这一共同体中有其应有的地位,而人在这一生命共同体中应当发挥其应有的作用。与其他自然存在物相比,人是大自然中特殊的一员,人是自觉地意识到自己的存在的存在物,因而人能够以自己的意志在自然中打上自己的印记。工业革命以来,人类对自然的过度开发和利用,造成了对自然的破坏与灾难,而自然的灾难也就是人类的灾难。这足以证明,自然不是机械的存在,不是任人宰割处置的对象。人类的能动性如果不尊重自然规律,就必然会遭到自然的报复。反之,"人类善待自然,自然也会馈赠人类"④。生态伦理和生态文明建设就是要求人类自觉意识到保护自然的责任,改变以往对自然任意破坏的行为。发挥人类的意识能动性,将保护自然的责任作为人类的责任。

为建构人与自然生命共同体,我们党开展了一系列工作,将生态文明建设上升到关系中华民族永续发展的根本大计的高度,实现了由重点整治到系统治理,由被动应对到主动作为,由全球环境治理参与者到引领者,由实践探索到科学理论指导这四个重大转变。展望未来,习近平总书记提出,要以美丽中国建设全面推进人与自然和谐共生的现代化,并提出了六项重要举措:持续深入打好污染防治攻坚战;加快推动发展方式绿色低碳转型;着力提升生态系统多样性、稳定性、持续性;积极稳妥推进碳达峰碳中和;守牢美丽中国建设安全底线;健全美丽中国建设保障体系。⑤此外,习近平总书记在 2018 年 5 月召开的全国生态环境保护大会、2021 年的全球"领导人气候峰会"上以及党的二十大报告中,多次阐述了加强生态文明建设必须坚持的原则,即人

---

① 中共中央宣传部、中华人民共和国生态环境部编:《习近平生态文明思想学习纲要》,学习出版社、人民出版社 2022 年版,第 18 页。
② 《马克思恩格斯文集》第一卷,人民出版社 2009 年版,第 161 页。
③ 《马克思恩格斯文集》第一卷,人民出版社 2009 年版,第 161 页。
④ 习近平:《论坚持人与自然和谐共生》,中央文献出版社 2022 年版,第 3 页。
⑤ 习近平:《以美丽中国建设全面推进人与自然和谐共生的现代化》,《求是》2024 年第 1 期。

与自然和谐共生原则、绿色发展原则、系统治理原则以及以人为本原则。这些原则充分彰显了我国进行生态文明建设的中国方案和贡献给人类的中国智慧。此外,习近平总书记还强调了建设全球生态文明的重要性。

第一,人与自然和谐共生原则。万物各得其和以生,各得其养以成。大自然是包括人类在内的一切生命的摇篮,是人类赖以生存和发展的基本条件。"和谐共生"即人与自然两相不侵害,要做到和谐共生,就要改变工业革命以来人类对待自然的支配、掠夺的态度,做到顺从自然规律,尊重自然、保护自然。不尊重自然、违背自然规律,只会遭受自然的报复。自然生态系统遭受破坏,生态环境恶化,只能导致人类的生存环境恶化,人类的生存就会成为无源之水,无本之木。因此,"要像保护眼睛一样保护自然和生态环境,推动形成人与自然和谐共生的新格局"①。

第二,坚持绿色发展的原则。将发展置入生态文明和生态伦理,并把绿色发展作为重要原则,是中国生态文明和生态伦理建设的重要经验。对于绿色发展,习近平总书记提出"两山论",即绿水青山就是金山银山。两山论强调保护生态环境就是保护生产力,改善生态环境就是发展生产力。绿水青山既是自然财富、生态财富,又是社会财富、经济财富。绿色环境就是生产力,以破坏生态环境为代价来发展生产,虽然会带来某些地区的短期利益,但所产生的生态污染将最终影响社会生产力的发展,危及人类的生存。工业革命以来,不顾及自然规律和生态保护的片面开发和经济发展,导致温室气体排放、草场沙化、生物物种日益减少以及南极臭氧空洞出现等危及人类生存的生态环境危机,给人类的生存与发展敲响了警钟。几百年来导致生态破坏的根本原因在于,在生产发展过程中,没有把生态环境的保护放在重要位置上。因此,不能只顾生产而不顾环境影响,不顾生态安全。习近平总书记指出:"我们要摒弃损害甚至破坏生态环境的发展模式,摒弃以牺牲环境换取一时发展的短视做法。要顺应当代科技革命和产业变革大方向,抓住绿色转型带来的巨大发展机遇,以创新为驱动,大力推进经济、能源、产业结构转型升级,让良好生态环境成为全球经济社会可持续发展的支撑。"②要节约资源能源,力求能耗最小化,经济效益最大化;要优化国土空间开发格局,严守生态保护红线;要积极发展绿色技术,发展绿色低碳产业,发展绿色农业;积极推进"双碳工作",实现碳达峰、碳中和;要"倡导绿色消费,推动形成绿色低碳的生产方式和生活方式"③。

第三,坚持系统治理原则。中国传统哲学认为,万物生生不息。自然生态是一个

---

① 习近平:《共同构建人与自然生命共同体——在"领导人气候峰会上的讲话"》,《人民日报》2021 年 4 月 23 日。
② 习近平:《共同构建人与自然生命共同体——在"领导人气候峰会上的讲话"》,《人民日报》2021 年 4 月 23 日。
③ 习近平:《高举中国特色社会主义伟大旗帜 为全面建设社会主义现代化国家而团结奋斗——在中国共产党第二十次全国代表大会上的报告》,人民出版社 2022 年版,第 50 页。

生命系统。习近平总书记指出:"山水林田湖草是生命共同体。生态是统一的自然系统,是相互依存,紧密联系的有机链条。"① 自然本身就是一个生命共同体,而且是一个相互依存的系统,人的生存依赖于这个自然生命共同体,人与自然构成统一的生命共同体。"人的命脉在田,田的命脉在水,水的命脉在山,山的命脉在土,土的命脉在林和草,这个生命共同体是人类生存发展的物质基础。"② 山水林田湖草沙都是自然生态系统中的组成要素,各种要素之间通过能量流动和物质循环,形成了休戚相关的密切关系,共同维持着生态系统的平衡和稳定,维持着生态系统的正常运转。系统治理原则要求意识到人与自然是生命共同体,要求以生命共同体的内在联系链条来系统治理生态、发展生态,保护生态环境。保护生态环境,也就保护了人类自己的生存环境,这是因为人类的命脉在于大自然这个生命系统。从生态伦理角度看,习近平总书记提出的这一生态治理原则,是对利奥波德的大地伦理的发展与超越。这一治理原则在意识到自然是一生命共同体的同时,更强调人类也在这一生命共同体之中生存。人类不是站在自然生命共同体之外的存在,而是依赖于自然生命共同体的存在。这一自然生命共同体又是一个系统的链条,任何一个环节出了问题,都可能危及自然生态本身,从而危及人类的生存。因此,生态系统治理原则,也就是生态环境的系统保护原则。

第四,坚持以人为本的原则。西方生态伦理的理论和流派,都没有从根本上强调生态保护的根本要义在于生态保护最终服务于人类。人类中心主义虽然强调了人们在对待自然的态度上要以人为中心,但从主客二分的哲学立场上割裂了自然与人的关系,从而强调人对自然的支配和宰制。习近平总书记指出:"环境就是民生,青山就是美丽,蓝天也是幸福。发展经济是为了民生,保护生态环境也是为了民生。既要创造更多的物质财富和精神财富以满足人民日益增长的美好生活需要,也要提供更多优质生态产品以满足人民日益增长的优美生态环境需要。要坚持生态惠民、生态利民、生态为民。"③ 保护生态环境的最终目的是满足人民群众日益增长的对于美好生活的需求,而美好的生态环境就是美好生活的重要内涵之一。没有一个优美的生态环境,人们的幸福感就会受到严重影响。人类的命脉在于自然生态,人的生存一刻也离不开大自然。生态文明建设的根本在于造福人类,人类与自然是一个生命共同体,美丽生态与人类幸福内在关联、密不可分。

建设社会主义生态文明,建构人与自然生命共同体,需要建立健全制度规范和法律法规,加强外部约束。习近平总书记指出:"只有实行最严格的制度、最严明的法治,

---

① 《习近平谈治国理政》第三卷,外文出版社 2020 年版,第 363 页。
② 《习近平谈治国理政》第三卷,外文出版社 2020 年版,第 363 页。
③ 《习近平谈治国理政》第三卷,外文出版社 2020 年版,第 362 页。

才能为生态文明建设提供可靠保障。"① 党的十八大以来,我国不断完善法律法规,相继颁布了《中共中央、国务院关于加快推进生态文明建设的意见》《生态文明体制改革总体方案》等重要文件,并将"生态文明建设"写入宪法;制定完善了环境保护法、环境影响评价法、大气、水、土壤污染防治法、生物安全法等多部法律法规。在环境保护和资源利用方面,完善自然资源资产产权制度和用途管制制度、生态保护红线监管制度;实行资源有偿使用制度和生态补偿制度,对生态环境保护者予以奖励,对破坏者予以惩罚;实行排污许可制,允许排污权、用水权、用能权、碳排放权在市场中交易。在生态修复和补偿方面,开展国土绿化行动,让大自然休养生息,实行长江十年禁渔、耕地休耕轮作制度等;注重生物安全,加强生物多样性保护和外来物种管控等。我国还建立健全了稳定的财政资金投入机制,为生态文明建设提供了物质保障。与此同时,强化制度执行,做到"徒法不能以自行",法律需要执法者尊法、守法、用法。一是落实领导干部生态文明建设责任制,严格实行党政同责、一岗双责,地方各级党委政府、相关部门,要高度重视,通力合作,承担起生态环境保护职责。二是建立科学合理的考核评价体系,实施考核问责制,实行自然资源资产离任审计制,实行生态环境损害责任终身追究制,压紧压实地方各级党委政府和相关部门的生态责任。三是实行中央生态环境保护督察制,针对突出生态环境问题组织开展专项督察,强化执法监管,确保地方党委和政府及其相关部门落实生态环境保护责任。

　　生态文明建设并非仅仅是某一国之事,而是需要全球各国人民共同参与建设。人类只有一个地球,"面对生态环境挑战,人类是一荣俱荣、一损俱损的命运共同体,没有哪个国家能独善其身"②。当代生态文明建设需要世界各国人民共同参与,协同并进。习近平总书记指出:"生态文明建设关乎人类未来,建设绿色家园是人类的共同梦想,保护生态环境、应对气候变化需要世界各国同舟共济、共同努力,任何一国都无法置身事外、独善其身。我国已成为全球生态文明建设的重要参与者、贡献者、引领者,主张加快构筑尊崇自然、绿色发展的生态体系,共建清洁美丽的世界。"③我国已正式宣布,到 2030 年前实现碳达峰、2060 年前实现碳中和,这是建设全球生态文明、构建人类命运共同体的庄严承诺。全球共建生态文明,既要面对全球生态危机这一严峻事实,也要认识到这一问题的来源,从而确立起共同而有区别的责任,坚持公平正义原则,实现多边主义,反对单边主义。世界各国携手合作而不相互指责,在新的征程中互学互鉴、互利共赢。

①　习近平:《论坚持人与自然和谐共生》,中央文献出版社 2022 年版,第 44 页。
②　中共中央宣传部、中华人民共和国生态环境部编:《习近平生态文明思想学习纲要》,学习出版社、人民出版社 2022 年版,第 100 页。
③　《习近平谈治国理政》第三卷,外文出版社 2020 年版,第 364 页。

上述生态文明和生态伦理建设原则,是我国在生态文明和生态伦理建设中贡献给世界的中国智慧和中国方案。中国不仅在进行本国的生态文明建设,也在为全球生态文明建设做出努力,并且强调,全球生态环境的治理在于全球世界各国人民的共同努力,只有共同努力,才能使得我们人类居住的地球生态环境变得更为美好。

思考题:

一、简述人类中心主义和非人类中心主义。

二、列举出生态整体主义的代表人物和他们的主要观点。

三、试述人与自然生命共同体理念。

四、试述中国生态文明和生态伦理建设的四条原则。

参考文献

1.《马克思恩格斯文集》第五、八卷,人民出版社 2009 年版。

2.《马克思恩格斯选集》第一至四卷,人民出版社 2012 年版。

3.《习近平谈治国理政》第一卷,外文出版社 2018 年版。

4.《习近平谈治国理政》第二卷,外文出版社 2017 年版。

5.《习近平谈治国理政》第三卷,外文出版社 2020 年版。

6.《习近平谈治国理政》第四卷,外文出版社 2022 年版。

7. 罗国杰主编:《伦理学》,人民出版社 1989 年版。

8. 蓝鸿文主编:《新闻伦理学简明教程》,中国人民大学出版社 2001 年版。

9. 陆晓禾:《经济伦理学研究》,上海社会科学院出版社 2008 年版。

10. 彭和平、竹立家等编译:《国外公共行政理论精选》,中共中央党校出版社 1997 年版。

11. 钱振华:《现代科技伦理意识探析与养成》,知识产权出版社 2017 年版。

12. 余谋昌、王耀先主编:《环境伦理学》,高等教育出版社 2004 年版。

13. 俞可平:《政治与政治学》(第二版),社会科学文献出版社 2005 年版。

14. 资中筠:《财富的归宿:美国现代公益基金会述评》(增订本),生活·读书·新知三联书店 2011 年版。

15. [美]加布里埃尔·A.阿尔蒙德、[美]小 G.宾厄姆·鲍威尔:《比较政治学:体系、过程和政策》,曹沛霖等译,东方出版社 2007 年版。

16. [美]丹尼尔·贝尔:《资本主义文化矛盾》,赵一凡、蒲隆、任晓晋译,生活·读书·新知三联书店 1989 年版。

17. [美]汤姆·比彻姆、[美]詹姆士·邱卓思:《生命医学伦理原则》(第 5 版),李伦等译,北京大学出版社 2014 年版。

18. [美]成中英:《文化·伦理与管理——中国现代化的哲学省思》,贵州人民出版社 1991 年版。

19. [日]涩泽荣一:《论语与算盘》,卜可译,新世界出版社 2019 年版。

20. [美]罗纳德·德沃金:《至上的美德:平等的理论与实践》,冯克利译,江苏人民出版社 2003 年版。

21. [美]弗兰克·J.古德诺:《政治与行政:一个对政府的研究》,王元译,复旦大学出版社 2011 年版。

22. ［美］罗伯特·古丁、［美］汉斯－迪特尔·克林格曼主编：《政治科学新手册》，钟开斌等译，生活·读书·新知三联书店 2006 年版。

23. ［美］特里·L.库珀：《行政伦理学——实现行政责任的途径》（第四版），张秀琴译，中国人民大学出版社 2001 年版。

24. ［美］戴斯·贾丁斯：《环境伦理学》（第三版），林官明、杨爱民译，北京大学出版社 2002 年版。

25. ［德］康德：《道德形而上学奠基》，杨云飞译，人民出版社 2013 年版。

26. ［美］哈罗德·孔茨、［美］海因茨·韦里克：《管理学》（第 10 版），张晓君等译，经济科学出版社 1998 年版。

27. ［美］奥尔多·利奥波德：《沙乡的沉思》，侯文蕙译，北京出版社 2024 年版。

28. ［英］A.J.M.米尔恩：《人的权利与人的多样性——人权哲学》，夏勇、张志铭译，中国大百科全书出版社 1995 年版。

29. ［美］尼古拉·尼葛洛庞帝：《数字化生存》，胡泳、范海燕译，海南出版社 1997 年版。

30. ［美］保罗·A.萨缪尔森、［美］威廉·D.诺德豪斯：《经济学》（第 12 版），高鸿业等译，中国发展出版社 1992 年版。

31. ［德］施泰因曼，［德］勒尔：《企业伦理学基础》，李兆雄译，上海社会科学院出版社 2001 年版。

32. ［法］爱弥尔·涂尔干：《职业伦理与公民道德》，渠东、付德根译，上海人民出版社 2006 年版。

33. ［德］马克斯·韦伯：《新教伦理与资本主义精神》，于晓、陈维纲等译，生活·读书·新知三联书店 1987 年版。

34. ［美］乔万尼·萨托利：《民主新论》，冯克利、阎克文译，上海人民出版社 2009 年版。

35. ［美］乔治·霍兰·萨拜因：《政治学说史》上册，盛葵阳、崔妙因译，商务印书馆 1986 年版。

36. ［印］阿马蒂亚·森：《以自由看待发展》，任赜、于真译，中国人民大学出版社 2012 年版。

37. ［法］让·巴蒂斯特·萨伊：《政治经济学概论》，赵康英等译，华夏出版社 2017 年版。

38. Archie B.Carroll and Ann K.Buchholtz, *Business and Society：Ethics，Sustainability，and Stakeholder Management*，4th edition，Cincinnati：South-Western Publishing Co.，2000.

39. O.C.Ferrell，John Fraedrich，Linda Ferrell，*Business Ethics：Ethical Decision*

Making and Cases, Boston：Houghton Mifflin Company, 1991.

40. Jack Rabin, W.Bartley Hildreth, Gerald J.Miller, *Handbook of Public Administration*, New York：Marcel Dekker, 1998.

41. John Rawls, *A Theory of Justice*, Revised edition, Cambridge：Harvard University Press, 1971.

42. Herbert A.Simon, *Administrative Behavior*, 4th edition, New York：The Free Press, 1997.

后记

　　本教材的写作动因是在我教学过程中产生的。此书从分工到写作,其时间也有近10年。本书作者基本都是高校教师,并且多数都从事与所写领域相关的研究,这部教材也可说是他们教学的结晶。应用伦理学在现代伦理学的视域里,已经成为与理论伦理学和元伦理学共同支撑起伦理学大厦的主要领域,并且,由于它更贴近社会生活,从而更能反映伦理学的实践品格。应用伦理学覆盖面广,即研究领域广泛,几乎可以说,任何一个人类实践领域所产生的伦理道德问题,都可以看作应用伦理学需研究的问题。应当看到,目前国内在相当多的应用伦理学领域都已经开展专门研究。由于社会道德实践的需要,有些领域里的研究已经相当深入,如生命伦理和生态伦理的研究。然而,目前国内缺乏全面涵盖应用伦理研究领域的教材,一些现有教材也相对老化,知识需要更新。2022年9月,在国务院学位委员会和教育部印发的《研究生教育学科专业目录(2022年)》中,哲学一级学科门类之下增设了"应用伦理"专业硕士学位,这表明应用伦理学已经得到了党和国家的高度重视,同时凸显了应用伦理学教材的重要性。

　　本书各章写作情况如下:中国人民大学伦理学与道德建设研究中心龚群负责撰写第一章、第七章、第十一章;西南财经大学马克思主义学院副教授谭亚莉负责撰写第二章;浙江财经大学马克思主义学院教授邢雁欣负责撰写第三章;武汉纺织大学马克思主义学院教授杨豹负责撰写第四章、第八章;国家税务总局党校教授肖红春负责撰写第五章、第十章;东华大学马克思主义学院副教授王银春负责撰写第六章;山西师范大学马克思主义学院副教授聂静港负责撰写第九章;济南大学马克思主义学院教授王常柱负责撰写第十二章;西安交通大学公共卫生学院副教授于莲负责撰写第十三章;天津师范大学马克思主义学院副教授李秀艳负责撰写第十四章。全书由主编龚群统稿,副主编肖红春和聂静港协助完成。

　　本教材得到北京师范大学珠海校区人工智能伦理治理实验室戴茂堂教授的支持,以及中国人民大学跨学科重大规划创新平台——国家治理现代化与应用伦理学跨学科交叉平台的支持。高等教育出版社的编辑为本书出版付出了辛勤劳动,在此表示衷心感谢!

龚群

2024年11月18日

读者意见反馈

为收集对教材的意见建议，进一步完善教材编写并做好服务工作，读者可将对本教材的意见建议通过如下渠道反馈至我社。

咨询电话　400-810-0598

反馈邮箱　gjdzfwb@pub.hep.cn

通信地址　北京市朝阳区惠新东街4号富盛大厦1座
　　　　　高等教育出版社总编辑办公室

邮政编码　100029